W0180024

JULIE BATTILANA & TIZIANA CASCIARO
Power for All

Julie Battilana & Tiziana Casciaro

POWER FOR ALL

Wie Macht funktioniert, wie sie uns nützt und
weshalb das alle etwas angeht

Mit einem Vorwort von Janina Kugel

Aus dem amerikanischen Englisch von Heike Schlatterer

ARISTON

Die Originalausgabe erschien 2021 unter dem Titel
Power, for All bei Simon & Schuster.

Sollte diese Publikation Links auf Webseiten Dritter enthalten,
so übernehmen wir für deren Inhalte keine Haftung,
da wir uns diese nicht zu eigen machen, sondern lediglich
auf deren Stand zum Zeitpunkt der Erstveröffentlichung verweisen.

Bibliografische Information der Deutschen Bibliothek

Die Deutsche Bibliothek verzeichnet diese Publikation in der
Deutschen Nationalbibliografie; detaillierte bibliografische
Daten sind im Internet unter www.dnb.de abrufbar.

Penguin Random House Verlagsgruppe FSC® N001967

Aus dem amerikanischen Englisch von Heike Schlatterer
© 2021 by Julie Battilana und Tiziana Casciaro.
© der deutschsprachigen Ausgabe 2022 Ariston Verlag in der
Penguin Random House Verlagsgruppe GmbH, Neumarkter Straße 28, 81673 München
Alle Rechte vorbehalten
Redaktion: Desirée Šimeg, Stadtbergen
Umschlaggestaltung: Hauptmann & Kompanie Werbeagentur, Zürich
unter Verwendung eines Fotos von © Liesl Clark
Satz: Satzwerk Huber, Germering
Druck und Bindung: GGP Media GmbH, Pößneck
Printed in Germany

ISBN: 978-3-424-20260-1

Für Jean-Pierre, Marica und Emilie, die mir den Weg ebneten,
Für Romain, der ihn für mich markiert hat und immer an meiner Seite ist,
und für Lou und Noé und die engagierten jungen Leute ihrer Generation,
die unseren gemeinsamen Marsch zu sozialer Gerechtigkeit fortsetzen

JB

Für meine Mutter Maria Teresa Tarsitano, die mir Liebe, Tugend und
Wissen vermittelte und hin und wieder eine sgridatina *gab*

TC

INHALT

VORWORT ZUR DEUTSCHEN AUSGABE VON JANINA KUGEL

Das Leben der Mächtigen. Die geheimen Zirkel der Macht. Darum drehen sich unzählige Geschichten, die uns seit Menschengedenken faszinieren. Die meisten Menschen betrachten Macht daher als etwas, das einem kleinen, elitären Kreis von Personen vorbehalten ist, zu dem sie selbst keinen Zugang haben. Aber ist das denn wirklich so?

Macht zu haben bedeutet, Einfluss nehmen zu können, also über etwas zu verfügen, das für andere von Interesse ist. Das können vollkommen unterschiedliche Dinge sein: Wissen, ein Netzwerk, Zuhörer*innen, politische oder finanzielle Möglichkeiten, aber auch die Kenntnis eines sozialen Gefüges. Genau genommen handelt es sich um Dinge, über die jede*r von uns verfügt. Doch fühlen wir uns tatsächlich mächtig? Nutzen wir unsere Möglichkeiten und wollen wir das überhaupt?

Für viele ist Macht noch immer mit etwas Negativem besetzt, sie schrecken fast ein wenig davor zurück. Doch Macht an sich ist weder gut noch böse. Zweifellos können Menschen, die Einfluss haben, Gutes bewirken, sie können gestalten und Veränderungen ins Rollen bringen. Woher rührt also diese Skepsis? Sie kommt durch Situationen, die wir alle kennen und so manches Mal auch selbst erleben. Situationen, in denen die Macht Einzelner nicht förderlich, sondern zerstörerisch wirkt. Es kommt also darauf an, wer an Macht gelangt.

Wie so oft im Leben sind es soziale und zwischenmenschliche Fähigkeiten, die darüber entscheiden, wie Macht sich auswirkt.

Wer über ein hohes Maß an Sozialkompetenz verfügt, zuhören kann und empathisch ist, wird den eigenen Einfluss dazu nutzen, Positives zu bewirken – und zwar nicht für sich selbst, sondern für andere. Diejenigen jedoch, die ihre eigenen Fähigkeiten überschätzen, an Hybris leiden oder Kritik und die Realität ausblenden, zerstören mehr, als sie bewirken.

Weil diese Unterschiede gravierend sein können, ist es wichtig, die Wirkmechanismen der Macht zu kennen und zu verstehen. Dabei dürfen wir nie aus dem Blick verlieren, dass sich menschliches Verhalten verändern kann, sodass wir immer wachsam bleiben müssen, um Machtmissbrauch zu verhindern.

Julie Battilana und Tiziana Casciaro entmystifizieren Macht und öffnen neue Perspektiven. Mit einer wunderbaren Mischung aus akademischen Forschungsergebnissen und Erzählungen aus dem echten Leben gelingt es ihnen, die Dynamiken der Macht nicht nur verstehen zu lernen, sondern sie geben den Leser*innen auch eine Anleitung dafür, wie sie ihnen begegnen, sie beeinflussen und nutzen können. Eine erfrischende Aufforderung, die eigenen Einflussmöglichkeiten zu entdecken und zu erproben.

Macht geht uns alle an, denn es gibt noch so vieles, für das wir uns einsetzen können – zum Positiven.

München, im Mai 2022
Janina Kugel

EINLEITUNG:
MACHT WIRD MISSVERSTANDEN

Ein Schäfer, der nach einem heftigen Sturm zu seiner Herde zurückkehrt, macht eine erstaunliche Entdeckung. Mitten auf der Weide klafft eine tiefe Erdspalte, die den Zugang zu einer unterirdischen Höhle freigibt. Der neugierige Hirte kriecht hinein und findet in einer Krypta eine riesige hohle Pferdeskulptur aus Bronze. In der Skulptur liegt ein Skelett mit einem goldenen Ring am Finger. Der Hirte steckt den Ring ein und verlässt die Höhle. Bald darauf entdeckt er, dass der Ring kein gewöhnlicher Ring, sondern ein magischer Ring ist, der seinen Träger unsichtbar macht. Im Wissen um diese Fähigkeit heckt der Hirte einen Plan aus: Er verschafft sich Zutritt zum Palast, verführt die Königin, ermordet den König und übernimmt die Herrschaft über dessen Reich.

Platon schildert das Abenteuer des Hirten, auch bekannt als »Der Ring des Gyges«, im 4. Jahrhundert v. Chr. in seinem Buch *Der Staat*.[1] Seitdem hat seine Geschichte die Menschen immer wieder in ihren Bann geschlagen. Eine weitere Geschichte über einen magischen Ring, der unsichtbar macht, aber auch dunkle Kräfte verleiht, hat es geschafft, die Leser auf mehr als 1500 Seiten zu fesseln. Die Rede ist natürlich von J. R. R. Tolkiens Fantasy-Romanen *Der Hobbit* und *Der Herr der Ringe*, in denen der »eine Ring« seine Träger mit dem Versprechen der absoluten Macht korrumpiert.

Seit Jahrtausenden erzählen sich die Menschen Geschichten wie »Der Ring des Gyges« oder *Der Herr der Ringe:* In einem arabischen Volksmärchen entdeckt Aladin, den ein böser Zauberer ausschickt, um aus einer magischen Höhle eine Öllampe zu holen, einen Dschinn, der ihm Wünsche erfüllt. In einer vietnamesischen Legende befreit der König Le Loi im 15. Jahrhundert nach einem jahrzehntelangen Krieg sein Volk von der Besatzung der chinesischen Ming-Dynastie mithilfe eines magischen Schwertes namens Thuận Thiên (»Wille des Himmels«). In Richard Wagners Opernzyklus *Der Ring des Nibelungen* besitzt Alberich einen magischen Helm, der es seinem Träger ermöglicht, die Gestalt zu wandeln oder unsichtbar zu werden. Ein aktuelleres Beispiel ist die Geschichte von Harry Potter, die in seiner Suche nach den Heiligtümern des Todes mündet, drei magischen Objekten, die ihren Träger zum Meister des Todes machen.

Geschichten über einen Protagonisten, der sich auf die Suche nach einem magischen Objekt macht, das ihm – oder neuerdings auch ihr – die Fähigkeit verleiht, über das eigene Schicksal zu bestimmen und über Bösewichte zu triumphieren, finden sich in allen Kulturen. Was diese zeitlosen Erzählungen verbindet, macht auch ihre Faszination aus: Im Grunde geht es immer um Macht. Die Helden und Schurken kämpfen und töten, um in den Besitz magischer Objekte zu gelangen, die ihnen nicht nur die Kontrolle über ihr eigenes Schicksal ermöglichen, sondern auch über das Verhalten anderer. Und genau das macht Macht aus: *die Fähigkeit, das Verhalten anderer zu beeinflussen*, sei es nun durch Überzeugung oder durch Zwang.

UNENDLICH FASZINIEREND, HÄUFIG FALSCH VERSTANDEN

Diese epischen Erzählungen haben sich über Jahrtausende gehalten, weil Macht uns fasziniert. Sie sorgt dafür, dass wir ein Buch Seite um Seite verschlingen, dass wir vor dem Bildschirm kleben und die Nachrichten verfolgen oder stundenlang Filme und Serien schauen. Macht gehört zu den Themen, über die weltweit am meisten gesprochen und vermutlich auch geschrieben wird, weil Macht ein fester Bestandteil unseres Lebens ist. Von unseren persönlichen Beziehungen über Konflikte am Arbeitsplatz bis zu den höchsten Ebenen der internationalen Diplomatie und der Wirtschaft – es geht immer um Macht.

Nachdem wir uns zwei Jahrzehnte mit dem Thema befasst, es studiert und unterrichtet hatten, stellten wir fest, dass Macht trotz ihrer Allgegenwart – oder vielleicht gerade deswegen – immer noch häufig falsch verstanden wird. Wenn die Studierenden im Herbst in unsere Seminare an der Harvard University oder der University of Toronto strömen, suchen sie jedes Jahr Antworten auf dieselben Fragen: »Wie kann ich Macht erlangen und behalten? Warum fühle ich mich nicht mächtig, obwohl ich befördert wurde? Wie kann ich andere Menschen überzeugen, sich zu verändern? Warum ist es so schwer, sich gegen manipulative Vorgesetzte zur Wehr zu setzen? Wie kann ich sicherstellen, dass ich meine Macht, wenn ich denn welche habe, nicht missbrauche?«

Die Studierenden machen sich auch Gedanken über die aktuellen Entwicklungen in der Welt und fragen sich, ob sie das Potenzial haben, etwas zu verändern. Vor allem in den letzten Jahren wurde uns immer wieder die Frage gestellt: »Warum habe ich das Gefühl, dass die Welt vor meinen Augen in den Abgrund treibt und ich nichts dagegen tun kann?«

Doch nicht nur in unseren Seminaren werden uns diese drängenden Fragen gestellt. Unsere Forschung und Beratungstätigkeiten haben uns um die ganze Welt geführt, und überall äußerten Menschen jeden Alters und ganz unterschiedlicher Herkunft ähnliche Sorgen und Nöte, ob Teenager oder über Neunzigjährige, sehr gebildete Menschen oder jene, die nie eine Chance bekommen haben, lesen und schreiben zu lernen. All diese Begegnungen gewährten uns einen Einblick, wie Menschen mit Macht umgehen, sei es nun in einem Krankenhaus im Zentrum von Rio de Janeiro, im gut ausgestatteten Büro eines ehemaligen französischen Präsidenten in Paris oder in einem geschäftigen Startup-Inkubator für Social Entrepreneurship in New York.

Trotz dieser enormen Vielfalt denken die Menschen, mit denen wir uns unterhalten und zusammengearbeitet haben, ganz ähnlich über Macht. Größtenteils geht es ihnen darum, ihr eigenes Leben und oft auch das ihrer Mitmenschen zu verbessern. Sie wollen mehr Kontrolle über ihr Umfeld und sie wollen etwas bewirken, sei es nun in der eigenen Familie, an ihrem Arbeitsplatz, in ihrer Gemeinschaft oder in der Gesellschaft an sich. Doch sie müssen feststellen, dass das gar nicht so einfach ist. Auf jeden Erfolg kommt mindestens eine Episode, in der sie kämpfen oder eine Niederlage einstecken mussten. Intuitiv wissen sie, dass Macht der Schlüssel zu der von ihnen erhofften Wirkung ist. Doch es ist ein großer Unterschied, ob man die Wirkung von Macht erkennt oder ob man weiß, wie sie funktioniert. Damit kommen wir zu der zweiten Gemeinsamkeit, die wir häufig beobachten: Die meisten Menschen haben falsche Vorstellungen von Macht. Vor allem drei Fehlannahmen hindern viele daran, Macht richtig zu begreifen und letztlich auch auszuüben.

DREI HINDERLICHE TRUGSCHLÜSSE

Der erste Trugschluss ist die Vorstellung, dass Macht etwas ist, das man dauerhaft besitzt, und dass manche Menschen besondere Eigenschaften haben, die es ihnen ermöglichen, Macht zu erlangen. Wenn man diese Eigenschaften hat – so die Denkweise – oder einen Weg findet, sie sich anzueignen, wird man beständig Macht ausüben. Diese besonderen Eigenschaften unterscheiden sich gar nicht so sehr von den magischen Gegenständen in den Volksmärchen und Mythen; es verwundert daher nicht, dass viele herausfinden wollen, wie diese »idealen Eigenschaften« beschaffen sind. Doch stellen Sie sich nun einmal die

Beziehungen in Ihrem Leben vor. Wahrscheinlich haben Sie das Gefühl, in manchen mehr Kontrolle zu haben als in anderen, obwohl sich an Ihren Eigenschaften und Fähigkeiten nicht viel geändert hat. Persönliche Attribute können zwar in bestimmten Situationen die eigene Macht befördern, doch Sie werden feststellen, dass die Suche nach besonderen Eigenschaften, die jemanden immer und überall mächtig machen, weitgehend Zeitverschwendung ist.

Der zweite Trugschluss ist der, dass Macht an eine bestimmte Position gebunden ist, also beispielsweise Königen und Königinnen vorbehalten ist, Präsidenten und Generälen, Vorstandsmitgliedern und CEOs, den Reichen und Berühmten. Autorität oder eine bestimmte Position werden häufig mit Macht verwechselt, was sich in unserem eigenen Leben auch jedes Jahr zu Beginn des Semesters zeigt: Wenn wir unsere Studierenden auffordern, fünf Personen aufzuzählen, die sie für mächtig halten, nennen sie zu 90 Prozent Personen, die an der Spitze einer Hierarchie stehen. Doch Sie wären überrascht, wie viele Topmanager und CEOs zu uns kommen, weil sie Probleme haben, in ihren Organisationen tatsächlich etwas zu bewegen. Sie haben erkannt, dass eine Position an der Spitze keine Garantie dafür ist, dass ihre Teams tatsächlich das tun, was sie wollen. In Komödien, von den antiken griechischen Schauspielen bis zu den britischen Monty-Python-Sketchen, werden gern Autoritätspersonen lächerlich gemacht, ob Kaiser, Heerführer, Minister oder aufgeblasene Chefs. Unsere Analyse wird zeigen, warum eine Position an der Spitze zwar Autorität verleiht, aber nicht zwangsläufig Macht.

Der letzte und vielleicht am weitesten verbreitete Trugschluss ist der, dass Macht schmutzig ist und dass ihr Erwerb und ihre Ausübung mit Manipulation, Zwang und Grausamkeit verbunden sind. In der Literatur und Filmwelt wimmelt es von abschreckenden Beispielen: Lady Macbeth und Iago bei Shakespeare, Voldemort in der *Harry-Potter*-Reihe oder Frank und Claire Underwood in *House of Cards*. Wir können den Blick nicht abwenden, können aber auch den Gedanken nicht ertragen, so wie diese Figuren zu sein. Macht fasziniert uns, stößt uns aber gleichzeitig ab. Sie scheint wie Feuer: fesselnd, aber auch in der Lage, uns zu verschlingen, wenn wir ihr zu nahe kommen. Wir fürchten, wir könnten den Verstand verlieren oder unsere Prinzipien über Bord werfen. Der Hirte in »Der Ring des Gyges« wird zu einem manipulativen Mörder und der »eine Ring« in Tolkiens *Herr der Ringe* verdirbt nach und nach den Charakter seines Trägers. Doch in Wirklichkeit ist Macht an sich nicht schmutzig. Es besteht zwar immer die Möglichkeit, von ihr korrumpiert zu werden, doch ihre Energie ist unverzichtbar, wenn wir etwas erreichen wollen. Wenn eine Drittklässlerin ihre Klassenkameraden überzeugt, sich an einer Spendenaktion zugunsten einer gemeinnützigen Organisation zu beteiligen, die sich um Kinder mit Behinderungen kümmert, nutzt sie Macht auf konstruktive Weise. Das gilt auch für den Manager, der die Unternehmensleitung überzeugt, seinem Team die Mittel zur Verfügung zu stellen, die es benötigt, um unter besseren Bedingungen zu arbeiten und mehr zu leisten.

Die drei Trugschlüsse über Macht behindern uns als Individuen und im Kollektiv. Für uns als Individuen sind diese Fehleinschätzungen ein Quell der Frustration, weil sie unsere Fähigkeit einschränken, unser eigenes Leben zu kontrollieren, andere zu beeinflussen und Dinge auf die Reihe zu bekommen. Wir haben das Gefühl, wir wären den »Machtspielchen« am Arbeitsplatz hilflos ausgeliefert und Spielball einer Dynamik, auf die wir keinen Einfluss hätten.

In kollektiver Hinsicht hat unsere falsche Vorstellung von Macht katastrophale Folgen, weil wir dadurch weniger in der Lage sind, Machtmissbrauch zu erkennen, zu verhindern und zu beenden, wenn er unsere Freiheit und unser Wohlergehen bedroht. Dadurch laufen wir Gefahr – oft ohne es zu merken –, dass eine kleine Gruppe, die nur ihre eigenen Interessen verfolgt, über unser gemeinsames Schicksal bestimmt.

In der Geschichte gibt es unzählige Beispiele von Tyrannen, die das Leben und die Freiheit anderer missachteten. Dennoch halten sich Diktaturen rund um den Globus und entziehen den Menschen ihre grundlegenden Rechte. Und selbst in Demokratien sind hart erkämpfte Freiheiten gefährdet, weil stets das Risiko besteht, dass sich früher oder später die Macht in den Händen einiger weniger konzentriert, die dann ihre Privilegien erbittert verteidigen.

So hartnäckig sich diese Trugschlüsse auch halten und so schwerwiegend ihre Folgen sein können, wir wissen aus unserer Forschung und Erfahrung, dass die wahre Dynamik der Macht erlernt werden kann. Ob man nun dem Bösen widerstehen oder Gutes tun will, man muss die Funktionsweise von Macht verstehen und begreifen, was es braucht, Macht zu erlangen und auszuüben. Weil wir dieses Wissen vermitteln wollen, haben wir unser Buch geschrieben: Wir möchten aufzeigen, wie man diese Dynamik entschlüsselt, damit Sie besser in der Lage sind, Ihre Ziele in Ihren Beziehungen, am Arbeitsplatz, in Ihren Gemeinschaften und in der Gesellschaft an sich mit all Ihrer Energie zu verfolgen.

DIE SCHLÜSSEL ZUM VERSTÄNDNIS VON MACHT

Am Ende unseres Seminars fordern wir die Studierenden auf, sich an Momente zu erinnern, in denen sie sich der Macht anderer hilflos ausgeliefert fühlten, und diese Situationen mithilfe des Gelernten zu analysieren. Sie erzählen vom Schock einer unerwarteten Entlassung, von der Enttäuschung, wenn man für ein Amt kandidiert und wegen einiger weniger fehlenden Stimmen scheitert, und von der Überraschung, etwas nicht durchsetzen zu können, obwohl scheinbar alle dafür waren. Diese Situationen waren für unsere Studierenden nicht nur schmerzlich, sondern gaben ihnen auch Rätsel auf. Oder wie es ein Student formulierte, der aus heiterem Himmel seinen Job verlor: »Ich hatte das Gefühl, ich würde in einem Film mitspielen, ohne die Handlung zu verstehen.« Wenn wir im Laufe des Seminars die drei Trugschlüsse im Zusammenhang mit Macht darlegen, können wir beobachten, wie die Studierenden diese »Handlung« allmählich nachvollziehen. Am Ende erkennen sie, wie sie bestimmte Situationen falsch deuteten, wie sie ihre Energie auf den falschen Chef oder Politiker konzentrierten oder welche Kräfte dafür sorgten, dass sie das Gefühl hatten, irgendwie festzustecken. Kurz gesagt, sehen sie Macht so, wie sie tatsächlich ist. Dieses Verständnis wollen wir auch Ihnen vermitteln.

Die Dynamik der Macht zu begreifen, hilft Ihnen, nicht nur Ihre persönlichen Ziele zu verfolgen, sondern auch unsere kollektive Zukunft effektiv mitzugestalten. Individuelle und kollektive Macht sind untrennbar miteinander verbunden. Die Macht, die wir in unserem persönlichen Leben ausüben, ob bei der Arbeit oder zu Hause, ist eng mit dem politischen System verflochten, in dem wir leben, mit dem Wirtschaftssystem, das uns Möglichkeiten bietet, uns aber auch einschränkt, und mit den ökologischen und biologischen Systemen in unserer Umwelt mit all den Launen und Gesetzen der Natur. Die Machtverteilung in unserer Gesellschaft wirkt sich immer auch auf unsere eigene Macht aus, daher wäre es dumm zu glauben, wir könnten unsere individuellen Ziele unabhängig davon verfolgen.

Wenn wir die Mechanismen der Macht in unserem Leben verstehen, werden wir feststellen, dass Macht- und Ohnmachtsgefühle mit ihren psychischen Manifestationen und Konsequenzen sehr real und wichtig sind. Doch eine Analyse der Macht darf sich nicht auf das eigene Denken und Fühlen beschränken, sondern muss immer auch die Menschen in unserem Umfeld berücksichtigen: wer sie sind, in welcher Beziehung wir zu ihnen stehen, welche Beziehungen untereinander existieren und in welchen größeren Kontext diese Beziehungen eingebettet sind.

Entsprechend werden wir die Dynamik der Macht in Organisationen und in der Gesellschaft allgemein sowie in unseren zwischenmenschlichen Beziehungen untersuchen. Dabei stützen wir uns auf Erkenntnisse aus unserer eigenen Forschung, bei der wir Macht auf allen drei Ebenen untersuchten, sowie auf die Ergebnisse anderer Disziplinen wie Soziologie, Sozial- und Evolutionspsychologie, Management, Politikwissenschaft, Wirtschaft, Recht, Geschichte und Philosophie. Aufbauend auf diesem Wissensfundus werden wir Ihnen – Schicht für Schicht – die vielen Facetten der Macht und ihre Erscheinungsformen in der Vergangenheit und in unserem heutigen Leben aufzeigen.

Als Frauen und Wissenschaftlerinnen mit internationalem Background – Julie stammt ursprünglich aus Frankreich und hat heute die französische und US-amerikanische Staatsbürgerschaft; Tiziana wuchs in Italien auf, lebte viele Jahre in den USA und machte dann Kanada zu ihrer Heimat – ist uns bewusst, dass die Art und Weise, wie Macht sich manifestiert und wahrgenommen wird, nicht nur im Laufe der Zeit stark variiert, sondern auch je nach Kultur, Geschlecht, Herkunft und sozialem Hintergrund. Um diese Variationen und ihre Auswirkungen zu verstehen, die weit über unsere eigenen Erfahrungen hinausgehen, haben wir mehr als hundert Interviews mit Menschen auf fünf Kontinenten geführt, die faszinierende und unterschiedliche Wege zur Macht beschritten oder Macht erlebt haben, darunter eine brasilianische Ärztin, die zur Sozialunternehmerin wurde, eine polnische Holocaustüberlebende, ein afroamerikanischer Bürgerrechtler, ein Polizist aus Bangladesch, ein kanadischer Investmentbanker, eine weltberühmte italienische Modedesignerin und eine nigerianische Aktivistin.

Sie werden deren Stimmen im gesamten Buch wiederfinden. Ihre Geschichten werden Ihnen helfen, die Funktionsweise von Macht zu erkennen und zu verstehen, und Ihnen zeigen, was nötig ist, um Macht zu nutzen und wirkungsvoll einzusetzen.

DIE REISE BEGINNT

Vor über 500 Jahren schrieb Niccolò Machiavelli sein Traktat *Der Fürst*, ein wegweisendes Werk, das auch heute noch von Menschen in Machtpositionen und jenen gelesen wird, die ihnen nacheifern.[2] Für dieses Publikum schrieb Machiavelli sein Buch, und hier liegt auch ein wesentlicher Unterschied zwischen unserem Buch und Werken wie *Der Fürst*: Wir schreiben nicht ausschließlich für und über mächtige Menschen. Unser Buch ist für alle gedacht, auch für Gruppen, denen in der Vergangenheit und selbst heute noch der Zugang zur Macht verwehrt wird. Dass ihnen die Macht so lange verwehrt blieb, heißt nicht, dass sie keine Macht haben können. Macht kann für alle da sein.

Wie wir noch zeigen werden, gibt es Elemente, die in jeder Situation zuverlässig verdeutlichen, wer Macht hat und wer nicht. Wenn Sie diese Elemente kennen, ist das wie ein Infrarotsichtgerät, mit dem Sie im Dunkeln sehen können: Sie werden in der Lage sein, die Machtverhältnisse in Ihrer Umgebung zu erkennen, bei Ihnen zu Hause, bei der Arbeit und im politischen, wirtschaftlichen und kulturellen Kontext, in dem sich Ihr Leben bewegt. Zusammen bilden diese Elemente die Grundlagen der Macht. Wenn man Macht auf ihre Grundlagen herunterbricht, hängt die Analyse, wer sie ausübt und warum, von der Antwort auf zwei Fragen ab. Sie haben richtig gelesen, nur zwei Fragen. Wir werden Ihnen zeigen, was man benötigt, um diese beiden Fragen zu beantworten.

Wir werden erklären, warum Macht zwar den Besitzer wechseln kann, ihre Verteilung in der Gesellschaft aber relativ statisch ist, weshalb es für manche Menschen einfach ist, strukturelle Vorteile zu erlangen, zu wahren und zu festigen, während andere eindeutig benachteiligt werden. Doch wir werden Ihnen auch zeigen, dass diese unterdrückerischen Hierarchien durchbrochen werden können, wenn die Leute aktiv werden und gemeinsam dagegen kämpfen. Neue digitale Technologien haben das Potenzial, diese Form des kollektiven Handelns zu erleichtern, aber auch zu behindern. Streng überwacht und klug eingesetzt, kann die Informationstechnologie denjenigen, die von der Macht ausgeschlossen waren, Zugang zu Ressourcen verschaffen, die ihnen bislang verwehrt geblieben sind. Bleibt die Informationstechnologie jedoch unkontrolliert, kann sie zu einer immer größeren Machtkonzentration führen. Wie Macht ist auch Technologie an sich weder gut noch schlecht; es kommt immer darauf an, wie und zu welchem Zweck sie eingesetzt wird. In diesem wie auch in anderen Zusammenhängen werden Sie feststellen, dass Macht nur für alle sein kann, wenn wir sie mit Mechanismen im Zaum halten, die eine übermäßige Konzentration verhindern, und wenn wir ihre Hüter zur Verantwortung ziehen können, falls sie versuchen, unsere Rechte und Freiheiten einzuschränken.

Die Menschheit hat in ihrer Geschichte einen langen Weg zurückgelegt, in dessen Verlauf immer mehr Menschen die Möglichkeit erhielten, ein gutes Leben zu führen, ihre Ziele zu verfolgen und andere darin zu unterstützen, das auch zu tun. Über Jahrtausende musste die große Mehrheit die Willkür und Missachtung autoritärer Herrscher ertragen, die sich in ihren Entscheidungen von ihren eigenen Interessen und Wünschen leiten ließen. Heute leben viele von uns in Demokratien, in denen wir unsere Meinung bei Wahlen zum Ausdruck bringen und selbst entscheiden können, wie wir leben wollen. Diese Vorteile haben wir dem unermüdlichen Engagement von Menschen zu verdanken – einige berühmt, die meisten namenlos –, die für eine gerechtere Welt eintraten und neue Ideen formulierten, selbst wenn diese manchen zu radikal waren. Doch das Auf und Ab der Geschichte hat auch tiefe Gräben hinterlassen, und Demokratien schaffen es immer noch nicht ganz, allen gleich viel Mitspracherecht einzuräumen, und auch die sozialen und wirtschaftlichen Ungleichheiten sind weltweit immer noch allgegenwärtig.

Wenn wir als Spezies überleben und gedeihen und in Harmonie miteinander und mit unserer Umwelt leben wollen, müssen wir die Arbeit früherer Generationen fortsetzen und weiter für eine gerechtere Machtverteilung kämpfen. Dieses Engagement ist eine moralische Verpflichtung, es ist aber auch in unserem eigenen Interesse, denn nur so können wir eine übermäßige Machtkonzentration vermeiden und unsere individuellen und kollektiven Freiheiten bewahren. Zum Glück fangen wir nicht bei null an. Ganz im Gegenteil. Wie wir in diesem Buch zeigen, haben bewährte Ideen und Lösungen das Potenzial, Macht für alle zugänglich zu machen.

KAPITEL 1
DIE GRUNDLAGEN DER MACHT

Als wir Lia Grimanis 2008 in Toronto trafen, hatte sie einen Motorradhelm unter dem Arm und trug eine pinkfarbene Lederjacke, die zu ihrer pinkfarbenen BMW F650 GS passte. Die erfolgreiche Vertriebsleiterin in der Hightech-Branche war gelinde gesagt eine echte Powerfrau. Doch wir waren nicht gekommen, um mit ihr über Hightech zu sprechen. Lia hatte mit großer Leidenschaft eine Organisation gegründet, die obdachlosen Frauen helfen sollte, die Kontrolle über ihr Leben und ihre Zukunft zurückzugewinnen. Warum diese Leidenschaft? Lia hatte Armut und Obdachlosigkeit am eigenen Leib erfahren und sich die Sicherheit und Stabilität in ihrem Leben selbst erkämpft. Jetzt wollte sie anderen Frauen helfen, es ebenfalls aus eigener Kraft zu schaffen.

Um zu verstehen, wie Lia dieser beachtliche Aufstieg gelungen ist, müssen wir zunächst die Dynamik der Macht näher betrachten – woraus sie besteht und wie sie funktioniert. Wir definieren Macht als die Fähigkeit, das Verhalten anderer Menschen zu beeinflussen, sei es durch Überzeugung oder Zwang.[*] Aber was bestimmt diese Fähigkeit? Die Antwort ist überraschend einfach: Eine Person erlangt Kontrolle über eine andere Person, indem sie Kontrolle über den Zugang zu Ressourcen hat, die die andere Person schätzt. Diese Kontrolle ist der Schlüssel, um die Dynamik der Macht in jeder beliebigen Situation zu verstehen, ob es

---

[*] Eine Übersicht über die Definitionen von Macht in den Sozialwissenschaften finden Sie im Anhang.

nun darum geht, dass Sie die Kontrolle über jemanden haben oder andere die Kontrolle über Sie.

WORAUS BESTEHT MACHT?

Um Macht über jemand anderen zu haben, muss man zunächst über etwas verfügen, das die andere Person schätzt. Alles, was ein Mensch braucht oder haben will, ist eine wertvolle Ressource. Die Ressource kann materieller Natur sein, wie Geld oder sauberes Trinkwasser, fruchtbares Ackerland, ein Haus oder ein schnelles Auto. Oder sie kann psychologischer Natur sein wie beispielsweise Wertschätzung, Zugehörigkeit und Leistung. Und wie wir noch feststellen werden, schließen sich diese materiellen und psychologischen Ressourcen nicht gegenseitig aus.

Was immer Sie zu bieten haben – Fachwissen, Durchhaltevermögen, Geld, eine erfolgreiche Bilanz, Seriosität, Netzwerke –, gibt Ihnen nur dann Macht über andere, wenn diese das auch zulassen. Denken Sie an Eltern, die ihrem Kind einen Keks versprechen, wenn es sein Zimmer aufräumt. Die Kontrolle über den Zugang zur Keksdose nützt wenig, wenn das Kind keine Kekse mag. Darüber hinaus muss die Ressource, die Sie anbieten, etwas sein, das man von anderen nicht so leicht bekommen kann. Gehören Sie zu den wenigen, die diese wertvolle Ressource bieten können? Oder gibt es noch viele andere? Kontrollieren Sie im Grunde den Zugang der anderen Partei zu Ressourcen, die diese schätzt, oder sind diese Ressourcen allgemein verfügbar? Wenn das Kind gern Kekse isst, sie aber jederzeit auch vom gutmütigen Nachbarn bekommen kann, wird das Angebot der Eltern keine große Wirkung zeigen.

Wenn man weiß, was die andere Partei schätzt und ob sie Alternativen hat, an das zu gelangen, was sie schätzt, weiß man auch, wie viel Macht man hat. Doch das genügt nicht, um das Machtgleichgewicht zwischen Ihnen und anderen zu verstehen.

Sie müssen auch berücksichtigen, ob die andere Partei über etwas verfügt, das Ihnen wichtig ist, und inwieweit sie Ihren Zugang dazu kontrolliert. Ihre eigene Macht hängt stark davon ab, ob die anderen ihrerseits Macht über Sie haben.

Macht ist stets relativ. Hat die andere Partei in einer bestimmten Situation Macht über Sie, während Sie gleichzeitig Macht über die anderen haben? Wenn ja, besteht eine gegenseitige Abhängigkeit. Dann müssen Sie überlegen, ob das aktuelle Verhältnis ausgeglichen ist, die jeweilige Macht über den anderen also gleich groß oder gleich gering ist; oder, wenn das Verhältnis unausgeglichen ist, ob Sie von der anderen Partei stärker abhängig sind als diese von Ihnen (oder umgekehrt). Macht ist nicht zwangsläufig ein Nullsummenspiel. Das Machtgleichgewicht kann sich im Laufe der Zeit verschieben, und wie Sie sehen werden, muss ein Gewinn auf der einen Seite nicht unbedingt einen Verlust auf der anderen bedeuten. Doch egal, wer Sie sind, wo Sie leben oder welcher Arbeit Sie nachgehen, die grundlegenden Elemente der Macht, die in der folgenden Abbildung dargestellt sind, bleiben unverändert. Um Macht auszuüben, müssen Sie wertvolle Ressourcen anbieten, über die nur Sie die Kontrolle haben (oder die anderweitig zumindest schwer zu bekommen sind). Wie stark Ihr Zugriff auf Macht ist, hängt von Ihren Bedürfnissen ab und von der Kontrolle, die die andere Partei über die Dinge hat, die Sie schätzen. Zur besseren Veranschaulichung dieser Grundlagen wenden wir uns wieder Lias Geschichte zu.

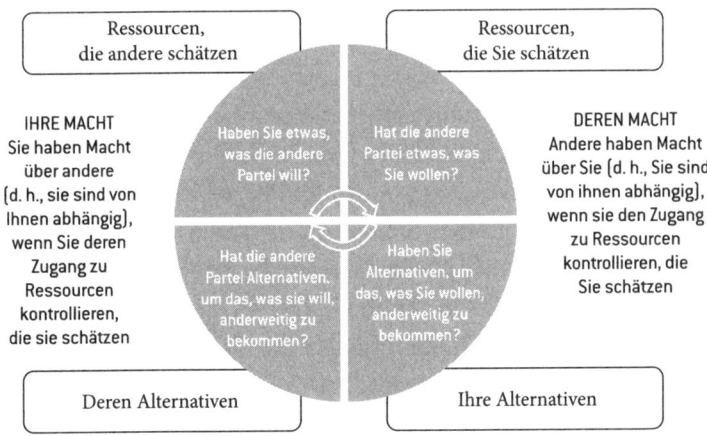

Die Grundlagen der Macht in einer sozialen Beziehung

VON DER MACHTLOSIGKEIT ZUR ERMÄCHTIGUNG ANDERER

Mit sechzehn war Lia obdachlos. Sie war von zu Hause weggelaufen, weil ihr dort nach dem Tod ihrer Großmutter, der Matriarchin der Familie, Gewalt angetan wurde. Die Obdachlosigkeit mit all ihren Gefahren war für Lia besonders schwer zu bewältigen, weil sie Autistin ist (die Diagnose wurde erst später gestellt) und sich ihr Autismus in der Unfähigkeit äußert, Mimik zu deuten und soziale Signale zu interpretieren. »Das ist wie ein blinder Fleck«, erklärte sie bei unserem Gespräch. »Man sieht den Zug erst kommen, wenn man von ihm überfahren wird.« Nach Übernachtungen bei Bekannten und weniger Bekannten und einer traumatischen Missbrauchserfahrung landete sie schließlich in einem Frauenhaus. Sie war damals erst neunzehn, glaubte jedoch nicht, dass sie mit einundzwanzig noch leben würde. »Eine Zeit lang«, erzählt sie, »fragte ich mich nur: Soll ich weiterleben? Oder sterben?«[3] Sie hatte den Eindruck, dass die Frauen, die die Unterkunft verließen, immer wieder zurückkamen. Sie sah kein

Anzeichen dafür, dass Obdachlosigkeit etwas anderes als eine Sackgasse war, es gab keine Vorbilder, die ihr Grund zur Hoffnung gegeben hätten, dass ihr Leben etwas anderes sein würde als ein ständiger Kampf.

Lia fand die Motivation für ihr Leben schließlich darin, dieses Vorbild für andere zu sein. Sie schwor sich, sie würde die Obdachlosenunterkunft verlassen und mit einer Geschichte zurückkehren, die andere Frauen, die wie sie durchs Raster gefallen waren, inspirieren würde. Nach zehn Jahren finanzieller Nöte und Gelegenheitsjobs – unter anderem fuhr sie vier Jahre lang tagein, tagaus, bei Regen oder Sonne, eine Rikscha durch die Straßen von Toronto – lernte Lia zufällig einen Mann kennen, »der mit dem Verkauf von Software 900 000 Dollar gemacht hatte«.[4] Sie beschloss, dass sie das auch machen wollte, also bewarb sie sich auf jede Stelle im Softwarevertrieb, die sie finden konnte, auch wenn dafür immer ein Bachelor- oder noch besser ein Masterabschluss verlangt wurde. Bei den vielen Absagen war ihr Autismus ausnahmsweise von Vorteil, wie sie sich erinnert: »Wenn man nicht deuten kann, was die Leute denken, dann kommt man auch nicht auf die Idee, verlegen zu sein oder an sich selbst zu zweifeln. Ich hatte keine Ahnung, dass mir diese Leute leise und höflich mitteilten, so einen Job könne ich vergessen, also bewarb ich mich immer wieder. Und schließlich muss irgendjemand mürbe geworden sein, denn ich bekam eine Chance.«[5]

Von da an schuftete Lia wie eine Wahnsinnige, angetrieben von ihrem Schwur beim Verlassen der Obdachlosenunterkunft. Einige Jahre später brachte sie ihrer Firma so viel Geld ein, dass das Unternehmen nicht zögerte, einen Coach für sie anzuheuern und 500 Dollar pro Stunde in ihre berufliche Weiterentwicklung zu investieren. Das Coaching war eine Offenbarung, und als Lia darüber nachdachte, wie wertvoll ein Coach für sie gewesen wäre, um von der Straße wegzukommen, war die Idee für »Up With Women« geboren: Sie wollte eine Hilfsorganisation gründen, die obdachlosen Frauen ein ähnlich intensives, persönliches Coaching bot. Dafür musste sie jedoch zertifizierte Coaches[6] davon überzeugen, ihre Dienste ein Jahr lang unentgeltlich zur Verfügung zu stellen, und das bedeutete, wie Lia schnell klar wurde, ihnen etwas anzubieten, das sie schätzten. Lias erste kleine Gruppe von Coaches wurde von denselben Dingen angezogen, die auch heute noch die Freiwilligen und Unterstützer von Up With Women anziehen: von Lia selbst – ihrer Leidenschaft und Entschlossenheit sowie von ihrer beeindruckenden Geschichte mit ihren überwundenen Traumata, ihrem Überleben und Erfolg – und der Wirkung ihrer Mission in Form einer Hilfsorganisation, in deren Mittelpunkt das Coaching steht. Während andere Organisationen Coaching als zusätzliches Angebot betrachten, sind bei Up With Women die Coaches der Schlüssel, und Lia versprach ihnen, dass ihre Arbeit das Leben vieler Betroffener verändern könnte.

Am Anfang hatten jedoch alle zu kämpfen. Die Coaches waren an die Arbeit mit Führungskräften gewohnt und verfügten weder über die Mittel noch die Erfahrung, um eine Verbindung zu den häufig traumatisierten Frauen aufzubauen, die bisher oft ausgegrenzt worden waren. Zudem hatte Lia noch nicht herausgefunden, wie sie jene Kandidatinnen identifizieren sollte, die bereit wären, ein Coaching in Anspruch zu nehmen und auch einen Nutzen daraus zu ziehen. Das hatte zur Folge, dass die Klientinnen das Coaching nicht hilfreich fanden, und die Coaches trotz ihres aufrichtigen Wunsches zu helfen nicht die Wirkung feststellen konnten, die Lia ihnen versprochen hatte. Daher war es in »den ersten Jahren wirklich schwer, [Coaches] zu rekrutieren«, erzählte sie uns. »Furchtbar schwer.«[7]

Auch die Finanzierung war ein Problem. Nachdem Lia 2012 bei ihrer Firma gekündigt hatte, um sich ganz auf Up With Women zu konzentrieren, waren schon bald ihre privaten Ersparnisse aufgebraucht, die sie in die Hilfsorganisation gesteckt hatte. Und ohne eine ausreichende Anzahl von Coaches, Klientinnen und positiven Resultaten konnte sie keine neuen Sponsoren finden. »Ich sah zu, wie die letzten 5000 Dollar auf meinem Konto wegschmolzen, und sagte der Leitung der Obdachlosenunterkunft, sie müssten womöglich bald einen Platz für mich suchen! Ich dachte wirklich, ich säße demnächst wieder auf der Straße. Ich ging pleite, um Up With Women zu retten.« Doch die Jahre, in denen Lia eine Rikscha gezogen hatte, oft mit bis zu acht Personen besetzt, hatten sie »wahnsinnig stark« gemacht. Und so fand sie eine Lösung, Up With Women zu retten, auf die sonst niemand gekommen wäre: Sie errang zwei Rekorde für die Guinness World Records, den einen als Frau für das »Ziehen des schwersten Fahrzeugs über eine Distanz von 100 Fuß« und den anderen für das »Ziehen des schwersten Fahrzeugs in High Heels«. Die Publicity und die Aufmerksamkeit der Medien lockten weitere Unterstützer und Kooperationspartner an und die Spenden begannen zu fließen. Zusätzlich vermittelte Lia mit ihrer Leistung den betroffenen Frauen eine starke Botschaft: »Ihr seid stärker, als ihr glaubt.«[8]

Lia musste immer noch einen Weg finden, den Coaches das zu geben, was sie brauchten und wollten, um weiter »am Ball« zu bleiben. Und obwohl sie selbst gecoacht worden war, wusste sie sehr wenig über den Coaching-Prozess oder darüber, was die Beziehung zwischen einem Coach und seinen Schützlingen aus Coach-Perspektive erfolgreich machte. Doch glücklicherweise gab es drei Coaches, die sich der Vision verpflichtet fühlten und ihr helfen wollten zu lernen und andere Coaches zu rekrutieren. Sie erarbeiteten ein effektives Programm und machten sich dann daran, das Programm zusammen mit Lia umzusetzen. Dazu gehörte beispielsweise auch, den angehenden Coaches die speziellen Fähigkeiten zu vermitteln, die für diese äußerst schwierige Klientel erforderlich waren, wie etwa Kenntnisse im Coaching von Traumatisierten, über die die meisten Freiwilligen kaum oder gar nicht verfügten. Für die potenziellen Klientinnen wurden Kriterien entwickelt, um zu erkennen, wer tatsächlich bereit war, den nächsten Schritt zu machen. So lautete etwa ein

Kriterium, sich auf Frauen zu konzentrieren, die ihre Obdachlosigkeit seit kurzer Zeit hinter sich gelassen hatten und nun aktiv versuchten, wieder Fuß zu fassen. Mit diesem neuen Ansatz
besuchte Lia Unterkünfte, um Empfehlungen von den dortigen
Mitarbeitern einzuholen, die die potenziellen Kandidatinnen am
besten kannten.

Up With Women entwickelte sich schon bald prächtig, genauso wie die Coaches und ihre Klientinnen. Mithilfe der Coaches lernten die Frauen, sich zu motivieren, ihre Stärken zu entdecken und selbst aktiv zu werden. Die Coaches eigneten sich
nicht nur neue Fähigkeiten an, sondern wurden zu aktiven Partnern in einer Lerngemeinschaft, die sie so noch nie erlebt hatten. Oder wie es einer von ihnen formulierte: »Diese Klientel
fordert einen Coach so richtig, er muss seine ganze Bandbreite
an Fähigkeiten einsetzen, sein Hirn und Herz.« Im Gespräch
mit anderen Coaches erfuhr Lia, dass auch sie die Möglichkeit
schätzten, sich beruflich in einer Gemeinschaft gleichgesinnter
Kollegen weiterzuentwickeln, mit denen sie sich austauschen
und von denen sie lernen konnten. Mit regelmäßigen Coach-
Meetings und Mentoring schuf sie Möglichkeiten zum gegenseitigen Austausch und gab allen das Gefühl, dazuzugehören
und ihre Aufgabe zu meistern. Außerdem engagierte sie Eva-
luationsexperten, die Maßstäbe für das Coaching entwickelten, damit die Coaches messbare Resultate ihrer Arbeit hatten –
Anforderungen, die in der Unternehmenswelt nicht üblich
sind, da beim Coaching von Führungskräften nur selten eine
systematische Bewertung der Rentabilität vorgenommen wird.[9]
Doch das, was den Coaches am meisten bedeutete, ließ sich
nicht in Zahlen ausdrücken. Oder wie es einer von ihnen formulierte: »Es ist eine Sache, wenn man sieht, wie eine Führungskraft in einem Unternehmen befördert wird; aber es ist etwas
ganz anderes, wenn man mitbekommt, wie eine Frau, die ganz
unten war, plötzlich wieder aufblüht. Wie soll man *das* messen?!«

Lia – die bei ihrem Vorhaben völlig auf die Coaches angewiesen war – hatte endlich herausgefunden, was die Coaches am meisten schätzten: inspirierende Ziele, eine transformative Wirkung, Lernen auf mehreren Ebenen und die Gemeinschaft mit gleichgesinnten Kollegen. Im Lauf der Zeit machte sie Up With Women zu einem Ort, an dem die Coaches die von ihnen geschätzten Ressourcen fanden, wodurch die Organisation für sie unersetzlich wurde. Kein Wunder, dass man nirgends eine loyalere Freiwilligentruppe fand. Indem Lia erkannt hatte, was die Coaches brauchten und wollten, und ihnen Zugang zu diesen Ressourcen bot, schuf sie eine neue Ebene der gegenseitigen Abhängigkeit in ihrem Verhältnis zu den Coaches. Man könnte argumentieren, dass das Verhältnis immer noch unausgeglichen war – schließlich konnte Lia ohne die Coaches nicht das Programm anbieten, das sie sich vorstellte. Doch sie hatte nun eine gewisse Macht. Allerdings nutzte sie diese nicht, um die Coaches zu etwas zu zwingen; sie nutzte ihre Macht, um die Coaches in die Lage zu versetzen, den Frauen zu helfen. Lia hatte die Art von Machtverhältnis entwickelt, das die wegweisende Sozialwissenschaftlerin Mary Parker Follett als »Macht durch« bezeichnete, als eine »gemeinsam entwickelte Macht«, die dazu genutzt wird »jede menschliche Seele zu bereichern und zu fördern«.[10]

Wir haben bewusst nicht Cäsar oder Napoleon als erstes Beispiel bei unserer Reise zu einem besseren Verständnis von Macht gewählt. Da wir Ihnen helfen wollen, Macht mit neuen Augen zu sehen, haben wir Sie an einen Ort geführt, an dem Menschen selten nach Macht suchen: eine Unterkunft für obdachlose Frauen. Kann man Lia als mächtig bezeichnen? Unbedingt! Sie schaffte es allen Widrigkeiten zum Trotz, die Kontrolle über ihr Leben zurückzugewinnen, und konnte noch dazu Macht für ihre Zwecke einspannen, um Coaches zu überzeugen, für Up With Women zu arbeiten und Frauen zu helfen, ihr Leben und ihre berufliche Laufbahn neu aufzubauen. Doch Lia errang nicht nur für sich selbst Macht, was an sich schon eine Leistung ist, wenn man nicht in eine Position der Macht hineingeboren wurde, sondern sie nutzte die Macht auch, um andere zu ermächtigen. Ihr Werdegang ist ein perfektes Beispiel für einen Rat, den die Literaturnobelpreisträgerin Toni Morrison ihren Studierenden gegeben hat: »Wenn ihr Macht habt, besteht eure Aufgabe darin, andere zu ermächtigen.«[11]

MACHTAUSGLEICH

Lias Geschichte zeigt, wie die grundlegenden Elemente der Macht zusammenspielen und wie sie im Lauf der Zeit ausgeglichen werden können. So wie es vier Elemente gibt, die in jeder Beziehung die Machtverteilung zwischen zwei Parteien definieren – die jeweiligen Ressourcen, die jede Partei schätzt, und die Frage, ob es Alternativen gibt, an diese geschätzten Ressourcen zu kommen –, gibt es auch vier Strategien, um das Machtgleichgewicht zu verschieben: *Anziehung, Konsolidierung, Expansion* und *Rückzug*, wie in der Abbildung dargestellt.[12] Diese Strategien werden heute noch genauso angewandt wie in der Antike und sind für alle Arten von Beziehungen relevant – in der Familie, gegenüber Freunden und Kollegen, aber auch in Beziehungen zwischen Organisationen, Unternehmen und Staaten. Zur besseren Veranschaulichung werfen wir einen Blick auf die Diamantenindustrie und analysieren an ihrem Beispiel die jeweiligen Strategien. Wir beginnen mit der Strategie der Anziehung, mit der die Werbeagentur N. W. Ayer Generationen angehender Bräute und Bräutigame überzeugte, dass funkelnde Edelsteine viel wichtiger sind, als sie bisher gedacht hatten.

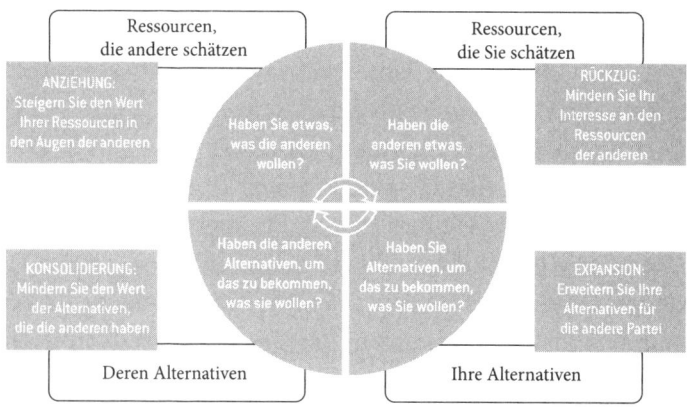

Vier Wege zur Verschiebung des Machtgleichgewichts

1938 ebbte die Weltwirtschaftskrise allmählich ab, allerdings rückte ein Krieg bedrohlich näher, da die Welt tatenlos zusah, wie Hitler Österreich dem Deutschen Reich einverleibte. Viele Familien hatten immer noch zu kämpfen, um über die Runden zu kommen. An Diamanten dachte damals kaum jemand; nur 10 Prozent der Verlobungsringe waren mit Diamanten geschmückt.[13] Das beunruhigte Harry Oppenheimer, den südafrikanischen Vorsitzenden der Minengesellschaft De Beers Consolidated Mines Ltd., dem größten Diamantenproduzenten und -händler der Welt, genauso wie seine Bankiers. Sie drängten Oppenheimer, nach einer Möglichkeit zur Steigerung der Nachfrage zu suchen, um den Preis nach oben zu treiben und De Beers mehr Gewinne zu bescheren.

In der Hoffnung, dass Werbung Abhilfe schaffen könnte, reiste Oppenheimer nach New York und traf sich mit den Führungskräften von Ayer.[14] Die Agentur meisterte die Herausforderung mit Bravour: Die Kernelemente der von ihr entwickelten Kampagne – Diamanten mit ewiger Liebe, Erfolg und Ehe zu verknüpfen – zeigen auch heute noch Wirkung. Ayer schaltete Anzeigen mit Filmidolen und Prominenten, um die Edelsteine zu bewerben und den legendären Slogan der Kampagne bekannt zu machen: »A Diamond is forever« (»Ein Diamant ist unvergänglich«). Nicht einmal drei Jahre später war der Absatz von Diamanten in den USA um 55 Prozent gestiegen.[15] 1990 zierten Diamanten 80 Prozent aller Verlobungsringe.[16]

Vertriebs- und Marketingexperten sind vielleicht besonders geschickt darin, Anziehungskraft als Strategie einzusetzen, doch sie sind damit nicht allein. Anziehungskraft – oder die Steigerung des Wertes einer Ressource in den Augen anderer – ist eine der am häufigsten eingesetzten Strategien zur Herstellung eines Machtgleichgewichts. Denken wir an Lia: Das Versprechen einer transformativen Wirkung in Verbindung mit der Aussicht, ihre beruflichen Qualifikationen zu verbessern und ihre Netzwerke auszubauen, machte für die Coaches die Anziehungskraft von Up With Women aus und hielt sie bei der Stange.

Die Strategie der Anziehung kann sich sowohl auf die Wahrnehmung als auch auf die Realität stützen. Der Einfluss von Lias Coaches auf das Leben ihrer Klientinnen ist real: Die Frauen können sich aus der Armut befreien, ihren Kindern ein stabiles Zuhause bieten und etwas für ihr berufliches Vorankommen tun – das sind konkrete Veränderungen. Doch der Wert eines Diamanten ist stark von der Wahrnehmung abhängig. Psychologen haben gezeigt, wie man die Wertwahrnehmung einer Ressource mit einfachen Mitteln verändern kann.[17] Das gilt auch, wenn der Wert einer Ressource problemlos einzuschätzen ist. Diamanten sind dafür ein gutes Beispiel: Schliff, Farbe, Reinheit und Karat bestimmen ihre Qualität. Dennoch ergab eine Untersuchung von 1,5 Millionen Ebay-Transaktionen, dass für Diamantringe von genau gleicher Qualität niedrigere Gebote abgegeben wurden, wenn der Verkäufer einen »belastenden« Grund für den Verkauf nannte, etwa eine Verlobte, die ihn betrogen hatte, im Vergleich zu einem »positiven« Grund wie das Vermächtnis einer glücklich verheirateten Tante.[18]

Unabhängig davon, ob es sich um einen realen oder einen wahrgenommenen Wert handelt, kann die Erhöhung des Wertes, den jemand in einer von Ihnen angebotenen Ressource sieht, eine wichtige Strategie sein, um das Machtgleichgewicht zu Ihren Gunsten zu verschieben.

Doch selbst eine attraktive Ressource verleiht Ihnen nur wenig Macht, wenn sie für viele verfügbar ist. In diesem Fall können Sie die Abhängigkeit der anderen Partei erhöhen, indem Sie die Zahl der verfügbaren Alternativen verringern. Dafür ist ein Zusammenschluss mit den anderen Anbietern der Ressource erforderlich. Kartelle sind ein Beispiel für diese Konsolidierungsstrategie, die darauf abzielt, die Zahl der Anbieter einer Ressource zu verringern. Auf diese Weise hat die OPEC seit ihrer Gründung in den 1960er-Jahren die Macht der ölexportierenden Länder gesteigert.

Eine der extremsten und bekanntesten Formen dieser Strategie sind Monopole. Das Wort »Monopol« leitet sich von den beiden altgriechischen Begriffen *monos* (»allein«) und *pōlein* (»verkaufen«) ab. Oder anders ausgedrückt: »Ich bin der einzige Verkäufer.« Wenn ein Unternehmen, um die Konkurrenz auszuschalten, andere Unternehmen aufkauft, die dieselbe Ressource anbieten, nutzt es die Konsolidierungsstrategie, um seine Marktmacht zu vergrößern. Aus diesem Grund sind Kartellgesetze so wichtig: Sie verhindern, dass Unternehmen zu viel Macht auf sich konzentrieren. Doch unabhängig davon, ob eine Konsolidierung freiwillig oder unter Zwang erfolgt, verlagert sich dabei das Machtgleichgewicht zugunsten der Anbieter, die sich zusammentun, um die für die andere Partei verfügbaren Alternativen zu reduzieren.

Das war auch bei De Beers der Fall. Das Diamantenunternehmen verfolgte über Jahrzehnte eine Konsolidierungsstrategie, um das weltweite Angebot an Rohdiamanten zu kontrollieren. Um seine Macht über die Anbieter auszubauen, schuf De Beers eine zentrale Verkaufsorganisation, die sogenannte Central Selling Organization, die Exklusivverträge mit ausgewählten Diamantenhändlern abschloss. Gleichzeitig erhöhte De Beers mit der

Gründung eines exklusiven Klubs für die führenden Diamantenkäufer der Welt auch die Macht über seine Kunden. In den 1980er-Jahren kontrollierte De Beers 80 Prozent der weltweit gehandelten Rohdiamanten.[19] Wer mit Diamanten handeln wollte, hatte fast keine andere Wahl, als sich für De Beers zu entscheiden.

Obwohl sich Gewerkschaften deutlich von Monopolen und Quasimonopolen wie De Beers unterscheiden, nutzen auch sie die Konsolidierung. Wie viel Macht hat ein einzelner Arbeitnehmer in seinem Verhältnis zum Unternehmen? Solange das Unternehmen seine Arbeit benötigt, um Güter oder Dienstleistungen anzubieten, und er durch Rechte und Gesetze geschützt ist, hat er natürlich eine gewisse Macht. Doch diese Macht ist begrenzt, da das Unternehmen wahrscheinlich einen Ersatz im eigenen Unternehmen oder auf dem Arbeitsmarkt finden könnte. Dadurch entsteht eine Machtasymmetrie, die noch größer wird, wenn es viele verfügbare Arbeitskräfte gibt, die die Arbeit verrichten können und nach einer Stelle suchen. Aufgrund derartiger Asymmetrien ist es schwierig für Arbeitnehmer, ihre Rechte durchzusetzen. Deshalb wurden Gewerkschaften gegründet. Im Englischen leitet sich der Begriff *union* für »Gewerkschaft« vom lateinischen *unus* für »eins« ab und erinnert daran, dass Arbeiter durch den Zusammenschluss als Einheit auftreten und so ihre Arbeitgeber davon abhalten können, sie bei Unstimmigkeiten über die Arbeitsbedingungen einfach durch andere Arbeitskräfte zu ersetzen.

Während es bei der Anziehung und Konsolidierung darum geht, die Abhängigkeit der anderen Partei zu erhöhen, bieten Expansion und Rückzug die Möglichkeit, das Machtverhältnis auszugleichen, indem man die Abhängigkeit der einen Partei von der anderen reduziert. Entsprechend kann man sich Rückzug als Gegenbewegung zur Anziehung vorstellen und Expansion als Gegenbewegung zur Konsolidierung.

Zum Rückzug gehört, dass man sich von der Ressource abwendet, die die andere Partei zu bieten hat, und kein großes Interesse daran zeigt. Vor dieser Herausforderung standen auch De Beers und die anderen Diamantenverkäufer zu Beginn des 21. Jahrhunderts, als die Diamantenbegeisterung der Verbraucher nachließ. Da die Zahl der Eheschließungen sinkt und sich das Verhältnis der Geschlechter weiterentwickelt hat, werden traditionelle Heiratsrituale infrage gestellt. Darüber hinaus hat der Wettbewerb bei Luxusgütern, von Reisen über Handtaschen bis zur Elektronik, in den vergangenen Jahrzehnten enorm zugenommen.[20] Blutdiamanten – die in Kriegsgebieten geschürft und zur Finanzierung gewalttätiger Konflikte genutzt werden – haben den einst makellosen Ruf der Diamanten als Symbol der ewigen Liebe beschmutzt. All diese gesellschaftlichen Trends haben die Macht von De Beers und allgemein der Diamantenindustrie geschmälert; einige Analysten gehen von einem Absatzrückgang von bis zu 60 Prozent in den Jahren 2000 bis 2019 aus.[21]

Doch die Macht von De Beers war bereits vor den Auswirkungen dieser Trends geschrumpft, und das so stark, dass der Anteil der Firma am globalen Rohdiamantenhandel 2019 auf etwa 30 Prozent gesunken war.[22] Dass sich das Blatt für De Beers derart gewendet hatte, lag unter anderem an einer veränderten Marktsituation aufgrund der strategischen Maßnahmen der anderen Diamantenanbieter und Konkurrenten. Der Zusammenbruch der Sowjetunion 1991 schwächte De Beers' Partnerschaft mit russischen Diamantenproduzenten, während in Kanada neue Diamantvorkommen erschlossen wurden und Start-up-Unternehmen mithilfe neuer Technologien synthetische Diamanten im Labor herstellten. Die Anbieter konnten nun direkt mit den Kunden in Kontakt treten und Preise aushandeln, und die Kunden hatten mehr Optionen, bei wem sie kaufen wollten, was die Macht von De Beers weiter schwächte. Gleichzeitig war die Firma in einen Antitrustrechtsstreit verwickelt, wodurch sich für Lieferanten und Kunden zusätzliche Alternativen auftaten. Eine derartige Expansion aufseiten der Mitbewerber kann das

Machtgleichgewicht nicht nur in der Wirtschaft, sondern auch im normalen Alltag radikal verändern. Denken Sie nur an das Kind, das so gern Kekse isst, und den gutmütigen Nachbarn. Er ist nichts anderes als ein alternativer Anbieter, der den Eltern die Macht entzieht!

Zusammengefasst heißt das: Um die Abhängigkeit anderer zu erhöhen, können Sie versuchen, den Wert einer Ihnen zugänglichen Ressource zu steigern, oder Sie können Ihre Kontrolle über diese Ressource erhöhen, indem Sie zu ihrem einzigen Anbieter werden. Umgekehrt können Sie, um Ihre Abhängigkeit von der anderen Partei zu verringern, versuchen, den Wert zu mindern, den Sie der von der anderen Partei kontrollierten Ressource beimessen, oder Sie versuchen, deren Kontrolle über die Ressource zu verringern, indem Sie alternative Anbieter dieser Ressource ausfindig machen.[23] Machtbeziehungen sind alles andere als statisch, sondern entwickeln sich im Laufe der Zeit immer weiter, wenn die beteiligten Parteien ihre Schachzüge vollführen.

Wie der Aufstieg und Fall von De Beers zeigen, mag ein Diamant zwar unvergänglich sein, Macht hingegen ist es nicht. Das gilt genauso für Organisationen wie für uns selbst. Selbst diejenigen, die so mächtig sind, dass wir sie für die personifizierte Macht halten, haben keinen dauerhaften Anspruch darauf.

ES GIBT KEINEN DAUERHAFTEN ANSPRUCH AUF MACHT

Für viele seiner Zeitgenossen war der US-Senator Lyndon Baines Johnson (LBJ) in den 1950er-Jahren der mächtigste Mann in Washington. Und damit nicht genug. Als Vizepräsident wurde er nach John F. Kennedys Ermordung der 36. Präsident der Vereinigten Staaten und damit wohl der mächtigste Mann des Landes. Zwei Jahre später, nachdem er selbst direkt zum Präsidenten gewählt worden war, schien er auf dem Höhepunkt seiner politischen Laufbahn angelangt zu sein. Zu den Leistungen während seiner Präsidentschaft gehören die Verabschiedung des Bürgerrechts- und Wahlrechtsgesetzes und die Maßnahmen zur Bekämpfung der Armut im Rahmen seines »Great Society«-Programms. Seine Bilanz wird jedoch getrübt durch die Eskalation des Vietnamkriegs. Als immer mehr US-Truppen nach Vietnam geschickt wurden, demonstrierten Jugendliche im ganzen Land gegen eine Fortsetzung des Krieges. Johnson war schließlich so unbeliebt, dass er auf eine Kandidatur zu seiner Wiederwahl verzichtete. Stattdessen konzentrierte er sich auf die Friedensverhandlungen zur Beendigung des Vietnamkriegs, die jedoch aufgrund diplomatischer Manöver scheiterten, weshalb erst sein Nachfolger Frieden schließen konnte.

Johnsons Aufstieg wird oft seiner besonderen Persönlichkeit zugeschrieben: Mit einer Körpergröße von 1,92 Metern überragte er fast alle anderen Senatoren und nutzte seine Statur oft zur Einschüchterung seiner Gegner. Doch die körperliche Dominanz war nur ein Teil seiner Taktik, die später als »Johnson-Behandlung« bekannt wurde. Ein Reporter beschrieb sie damals als »unglaublich kraftvolle Mischung aus Überzeugungskraft, Druck, Schmeichelei, Drohungen und Erinnerungen an vergangene Gefälligkeiten und zukünftige Vorteile«.[24] Doch obwohl Johnson gegen Ende seiner Präsidentschaft noch genauso groß war und immer noch die typische »Johnson-Behandlung« nutzte, war seine Macht nicht von Dauer. Was machte ihn also zunächst mächtig und warum konnte er diese Macht nicht während seiner gesamten Präsidentschaft bewahren?

Niemand hat mehr Zeit mit der Analyse von Johnsons Macht verbracht als Robert Caro, der in einer monumentalen Johnson-Biografie jeden Schritt seines Aufstiegs und Falls nachvollzieht. Als Caro in einem Interview gefragt wurde, welche Charaktereigenschaften Johnsons Macht begründeten, nannte er weder dessen Persönlichkeit noch die Besonderheiten der »Johnson-Behandlung«. Stattdessen verwies er auf sein »Genie bei der Schaffung politischer Macht«.[25] Laut Caro basierte Johnsons einzigartige Fähigkeit, Macht während seiner Zeit im Senat zu erlangen und auszuüben, darauf, dass er besser als jeder andere verstand, was seine Kollegen schätzten, und dieses Wissen mit dem größtmöglichen Effekt nutzte, indem er deren Zugang dazu kontrollierte. Als Johnson 1949 in den Senat gewählt wurde, beobachtete er sehr aufmerksam seine Kollegen, wie Caro erklärt: »Er beobachtete, welche Senatoren an ihren Tischen saßen und die anderen Senatoren zu sich kommen ließen. Er beobachtete, wie zwei Senatoren miteinander sprachen, und achtete darauf, ob sie einander auf Augenhöhe begegneten. Er beobachtete die Senatoren in Gruppen und hatte stets ein Auge darauf, wem die anderen zuhörten. Seinem scharfen Blick entging nichts.«[26] Johnson war immer dann besonders effektiv, wenn er direkt mit anderen reden konnte. Er verstand sich hervorragend darauf, andere Menschen zu durchschauen, und machte es sich zur Gewohnheit, andere reden zu lassen, um herauszufinden, was seine Gesprächspartner *wirklich* wollten. Und dann suchte er nach einer Möglichkeit, deren Zugang dazu zu kontrollieren. Bei manchen waren das bestimmte Mandate oder der Sitz in einem bestimmten Ausschuss; für andere ging es darum, die von ihnen unterstützten Gesetzesentwürfe zur Abstimmung zu bringen, wieder andere waren auf Dienstreisen und Essen in edlen Restaurants aus. Indem er seinen Kollegen das bot, was sie brauchten und wollten, gelang es ihm, einer der mächtigsten Senatoren der letzten hundert Jahre zu werden.

Doch als er Präsident wurde, waren seine Senatskollegen, bei denen es sich überwiegend um weiße Männer mittleren und höheren Alters handelte, nicht mehr die einzigen Menschen, mit denen er umgehen musste. Nun hatte er es mit der gesamten US-amerikanischen Bevölkerung zu tun und mit ausländischen Staatschefs, unter anderem auch mit dem nordvietnamesischen Präsidenten Ho Chi Minh. Während Johnsons Amtszeit eska-

lierte der Konflikt zwischen Nord- und Südvietnam unter Beteiligung der USA.

Die Geopolitik des Vietnamkriegs ist zu kompliziert, um hier
näher darauf einzugehen, deshalb möchten wir nur darauf hinweisen, dass ein Faktor, der zur Eskalation beitrug, Johnsons
Annahme war, er könne mit Ho Chi Minh genauso verhandeln
wie mit den Kongressabgeordneten im Kapitol in Washington.
Doch keine der Ressourcen, die Johnson anbieten konnte, etwa
eine großzügige Entwicklungshilfe, waren für Ho Chi Minh von
Interesse, der nur das Ziel vor Augen hatte, ein geeintes Vietnam unter einer kommunistischen Führung zu schaffen. Johnsons Bezugsrahmen war viel zu weit von den kulturellen, historischen und ideologischen Wurzeln von Ho Chi Minhs Haltung
und seinem kompromisslosen Streben entfernt. Die »Johnson-
Behandlung« hatte LBJ im Senat gute Dienste geleistet, doch im
Zusammenhang mit dem Vietnamkrieg war sie nutzlos. Seine
Umgarnungs- und Einschüchterungsversuche verliefen im Sand.

Johnsons Werdegang führt uns vor Augen, dass man Macht
nicht als selbstverständlich betrachten kann, auch dann nicht,
wenn man bereits sehr mächtig ist. Persönliche Eigenschaften
oder Fähigkeiten, die sich in einem bestimmten Umfeld als besonders nützlich zur Erlangung von Macht erweisen, können in
einem anderen Umfeld sogar schaden.[27]

Warum glauben dann so viele Menschen, Macht sei etwas, das
man persönlich besitzt? Weil wir dazu neigen, Macht zu per-
sonalisieren. L'homme providentiel oder der »große Anführer«,
der über den Gang der Ereignisse und das Schicksal der Massen
bestimmt, ist in der Geschichte eine bekannte Figur und findet
sich in zahllosen Chroniken und Legenden.[28] In den 1970er-Jah-
ren prägte der Psychologe Lee Ross den Begriff »fundamentaler
Attributionsfehler«, der unsere Neigung bezeichnet, das Verhalten anderer Menschen anhand ihrer persönlichen Eigenschaften
anstatt der Situation zu erklären.[29] Zeitungen, Biografien, Filme
und so weiter vermitteln die Vorstellung, dass ein Mensch von

Natur aus Macht besitzen kann und allein dadurch zu Größe auf-
steigt.

Diese Fehlannahme ist gefährlich. Die Mächtigen verleitet sie
zu der Illusion von Dauerhaftigkeit, Unverwundbarkeit und sogar Hybris. Und bekanntlich kommt Hochmut vor dem Fall, wie
es bereits in der Bibel heißt.[30] Bei den Machtlosen fördert die
Vorstellung, dass die Mächtigen Eigenschaften haben, die ihnen
selbst verwehrt bleiben, Passivität und die Überzeugung, dass sie
ohnehin nichts tun können und in ihrer eigenen Ohnmacht gefangen sind.

Doch wenn man die Grundlagen der Macht verstanden hat,
kann man diesen Trugschluss leicht entlarven: Niemand kann
Macht dauerhaft besitzen, denn die eigene Macht über andere
hängt davon ab, was die anderen brauchen und wollen, und ob
man deren Zugang dazu kontrollieren kann. Die Macht der anderen Partei hängt wiederum davon ab, inwieweit sie den Zugang zu Ressourcen kontrolliert, die man selbst schätzt. In dieser
Form existiert Macht nur im Kontext einer Beziehung. Niemand
ist generell mächtig oder machtlos. Macht ist eine Kraft, über die
die Parteien einer Beziehung das Verhalten der anderen beeinflussen. Für sich genommen ist diese Kraft weder gut noch böse.
Es hängt immer davon ab, wie wir sie nutzen und zu welchem
Zweck.

KAPITEL 2
MACHT KANN SCHMUTZIG SEIN,
MUSS SIE ABER NICHT

»» Halte deine Absichten stets geheim.«

»Lass andere für dich arbeiten, doch streiche immer die Anerkennung dafür ein.«

»Entwaffne dein Opfer mit gezielter Ehrlichkeit und Großzügigkeit.«

»Gib dich wie ein Freund, aber handle wie ein Spion«.[31]

Diese Empfehlungen stammen aus *Power. Die 48 Gesetze der Macht,* einem Bestseller von Robert Greene, der erstmals 1998 erschien. Kein Wunder, dass die Leute glauben, Macht sei schmutzig! Vielleicht fällt Ihnen dazu auch der Spruch »Der Zweck heiligt die Mittel« ein oder »Es ist viel sicherer, gefürchtet als geliebt zu sein« aus Niccolò Machiavellis politischer Abhandlung *Der Fürst* aus dem 16. Jahrhundert.

Dabei vergessen wir, dass der Fürst laut Machiavelli auch »mit Klugheit und Menschlichkeit so gemäßigt zu Werke gehen [soll], daß weder zu großes Vertrauen ihn unvorsichtig, noch zu großes Mistrauen unleidlich mache«.[32] Aber wenn Machiavellis Fürst auch eine menschliche Seite hat, warum sind wir dann vor allem von seiner Grausamkeit fasziniert? Wir Menschen haben einen nachweislichen Hang zur Negativität, der uns veranlasst, den negativen Ereignissen, Dingen und Eigenschaften mehr Aufmerksamkeit zu schenken als den positiven. Wir reagieren auf Negatives einfach stärker als auf Positives.[33]

Doch wenn man Macht ausschließlich als ausbeuterisch und manipulativ darstellt, erfasst man nicht ihr eigentliches Wesen.

Macht ist von Natur aus weder moralisch noch unmoralisch. Die Geschichte zeigt, dass Macht sowohl für ehrenhafte als auch für unehrenhafte Zwecke eingesetzt werden kann. Ob sie schmutzig ist, hängt davon ab, wie wir sie erlangen und bewahren und zu welchem Zweck wir sie nutzen. Entsprechend müssen wir drei wichtige Entscheidungen treffen: ob wir Macht erlangen, wie wir sie erlangen und wofür wir sie einsetzen wollen.

Macht zu erlangen bedeutet, aktiv zu werden und Veränderungen zu bewirken. »Macht ist die Grundlage, der Dynamo des Lebens«, erklärte der US-amerikanische Bürgerrechtler und Community Organizer Saul Alinsky.[34] Oder wie der britische Philosoph Bertrand Russell schrieb: »daß der Fundamentalbegriff in der Gesellschaftswissenschaft Macht heißt im gleichen Sinne, in dem die Energie den Fundamentalbegriff in der Physik darstellt«.[35] Und obwohl diese Energie in eigennütziger Absicht und mitunter auch für finstere Zwecke genutzt werden kann, kann sie auf moralisch einwandfreie Ziele angewandt werden, die über das Eigeninteresse hinausgehen. Tatsächlich ist Macht unverzichtbar, wenn man Ziele erreichen will, denn wie uns Lias Geschichte lehrt, muss man in der Lage sein, andere zu beeinflussen, um einen positiven Wandel zu bewirken. Indem wir Macht als das sehen, was sie ist – eine Kraft, die auf der Kontrolle geschätzter Ressourcen beruht und die an sich weder unmoralisch noch moralisch ist –, können wir uns für sie öffnen und sie verantwortungsvoll einsetzen. Dazu müssen wir zum einen die berauschende Wirkung vermeiden, die sie auf unsere Psyche haben kann, und zum anderen lernen, wie wir sie nutzen können, ohne sie zu missbrauchen.

MACHT BERAUSCHT

Miriam Rykles wurde in Vilnius geboren. Die Stadt ist damals von Polen annektiert worden und gehört heute zu Litauen. Miriam, die im Zweiten Weltkrieg noch ein Teenager war, hat als Einzige in ihrer Familie den Holocaust überlebt.[36] Nach zwei Jahren in den Konzentrationslagern der Nazis wusste sie sehr gut, was Machtmissbrauch bedeutete. Sie hatte am eigenen Leib erfahren, was es bedeutet, wenn Menschen absolute Macht haben und sie ohne jede Kontrolle ausüben können, um Leben zu zerstören und alles auszulöschen, was uns zu Menschen macht. Ihre Erfahrungen hatten sie immun gegen jede Form von Machtmissbrauch gemacht, sie würde niemals dem Rausch der Macht erliegen – zumindest dachte sie das.

Mit Mitte dreißig hatte sich Miriam in Boston niedergelassen, wo sie als Verwaltungsangestellte an der Fakultät für Physik der Harvard University arbeitete. Auf Einladung ihres Cousins Elwood besuchte sie ihn in London. Vor dem Krieg hatte Elwood als Kellner gearbeitet und sich aufrichtig für den Sozialismus begeistert; nach dem Krieg verdiente er Millionen als Anwalt für Prominente in Hollywood und auf der ganzen Welt. Seine Welt, getrennt durch einen Ozean, aber auch durch seinen enormen Reichtum, hätte sich nicht stärker von Miriams Welt unterscheiden können.

An einem sonnigen Donnerstagmorgen wurde sie von Elwoods Chauffeur Noel abgeholt, der sie zu verschiedenen Museen fahren sollte. Der erste Halt war die Tate Gallery. »Noel hielt vor dem Eingang«, erinnerte sich Miriam, »und öffnete mir die Tür. Ich stieg aus und merkte, wie die Leute den Hals reckten, um zu sehen, wer da aus dem Wagen stieg. Ich ging durch die Menge mit dem Gefühl ›Oh, *sie denken, ich wäre jemand Wichtiges!‹.* Aber irgendwie drang das nicht zu mir durch. Ich ging von Museum zu Museum und amüsierte mich prächtig.« Der einzige Moment, der ihr zu denken gab, war, als sie ein spätes Mittagessen einnehmen wollte und Noel sich sträubte, mit ihr zu essen, als sie ihn dazu einlud.

Gegen Abend war es draußen kühl geworden. »Wir fuhren über den Trafalgar Square«, erzählte sie uns, »und die Leute hasteten über den Platz, sie zitterten und versuchten, dem Nieselregen zu entkommen. Ich sah nach draußen und fühlte mich warm und behaglich und gleichgültig [gegenüber denen, an denen sie vorbeifuhr]: *Das sind die anderen und ich bin ich,* dachte ich. *Ich sitze im Auto und sie sind draußen in der Kälte.* In dem Moment fühlte ich mich überlegen.«

Miriams Erfahrung, Macht als angenehm zu empfinden und gleichgültig gegenüber anderen zu sein, ist nicht ungewöhnlich. In Erinnerung daran, was ein flüchtiges Gefühl von Macht und Privilegien in ihr ausgelöst hatte, erklärte Miriam: »Ich erkannte, dass man, wenn man privilegiert aufwächst oder eine Zeit lang privilegiert ist, dauerhaft so empfindet wie ich an jenem Tag. Man weiß nicht einmal, dass man so empfindet! Ich war einen Tag lang in dieser Situation. Nur einen Tag, und ich empfand so? Ich, die ich so überzeugt war von meiner Haltung, meinem Sinn für Gerechtigkeit, die wusste, dass Gut und Böse in uns allen nebeneinander bestehen und dass es unerlässlich ist, die böse Seite der Menschen zu kontrollieren, um die Zivilgesellschaft zu schützen. Ich bekam Angst, denn wenn so etwas mit mir an nur einem Tag geschehen kann, dann ist alles möglich, bei mir und bei anderen Menschen.«

MACHT, ICHBEZOGENHEIT UND HYBRIS

Wie die Geschichte zeigt und psychologische Studien belegen, liegt Miriam mit ihrer Einschätzung richtig: Die Erfahrung von Macht kann dazu führen, dass man anderen gegenüber weniger Empathie und Respekt empfindet. An ihre Stelle treten Eigennutz, Impulsivität und ein Gefühl der Einzigartigkeit.[37]

Sozialpsychologen haben untersucht, welche Auswirkungen es haben kann, wenn man auch nur kurz über die eigene Macht im Verhältnis zu anderen nachdenkt. In einer Studie wurden die Teilnehmer aufgefordert, entweder an Personen mit dem größten Reichtum und Prestige in den USA zu denken oder an Personen mit dem geringsten Vermögen und Ansehen. Anschließend sollten die Probanden auf einer zehnstufigen Skala eintragen, wo sie sich selbst einordneten. Wenn die Teilnehmer an die mächtigsten Menschen des Landes dachten, fühlten sie sich relativ machtlos und stuften sich selbst niedriger ein. Im Unterschied dazu fühlten sich die Teilnehmer, die an Menschen mit besonders wenig Macht in der Gesellschaft dachten, deutlich mächtiger und stuften sich höher ein. Dann wurde den Teilnehmern ein bekannter Test, »Reading the Mind in the Eyes«,[38] vorgelegt, der die Empathie misst. Dabei werden Probanden Fotografien von Gesichtern vorgelegt, auf denen nur die Augen zu sehen sind, und sie müssen anhand des Augenausdrucks entscheiden, welches Adjektiv den abgebildeten emotionalen Zustand am besten beschreibt. Die Teilnehmer der Studie, die veranlasst worden waren, sich höherrangig zu fühlen, zeigten deutlich weniger Treffsicherheit als jene, die sich niederrangig gefühlt hatten.[39] Die Erfahrung von Macht wirkt sich demnach nachteilig auf unsere Aufmerksamkeit und die Fähigkeit aus, die Gefühle anderer Menschen zu erkennen.

Die Erfahrung von Macht verstärkt nicht nur ein Verhalten, das Psychologen als »Selbstfokussierung« bezeichnen, sondern macht uns auch selbstbewusster. Das Gefühl eines höheren sozialen Status verstärkt das Wohlbefinden;[40] einige Studien deuten sogar darauf hin, dass Menschen, die über Macht verfügen, eine größere Schmerztoleranz haben[41] und in Stresssituationen eine niedrigere Herzfrequenz.[42] Derartige Empfindungen können die Risikobereitschaft fördern,[43] was in manchen Situationen von Vorteil, aber auch gefährlich sein kann, wenn eine Person von Hybris geblendet ist.

Verweise auf die Gefahren der Hybris, von übermäßigem Stolz und Selbstvertrauen finden sich zuhauf in den Mythen und Tragödien der alten Griechen, die darin einen so großen Charakterfehler sahen, dass er den Zorn der Götter wecken konnte.[44] Erinnern Sie sich an Ikarus, dessen Vater ihm Flügel aus Federn und Wachs baute, damit er von der Insel Kreta fliehen konnte? Obwohl Dädalus seinen Sohn warnte, nicht zu tief zu fliegen, damit die Federn nicht nass würden, aber auch nicht zu hoch, weil die Sonne sonst das Wachs zum Schmelzen bringen könnte, wurde Ikarus von gottgleichen Gefühlen überwältigt. »Voll Freude über die Kraft seiner großen Flügel«[45] ignorierte er die Warnungen seines Vaters, kam der Sonne zu nahe und stürzte ins Meer und damit in den Tod.

Welcher mächtige Mensch ist nicht schon einmal in Versuchung geraten, der Sonne zu nahe zu kommen? Macht kann den Eindruck vermitteln, dass nichts und niemand uns widerstehen kann. Sozialpsychologische Experimente zeigen, dass mächtige Menschen schnell ihre Hemmungen verlieren und glauben, sie hätten die Auswirkungen ihres Handelns besser unter Kontrolle, als es tatsächlich der Fall ist.[46] In einer Studie wurde ein Teil der Probanden aufgefordert, über eine Zeit zu schreiben, in der sie sich mächtig fühlten, während die anderen eine Zeit beschreiben sollten, in denen sie sich ohnmächtig fühlten. Dann gab man den Probanden einen Würfel und stellte ihnen eine finanzielle Belohnung in Aussicht, wenn sie das Ergebnis beim Würfeln richtig vorhersagten. Sie konnten wählen, ob sie selbst würfelten oder den Leiter des Experiments würfeln ließen. Von den Teilnehmern, die über die Zeit geschrieben hatten, in der sie sich mächtig gefühlt hatten, entschieden sich alle dafür, selbst zu würfeln, während von den Teilnehmern, die über eine Zeit geschrieben hatten, in der sie sich machtlos gefühlt hatten, nur 58 Prozent selbst würfelten. Allein die Erinnerung an eine Erfahrung von Macht kann dazu führen, dass wir unsere Fähigkeiten stark überschätzen – das kann sogar so weit gehen, dass wir glauben, wir könnten Einfluss auf das zufällige Ergebnis beim Würfeln nehmen![47] Wenn schon ein paar Minuten, in denen man sich vorstellt, mächtig zu sein, diese Wirkung haben können, welche Auswirkungen hat dann eine jahrelange Machtposition?

David Gergen, der über drei Jahrzehnte lang als politischer Berater für vier US-Präsidenten (Nixon, Ford, Reagan und Clinton) tätig war, weiß besser als viele andere, wie wichtig es ist, die Mächtigen daran zu erinnern, dass auch sie nur gewöhnliche Sterbliche sind.[48] Während seiner Zeit in Washington beobachtete er häufig das Aufkommen von Hybris, vor allem bei Präsidenten in ihrer zweiten Amtszeit, in der sie zu der Ansicht neigten, sie seien »die Herren des Universums«, wie David uns erzählte. Der französische Politiker François Hollande, der für eine Amtszeit (von 2012 bis 2017) Staatspräsident war, war sich dieser Gefahr bei seiner Wahl sehr wohl bewusst.[49] Beim Rückblick auf seine Jahre als Präsident sagte er uns, eine der größten Herausforderungen für ihn habe darin bestanden, Selbstüberschätzung nicht nur bei sich zu vermeiden (was, wie er zugab, schwierig genug war), sondern auch mit der Situation umzugehen, wenn von ihm ernannte Personen in diese Falle tappten.

Doch Präsidenten, Politiker und die von ihnen ernannten Personen sind nicht die Einzigen, deren Verhalten sich durch Hybris verändern kann. Miriams Erfahrung zeigt, dass jeder, der ein bisschen Macht hat, sich davon blenden lassen kann. Und je mehr Macht man hat, desto größer ist die Gefahr, sie zu missbrauchen. »Macht tendiert dazu, uns zu korrumpieren, und absolute Macht korrumpiert absolut«, schrieb schon Lord Acton 1887 in einem Brief an Mandell Creighton (der später Bischof der Church of England wurde), in dem sich die beiden darüber austauschten, wie Historiker die Vergangenheit beurteilen sollten. Acton argumentierte im Gegensatz zu Creighton, dass moralische Grundsätze für alle gelten und für Autoritätspersonen besonders strenge Maßstäbe angewandt werden sollten.[50] »Ich kann Ihren Grundsatz nicht akzeptieren, dass wir Päpste und Könige anders als andere Menschen beurteilen sollten, noch dazu in der wohlwollenden Annahme, sie hätten nichts Falsches getan. Wenn es in dieser Hinsicht überhaupt eine besondere Haltung gibt, dann richtet sie sich gegen die Träger der Macht, und dieses Misstrauen gegen sie wächst in dem Maße, wie ihre Macht wächst«, erklärte Acton.

Unkontrollierte absolute Macht birgt die Wahrscheinlichkeit, auch absolut zu korrumpieren. Interessanterweise wissen die Menschen, die keine Macht haben, um diese Gefahr und neigen eher dazu, Macht als schmutzig zu betrachten, als diejenigen, die tatsächlich Macht haben, weil die Erfahrung von Macht dafür sorgt, dass wir uns seltener moralisch hinterfragen. Aber warum ist das so?

MACHT KANN AUCH BEWIRKEN, DASS WIR UNS TUGENDHAFT FÜHLEN

Haben Sie Papier und Stift zur Hand? Oder vielleicht Ihr Handy? Wenn Sie etwas zum Schreiben haben, betrachten Sie die folgende Wortliste und tragen Sie die fehlenden Buchstaben so schnell wie möglich so ein, dass sie englische Wörter ergeben.

W __ __ H
F __ O __
S H __ __ E R
B __ __ K
S __ __ P
P A __ __ R

Betrachten Sie nun die Wörter, die Sie notiert haben, und zählen Sie, wie viele etwas mit Sauberkeit zu tun haben. Haben Sie vielleicht *shower* (Dusche) geschrieben? Oder *soap* (Seife)? Haben Sie ein entsprechendes Wort in Ihrer Liste? Oder zwei? Drei? Die

Anzahl ist wichtig, denn die Wahl der Wörter bei dieser Denk-
sportaufgabe verrät, ob Sie sich moralisch rein oder unrein fühlen.

Sie haben richtig gelesen: Studien zur Moralpsychologie haben gezeigt, dass Menschen, die sich moralisch fragwürdig verhalten, ihre Scham derart verinnerlichen, dass sie sich körperlich
reinigen wollen, um sich von ihrer Schuld »reinzuwaschen«.[51]
Dieser Drang, die eigenen Sünden abzuwaschen, ist denjenigen,
die sich etwas intensiver mit der menschlichen Natur befassen,
nicht neu. So ruft bereits Shakespeares Lady Macbeth: »Fort, ver-
dammter Fleck! fort, sag' ich!«, als die Schuld sie übermannt,
weil sie ihren Mann zum Mord angestiftet hat. Sie hat zwar nicht
wirklich Blut an den Händen, sieht und spürt aber dennoch die
Flecken.[52]

Man muss keinen Mord begehen, um sich moralisch beschmutzt zu fühlen und die Buchstaben in den Lücken so zu ergänzen, dass daraus Wörter wie *wash*, *shower* und *soap* werden
anstelle neutraler Wörter wie *wish*, *shaker* und *step*. Die Tatsache,
dass wir uns in diesem Kapitel mit der Frage beschäftigen, ob
Macht als schmutzig wahrgenommen wird, könnte schon genügen, um in Ihnen Wörter heraufzubeschwören, die mit Sauberkeit zu tun haben, denn es braucht nicht viel, damit wir uns moralisch unwohl fühlen.

Man muss nur ans Netzwerken denken, eine völlig legitime
Tätigkeit, der viele von uns im beruflichen Rahmen nachgehen,
zumindest gelegentlich. In zahlreichen Labor- und Feldstudien
haben wir festgestellt, dass Hunderten von Berufstätigen viel
mehr Wörter zum Thema Sauberkeit einfielen, wenn sie sich an
eine Zeit erinnern sollten, in der sie Networking betrieben hatten, um ihre Karriere und ihre berufliche Leistung voranzubringen, als wenn sie sich daran erinnerten, wie sie neue Freunde
kennengelernt hatten. Der Grund liegt im moralischen Wert altruistischen Verhaltens. Wenn wir aus sozialen Gründen Kontakte knüpfen, etwa um Freundschaften zu schließen, fühlen wir

uns altruistisch, weil es um eine Beziehung geht, bei der man sich gegenseitig unterstützt.[53] Wenn wir hingegen aus beruflichen Gründen netzwerken, tun wir das normalerweise, um uns wertvolle Ressourcen zu erschließen, etwa Informationen, berufliche Möglichkeiten oder lukrative neue Kunden. Die egoistischen Absichten, die hinter unserem Netzwerken stehen, verleihen ihm etwas moralisch Fragwürdiges – so unbewusst dieses Gefühl auch sein mag.

Doch es gibt Ausnahmen: In all unseren Studien hatten Teilnehmer, wenn sie von Berufs wegen netzwerkten, selbst wenn sie es dabei ausdrücklich auf den Zugang zu Ressourcen anderer abgesehen hatten, die wenigsten Gewissensbisse, wenn sie sich mächtig fühlten. Macht zu haben bedeutet laut Definition, Kontrolle über Ressourcen zu haben, die andere schätzen. Menschen, die sich mächtig fühlen, haben beim Networking ein reines Gewissen, weil sie wissen, dass sie anderen Menschen von Nutzen sein können, indem sie ihnen Zugang zu den von ihnen kontrollierten Ressourcen bieten. Bei einem gegenseitigen Geben und Nehmen verliert das Netzwerken – zumindest in ihren Augen – den Makel des Ausnutzens. Das heißt nicht, dass mächtige Menschen immer eine Gegenleistung bieten, und es heißt auch nicht, dass sie großzügig mit ihren eigenen Ressourcen sind, wenn sie Ressourcen von anderen bekommen. Wir alle handeln – zumindest in bestimmten Zeiten – eigennützig. Doch mächtige Menschen können ihr Netzwerken vor sich selbst leichter als altruistisch und tugendhaft rechtfertigen, weil sie etwas von Wert haben, das sie beitragen können.

Macht gibt uns also die Freiheit, uns Zugang zu wertvollen Ressourcen zu verschaffen, ohne dass wir moralische Bedenken wegen unseres egoistischen Verhaltens fürchten müssen. Dieser Effekt war auch zu beobachten, als wir das Verhalten der Mitarbeiter in einer großen nordamerikanischen Anwaltskanzlei untersuchten. Wir stellten fest, dass sich die Anwälte, die sich vernetzten, um ihr Team voranzubringen und ihr kollektives Fachwissen mit Klienten zu teilen, moralisch besser fühlten als die Anwälte, die sich vernetzten, um ihre eigene Karriere und ihren persönlichen Erfolg voranzutreiben.[54] Weil die kollektiv orientierten Anwälte hinsichtlich ihres beruflichen Netzwerkes weniger Bedenken hatten, waren sie beim Networking aktiver, hatten mehr Klienten und bestätigten so die Effektivität ihres Ansatzes. Doch es gab einen Haken. Die Anwälte, die besonders eifrig netzwerkten, waren die mächtigen Senior Partner der Kanzlei, während die zurückhaltenden – die Bedenken hatten, Kontakte zu pflegen, um Klienten für die Kanzlei zu gewinnen und Beziehungen zu knüpfen – die Junior Lawyers waren, die am wenigsten Macht hatten und Netzwerke eigentlich am nötigsten gebraucht hätten; allerdings hatten sie nicht das Gefühl, dass sie etwas Wertvolles beitragen konnten.[55] Das zeigt, wie dieses Phänomen bestehende Machthierarchien stützt, weil diejenigen mit der größten Macht auch diejenigen sind, die ihre Macht ungeniert nutzen, um noch mächtiger zu werden, während diejenigen mit der geringsten Macht Skrupel haben, die von ihnen benötigten Ressourcen zu suchen und an sich zu bringen.

MACHT UND MORAL: EIN DILEMMA?

Etwas in der Welt bewirken zu wollen, ohne Macht zu haben, ist, als ob man Strom ohne eine Energiequelle erzeugen wollte. Es ist schlicht unmöglich. Doch wie wir festgestellt haben, werden wir durch Macht selbstsüchtig und arrogant – selbst wenn wir denken, wir würden unsere Macht zum Wohl anderer einsetzen. Heißt das, dass es unmöglich ist, Macht zu erlangen und auszuüben, ohne den eigenen moralischen Kompass zu verlieren? In dieses Dilemma geriet Dr. Vera Cordeiro, die in Rio de Janeiro im geschäftigen Hospital da Lagoa ein Hilfsprogramm für verarmte Mütter und Kinder auf die Beine stellte.[56]

Als ihre jungen Patienten im Laufe der Jahre immer wieder im Krankenhaus landeten, wuchs Veras Wut. Krankheiten, die bei Menschen, die in hygienischen sanitären Verhältnissen leben und einen festen Job und regelmäßige Mahlzeiten haben, leicht zu behandeln wären, bedeuteten für ihre Patienten, die sich noch dazu keine Behandlung in einer Privatklinik leisten konnten, häufig den Tod. 1991 gründete Vera eine gemeinnützige Organisation namens Associação Saúde Criança (heute Instituto DARA), um diesen Teufelskreis mit einem innovativen und damals einzigartigen mehrgleisigen Ansatz zu durchbrechen: Die Organisation stellte den Kindern nicht nur die benötigten Medikamente zur Verfügung, sondern unterstützte auch die Sanierung der Häuser, in denen sie lebten, kümmerte sich um die Berufsausbildung der Eltern und die Gesundheit aller Familienmitglieder.[57]

Die Finanzierung der Organisation war nicht einfach. Anfänglich verkaufte Vera persönliche Gegenstände aus ihrem Haus und verließ sich überwiegend auf die freiwillige Unterstützung ihrer Familie und Freunde. Doch damit kam sie nicht weit. Als die Zahl der Vollzeitbeschäftigten wuchs, erkannte Vera, dass sie nicht mehr ohne die Hilfe der Reichen und Mächtigen auskommen konnte. In ihrer Vorstellung verband sie Macht mit protzigen Autos, die im Schritttempo durch die Elendsviertel von Rio fuhren, und mit Politikern, die Luxusurlaub im Ausland machten – kurz gesagt, Menschen mit Macht waren für sie gierig und korrupt. Sie gehörte nicht zu diesen mächtigen Leuten und wollte auch nichts mit ihnen zu tun haben. Aber wenn sie ihre Organisation erhalten und deren Wirkung noch vergrößern wollte, durfte sie vor dieser Macht nicht zurückschrecken. Also bemühte sie sich zusammen mit ihrem Team, private Sponsoren zu gewinnen und staatliche Behörden und die breite Öffentlichkeit auf sich aufmerksam zu machen. Sie verstärkte ihr Engagement in den Medien und baute nicht nur in Brasilien, sondern auch international bei sozial eingestellten Unternehmern ihre Kontakte aus. Schon bald erhielt Vera zahlreiche Auszeichnungen und Preise und ihre Organisation gehörte zu den angesehensten in Brasilien. Bis zum Jahr 2016 hatte sie 70 000 Menschen direkt unterstützt.[58]

Im Laufe der Zeit stellte Vera fest, dass sie sich im Umgang mit Macht zunehmend wohler fühlte. Sie machte sich keine großen Gedanken mehr über ihre Kontakte zu mächtigen Personen und hatte selbst eine starke Machtbasis aufgebaut. Sie war auf nationaler und internationaler Ebene gut vernetzt und sprach bei prestigeträchtigen Konferenzen wie dem internationalen Wirtschaftsforum in Davos, wo sie neue potenzielle Unterstützer kennenlernte.

Doch gleichzeitig erhielt sie ganz neue und ungewohnte Rückmeldungen von ihren Mitarbeitern und ihrer Familie: Kollegen sagten ihr, sie würde ihnen bei Besprechungen häufig ins Wort fallen und ihnen kaum noch die Möglichkeit geben, ihre Meinung zu äußern, und ihre erwachsene Tochter fragte sie, warum es ihr auf einmal so wichtig sei, an Preisverleihungen und öffentlichen Veranstaltungen teilzunehmen. Diese Kommentare gaben ihr zu denken. War sie wie diese Leute geworden, die immer mehr Macht wollten, um ihren eigenen Ruhm zu vergrößern und ihre eigenen Interessen voranzutreiben?

Der Umstand, dass man der Macht früher einmal misstraut hat, ist keine Garantie dafür, dass man gegen Machtmissbrauch immun ist. Dass sich Vera – die ihr Leben der Armutsbekämpfung gewidmet hat und Macht anfangs mied – durch die Erfahrung von Macht veränderte, ist ein weiterer Hinweis darauf, dass wir alle empfänglich sind für ihre berauschende Wirkung. Die Herausforderung besteht darin, ein ausgewogenes Verhältnis zu finden, bei dem man weder vor der vermeintlichen Unmoral von Macht zurückschreckt, noch der Gefahr erliegt, sich selbst zu überschätzen und gefühllos gegenüber anderen zu werden. Bei diesem Balanceakt kommt es sowohl auf die persönliche Entwicklung an als auch auf die strukturelle Gestaltung – die Art und Weise, wie Abläufe im Kontext der Macht gestaltet werden. Erkenntnisse aus den Sozialwissenschaften, der Neurowissenschaft und der Philosophie können uns helfen, beide Dimensionen zu berücksichtigen.

EIN AUSGEWOGENES VERHÄLTNIS ZUR MACHT: EMPATHIE UND BESCHEIDENHEIT

Die Entwicklung eines ausgewogenen Verhältnisses zur Macht erfolgt selten über Nacht, was unter anderem daran liegt, dass nicht nur unser Denken, sondern auch unsere Gefühle daran beteiligt sind. Sich von der Vorstellung der »schmutzigen Macht« zu befreien und das Potenzial von Macht als Energiequelle zu verstehen, durch die Veränderungen erst möglich werden, ist ein erster Schritt, wie wir bereits festgestellt haben. Der nächste Schritt besteht in der Erkenntnis, dass wir selbst über wertvolle Ressourcen verfügen, die wir anderen anbieten – Macht, die zur Förderung ihres Wohlergehens eingesetzt werden *kann*. Dieser Entwicklungsprozess kann dazu beitragen, dass wir unsere Macht einsetzen, um Gutes zu bewirken. Die Forschung hat gezeigt, dass Menschen, die sich beim Aufbau ihrer Machtbasis auf den altruistischen, kollektiven Nutzen konzentrieren, sich wertvoller fühlen und wahrscheinlich auch bessere Leistungen erzielen.[59] Doch auch bei diesem Ansatz gibt es Fallstricke: Es ist durchaus möglich, dass wir uns selbst einreden, unsere Motive und unser Verhalten seien moralisch einwandfrei und würden über unser Eigeninteresse hinausgehen, auch wenn das gar nicht so ist.[60] Wie Vera feststellen musste, macht uns Macht, selbst wenn wir sie für einen guten Zweck einsetzen, anfällig für Selbstbezogenheit und Selbstüberschätzung. Wir können diese Herausforderungen beim Aufbau von Macht jedoch im Zaum halten, indem wir Empathie (das Gegenmittel zur Selbstbezogenheit) und Demut (das Gegenmittel zur Hybris) entwickeln.

DIE KULTIVIERUNG VON EMPATHIE

Prinzessin Diana brach in ihrem kurzen Leben als Mitglied des britischen Königshauses mit vielen Konventionen, vor allem als Mutter ihrer Söhne William und Harry. Mit ihrer öffentlich gezeigten Zuneigung zu ihren Kindern und ihrem Beharren darauf, sie auf offiziellen Reisen mitzunehmen, war sie eine warmherzigere Mutter, als man es von der typischerweise zurückhaltenden britischen Königsfamilie bisher gekannt hatte. Ihr Bruch mit Konventionen beschränkte sich jedoch nicht auf ihren eigenen Umgang mit den Prinzen: Sie förderte entschlossen auch deren Einfühlungsvermögen und nahm sie mit zu ihren Besuchen bei Menschen in schwierigen Lebenssituationen wie beispielsweise Aids-Patienten, was damals mehr als ungewöhnlich war. Auf die Frage nach dem Grund antwortete sie: »Ich möchte, dass sie die Gefühle der Menschen verstehen lernen, ihre Unsicherheiten, ihre Sorgen und Nöte, ihre Träume und Hoffnungen.«[61]

Prinzessin Dianas Ansatz ging davon aus, dass Empathie entwickelt werden kann, wenn man Kinder mit Lebenssituationen vertraut macht, die sich von ihrer eigenen unterscheiden, und ihnen so die Chance gibt, sich in ihre Mitmenschen hineinzuversetzen und zu empfinden, was sie empfinden. Sowohl die Erkenntnisse aus der Neurowissenschaft als auch aus der Psychologie stützen Prinzessin Dianas Methode, mit der sich, über einen längeren Zeitraum angewandt, auch Empathie bei Erwachsenen fördern lässt. Die Neurowissenschaft hat gezeigt, dass unser Gehirn ein dynamisches System ist, das sich ständig verändert und sich den Umweltreizen anpasst, denen wir ausgesetzt sind.[62] Wegweisende psychologische Studien zur Entwicklung von Empathie decken sich mit den Erkenntnissen zur Neuroplastizität, also der Fähigkeit des Gehirns, sich immer wieder neu zu strukturieren. Empathie ist demnach keine festgelegte Eigenschaft, mit der man geboren wird oder nicht, sondern eine Fähigkeit, die wir alle aufbauen und stärken können.[63] Maßnahmen zur Förderung der Empathie können erstaunlich einfach sein. Unter Laborbedingungen genügt es, Menschen zu bitten, eine Geschichte über einen kranken Menschen zu lesen und sich vorzustellen, wie sich die Krankheit auf das Leben dieses Menschen auswirkt – und schon empfindet der Leser mehr Empathie, und zwar nicht nur für die in der Geschichte beschriebene Person, sondern für alle, die von der Krankheit betroffen sind.[64] Und wenn wir nicht nur über jemanden lesen, sondern seine Erfahrungen mithilfe der immersiven virtuellen Realität nachvollziehen, kann die simulierte Umgebung unsere Empathie für die Betroffenen erheblich verstärken.[65]

Empathie lässt sich jedoch nicht nur in wissenschaftlichen Experimenten steigern. Je mehr man in die Realität eines anderen Menschen eingebettet ist, desto größer ist das Einfühlungsvermögen: Ein Manager, der zunächst auf unterer Ebene tätig ist, bevor er die Karriereleiter erklimmt, wird den Beitrag der Angestellten im Kundenkontakt oder der Arbeiter in der Produktion mehr zu schätzen wissen als Kollegen, die ihr Büro nur für Geschäftsessen mit Kunden und Investoren verlassen. Ein Universitätsstudent aus wohlhabender Familie, der in den Sommerferien in einem Fast-Food-Restaurant jobbt, weiß, was es heißt, am unteren Ende der Unternehmenshierarchie zu stehen und mit dem Mindestlohn auskommen zu müssen. Ein Bankmanager, der ehrenamtlich an einer innerstädtischen Schule oder in einem Obdachlosenheim arbeitet, wird die soziale Rolle von Finanzinstituten anders beurteilen.

Diese Beispiele zeigen, dass man sich in andere Menschen hineinversetzen muss, um die Fähigkeit zur Empathie zu stärken. Erstaunlicherweise reagieren sogar Psychopathen – für die ein beeinträchtigtes Einfühlungsvermögen und ungehemmter Egoismus typisch sind[66] – auf so einen Anstoß von außen.[67] Neuropsychologen haben gezeigt, dass bei Psychopathen, die aufgefordert wurden, sich auf den Schmerz anderer zu konzentrieren und zu versuchen, sich deren Gefühle vorzustellen, ein ähnliches »Mitleiden« im Gehirn stattfand wie bei Nicht-Psychopathen. Empathie-Stimuli funktionieren also. Die Herausforderung besteht darin, die Wirkung über einen längeren Zeitraum und über den unmittelbaren Kontext hinaus aufrechtzuerhalten.

Eine tief reichende und dauerhafte Entwicklung von Empathie erfordert mehr als eine vorübergehende Betrachtung der Welt mit den Augen der anderen. Sie verlangt eine nachhaltige Verlagerung der Blickrichtung: weg vom eigenen Ich und hin zu den anderen, um sich der gegenseitigen Abhängigkeit bewusst zu werden und sie schätzen zu lernen. Psychologen betrachten diesen Wandel unter dem Aspekt der Selbstdefinition: Menschen können sich selbst als getrennt von anderen und als unabhängig wahrnehmen oder aber in Verbundenheit und im gegenseitigen Austausch mit ihren Mitmenschen.[68] Wie bei der Wahl der Perspektive kann diese interdependente Haltung gegenüber dem Selbst durch einfache Interventionen stimuliert werden, indem man beispielsweise jemanden auffordert, eine Geschichte zu lesen, die mit unabhängigen Pronomen (»ich«, »mein«) geschrieben wurde, und diese durch interdependente Pronomen (»wir«, »unser«) zu ersetzen.[69] Das Selbst ist formbar, daher überrascht es nicht, dass eine interdependente Sichtweise zu mehr Empathie, Kooperation und einer kollektiven Orientierung inspiriert.

Bei der Entwicklung des Selbst geht es letzten Endes darum, das zu erweitern, wessen man sich als Person bewusst ist, womit man sich verbunden sieht und wofür man sich verantwortlich fühlt. Wir beginnen ichbezogen und entwickeln uns – wenn unsere Entwicklung nicht irgendwie gestoppt wird – zu einem Wesen, das sich in wechselseitiger Verbindung mit etwas Größerem sieht: mit der Familie, der Gemeinschaft, dem eigenen Land und letztlich auch mit der Menschheit und unserem Planeten.[70]

In Kapitel 8 werden wir überlegen, wie eine Gesellschaft dieses Bewusstsein der gegenseitigen Verbundenheit in ihren Bürgern fördern und mithilfe der daraus entstehenden Empathie die negativen Auswirkungen von Macht eindämmen und kollektiven Wohlstand erreichen kann.

Nicht nur in der Sozialpsychologie herrscht die Ansicht, dass Empathie auf dem Bewusstsein und der Wertschätzung unserer gegenseitigen Abhängigkeit beruht. Im buddhistischen Denken ist alles von allem abhängig, und diese gegenseitige Abhängigkeit bildet die Grundlage für Empathie und Altruismus.[71] Der buddhistische Weg, sich von der Fokussierung auf das eigene Ich zu lösen, beruht unter anderem auf der Meditation, die zu der Erkenntnis führt, dass die Dinge, nach denen wir uns sehnen – Reichtum, Ruhm, Macht an sich –, dazu führen, dass wir uns selbst in den Mittelpunkt stellen.[72] Im Buddhismus geht man davon aus, dass wir unseren Geist schulen können, damit wir unsere Aufmerksamkeit auf den Augenblick richten und uns so von destruktiven Begierden lösen, unsere gegenseitige Abhängigkeit erkennen und das Streben nach dem Wohlergehen der anderen als den Weg zu unserem eigenen Wohl begreifen.[73]

Um ihre Neigung zur Ichbezogenheit zu überwinden, versuchte Vera Cordeiro, ihre Selbstfokussierung mit Meditation in den Griff zu bekommen. Durch das regelmäßige Meditieren, erklärte sie uns, könne sie »mehr Empathie für meine Mitarbeiter und die Familien entwickeln, um die sich unsere NRO kümmert, denn dadurch werde ich daran erinnert, dass unser sozialer Auftrag stets Vorrang hat«.

Indem Vera eine Verbindung zwischen Empathie und der Zielsetzung ihrer Organisation herstellte, wurde ihr etwas Wichtiges klar: Sie erkannte, dass alle Menschen Teil der Menschenfamilie sind und alles miteinander verbunden ist. Diese Erkenntnis ist auch ein zentraler Bestandteil der Philosophie Martin Luther Kings, von dem die berühmten Sätze stammen: »Alles Leben steht zueinander in einer Wechselbeziehung. Wir sind alle in einem unentrinnbaren Netz der Gegenseitigkeit gefangen, in eine einzige Hülle des Schicksals gebunden. Was immer einen Einzelnen direkt betrifft, betrifft indirekt alle.«[74] Wenn wir diese gegenseitige Abhängigkeit erkennen, entsteht Empathie und damit auch ein klareres Verhältnis zur Macht.

Manchmal, wenn wir Mühe haben, den Nebel unserer Selbstbezogenheit zu durchdringen, werden wir durch Ereignisse, die viel größer sind als wir selbst, an unsere Fähigkeit zur Empathie erinnert. Die Coronapandemie hat so einigen zu der Erkenntnis verholfen, dass die einseitige Ausübung individueller Macht sinnlos und kontraproduktiv ist.[75] Und vielen von uns ist klar geworden, dass die Wissenschaft recht hat mit ihren düsteren Warnungen vor dem Bumerangeffekt, den unser Eindringen in Ökosysteme und deren Zerstörung hat,[76] und dass wir einen ganzheitlicheren Ansatz benötigen, einen integrativen »One-Health«-Ansatz, der »die Gesundheit von Mensch, Tier und Umwelt miteinander verknüpft«.[77]

Lebensverändernde Erfahrungen wie eine Pandemie führen uns zudem unsere Vergänglichkeit vor Augen, die seit Langem eine der wichtigsten Abwehrstrategien gegen die andere große Gefahr in Verbindung mit Macht ist: die Hybris.

DIE KULTIVIERUNG VON DEMUT

Wenn es darum geht, militärische Siege zu feiern oder persönliche Macht zur Schau zu stellen, dient Rom seit über zwei Jahrtausenden als das große Vorbild für Monarchen und Autokraten.[78] Doch es gab bei diesen Feiern ein interessantes Detail. Einige Historiker berichten, dass hinter jedem siegreichen Feldherrn, der beim Triumphzug in seinem Streitwagen durch die Straßen Roms fuhr, ein Sklave stand und ihm ins Ohr flüsterte: *Hominem te memento* (»Bedenke, dass auch du ein Mensch bist«).[79] Das Bewusstsein, dass wir sterblich und Erfolge vergänglich sind, ist der Schlüssel dazu, uns vor den Gefahren der Hybris zu schützen. Nichts dämpft die Illusion von Unbesiegbarkeit und Unfehlbarkeit mehr als der Gedanke an die Vergänglichkeit unseres eigenen Lebens und allen Lebens an sich.

Was können wir tun, um uns daran zu erinnern, dass wir sterblich sind, und so unsere Hybris im Zaum zu halten, und das nicht nur bei Erfolgserlebnissen, sondern generell in unserem Alltag?

Mashroof Hossain, ein Sonderbeauftragter der Bezirkspolizei von Bangladesch, wurde durch die Begegnung mit einem Flüchtling während der Rohingya-Krise dazu veranlasst, seine bisherige Sichtweise auf sein Leben zu überdenken.[80] Seit 1982 zählen die Rohingya, eine muslimische Bevölkerungsgruppe in Myanmar, nicht mehr zu den 135 offiziell anerkannten einheimischen ethnischen Gruppen, die per Geburt Anspruch auf die Staatsbürgerschaft von Myanmar haben. Damit sind sie offiziell staatenlos.[81] 2017 flohen Hunderttausende Rohingya aufgrund von Massakern an der Zivilbevölkerung, Hinrichtungen, Kindermorden, Gruppenvergewaltigungen und Brandstiftungen, bei denen ganze Dörfer niedergebrannt wurden, in Flüchtlingslager an der Grenze zwischen Myanmar und Bangladesch, obwohl auch dort trostlose Lebensbedingungen herrschten und ihnen Gefahr drohte.[82] Zu denjenigen, die zur Bewältigung der Krise an die Grenze gerufen wurden, gehörte auch Mashroof, der damals seit sieben Jahren bei der Polizei war.

Von den vielen Menschen, denen er im Lager begegnete, ist ihm ein bescheidener alter Mann besonders im Gedächtnis geblieben. Mashroof hörte ihm gern zu, wenn er erzählte, und die beiden freundeten sich an. Eines Tages erfuhr er zu seiner Überraschung, dass der alte Mann General in der Armee gewesen war. »Und wenn man in Myanmar so eine Position beim Militär hat«, erklärte Mashroof, »dann ist man ein König.« Doch der Mann hatte in wenigen Augenblicken all seine Macht verloren und war nun völlig machtlos. »Mashroof, du kannst heute das Gefühl haben, auf dem Gipfel der Welt zu stehen«, warnte ihn der alte Mann, »und schon am nächsten Tag kannst du alles verlieren.«

Die Worte des alten Mannes blieben Mashroof im Gedächtnis. Seit dieser Begegnung ruft er sich, wenn er spürt, dass Anmaßung in ihm aufkommt, die Worte des Generals in Erinnerung.

»Sich stark und mächtig zu fühlen, kann wie eine Droge sein. Wenn mir das passiert … erinnere ich mich an den General, der heute ein Flüchtling ist und nur noch eine Tasche mit seinen wenigen Habseligkeiten hat wie so viele, die alles verloren haben. Und ich weiß, dass das jedem von uns passieren kann, deshalb sollten wir nie etwas für selbstverständlich nehmen.«

Mashroof hat recht mit seiner Haltung, dass man Demut kultivieren sollte, um nicht in die Hybrisfalle zu tappen. Empirische Untersuchungen zeigen, dass wir, wenn wir Demut an den Tag legen, anderen die Möglichkeit geben, uns dabei zu helfen, auf dem Boden zu bleiben, weil sie dann ihre Ideen, Fragen und Bedenken äußern oder auf Fehler hinweisen können, ohne Angst zu haben, dass wir sie bestrafen oder demütigen. Amy Edmondson, die sich mit Organisationstheorien beschäftigt, hat verschiedene Praktiken identifiziert, die ein solches Klima der psychologischen Sicherheit unterstützen.[83] Um beispielsweise die Risikobereitschaft zu fördern, können Führungskräfte ihr Team bei einem Projekt zunächst auf die damit verbundene Komplexität und die Ungewissheiten hinweisen, damit klar wird, dass ein Einzelner nicht alle Lösungen parat haben kann. Sie können das Engagement der Mitarbeiter fördern, indem sie in ihren Fragen verschiedene Perspektiven zum Ausdruck bringen und dabei gleichzeitig die Grenzen ihres eigenen Wissens einräumen. Durch das Eingeständnis der eigenen Fehlbarkeit ermutigen sie andere, es ihnen gleichzutun. Wenn das geschieht, sollten Führungskräfte mit Anerkennung reagieren und denjenigen danken, die sich zu Wort melden. Außerdem sollten sie Fehlern das Stigma nehmen, indem sie sie als Chance darstellen. Die psychologische Sicherheit, die diese Praktiken schaffen, hilft einer Führungskraft nicht nur, die eigene Hybris in Schach zu halten, sondern fördert auch Innovationsdenken und Effektivität bei den Teammitgliedern.[84] Wenn Führungskräfte Bescheidenheit zeigen, wirkt sich das nicht nur auf die Qualität der Beiträge positiv aus, sondern auch auf die Zufriedenheit der Teammitglieder mit ihrem Job, auf die Bindung an das Unternehmen sowie auf das Engagement und die Lernbereitschaft.[85]

Demut – das Eingeständnis der eigenen Grenzen, aber auch das Wissen um die eigenen Fähigkeiten und Leistungen – fördert neben Lernbereitschaft und Altruismus auch unsere Großzügigkeit und Hilfsbereitschaft.[86] Zusammen ermöglichen es uns Demut und Empathie, Macht so einzusetzen, dass sie einem höheren Ziel dient.

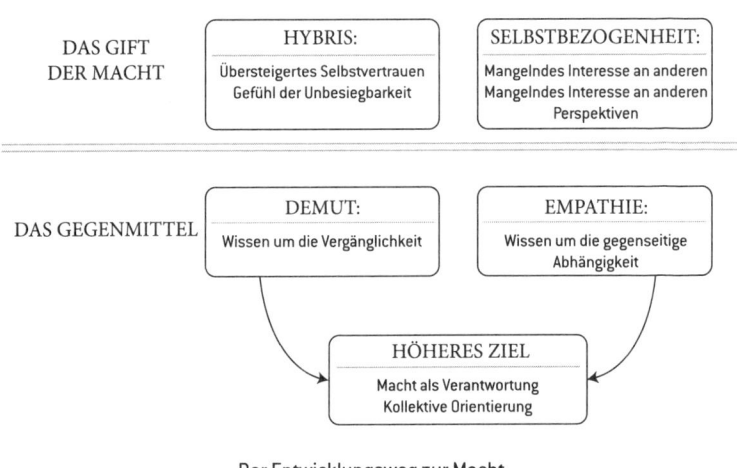

Der Entwicklungsweg zur Macht

DIE MACHT IN GUTE HÄNDE LEGEN

Ein konstruktiver Umgang mit Macht sollte nicht nur unsere eigene Entwicklung leiten, sondern auch unsere Überlegungen, wem wir Macht geben wollen, wenn wir darüber entscheiden können. Ein Psychopath mag kurzzeitig auf empathische Stimuli reagieren, über die wir bereits gesprochen haben, aber wollen wir wirklich einen Psychopathen an die Macht lassen und hoffen, dass er oder sie sich in einen Ausbund an Weisheit verwandelt? Nein, natürlich nicht. Dennoch wimmelt es in der

Geschichte von Beispielen, in denen genau die falschen Leute ungeheure Macht erlangten.[87] Dazu gehören demokratisch gewählte Personen, die zu Autokraten wurden, und andere, die sich in einflussreiche Positionen drängten und diese dann auf übelste Art und Weise ausnutzten. Die Frage lautet daher: Warum gerät Macht so oft in die falschen Hände? Warum lassen wir zu, dass Menschen Macht erhalten, obwohl sie uns in den Abgrund führen?

Ein Grund ist die Selbstelektion, laut der Menschen, die Macht wollen, auch oft diejenigen sind, die sie anstreben und auch bekommen. Der Wunsch nach einer einflussreichen Position ist unterschiedlich ausgeprägt, und eine Studie hat gezeigt, dass diejenigen, die diese Rolle am besten ausfüllen, weder die eifrigsten Bewerber sind noch diejenigen, die eine solche Position vehement ablehnen. Tatsächlich sind es diejenigen, die eher ein wenig zögern, das Ruder zu übernehmen, sich dann aber doch dazu bereit erklären.[88] Die Widerstrebenden sind meist auch diejenigen, die ihre Macht vernünftig einsetzen, allerdings ist die Wahrscheinlichkeit gering, dass sie Macht erhalten.

Selektion ist ein weiterer Grund, warum Macht oft bei denjenigen landet, die nicht dafür geeignet sind, sie sinnvoll zu nutzen. Wir erlauben Personen, Machtpositionen zu besetzen, die sie unrechtmäßig erlangt haben, manchmal wählen wir sie sogar aktiv in freien und geheimen Wahlen. Warum? Weil wir – quer durch alle Kulturen – Menschen bevorzugen, die ein Gefühl von Stärke und Kontrolle ausstrahlen und uns Sicherheit und Stabilität vermitteln.[89] Wenn wir dann erkennen, wem wir Macht gegeben haben, ist der Einfluss dieser Menschen und ihre Kontrolle über ihr eigenes Narrativ oft schon zu groß, um etwas dagegen zu unternehmen.

Was müssen wir also tun? Bei der Wahl derjenigen, die an unserer Stelle Macht ausüben, sollten wir Erkenntnisse aus der Psychologie und Philosophie berücksichtigen, die auch unseren eigenen Umgang mit Macht leiten. Wir sollten also Personen wählen, die ihr Einfühlungsvermögen und ihre Demut unter Beweis gestellt haben, die nachweislich altruistische und nicht nur egoistische Ziele verfolgen und die natürlich auch kompetent sind, denn ohne Kompetenz sind selbst die besten Absichten wirkungslos. Anhand dieser Kriterien sollten wir jeden politischen Kandidaten beurteilen; an diesen Standards sollten wir jeden Unternehmensführer messen. Wir müssen bei einem potenziellen Machthaber ausschließen können, dass er unklug und gierig ist und nur um der Macht willen nach Macht strebt. Vieles deutet jedoch darauf hin, dass wir diese Hinweise nur allzu oft übersehen und uns stattdessen von anderen, auffälligeren Signalen der Stärke und des Selbstvertrauens, von Reichtum und Status dazu verleiten lassen, den falschen Menschen Macht zu geben. Dabei geben uns die Natur- und Geisteswissenschaften genügend Anhaltspunkte.

Zusammengefasst lässt sich sagen, dass der Umgang mit Macht und das Vermeiden ihrer Fallstricke auf zwei Grundlagen basieren: dem Wissen um die gegenseitige Abhängigkeit, das es uns erlaubt, mit Empathie gegen Selbstbezogenheit vorzugehen, und dem Wissen um unsere Vergänglichkeit, mit dem wir Hybris mit Demut bekämpfen können. Empathie und Demut wiederum erleichtern es uns, auf egoistische Zielsetzungen zu verzichten und stattdessen altruistische Ziele zu verfolgen – der Schlüssel zu einem virtuosen Umgang mit Macht. Das ist natürlich leichter gesagt als getan. Wenn es einfach wäre, würden wir alle Macht klug nutzen, uns ihrer berauschenden Wirkung entziehen und unser individuelles Verlangen unterdrücken. Doch wir können uns nicht nur auf Empathie und Demut verlassen. Wir benötigen auch strukturelle Einschränkungen, um unsere schlimmsten Reaktionen im Zusammenhang mit Macht in Schach zu halten.

ÜBER DIE PERSÖNLICHE ENTWICKLUNG HINAUS: WARUM WIR STRUKTURELLE SICHERUNGEN BRAUCHEN

Vera fand persönliche Maßnahmen wie eine tägliche Meditation enorm hilfreich, um Empathie und Demut bei sich zu fördern, sie erkannte aber auch, dass das nicht genügte. Wenn sie die berauschende Wirkung von Macht in den Griff bekommen und verhindern wollte, dass sie sich rücksichtslos über die Ideen und Meinungen ihres Teams hinwegsetzte, brauchte sie auch ein externes System der gegenseitigen Kontrolle. Deshalb strukturierte sie die wöchentlichen Besprechungen der Führungskräfte ihrer Organisation so um, dass allen dieselbe Redezeit zustand, um über ihre Aktivitäten zu berichten und Ideen und Bedenken auszutauschen. Außerdem verpflichtete sie sich ausdrücklich vor allen anderen dazu, ihre Kollegen nicht zu unterbrechen und aufmerksam zuzuhören, bevor sie ihre Meinung äußerte. Die anderen bat sie, sich genauso zu verhalten. Diese Maßnahmen erleichterten die Teamarbeit, weil dadurch Prozesse verankert wurden, die alle miteinbezogen und ein gemeinsames Gefühl der Verantwortung schufen.

Vera lag mit ihrem Ansatz genau richtig: Studien haben gezeigt, dass für die Leistung eines Teams nicht nur die Empathie der Teammitglieder eine Rolle spielt (gemessen als Fähigkeit, die Emotionen anderer aus deren Gesichtern zu lesen), sondern auch das Ausmaß, in dem die Teammitglieder abwechselnd zu Wort kommen.[90] Protokolle, wie Vera sie einführte, können verhindern, dass einige wenige (übertrieben) selbstbewusste Mitarbeiter die gesamte Redezeit für sich beanspruchen und Andersdenkende nicht zu Wort kommen lassen. Genauso wichtig sind formale Prozesse und organisatorische Normen, die dafür sorgen, dass alle – insbesondere Führungskräfte mit größerer Macht – für ihr Handeln zur Rechenschaft gezogen werden können. Derartige Praktiken bringen die Mächtigen dazu, sich auf andere zu konzentrieren und weniger eigennützig zu agieren.[91] Außerdem sorgen sie dafür, dass sich die Teammitglieder einbringen und von ihren neuen Möglichkeiten Gebrauch machen: Die psychologische Sicherheit, jederzeit die eigene Meinung äußern zu können und tatsächlich Gehör zu finden, steigert die Lernbereitschaft und die Effektivität des Teams, weil sich jeder verantwortlich fühlt, seinen Teil der Macht zur Erreichung der gemeinsamen Ziele einzusetzen.[92]

Hinter all diesen Methoden steht die Idee, dass man mit geteilter Macht und Verantwortung gleich zwei Ziele erreichen kann: Die Macht steigt den Führungskräften nicht zu Kopf und die Effizienz des Teams wird verbessert. Vera hatte ein Grundprinzip guter Regierungsführung angewandt. Dabei blieb sie den höheren Zielen ihres Teams treu *und* verbesserte dessen Leistung. Doch sie wusste, dass sie wachsam bleiben musste, weil das Prinzip der geteilten Macht und Verantwortung ständig bekräftigt werden muss, um Hybris und Selbstbezogenheit im Zaum zu halten. Wie wir in Kapitel 8 noch sehen werden, sind diese Machtbeschränkungen für ein kleines Team in einer Nichtregierungsorganisation genauso wichtig wie für einen Konzern oder für das politische System eines Staates.

Macht muss also nicht schmutzig sein. Wenn wir Empathie und Demut fördern und strukturelle Sicherungen einbauen, die ein Teilen der Macht und der Verantwortung garantieren, können wir die Fallstricke der Macht umgehen. Dieses Wissen ermöglicht es uns, die Macht anzustreben, die wir brauchen, um unsere eigenen Ziele zu verfolgen, anstatt uns damit abzufinden, dass andere – »die Mächtigen« – für uns entscheiden. Ausgestattet mit den richtigen Instrumenten, die uns helfen, mit Macht umzugehen und sie verantwortungsvoll zu nutzen, besteht der nächste Schritt nun darin herauszufinden, wie wir diese Macht bekommen. Damit sind wir wieder bei den Grundlagen der Macht angelangt, bei der Vorstellung, dass Macht immer in einer bestimmten Beziehung angelegt ist. Um in dieser Beziehung

Macht auszuüben, benötigen Sie eine gewisse Kontrolle über die Ressourcen, die die andere Partei schätzt. Und umgekehrt haben andere Macht über Sie, wenn sie Kontrolle über Dinge haben, die Sie schätzen. Wenn Sie diese Grundlagen ernst nehmen, werden Sie erkennen, dass sich die Analyse der Machtverhältnisse in jeder beliebigen Situation auf zwei Fragen herunterbrechen lässt:

Was schätzen die beteiligten Personen?

Wer kontrolliert den Zugang zu dem, was sie schätzen?

Die Antworten auf diese Fragen variieren von Kontext zu Kontext und im Laufe der Zeit. Dennoch lässt sich ein Muster ablesen, das wir nutzen können, um jede Machtbeziehung – unabhängig vom jeweiligen Kontext – zuverlässig einzuschätzen, wodurch wir wiederum die Chance haben, Macht zu nutzen, anstatt von ihrer Kraft mitgerissen zu werden. Beginnen wir mit der ersten Frage: Was wird besonders geschätzt?

KAPITEL 3
WAS SCHÄTZEN MENSCHEN BESONDERS?

Woher sollen wir wissen, was jemand anderes besonders schätzt, wenn unsere Bedürfnisse so verschieden und vielfältig sind und sich im Laufe der Zeit immer wieder ändern? Philosophen, Dichter und Schriftsteller von Lukrez und Dante bis Shakespeare und Yourcenar haben sich mit dieser Frage beschäftigt und dabei Beeindruckendes geschaffen, genauso wie Psychologen, Biologen, Neurowissenschaftler und Sozialwissenschaftler. Kunst und Wissenschaft bieten uns zahlreiche Modelle zur Natur des Menschen und seiner Motivation und betonen dabei ganz unterschiedliche Triebkräfte für unser Verhalten. Wir wollen hier keine erschöpfende Darstellung dieser umfangreichen Literatur bieten; wenn das überhaupt möglich wäre, würde es den Rahmen dieses Buchs bei Weitem sprengen. Stattdessen bieten wir eine Zusammenfassung der Überschneidungen, die wir in zahlreichen Arbeiten gefunden haben. Andere könnten – und würden – zweifellos eine andere Auswahl treffen, die genauso ihre Berechtigung hätte.[93] Da uns das bewusst ist, betrachten wir unsere Analyse nicht als »endgültige« Aussage über die Motivation des Menschen, sondern als nützlichen Leitfaden für alle, die versuchen, die Bedürfnisse und Wünsche aufzudecken, die hinter Machtbeziehungen stehen.

ZWEI GRUNDBEDÜRFNISSE DES MENSCHEN: SICHERHEIT UND SELBSTWERTSCHÄTZUNG

Aus der Ferne betrachtet ist die Menschheit nur ein Staubkorn in einem endlosen Universum; unsere Position ist ebenso unbedeutend wie vergänglich. In unserem tiefsten Inneren sehnen wir uns nach zwei Schutzmechanismen in diesem existenziellen Dilemma: nach Schutz vor unberechenbaren, gefährlichen Kräften, die viel größer sind als wir selbst und die uns in einem Wimpernschlag auslöschen können, und nach der Bestätigung unseres Wertes als Individuen in einem Universum, dem wir gleichgültig sind. Letztendlich wollen wir also zwei menschliche Grundbedürfnisse befriedigen: Wir wollen uns vor Gefahren schützen und wir sehnen uns nach Bestätigung und Beachtung. Das Bedürfnis nach Sicherheit und das Bedürfnis nach Wertschätzung sind so grundlegend, dass sie Machtverhältnisse über Zeit und Raum hinweg bestimmen.

Der ungarische Psychologe Mihály Csíkszentmihályi fasst die Bedingungen des Menschseins und unsere Verletzlichkeit mit ernüchternden Worten zusammen:

> Es scheint, dass jedes Mal, wenn eine drohende Gefahr gebannt wird, eine neue und kompliziertere am Horizont auftaucht. Sobald wir eine neue Substanz erfinden, beginnen ihre Nebenwirkungen unsere Umwelt zu vergiften. Im Verlauf unserer Geschichte stellten sich Waffen, die erfunden wurden, um Sicherheit zu garantieren, immer wieder als Bedrohungen heraus, die eventuell ihre Erfinder vernichten werden. Wenn eine Krankheit eingedämmt wird, flammt eine neue auf, und wenn eine Zeitlang die Sterblichkeit reduziert wird, droht uns Überbevölkerung … Die Erde ist vielleicht unsere einzige Heimat, aber sie ist ein Haus voller Tretminen, die jeden Moment zu explodieren drohen.[94]

Angesichts dieser stetig lauernden Gefahren ist es kein Wunder, dass wir Sicherheit und Schutz am allermeisten schätzen. Unser Überlebensinstinkt ist angeboren, deshalb ist die Kontrolle über den Zugang zu Ressourcen, die für unsere Sicherheit und unser körperliches Wohlergehen erforderlich sind – Wasser, Nahrung, ein Dach über dem Kopf und Schutz vor Krankheit und Gewalt – eine effektive Strategie der Machtausübung. Wir schrecken vor dem zurück, was unsere Sicherheit bedroht, und streben nach dem, was uns Schutz verspricht.

Wenn das verwerflich klingt, liegt das daran, dass es das durchaus sein kann. Die körperliche Gesundheit eines anderen Menschen zu bedrohen, ist ein ebenso banales wie wirksames Instrument der Macht. Auf diese Weise unterdrücken autokratische Regime Andersdenkende und kontrollieren die Menschen, über die sie herrschen,[95] Mafiabosse machen ihre Familie und ihre Geschäftspartner gefügig[96] und gewalttätige Ehepartner nehmen die eigenen Familienmitglieder als Geiseln.[97] Einem Menschen den Lebensunterhalt zu entziehen, ist ebenfalls eine Form der Machtausübung, auch ohne die Notwendigkeit, körperliche Gewalt anzuwenden. Eine mögliche Kündigung ist angesichts der physischen und psychischen Belastung, die Arbeitslosigkeit mit sich bringt, eine wirksame Drohung.[98] Die Entlassung von Arbeitnehmern, die sich weigern, unter gefährlichen Bedingungen zu arbeiten,[99] oder die Absetzung von Beamten, die das unethische Verhalten eines Regierungschefs nicht kommentarlos hinnehmen wollen[100] – all diese Maßnahmen vermitteln unmissverständlich, wer in der jeweiligen Beziehung die Macht hat.

Bevor unser Bedürfnis nach Sicherheit Sie zu der Annahme veranlasst, dass wir in einer Welt leben, in der frei nach Thomas Hobbes ein Krieg aller gegen alle herrscht,[101] sollten Sie bedenken, dass das Versprechen, Schutz vor Schaden zu bieten, auch eine höchst nützliche Quelle der Macht sein kann. Dieses Versprechen ist der Grund, warum Menschen Regierungen bilden, öffentliche Einrichtungen schaffen und Gesetze erlassen. So wollen wir unsere Rechte schützen und unsere Gesellschaften davor bewahren, in den Naturzustand zurückzuverfallen. Ein solcher Schutz ist unerlässlich, denn nur wenn unsere Sicherheit nicht vom Wohlwollen anderer abhängig ist, können wir »anderen ohne Grund zur Angst oder Ergebenheit … in die Augen schauen«, wie es der irische Philosoph Philip Pettit formuliert, und als freie Menschen agieren.[102] Doch die Grenze zwischen dem Schutz unserer Sicherheit und der Bedrohung dieser Sicherheit ist schnell überschritten. Angesichts neuer unberechenbarer Gefahren neigen Menschen dazu, den Schutz ihrer Freiheiten zu vernachlässigen, wie etwa die Akzeptanz der verstärkten staatlichen Überwachung von Privatpersonen nach den Terroranschlägen am 11. September 2001.[103] Doch wenn wir freiwillig auf unsere Macht verzichten, öffnen wir dem Machtmissbrauch Tür und Tor.

Während unser Grundbedürfnis nach Sicherheit auf die Gefahren der menschlichen Existenz zurückzuführen ist, basiert unser Bedürfnis nach Wertschätzung auf unserer relativen Bedeutungslosigkeit. Im Lauf der Jahrtausende hat die Welt über 100 Milliarden Menschen kommen und gehen sehen,[104] ohne dass sie viele Spuren hinterlassen hätten, ohne dass sie in Erinnerung geblieben wären. Die Frage nach dem Sinn und Wert unseres Daseins bildet daher die Grundlage für das gut dokumentierte Bedürfnis des Menschen nach Selbstwertschätzung oder dem Wunsch, ein positives Bild von uns sowohl im privaten Kreis als auch in der Öffentlichkeit zu vermitteln.[105] Das tiefgründige existenzielle Problem, unserem Dasein in der Welt einen Sinn zu geben, ist der Grund für das Bedürfnis, nach dem Wert unseres Lebens und seinem Wert für andere zu fragen.[106] Sich selbst als wertvollen Menschen zu betrachten, ist nach einigen Darstellungen das übergeordnete Ziel, an dem sich fast alle anderen Zielsetzungen im Leben orientieren.[107]

Eine hohe Selbstwertschätzung ist entscheidend für unser Wohlbefinden und unsere Fähigkeit, Ziele zu setzen und zu verfolgen, positive Erfahrungen zu würdigen und mit Herausforderungen umzugehen.[108] Doch unser Streben nach Selbstwertschätzung kann sowohl funktional als auch dysfunktional sein.[109] Wenn wir nach Wertschätzung streben, weil wir uns unsicher fühlen und unser Selbstwertgefühl beeinträchtigt ist, wenden wir Strategien an, die durch das Bedürfnis motiviert sind, uns zu schützen oder uns besser dastehen zu lassen. Doch die Wertschätzung, die wir mit diesem Verhalten erreichen, ist fragil – instabil und relativ, abhängig von äußerlicher Bestätigung und von unserer Leistung. Wenn unser Verhalten hingegen darauf basiert, uns realistisch einzuschätzen und so zu akzeptieren, wie wir sind, ohne das Gefühl, dass wir uns dafür verteidigen müssten, dann ist das daraus resultierende Selbstwertgefühl gefestigt – kongruent und stabil, ein authentischer Ausdruck unserer Persönlichkeit.[110]

Sosehr wir uns nach echter Selbstwertschätzung sehnen, sie zu erreichen ist ein lebenslanges Streben. Daher können diejenigen, die uns beeinflussen wollen, an unser Selbstwertgefühl appellieren; umgekehrt können wir andere beeinflussen, indem wir an deren Selbstwertgefühl appellieren.

WIE BEFRIEDIGEN WIR DIESE BEIDEN GRUNDBEDÜRFNISSE?

Das Wissen, dass wir alle vom Streben nach Sicherheit und Selbstwert getrieben sind, ist der Ausgangspunkt für die Analyse jeder Machtbeziehung. Dabei gibt es große Unterschiede, wie der Einzelne diese Bedürfnisse stillt. Aus der Sozialpsychologie wissen wir, dass das Selbstwertgefühl von unserer subjektiven Selbsteinschätzung abhängt, das heißt davon, wie wir unsere persönliche Kompetenz einschätzen, welchen sozialen Rang wir einnehmen, wie viel Einfluss wir haben und für wie liebenswert und moralisch integer wir uns halten.[111] Entsprechend hängt Sicherheit davon ab, dass unsere grundlegenden physiologischen Bedürfnisse gestillt werden, etwa nach Nahrung und einem Dach über dem Kopf, aber auch von psychischen Faktoren wie beispielsweise Beziehungen zu Menschen, die sich um uns sorgen und uns vor Schaden bewahren, oder Kompetenzen, die es uns ermöglichen, mit den Gefahren und der Unsicherheit in unserem Umfeld umzugehen.

Wir räumen diesen Ressourcen abhängig vom Zeitpunkt und der Situation einen ganz unterschiedlichen Stellenwert ein. Und wir werden dabei von unseren Mitmenschen beeinflusst, denn das, was wir wertschätzen, ist von unserem sozialen Kontext und den kulturellen Haltungen unserer Gemeinschaft geprägt. Trotz aller Unterschiede gibt es jedoch auch Gemeinsamkeiten in unserem Streben nach Sicherheit und Selbstwertschätzung. Bei der Betrachtung dieser Gemeinsamkeiten gehen wir der Frage nach, wie sie die Dynamik von Macht beeinflussen, und beginnen bei der Ressource, die – wie viele behaupten – die Welt regiert: Geld.

MATERIELLE RESSOURCEN

»Der aktuelle Trend beim Verbrauch fossiler Energieträger wird noch vor dem Jahr 2050 dramatische Auswirkungen auf die Umwelt haben.« Dieses Zitat könnte in fast jeder Zeitung stehen, die in den letzten Jahren erschienen ist, doch tatsächlich stammt es aus dem Jahr 1979. Und wer wagte diese bahnbrechende Prognose? Niemand Geringeres als Exxon, einer der größten Ölproduzenten der Welt.[112] Drei Jahre später enthielt ein weiterer interner Bericht von Exxon zum Treibhauseffekt Prognosen über die Erderwärmung, deren Genauigkeit auch heute noch erschreckend ist.[113]

Trotz der wachsenden wissenschaftlichen Erkenntnisse über die vom Menschen verursachte Erderwärmung wollte die Ölindustrie die Verbreitung dieser Informationen unbedingt verhindern. In einem durchgesickerten Memo aus dem Jahr 1998 wird die Strategie der Branche dargelegt: In Zusammenarbeit mit der gleichen PR-Firma, die bereits die Tabakkonzerne darin unterstützt hatte, die gesundheitsschädlichen Auswirkungen des Rauchens zu vertuschen, startete die fossile Brennstoffindustrie eine groß angelegte Kampagne, um Zweifel an den Erkenntnissen der Klimawissenschaft zu säen.[114] Thinktanks und Lobbyorganisationen, finanziert von Familien, die ein Vermögen mit Öl gemacht hatten, schalteten Anzeigen, veröffentlichten Berichte und bildeten skeptische »Wissenschaftler« aus, die als Botschafter der Klimawandelleugner auftraten. Zwischen 2003 und 2010 erhielten 91 konservative Organisationen eine halbe Milliarde Dollar, um den Glauben der Amerikaner an die Klimawissenschaft zu untergraben.[115] Gleichzeitig rüsteten die Ölfirmen ihre Bohrinseln von der Arktis bis zur Nordsee für den Fall steigender Meeresspiegel und drohender Küstenerosionen nach.[116]

Obwohl sich die Öl- und Gasbarone der langfristigen Konsequenzen ihrer Gier bewusst waren, behielten sie ihren Kurs bei. Doch mit ihrer gnadenlosen Profitgier sind sie nicht allein in einem Wirtschaftssystem, das Gewinn und Konsum über alles andere stellt[117] – ein System, an dem wir in gewisser Weise alle beteiligt sind.[118] Wir wollen immer die neuesten Geräte, aktuelle Elektronik und Mode zu einem möglichst niedrigen Preis, und die Unternehmen, die diese Waren und Dienstleistungen anbieten, wollen so viel Geld wie möglich verdienen. Im neoliberalen kapitalistischen System, das Milton Friedmans These bestätigt, »die soziale Verantwortung von Unternehmen besteht darin, den Gewinn zu steigern«,[119] ist das Streben nach kurzfristigem finanziellen Gewinn so legitimiert, dass es in vielen modernen Gesellschaften zur Norm geworden ist.

Die Logik des Neoliberalismus hat den Wert, den wir dem Geld beimessen, vielleicht ins Extreme gesteigert, doch Reichtum und materieller Besitz wurden schon immer geschätzt und angestrebt.[120] Man muss nur einen Roman von Jane Austen lesen, schon bewertet man die gesellschaftlichen Aussichten einer Figur nach ihrem Einkommen und ihrem Besitz, den sie mit in die Ehe bringt. Und dieses Kriterium zur Bewertung sozialer Beziehungen ist nicht auf den britischen Landadel im späten 18. Jahrhundert beschränkt. Menschen waren schon immer bereit, große Strapazen auf sich zu nehmen, um einen Topf mit Gold, einen Schatz oder einen lukrativen Vertrag in die Finger zu bekommen, selbst wenn das bedeutete, dass sie dabei zu unmoralischen oder verbotenen Mitteln greifen mussten.

Wir gieren nach Geld, weil es unsere beiden Grundbedürfnisse befriedigt: Sicherheit und Selbstwertschätzung. Geld kann man zwar nicht essen und auch nicht anziehen, aber man kann damit Lebensmittel und eine Unterkunft bezahlen und sich dadurch sicherer fühlen – und auch tatsächlich sicherer sein. Und man kann mit Geld das eigene Selbstwertgefühl steigern, vor allem in unseren individualistischen Gesellschaften, in denen Reichtum Zugang zu Privilegien bietet, die unseren sozialen Status stützen – für viele eine wertvolle Bestätigung des Selbstwertgefühls.[121] Geld regiert *tatsächlich* die Welt. Wer den Zugang der Menschen zu Geld kontrolliert, hat auch Macht über sie.

Allerdings ist Geld nicht unbedingt erforderlich, um das Verhalten anderer zu beeinflussen. Das zeigt beispielsweise Napoleons geschickter Umgang mit dem Militär nach der Französischen Revolution, als mit der Abschaffung des erblichen Adels (und den damit verbundenen ertragreichen Landgütern) die Möglichkeit verloren ging, tapfere Offiziere zu belohnen. Napoleon schuf stattdessen einen Verdienstorden, die Ehrenlegion, als symbolische Belohnung für Soldaten und Zivilisten.[122] Und es funktionierte. Bis heute ersetzen Ehrenabzeichen materielle Belohnungen so effektiv, dass sie weit über das Militär hinaus als Motivationsinstrument dienen. Ein weiteres Beispiel sind die Kunsthandwerker in der südindischen Stadt Channapatna, die für ihr traditionelles Holzspielzeug bekannt sind. Wie alle müssen sie ihren Lebensunterhalt verdienen. Doch die Soziologin

Aruna Ranganathan, die ihr wirtschaftliches Verhalten untersuchte, stellte fest, dass sie von Kennern, die bereit waren, mehr für ihre hochwertige Arbeit zu zahlen, niedrigere Preise verlangten als von weniger versierten Kunden.[123]

Was sollen wir angesichts des übergroßen Wertes, den die meisten von uns Geld und materiellem Besitz beimessen, von Napoleons Offizieren und Channapatnas Kunsthandwerkern halten?

Die Beispiele zeigen, dass andere Ressourcen, die eher einen ideellen als materiellen Wert haben, Geld als Objekt der Begierde selbst in einem wirtschaftlichen Kontext ersetzen können. Status, den man durch materiellen Besitz, aber auch durch andere, weniger greifbare Mittel erreichen kann, ist eine dieser Ressourcen.

STATUS

Ein Gefühl von unserem eigenen Wert erlangen wir selten ganz von allein.[124] Respekt, Prestige und Wertschätzung, die andere uns entgegenbringen – unser Status, unser Wert in den Augen der anderen –, spielen ebenfalls eine Rolle. Status zeigt unsere Position im Verhältnis zu anderen an, und diese Unterscheidungen hinsichtlich unseres Ranges sind uns sehr wichtig. Doch Status ist ein gesellschaftliches Konstrukt, und in jeder Epoche und Kultur haben die Menschen neue Wege gefunden, ihn auszudrücken; in dieser Hinsicht scheint ihr Einfallsreichtum unerschöpflich.

Man muss nur an den uralten chinesischen Brauch des Füßebindens denken. Sein Ursprung ist zwar umstritten, doch es gibt die weitverbreitete Theorie, dass er mit der unterschiedlichen Wahrnehmung von Status begann und endete.[125] Aristokratische Familien pflegten den Brauch vermutlich bereits im 10. Jahrhundert, um zu zeigen, dass ihre vornehmen Töchter nicht wie die Bauernmädchen auf den Feldern arbeiten oder zum Markt gehen mussten. Die Mädchen waren außerdem ans Haus gebunden, wodurch ihre Keuschheit und Reinheit garantiert wurden – was zusätzlich zur gesellschaftlichen Wertschätzung einer Familie beitrug und die Heiratsaussichten der Töchter verbesserte. Der Brauch hielt sich, bis er durch die Öffnung Chinas und den internationalen Handel in der übrigen Welt bekannt wurde und sich seine Bedeutung veränderte. Von außen betrachtet schien der Brauch barbarisch, und diejenigen, die ihn praktizierten, wirkten kulturell rückständig. Anfang des 20. Jahrhunderts wurde das Füßebinden verboten und schließlich aufgegeben.[126]

Die Wertschätzung, die andere uns entgegenbringen, befriedigt unser Bedürfnis zur Verbesserung unseres Selbstwertgefühls. Für die aristokratischen Familien im kaiserlichen China waren die »Lotosfüße« der Frauen ein Zeichen für den Stellenwert der Familie in der gesellschaftlichen Hierarchie. Für die Verbraucher von heute sind Luxusgüter das ultimative Kennzeichen des sozialen Status, wie das Beispiel der Diamanten zeigt, die vor einem Jahrhundert noch nicht sonderlich populär waren, doch später zum exquisiten Symbol der ewigen Liebe wurden.[127] Die Ressourcen, die unser Bedürfnis nach Selbstwertschätzung befriedigen, sind abhängig von kulturellen, wirtschaftlichen und institutionellen Faktoren und ändern sich je nach Zeit und Ort. Was sich jedoch nicht ändert, ist die Tatsache, dass wir andere beeinflussen können, wenn wir ihnen Zugang zu gesellschaftlichem Status bieten – und umgekehrt.

ZUGEHÖRIGKEIT

Status ist nicht die einzige Ressource, die Geld als Mittel zur Beeinflussung von Verhalten ersetzen kann. Soziale Verbundenheit – in Form von Beziehungen, gegenseitigen Verpflichtungen und Fürsorge – ist eine weitere sehr geschätzte Ressource. Wir sehnen uns nach Freundschaft, Vertrauen und Akzeptanz, möchten Liebe oder Zuneigung geben und empfangen und zu einer Gruppe gehören.[128]

Die Harvard-Studie zur Erwachsenenentwicklung, die 1938 begonnen wurde, ist eine psychologische Langzeitstudie und befasst sich mit der Frage, warum manche Menschen besser altern als andere. Die ursprünglichen Teilnehmer stammten aus zwei Gruppen: 268 männliche Studierende im zweiten Jahr an der Harvard University und 456 Jungen aus den problematischsten Vierteln von Boston. Im Lauf der Zeit wurden über 2000 junge Männer einbezogen und schließlich auch deren Partnerinnen.[129] Zunächst befassten sich die Forscher mit den körperlichen Alterungsprozessen der Teilnehmer und deren intellektuellen Fähigkeiten, doch mit der Zeit verlagerte sich der Schwerpunkt. George Vaillant, der Psychiater, der die Studie von 1972 bis 2004 leitete, bemerkte dazu: »Zu Beginn der Studie interessierte sich niemand für Empathie oder Bindungen. Doch die Schlüssel zu einem gesunden Alter sind Beziehungen, Beziehungen und Beziehungen.«[130] Wie die Forscher feststellten, waren in der Gruppe der über Achtzigjährigen diejenigen am gesündesten, die im Alter von 50 Jahren besonders zufrieden mit ihren Beziehungen gewesen waren. Einsamkeit wirkt sich auf die Gesundheit im Alter genauso negativ aus wie Rauchen oder Alkoholkonsum.[131]

Wie hängen nun Zugehörigkeit und Bindung mit Macht zusammen? Objektiv betrachtet sind wir sicherer, wenn wir uns mit Menschen umgeben, denen wir am Herzen liegen. Subjektiv gesehen wirken sich ihre Anwesenheit und ihre Zuneigung positiv auf unser Selbstwertgefühl aus. Evolutionspsychologische Studien zeigen, dass wir Erfahrungen der sozialen Akzeptanz oder Ablehnung verinnerlichen und diese unser Selbstwertgefühl beeinflussen.[132] Kinder verstehen schon früh, welche Macht die Drohung hat, einem anderen Kind die Freundschaft zu entziehen, auch wenn ihnen nicht klar ist, dass diese Macht daraus erwächst, dass einem verletzlichen Gleichaltrigen eine wichtige Quelle des Selbstwertgefühls entzogen wird und damit auch ein Abwehrmechanismus gegen Hänseleien und Mobbing.

Am Ende zählen die Menschen, die wir lieben, mehr als alles andere. Jeder, der schon einmal dem Tod nahe war, wird Ihnen sagen, dass er in den letzten Momenten nur noch an seine Lieben gedacht hat.[133] Der Schmerz darüber, dass man sich nicht von seinen Familienmitgliedern im Krankenhaus verabschieden konnte, machte Covid-19 für viele Menschen zu einer besonders herzzerreißenden Erfahrung. Wir können den Tod akzeptieren, aber nicht einen Tod fern von denjenigen, die wir lieben.[134] Liebe lässt sich leicht als Machtinstrument einsetzen: Man muss nur jemanden bedrohen, den wir lieben, schon geben wir nach, um den geliebten Menschen zu schützen. Gleichzeitig werden wir alles in unserer Macht Stehende tun, um die Bedrohung zu stoppen.

Zugehörigkeit kann auch genutzt werden, um uns zu spalten. Unser Wunsch dazuzugehören kann dazu führen, dass wir unser Selbstwertgefühl darüber definieren, dass unsere Gruppe einer anderen überlegen ist.[135] Menschen, die uns die Möglichkeit geben, uns gut zu fühlen, indem sie andere, die sie als »minderwertig« betrachten, diskriminieren, erlangen Macht über uns, indem sie unseren Wunsch nach Bestätigung und unser Bedürfnis nach Zugehörigkeit ausnutzen. Fremdenfeindlichkeit, ethnische Säuberungen und die lange Liste der rassistischen und völkermordenden Regimes in der Geschichte zeigen, welch verheerende Wirkung es haben kann, wenn diese Form der Beeinflussung zur Machtausübung genutzt wird.

Zum Glück ist Hass nicht die einzige Form der Identifikation, über die wir uns beeinflussen lassen. Das zeigt das Beispiel der Kunsthandwerker in Channapatna, die sich so sehr mit ihrer Arbeit identifizieren, dass sie besonders die Kunden schätzen, von denen sie wissen, dass ihre Kunst nach dem Verkauf in guten Händen ist, selbst wenn das bedeutet, dass sie weniger Geld verdienen. Der Wert der Arbeit verändert sich, wenn es ein Werk der Liebe ist. Die Kunsthandwerker wollen deshalb ihr Werk mit Menschen teilen, die das verstehen und ihre Kunst genauso lieben wie sie.

LEISTUNG

Es mag ungewöhnlich wirken, wenn sich Kunsthandwerker so stark mit ihrer Arbeit identifizieren, doch sie sind bei Weitem nicht allein mit der Wertschätzung ihrer Tätigkeit. Der Wunsch, etwas zu leisten und uns kompetent zu fühlen, treibt uns an und hilft uns, Probleme zu lösen und Hindernisse zu überwinden, indem wir lernen, analysieren, beobachten und handeln. Wir schätzen es, wenn wir uns kompetent fühlen und etwas erreicht haben, weil wir dann das Gefühl haben, in Sicherheit zu sein und gebraucht zu werden. Je besser wir eine Tätigkeit beherrschen oder unser Wissen einsetzen können, desto leichter können wir unseren Alltag meistern und desto weniger fühlen wir uns von dem bedroht, was wir nicht verstehen. Und je mehr wir durch unsere Fähigkeiten und Erkenntnisse herausragen, desto besonderer und wertvoller fühlen wir uns.

Was Leistung für den Einzelnen ausmacht, ist ganz unterschiedlich und abhängig von der jeweiligen Person und ihrer Kultur. So schneiden etwa Jugendliche in Ostasien mit ihren Leistungen in Mathematik, beim Lesen und in den Naturwissenschaften im internationalen Vergleich besonders gut ab,[136] was unter anderem an der kulturell bedingten Wertschätzung schulischer Leistung liegt. Umgekehrt definiert man in der angloamerikanischen Kultur jugendliche Leistung oft über den »studierenden Athleten«, der das römische Ideal *Mens sana in corpore sano* (»ein gesunder Geist in einem gesunden Körper«) verkörpert.[137] Die Definitionen mögen variieren, doch die Wertschätzung von Leistung ist universal.

In Unternehmen bietet der Wert, den Mitarbeiter der Leistung beimessen, Managern die Möglichkeit, ihr Verhalten konstruktiv zu beeinflussen. Untersuchungen zeigen, dass das Gefühl, Fortschritte zu machen – basierend auf zunehmender Kompetenz und steigender Leistung –, eine wichtige Motivationsquelle sein kann. Ein Manager, der Fortschritte für die Belegschaft erlebbar macht, kann großen Einfluss auf deren Verhalten nehmen.[138]

Da Leistung auf vielfältige Weise zum Ausdruck kommt, haben diejenigen, die den Rahmen für »Kompetenz« oder »Erfolg« definieren, erheblichen Einfluss auf diejenigen, die Leistungen erbringen. Die Aufmerksamkeit der Eltern gegenüber Noten und den Bewertungsmethoden der Lehrer kann das Verhalten einer Schülerin oder eines Schülers positiv oder negativ beeinflussen. Die Auswahlkomitees, die besondere Leistungen begutachten – vom Nobelpreiskomitee über die Testesser des Guide Michelin bis zu den Ausschüssen für Universitätsbewerber –, haben enorme Macht, weil sie darüber entscheiden, wessen Leistungen im Labor, in der Küche oder in der Schule besondere Anerkennung verdienen. Wenn wir Leistung und Kompetenz keinen Wert beimessen würden, hätten Auszeichnungen und Noten viel weniger Einfluss auf unser Verhalten. Dennoch streben wir nicht alle nur nach solchen externen Bestätigungen unserer Leistungen. Beispielsweise gibt es Spitzenköche, die sich dem Michelin-Stern verweigern, oder Künstler, die Auszeichnungen ablehnen. Dadurch verhindern sie, dass eine Machtbeziehung zu denjenigen entsteht, die diese Auszeichnungen vergeben und die dann noch eine weitere Ressource kontrollieren würden, die gerade Kreative sehr schätzen: Autonomie.

AUTONOMIE

Wer das Gefühl hat, er hätte die Kontrolle über die von ihm getroffenen Entscheidungen, und denkt, sein Handeln wäre das Resultat des eigenen Wollens, verfügt über Autonomie. Wir schätzen Autonomie sehr. Tatsächlich ist der Hauptantrieb für unser Streben nach Macht nicht der Wunsch, Einfluss auf andere auszuüben, sondern frei zu sein von deren Einfluss.[139] Autonomie gibt uns ein Gefühl von Sicherheit, indem sie uns von den ungewollten Konsequenzen der Entscheidungen anderer schützt, und sie steigert unser Selbstwertgefühl, weil sich die Handlungen, für die wir uns aus eigenem Antrieb entscheiden, authentisch anfühlen – sie geben uns so wieder, wie wir wirklich sind – und weil wir diese Handlungen deshalb als moralisch wertvoll betrachten.[140]

Angestellte, die autonom handeln können und ihre Vorgesetzten dabei als Unterstützung wahrnehmen, sind zufriedener als Angestellte, die wenig oder gar keine Kontrolle über ihr Arbeitsleben haben. Diese Zufriedenheit äußert sich nicht nur in Form besserer Leistungen, sondern auch in einer gesünderen mentalen Verfassung.[141] Umgekehrt fordert mangelnde Autonomie ihren Tribut und wirkt sich negativ auf die physische und psychische Gesundheit der Mitarbeiter aus. Wenn man das Streben nach Autonomie – und den Wunsch, selbst zu entscheiden – bei anderen akzeptiert, kann man viel erreichen. So können Manager die Motivation ihrer Mitarbeiter steigern, Lehrer ihre Schüler für den Unterricht begeistern und Eltern ihre Kinder dazu bringen, mit ihnen zu reden.

Die Angst vor einem Verlust der Autonomie oder die Erkenntnis, dass die Autonomie bereits verloren ist, lässt sich leicht ausnutzen. In seinem Buch *Heroic Failure: Brexit and the Politics of Pain* bezeichnet der irische Journalist Fintan O'Toole diese Angst als wesentlichen Faktor für den Austritt der Briten aus der Europäischen Union.[142] Politiker wie Nigel Farage und Boris Johnson hätten verstanden, dass viele Briten dem British Empire nachtrauerten, die wachsende Zahl der Einwanderer ablehnten und den wirklichen oder wahrgenommenen Verlust der britischen Autonomie gegenüber der Europäischen Union kritisierten.[143] »Make Britain great again«, erklärten sie. »Wir dürfen nicht zulassen, dass die EU-Bürokraten unsere Lieblingschips mit Krabbencocktailgeschmack verbieten!« Den Wunsch der Menschen zu nutzen, über ihr eigenes Schicksal zu bestimmen, kann ein mächtiger Hebel sein, um das Verhalten anderer zu beeinflussen und so Macht auszuüben.

Ein Autonomiedefizit kann Menschen dazu bringen, Kontrolle über andere anzustreben, um den Mangel an Kontrolle über ihr eigenes Leben wettzumachen.[144] In seiner extremsten Form kann sich dieses Kontrollbedürfnis zu einem Verlangen nach Dominanz entwickeln – der Fähigkeit, andere einzuschüchtern, sie zu bestimmten Handlungen zu zwingen, ihnen Angst zu machen und sie zu unterwerfen.[145] Ein Beispiel dafür ist territoriales Verhalten.[146] Wenn überaus geschätzte Ressourcen knapp sind oder die Versorgung damit gefährdet ist – das beginnt bei Wasser und Lebensmitteln und erstreckt sich weiter auf Wohnraum, materiellen Besitz und die gesellschaftliche Stellung –, kann Territorialverhalten unser tiefes Bedürfnis nach Sicherheit befriedigen, ganz ähnlich wie einst bei unseren Vorfahren als Jäger und Sammler.

In Hinblick auf die profaneren Aspekte unseres Lebens kann man mit der Anziehungskraft der Dominanz unsere Begeisterung für Zuschauersport erklären, vor allem für Sportarten mit einem gewissen Gewaltpotenzial. Eine Theorie darüber, warum Gewalt im Sport unterhaltend ist, besagt, dass »Zuschauer die Athleten als Stellvertreter betrachten. Wenn ein Spieler [einen anderen] umrempelt, ist das so, als ob der Zuschauer diesen Zweikampf gewonnen hätte«.[147] Noch dazu können die Zuschauer dieses Gefühl der Dominanz ganz bequem und gefahrlos von ihrem Sitzplatz oder der Couch aus erleben. Fans verlangen bei Zuschauersportarten Aggression und Gewalt, und die Mannschaften und Ligen liefern sie bereitwillig. Mit dem Wunsch nach Dominanz lässt sich viel Geld verdienen.

Im schlimmsten Fall äußert sich das Bedürfnis nach Dominanz in Form von Folter, Terrorismus und anderen direkten Anschlägen auf unser Leben. Dahinter steckt nichts anderes als ein überzogenes Kontrollbedürfnis – so kurz diese Kontrolle auch sein mag –, bei dem der Täter darüber bestimmt, ob andere Menschen leiden oder verschont werden, leben oder sterben. Wer so handelt, hat ein verzerrtes, pervertiertes Selbstwertgefühl. Ähnlich sieht das auch die neuseeländische Premierministerin Jacinda Ardern, die nach dem Terroranschlag auf eine Moschee in Christchurch am 15. März 2019 erklärte:

Mit seinem Terrorakt wollte er [der Täter] viele Dinge erreichen, unter anderem auch, bekannt zu werden. Und deshalb werden Sie niemals hören, dass ich seinen Namen nenne. Er ist ein Terrorist, er ist ein Krimineller, er ist ein Extremist – aber er wird, wenn ich von ihm spreche, namenlos bleiben. Und ich bitte Sie: Nennen Sie die Namen derjenigen, die ihr Leben verloren haben, anstatt den Namen des Mannes, der es auslöschte. Er strebte vielleicht nach Bekanntheit, aber wir in Neuseeland werden ihm nichts geben, nicht einmal seinen Namen.[148]

Indem die Premierministerin sich weigerte, den Terroristen beim Namen zu nennen und ihn damit weltweit bekannt zu machen, durchkreuzte sie seine Absichten, die ihn vermutlich zu seinem Hassverbrechen motiviert hatten: das verzweifelte Verlangen nach Selbstwertschätzung.[149] Und sie entzog ihm die Kontrolle über sein Narrativ, indem sie den Blick nicht auf die Schrecken seiner Tat richtete, sondern auf den Anstand und Wert der anderen.

MORAL

Können uns andere beeinflussen, indem sie uns das Gefühl geben, moralisch zu sein? Wie Ardern zeigte, ist das möglich, denn Tugend – ein guter Mensch zu sein und den eigenen hohen Ansprüchen gerecht zu werden – spielt in unserem Streben nach Sicherheit und Selbstwertschätzung eine große Rolle. Die Moralphilosophie, Soziologie, Biologie und Evolutionspsychologie bieten mindestens drei sich gegenseitig ausschließende Erklärungen, warum wir so großen Wert auf Moral legen.

Die erste Erklärung lautet, dass Moral aufgrund unserer gegenseitigen Abhängigkeit notwendig ist: Wir sind aufeinander angewiesen, um uns vor Gefahr und Leid zu schützen, unser individuelles Wohlergehen ist daher eng verbunden mit dem Wohlergehen anderer.[150] Wir schätzen ein tugendhaftes Verhalten, weil uns die Einhaltung moralischer Normen und Konventionen vor den Gefahren der natürlichen Welt, aber auch der Gesellschaft schützt, in der allein das Gesetz vom »Krieg aller gegen alle« gilt.[151] Aus dieser Sicht ist ein moralisches Verhalten von instrumentellem Wert.

Die zweite Erklärung ist evolutionsgeschichtlich: Im Menschen bildete sich ein natürliches Moralgefühl heran, das sich bei der natürlichen Selektion bewährte. So entstand das moralische Element eines kooperativen, prosozialen Verhaltens vermutlich im Zusammenhang mit der gemeinsamen Sorge um die Kinder: *Wenn du mir hilfst, meine Kinder zu beschützen und großzuziehen, und ich dir bei deinen helfe, haben wir gemeinsam eine bessere Chance, sie am Leben zu halten und unsere Gene weiterzugeben.*[152] Wie die instrumentelle Erklärung der Moral wird auch »die evolutionistische Erklärung des menschlichen Altruismus sehr durch die Tatsache erschwert, daß die meisten Äußerungen von Altruismus letzten Endes ichbezogen sind«, wie der US-amerikanische Biologe Edward O. Wilson erklärt.[153] Am Ende mag Eigennutz stehen, dennoch hat sich Moral zur Grundlage unserer Vorstellung von uns selbst und unseres Selbstwertgefühls entwickelt. Unsere von Moral geprägten Empfindungen wie Sympathie oder die Bindung an andere Menschen beschränken sich nicht nur auf unsere Familie; und wenn unser Verhalten von dem abweicht, was wir als moralisch betrachten, haben wir das Bedürfnis, diese Abweichung nicht nur vor anderen, sondern auch vor uns selbst zu rechtfertigen.[154]

Die dritte Erklärung betrachtet Moral als den höchsten Ausdruck der menschlichen Natur. Moralisch sein heißt, wahrhaft menschlich zu sein. So glaubte beispielsweise der griechische Philosoph Epikur – an dessen Lehre man sich meist etwas verkürzt als Forderung erinnert, das höchste Ziel im Leben sei die Förderung der Freude und Verringerung des Schmerzes –, es sei unmöglich, ein angenehmes Leben zu führen, »ohne klug und ehrenwert und gerecht zu leben, ohne dass man mutig und mäßig und großmütig lebt, ohne Freunde zu haben und ohne wohltätig zu sein«.[155] In der aristotelischen Ethik ist ein Leben im Einklang mit der Tugend notwendig für das Gedeihen der Menschen.[156] Und in der neuzeitlichen Philosophie Immanuel Kants ist moralisches Handeln ein kategorischer Imperativ (also ein Verhaltensgebot, das bedingungslos für uns alle gilt), denn im Gegensatz zu allen anderen Lebewesen kann der Mensch den Verstand nutzen, um moralische Prinzipien von universellem Wert zu formulieren.[157] Trotz ihrer Unterschiede stimmen diese Überlegungen in einem Punkt überein: Menschen entwickeln moralische Standards und betrachten deren Einhaltung als Ideal eines erfüllten Menschseins. Diese moralischen Prinzipien weisen eine bemerkenswerte Ähnlichkeit über Epochen und Traditionen hinweg auf. So gelten etwa in der Philosophie des Konfuzius und Mencius *rén* (Wohlwollen, Mitgefühl und Mitmenschlichkeit), *yì* (Rechtschaffenheit und Sinn für Gerechtigkeit), *lǐ* (Anstand und gute Manieren), *xin* (Ehrerbietung und Integrität) und *zhi* (Wissen und Weisheit) als die fünf Konstanten.[158]

Ob moralisches Verhalten nun instrumentell oder evolutionär motiviert oder von Natur aus in uns angelegt ist, die Personen, Organisationen, Institutionen und Gemeinschaften, die es uns ermöglichen, unseren Sinn für Moral zu entwickeln und zu bestätigen, können uns beeinflussen, weil wir alle danach streben, uns gemäß unserer moralischen Prinzipien zu verhalten. Tun wir das nicht, riskieren wir, dass wir uns unbehaglich fühlen, fehl am Platz oder schlicht beschämt.[159] Wir fühlen uns zu Gruppen hingezogen, die das widerspiegeln, was wir wertschätzen, weil wir uns gern mit diesen Tugenden in Verbindung bringen und uns dadurch selbst als tugendhaft betrachten. In der Konsumwelt können Marken, Unternehmen, Organisationen und Führungspersönlichkeiten Macht gewinnen oder verlieren, indem sie einen Zusammenhang zwischen sich und aktuellen moralischen Werten herstellen – oder dies versäumen.

Ein Appell an moralische Prinzipien, um Menschen für einen Wandel zu mobilisieren, ist ebenfalls eine universale Quelle der Macht. Wenn man an die großen Vorbilder des gesellschaftlichen Wandels wie Mahatma Gandhi, Nelson Mandela und Mutter Teresa oder aktueller, Malala Yousafzai denkt, zeigt sich, dass sie dank ihrer Ideale andere Menschen beeinflussen konnten. Auf diese Weise mobilisierte 2019 auch die sechzehnjährige Greta Thunberg mit der Bewegung Fridays for Future etwa vier Millionen Menschen in 163 Ländern, um für den Klimaschutz zu demonstrieren, zu protestieren und zu streiken.[160] Moralische Appelle können große Macht entfalten, sind jedoch nicht immer moralisch einwandfrei. »Andere« Personen, Gruppen oder Nationen als »unmoralisch« darzustellen, ist eine bewährte Strategie zur Mobilisierung von Menschen. Edward O. Wilson sagte: »So starr die Menschen in ihrem Ehrenkodex sind, so launisch sind sie, wenn es darum geht, für wen der Kodex gilt.«[161]

Das Streben nach moralischem Verhalten ist zwar universal, doch es gibt große Unterschiede darin, wie sehr wir als einzelne Personen unser moralisches Selbst schätzen und kultivieren.[162] Bei manchen untergräbt die übertriebene Liebe zum Geld oder der Wunsch nach Dominanz jedes Bemühen um Tugendhaftigkeit. Am Verhalten derjenigen, die über Jahrzehnte Gewinn mit fossilen Brennstoffen machten, obwohl sie wussten, dass die dadurch verursachten Schäden eine existenzielle Bedrohung der Menschheit darstellen, lässt sich keine große Moral erkennen. Für andere hingegen zählt Moral mehr als alles andere. Man muss nur an die Menschen denken, die im Zweiten Weltkrieg gegen die Faschisten Widerstand leisteten, an die Studentenproteste auf dem Platz des Himmlischen Friedens in Beijing und an alle, die in der Geschichte der Menschheit für Gerechtigkeit und Freiheit von Tyrannei gestorben sind. Es mag daher nicht sonderlich überraschen, dass Menschen, denen ein moralisches Verhalten wichtig ist, weniger dazu neigen, Macht für eigennützige Interessen einzusetzen.[163]

Wie bei Status, Zugehörigkeit und Leistung sind auch die Kriterien, die wir zur Definition von Moral verwenden, gesellschaftlichen Konstrukten und Interpretationen unterworfen. Der deutsche Philosoph Friedrich Nietzsche betrachtete im 19. Jahrhundert Moral nicht als eine zeitlose, objektive Wahrheit, sondern als Produkt kultureller und historischer Umstände.[164] So sind wir zwar immer noch mit Aristoteles einig, was die Kardinaltugenden angeht – Besonnenheit, Mäßigung, Mut und Gerechtigkeit –, können jedoch nicht seine Rechtfertigung der Sklaverei billigen oder seine Haltung, dass nicht alle Menschen gleich seien. Das Füßebinden war in China über Jahrhunderte Kennzeichen für den aristokratischen Status einer Familie, doch irgendwann galt es als barbarisch und unmoralisch. Und während Pelze bis in die 1980er-Jahre für einen bestimmten sozialen Status und modische Eleganz standen, ist ihr Stellenwert in den USA dank der Aktivitäten von People for the Ethical Treatment of Animals (PETA) seit den 1990er-Jahren massiv zurückgegangen.[165] PETA appellierte an den moralischen Kompass der Menschen und sorgte so dafür, dass Pelze nicht mehr für Eleganz, sondern für Grausamkeit standen.

HERAUSFINDEN, WAS GENAU ANDERE WOLLEN

Wir haben festgestellt, dass sich das menschliche Grundbedürfnis nach Sicherheit und Wertschätzung auf verschiedene Weise befriedigen lässt: materieller Besitz, Status, Leistung, Zugehörigkeit, Autonomie und Moral sind geschätzte Ressourcen (wie in der folgenden Abbildung dargestellt). Wir haben aber auch festgestellt, dass diese Ressourcen nicht für jeden Menschen, zu jedem Zeitpunkt oder in jedem Kontext gleich attraktiv sind. Wir wissen zwar, was Menschen generell schätzen und warum, aber nicht, was genau jemand in einem bestimmten Moment will. Das herauszufinden erfordert eine genaue Analyse der jeweiligen Situation. Erst dann wissen wir, ob sich unsere Macht über die andere Person darauf stützt, ihr ein Ehrenabzeichen, einen Topf voll Gold, ein gewisses Maß an Autonomie, ein Gefühl von Tugendhaftigkeit oder etwas ganz anderes zu geben.

Was Menschen schätzen

Betrachten wir zur besseren Veranschaulichung die Geschichte von Ning.[166] Der gebürtige Chinese trat nach seinem Abschluss in Betriebswirtschaft eine Stelle als Strategieberater bei einem großen australischen Unternehmen an. Seine Aufgabe – er sollte die schwache Leistung der firmeneigenen Callcenter verbessern – war nicht einfach, denn er hatte zwar einen beeindruckenden Titel, aber keine offizielle Handhabe gegenüber den Managern der Callcenter oder den Mitarbeitern und wusste auch nicht viel darüber, was sie motivierte oder wie er ihr Verhalten ändern sollte. Doch er wusste eins: In einem Callcenter ist Arbeitsmoral immer ein großes Thema.

»Niemand ruft an und sagt: ›Hey, Sie leisten wahre Wunder mit Ihrer Arbeit, ich bin begeistert!‹ Die Anrufer sind fast immer sauer«, erklärte er uns.[167] »Die Mitarbeiter werden rund um die Uhr angebrüllt. Sie leben in ständiger Anspannung, weil sie schon mit dem nächsten unangenehmen Anruf rechnen; und sie fühlen sich mies, wenn sie das Problem des Anrufers nicht lösen und ihn nicht zufriedenstellen können – was sehr oft vorkommt. Kein Wunder, dass die Fehlzeiten und die Fluktuation so hoch sind.«

Ning konnte mit den Mitarbeitern im Callcenter mitfühlen. Ihm war klar, dass ihnen Sicherheit und Wertschätzung fehlten. Wie soll man sich auch sicher fühlen, wenn bereits der nächste verärgerte Kunde in der Leitung wartet und die Manager von der Zentrale nur vorbeikommen, um einen weiteren Stellenabbau zu verkünden? Wie soll man ein hohes Selbstwertgefühl haben, wenn man sehr wenig Geld für eine Arbeit bekommt, die man noch dazu abgeschottet von seinen Kollegen verrichtet? Die Mitarbeiter fühlten sich elend, und als sich Ning an uns wandte und um Rat fragte, wie er seine neue Aufgabe erfolgreich bewältigen sollte, war er entschlossen, den Arbeitsalltag der Belegschaft zu verbessern.

Ning wusste, dass er nur dann einen positiven Effekt erzielen würde, wenn er verstand, was die Callcenter-Mitarbeiter brauchten, und ihnen die Ressourcen anbot, die sie schätzten. Doch einige dieser Ressourcen wie etwa eine bessere Bezahlung waren keine Option, weil er keinen Einfluss darauf hatte. Gab es etwas, das sich die Mitarbeiter wünschten und das er ihnen bieten konnte?

Um zu erfahren, was die Mitarbeiter schätzten, besuchte er eins der Callcenter, obwohl ihm natürlich klar war, dass man dort jedem von der Zentrale mit Misstrauen begegnete. »Sobald ich hereinkam«, erzählte Ning, »hörten alle auf zu reden; es war totenstill.« Also änderte er seinen Ansatz. Er verbrachte fortan jeden Mittwoch im Callcenter und arbeitete an einem freien Platz an seinem Laptop, anstatt die Mitarbeiter über ihre Arbeit auszufragen. Von seinem Platz aus fiel ihm sofort auf, dass Trennwände die Mitarbeiter voneinander abschotteten und gegenseitige Besuche erschwerten. Als Ning vorschlug, die Trennwände zu entfernen, lehnte die Zentrale zunächst ab und berief sich dabei auf den Schutz der Kundendaten auf den Bildschirmen. Doch schließlich gab die Unternehmensleitung nach, als Ning erklärte, dass Sichtblenden an den Bildschirmen und hochwertige Kopfhörer Abhilfe schaffen könnten, um die Gespräche der anderen Mitarbeiter auszublenden. »Plötzlich konnten sich die Leute sehen, Blickkontakt herstellen und spüren, dass ihre Kollegen direkt um sie herum waren.« Ning hatte eine einfache Lösung gefunden, das Bedürfnis nach Sicherheit und Zugehörigkeit zu stillen.

Zudem war ihm aufgefallen, dass die Mitarbeiter umso nervöser reagierten, je formeller er angezogen war, also trug er schon bald Jeans und T-Shirt wie alle anderen auch. Als sich die Mitarbeiter an seine Anwesenheit gewöhnt hatten, hatten sie Mitleid mit ihm, weil er immer allein saß und niemand mit ihm sprach. Also luden sie ihn ein, mit ihnen zusammen zu Mittag zu essen. »Beim ersten Mal war es schon seltsam«, erinnerte sich Ning. »Kaum einer traute sich, etwas zu sagen, also begann ich, von mir zu erzählen, von meinem Leben, meinen Problemen. Als ihnen klar wurde, dass ich ganz ähnliche Probleme wie sie hatte, fassten sie allmählich Vertrauen.«

Die Gespräche ergaben, dass die Mitarbeiter keinen Sinn in ihrer Tätigkeit sahen – sie arbeiteten nur im Callcenter, weil sie das Geld brauchten. Für ihre Nebenjobs oder ehrenamtlichen Tätigkeiten brachten sie deutlich mehr Begeisterung auf, ob es nun eine Theatergruppe, die Arbeit auf einem Bauernhof, in der Bäckerei ihrer Familie oder im Tierheim war. Ning ließ sich ihre Geschichten durch den Kopf gehen und hatte eine geniale Idee: Wie wäre es, anstelle der Nachrichten, die auf dem Fernseher in der Cafeteria liefen, Fotos und Videos von den außerbetrieblichen Aktivitäten der Mitarbeiter zu zeigen? Anfangs musste er um die Beiträge bitten. Aber nachdem er die erste Diashow zusammengestellt hatte, kamen schon bald viele weitere Fotos und Videos. Angestellte, die ihre Tätigkeit im Callcenter nicht ausfüllte, fanden Bestätigung, indem sie ihren Kollegen von ihren Erfolgen, ihren Hobbys, ihrer Familie und ihren Freunden erzählten.

Als die Angestellten immer offener über ihre Probleme bei der Arbeit sprachen, machte sich Ning eifrig Notizen und ging jedem einzelnen Problem auf den Grund, so groß oder klein es auch sein mochte. Eins der Ärgernisse war der Rückruf, der den Kunden versprochen wurde. Laut Vorgabe mussten sich die Callcenter-Mitarbeiter innerhalb von zwei Werktagen bei den Anrufern melden, doch aufgrund der vielen Feiertage in Australien, die je nach Bundesstaat und Territorium stark variieren konnten, schrumpfte dieser Zeitrahmen oft auf einen Tag zusammen, sodass die Mitarbeiter Mühe hatten, in dieser kurzen Zeit das Problem der Kunden zu beheben.

Ning erfuhr von diesem Problem eines Tages beim Mittagessen. Er war zwar befugt, die Richtlinien zu ändern, musste eine Überarbeitung der Vorgaben jedoch von der Zentrale genehmigen lassen. Nach Feierabend ging Ning zurück in sein Hotelzimmer und rief in der Zentrale an, wo er ein hervorragendes Netzwerk aufgebaut hatte. Schon am nächsten Tag konnte er den Mitarbeitern beim Mittagessen verkünden: »Die Vorgaben wurden geändert. Ihr könnt das gleich online überprüfen, wenn ihr wollt. Das wäre erledigt.« Er sagte ihnen auch, was er noch getan hatte, um etwas gegen die anderen von ihnen angesprochenen Probleme zu unternehmen, und wann er mit einer Lösung rechnete.

Die Mitarbeiter des Callcenters waren beeindruckt: »Verdammt, das ist aber effizient!« Ohne mit der Wimper zu zucken, antwortete Ning: »Dafür bin ich da. Also, wie kann ich noch helfen?« Damit war der Bann gebrochen; die Angestellten hatten nun keine Angst mehr vor dem Abgesandten der Zentrale, schließlich hatte er ihr Selbstwertgefühl gestärkt und ihnen die Ressourcen beschafft, die sie benötigten, um gute Arbeit zu leisten. In nur sechs Monaten stiegen das Engagement, die Eigenverantwortung, die Autonomie und die Zufriedenheit der Mitarbeiter nach eigenen Angaben um 27 Prozent. Auch das Management war begeistert, denn die Produktivität des Callcenters hatte sich verdoppelt! Nings Ansatz war so erfolgreich, dass er gebeten wurde, seine magische Formel in allen Callcentern des Unternehmens anzuwenden.

SICH DAS VERTRAUEN ANDERER VERDIENEN, UM IHRE BEDÜRFNISSE ZU ERKENNEN

Ning meisterte die schwierige Situation mit Bravour. Anfangs hatte er zwar den Titel, aber nicht die Macht, die Mitarbeiter des Callcenters zu beeinflussen. Indem er herausfand, was sie von dem schätzten, was er ihnen tatsächlich bieten konnte, und ihnen diese Ressourcen auf clevere Weise verschaffte, erlangte er die Macht, die er brauchte, um die von ihm angestrebten Veränderungen herbeizuführen.

Nings Leistung wirkt noch beeindruckender, wenn man bedenkt, dass ihm anfangs große Skepsis und starkes Misstrauen entgegenschlugen. Wie seine Feuerprobe zeigt, erfährt man nicht immer, was die Leute brauchen, selbst wenn man sie fragt. Ning wusste, dass er das Vertrauen der Mitarbeiter gewinnen musste, wenn er ihre Bedürfnisse wirklich verstehen wollte. Er wusste auch, dass sie ihn erst einmal taxierten. In allen Kulturen und Kontexten werden Personen und Gruppen anhand von zwei Kriterien beurteilt: Kompetenz und Wärme.[168]

Kompetenz bedeutet in diesem Fall, wie wir die Effizienz einer Person einschätzen, ihre Fähigkeiten und Fertigkeiten.

Wärme bezieht sich darauf, wie wir die Aufrichtigkeit, Ehrlichkeit und das Wohlwollen einer Person beurteilen. Wärme umfasst das Vertrauen in die Absichten des anderen, Kompetenz das Vertrauen in die Fähigkeit des anderen, seine Absichten umzusetzen. Wir achten bei Menschen, mit denen wir zu tun haben, sehr auf Wärme und Kompetenz, weil uns diese Eigenschaften Sicherheit bieten. Wenn ich darauf vertrauen kann, dass der andere auf mich achtgibt (und mir nicht in den Rücken fällt), fühle ich mich sicher. Und wenn der andere tatsächlich meine Erwartungen erfüllt und mich nicht im Stich lässt, fühle ich mich noch sicherer.

Wärme und Kompetenz stärken auch unser Selbstwertgefühl. Menschen, die uns ihre guten Absichten zeigen, geben uns das Gefühl, respektiert und umsorgt zu werden, und wenn sie uns respektieren und umsorgen, haben wir das Gefühl, ihr Wohlwollen verdient zu haben. Wenn wir uns mit kompetenten Menschen umgeben, wächst auch unsere eigene Kompetenz, wodurch unser Selbstwertgefühl zusätzlich gesteigert wird. Es ist daher kein Wunder, dass diese beiden Attribute den Löwenanteil unserer zwischenmenschlichen Wahrnehmung ausmachen.

Ning war klar, dass er, um den Mitarbeitern helfen zu können, ihr Vertrauen gewinnen musste, sowohl in Bezug auf seine Absichten als auch auf seine Fähigkeiten, in ihrem Sinn zu handeln. Intuitiv wusste er auch, dass er ihnen zuerst seine guten Absichten vermitteln musste, weil er als Außenseiter (ein chinesischer Staatsbürger in Australien) wahrgenommen wurde, als jemand, vor dem man sich in Acht nehmen musste (weil er von der Zentrale geschickt worden war). Wir schätzen bei Arbeitskollegen zwar sowohl Kompetenz als auch Wärme, doch wenn wir uns entscheiden müssen, geben wir der Wärme den Vorzug.[169] Wenn sie die Wahl haben zwischen einem kompetenten Ekel (einem Kollegen, der zwar kompetent, aber nicht sehr nett ist) und einem liebenswerten Trottel (einem Kollegen mit unterdurchschnittlichem Fachwissen, aber warmherzig und gutmütig), entscheiden sich die meisten Menschen für den liebenswerten Trottel.[170] Wir vermeiden es, mit sozial unfähigen Ekelpaketen zusammenzuarbeiten, egal, wie kompetent sie sind, und schätzen jedes bisschen Kompetenz bei liebenswerten Trotteln. Im Idealfall hätten wir natürlich gern Wärme *und* Kompetenz. Wenn man anderen die eigenen guten Absichten und moralischen Qualitäten vermitteln kann, ist man als Kollege attraktiver, als wenn man sich durch besondere Kompetenz hervortut (ein Mindestmaß an beidem vorausgesetzt, wie es ja auch in den meisten Unternehmen der Fall ist, die ihre Mitarbeiter aufgrund von deren Fähigkeiten und sozialen Kompetenzen einstellen). Man könnte meinen, dass in wettbewerbs- und gewinnorientierten Branchen (etwa im Bereich Unternehmensberatung, Investmentbanking und Private Equity) oder in technisch anspruchsvollen Berufen (Chirurgie, Softwareentwicklung oder beim Militär) Kompetenz den Vorrang hätte. Doch wir finden diese Dynamik in allen Bereichen.

Genau das hatte Ning verstanden. Um das Misstrauen des Callcenter-Personals zu überwinden, nutzte er das, was Sozialpsychologen als die stärksten Quellen zwischenmenschlicher Sympathie bezeichnen: Vertrautheit (indem er sich direkt neben die anderen Mitarbeiter setzte) und Ähnlichkeit (indem er ihnen zeigte, dass er und die anderen viel mehr gemeinsam hatten, als man auf den ersten Blick vermutet hätte).[171] Er war dabei von dem aufrichtigen Wunsch getrieben, die Arbeitsbedingungen vor Ort zu verbessern. Sobald die Callcenter-Mitarbeiter das erkannt hatten und spürten, dass sie Ning vertrauen konnten, bewies er ihnen seine Fähigkeit, seine guten Absichten in die Tat umzusetzen und seine Kompetenz anzuwenden. Er ging ihre Probleme frontal und schnell an und nutzte seine Kontakte in der Zentrale, um sich für die Callcenter-Mitarbeiter einzusetzen. Er war nicht nur beliebt, sondern wurde zu einem regelrechten Star im Unternehmen, mit dem alle gern zusammenarbeiteten.

Wir wollten in diesem Kapitel darlegen, wie Sie Schritt für Schritt herausfinden, welche Ressourcen für andere zu einem bestimmten Zeitpunkt am wichtigsten sind. Der erste Schritt besteht darin zu erkennen, was andere in ihrer spezifischen Situation am meisten schätzen: Geld oder Status? Freundschaft und Unterstützung oder Kompetenz und Fortschritt? Autonomie oder der Wunsch, sich moralisch überlegen zu fühlen? Diese Ressourcen sind in vielen, wenn nicht sogar den meisten Situationen relevant. Der zweite Schritt besteht darin zu ermitteln, wer den Zugang zu diesen geschätzten Ressourcen kontrolliert. Ning hatte ein hervorragendes Gespür, wenn es darum ging zu erkennen, was sich die Callcenter-Mitarbeiter wünschten, doch er war ebenso geschickt darin herauszufinden, wie man an diese Ressourcen herankommen und sie für die Mitarbeiter zugänglich machen konnte. Wie können wir erkennen, wer und warum in einer bestimmten Situation den Zugang zu den erforderlichen Ressourcen kontrolliert? Wir wollen nun die Instrumente vorstellen, die erforderlich sind, um die Machtverteilung in einem beliebigen Kontext zu erfassen. Dazu müssen wir herausfinden, wer in diesem Kontext die Schlüssel zu dem in der Hand hält, was wir wertschätzen.

KAPITEL 4
WER KONTROLLIERT DEN ZUGANG ZU DEM, WAS WIR SCHÄTZEN?

Donatella Versace hat die Macht, die sie am 15. Juli 1997 plötzlich erhielt, nie gewollt. An jenem Tag wurde ihr Bruder Gianni – das kreative Genie hinter dem Versace-Imperium – in Miami Beach in Florida von einem Serienmörder getötet. Über Nacht stand Donatella plötzlich als Kreativchefin an der Spitze eines Unternehmens, das ihr Bruder sich immer erträumt hatte – und das er tatsächlich zu einem der führenden Modehäuser der Branche gemacht hatte.

Die zehn Jahre jüngere Donatella war Giannis wichtigste Muse. Als sie gerade einmal zehn Jahre alt war, stattete ihr Bruder sie für die Schule mit einem schwarzen Minilederrock aus. Mit elf ermutigte er sie, sich die Haare bleichen zu lassen. Ihre Mutter war entsetzt, doch Donatella fühlte sich inspiriert und wurde im Teenageralter zur Blondine. Als Erwachsene war Donatella Giannis Vertraute, seine kreative Beraterin und sein Trendscout – und das einzige Familienmitglied, das mit ihm zusammen im kreativen Bereich des Familienunternehmens tätig war. Während Gianni Kollektionen entwarf, setzte Donatella mit ihrem Weitblick und ihrer globalen Perspektive Innovationen um, die Versace in der Modewelt noch bekannter machten. Ihre Vision vom Supermodel als kultureller Ikone verwandelte anonyme Mannequins in Stars und machte aus ihnen Frauen mit einer eigenen Identität und Einfluss. »Carla Bruni, Claudia Schiffer, Naomi Campbell, Cindy Crawford, Linda Evangelista. Ich bin diejenige, die sie gefunden und zu Versace gebracht hat«, sagte uns Donatella.[172] 1993 war sie so stark ins Unternehmen eingebunden, dass nur wenigen Menschen auffiel, dass Gianni an Krebs erkrankt war und Donatella still und leise seine Aufgaben übernommen hatte, um seine Kollektion herauszubringen, während er sich noch von der Behandlung erholte.

Dennoch glaubten nur wenige innerhalb und außerhalb des Unternehmens, dass Donatella nach Giannis gewaltsamem Tod ihren Bruder ersetzen und ähnlich spektakuläre Kollektionen entwerfen könnte, als sie offiziell die kreative Leitung bei Versace übernahm. »Niemand glaubte an mich – nicht einmal mein Team, die Leute, mit denen ich schon die ganze Zeit zusammengearbeitet hatte. Für sie war ich nur die kleine Schwester eines Genies. Und dass ich eine Frau in einem von Männern dominierten Unternehmen in den 1990er-Jahren in Italien war, machte es auch nicht besser. Die enorme Verantwortung und die Skepsis waren erdrückend. Dennoch, erklärte sie, »dachte ich damals nicht daran zu verkaufen. Nicht eine Sekunde lang. Ich hätte die Firma nie aus der Hand geben können, sie war sein Lebenswerk, in ihr steckten sein Schweiß, sein Blut, seine ganze Leidenschaft. Sie musste in der Familie bleiben, das war ich der Familie schuldig, das war ich ihm schuldig«.

Doch für ihren Einsatz zahlte Donatella einen hohen persönlichen Preis. »Ich hatte Mühe, überhaupt zu überleben«, erinnerte sie sich. »Ich hatte einen Tunnelblick, hatte nur die nächste Kollektion vor Augen. Weiter konnte ich nicht schauen. Ich wusste, alleine würde ich es nicht schaffen, deshalb fragte ich alle nach ihrer Meinung, hatte kein Vertrauen in mich selbst. Ich musste erst Selbstvertrauen gewinnen, aber es schien so, als ob niemand in meinem Umfeld an mich glaubte. Ich hatte einen Sitz im Vorstand, doch in den Augen der anderen Mitglieder war ich dort nur, weil ich die Schwester des Firmengründers war. Ich zählte nicht.«

Da Donatella keine Verbündeten hatte, die sie bei der Trauer um ihren Bruder und in ihrer neuen Rolle als seine Nachfolgerin, durch die sie plötzlich in den Blickpunkt der Öffentlichkeit gerückt war, unterstützten, hätte sie allein auf sich gestellt Macht ausstrahlen und sich mächtig fühlen müssen, doch diese Macht fehlte ihr.

MACHT UND AUTORITÄT SIND NICHT IDENTISCH

So einzigartig Donatellas Situation war, es ist nicht ungewöhnlich, dass man an der Spitze steht und sich trotzdem machtlos fühlt. Eine höhere Position innerhalb einer Hierarchie wirkt auf den ersten Blick wie ein nützlicher Indikator für Macht, und tatsächlich liefern Organigramme einen ersten Hinweis auf die Machtverteilung in einer Organisation. Beim Militär werden Befehle entlang der Befehlskette von oben nach unten erteilt. In der US-amerikanischen Politik kann nur der Präsident per Executive Order regieren. In einem Unternehmen kann ein Manager Mitarbeiter einstellen und entlassen. Bei diesen Beispielen zeigt sich schon im Titel die Autorität einer Person, also ihr offizielles Recht, Befehle und Anweisungen zu erteilen und Entscheidungen zu treffen.

Es gibt jedoch auch zahlreiche Beispiele, die belegen, dass Autorität nicht automatisch mit Macht gleichzusetzen ist. Bei einer Studie, die wir für den britischen National Health Service (NHS) durchführten, stellten wir fest, wie irreführend es sein kann, sich allein auf den offiziellen Rang als Quelle der Macht zu verlassen. Wir beobachteten ein Jahr lang 68 Klinikmanager, die alle gerade eine Change-Initiative in ihrem Zuständigkeitsbereich durchführten. Bei den meisten handelte es sich um Personen aus dem mittleren Management, es gab aber auch einige richtig hohe Tiere darunter. Wir stellten allerdings fest, dass ihr Rang und ihre offizielle Verfügungsgewalt die Wahrscheinlichkeit, dass die von ihnen vorgenommenen Veränderungen akzeptiert wurden, nicht erhöhten. Das soll nicht heißen, dass Hierarchie keine Bedeutung hat – das hat sie in den meisten Unternehmen und Organisationen und auch im NHS –, aber sie ist eben nicht alles. Wie viel Macht sich von Autorität herleitet, kann stark variieren.[173]

Zum einen wird Autorität in verschiedenen Kulturen ein unterschiedliches Maß an Bedeutung beigemessen. So zeigte eine vergleichende Studie der Citibank-Niederlassungen in China, Deutschland, Spanien und den USA, dass die Mitarbeiter der Hongkonger Niederlassung sich viel strenger an Hierarchien hielten als die Citibank-Mitarbeiter in den anderen Ländern, obwohl die Strukturen in allen Niederlassungen identisch waren.[174] Die Psychologin Michele Gelfand, die kulturelle Normen in dreißig Ländern auf fünf Kontinenten untersucht hat, beobachtete diese Form der Ehrerbietung vor allem in Ländern mit konfuzianischen Traditionen, in denen das Festhalten an klar abgegrenzten Rollen, Verantwortlichkeiten und Autoritätsverhältnissen als wesentlich für die Aufrechterhaltung der sozialen Ordnung gilt.

Auf der Grundlage unseres Verhaltens in Organisationen, Staaten, in sozialen Schichten, Gemeinschaften und Ländern ordnet Gelfand Kulturen auf einer Skala von »streng« bis »locker« ein. In eng gefassten Kulturen mit strikten sozialen Normen und einer allgemein geschätzten sozialen Ordnung – Singapur wäre dafür ein Beispiel – neigen die Menschen dazu, sich stärker an Regeln zu halten und auf Autoritäten zu hören. Lockere Kulturen sind hingegen weniger hierarchisch: Beispielsweise ist es in Israel üblich, verniedlichende Spitznamen zu verwenden, und das sogar für hochrangige Persönlichkeiten.[175] So kam der langjährige Ministerpräsident Netanjahu zu seinem Spitznamen Bibi.

Unabhängig davon, wo die eigene Kultur auf diesem Spektrum liegt, wirken sich die Grenzen von Autorität auf alle aus, auch auf die Staatsoberhäupter demokratischer Länder, die in ein System der gegenseitigen Kontrolle innerhalb der Regierung und der Gesellschaft eingebunden sind. »Meine Macht als Präsident der Republik war in Wirklichkeit auf verschiedene Schultern verteilt«, erklärte uns François Hollande, der von 2012 bis 2017 französischer Staatspräsident war. »Sie lag beim Ministerpräsidenten, bei den Ministern, bei den Behörden, lokalen Abgeordneten [und] der Zivilgesellschaft. Die Leute denken, der Präsident der Republik hätte die Macht, Reformen im Alleingang durchzuführen. Eine völlig falsche Vorstellung! In Wirklichkeit ist es so: Macht ist die Fähigkeit, Veränderungen zu bewirken, und Veränderungen vollziehen sich in unserer Gesellschaft oft langsam, weil die Macht dezentralisiert ist. Macht heißt, Kompromisse einzugehen.«[176]

Je eher wir aufhören, formale Autorität oder eine hohe Position mit Macht zu verwechseln, desto eher erkennen wir, wer in einem bestimmten Umfeld tatsächlich Macht hat und ob wir selbst zu den Mächtigen gehören.

Wie wir gesehen haben, musste auch Donatella Versace feststellen, dass man nicht automatisch Macht hat, nur weil man an der Spitze steht. Aber wenn ihre Position als Chefin nicht ausreichte, wie kam sie dann zu ihrer Macht? Oder allgemeiner gefragt: Wie und warum weicht Macht von dem ab, was die offizielle Hierarchie vorgibt?

Um diese Frage zu beantworten, muss man wissen, auf welche Ressourcen die betreffende Organisation Wert legt, und die Personen identifizieren, die diese kontrollieren. Darüber hinaus muss man verstehen, dass auch Personen, deren Position das eigentlich gar nicht vorsieht, Ressourcen kontrollieren und deshalb Einfluss haben können. Der Weg zur Ausübung von Macht und zur Umsetzung unserer Ziele ist für uns alle eine Herausforderung, selbst für berühmte und privilegierte Menschen wie Donatella Versace. Gehen Sie diesen Weg mit uns, und wir werden Ihnen zeigen, wie Donatella am Ende doch noch zur Macht fand.

DER UNTERSCHIED ZWISCHEN POSITION UND ROLLE

In den 1950er-Jahren führten Sozialwissenschaftler eine Studie in einer französischen Fabrik durch, die grundlegende Erkenntnisse für das Verständnis lieferte, wie Menschen in Organisationen Macht erlangen.[177] Die Beschäftigten in der Fabrik waren den Vorarbeitern unterstellt, die wiederum gegenüber der Unternehmensleitung verantwortlich waren. Jeder Schritt im Produktionsprozess war akkurat geplant und wurde streng kontrolliert. In einem derartigen Umfeld würde man erwarten, dass die Macht ebenfalls einer strengen Hierarchie unterlag und vom Management und den Vorarbeitern ausgeübt wurde, die befugt waren, Ziele festzulegen, Produktionsschritte zu überwachen sowie Personal einzustellen und zu entlassen.

Doch die eigentliche Macht lag gar nicht bei den Vorarbeitern und der Unternehmensleitung. Tatsächlich schien ihnen die Belegschaft – überwiegend Frauen, die Zigaretten produzierten – keine große Beachtung zu schenken. Die größte Macht über die Arbeiterinnen hatten diejenigen, die die Maschinen warteten. Warum war das so?

Nach tagelangen Beobachtungen und Gesprächen hatten die Wissenschaftler die Antwort: Die Maschinen der Fabrik waren anfällig und blieben immer wieder stehen. Wenn das passierte, geriet die gesamte Produktion ins Stocken, wodurch nicht nur die vom Management gesetzten Ziele gefährdet waren, sondern auch die Bezahlung der Arbeiterinnen, die sich nach der Anzahl der pro Tag produzierten Zigaretten richtete. Nur das Wartungspersonal verfügte über das nötige Fachwissen, um die Maschinen zu reparieren. Da die Mechaniker wussten, dass sie die alleinige Kontrolle über eine geschätzte Ressource hatten, hielten sie ihr Wissen unter Verschluss. Anstatt den Produktionsarbeiterinnen beizubringen, kleinere Reparaturen selbst durchzuführen, oder das Management zu bitten, zusätzliches Wartungspersonal einzustellen, horteten sie gezielt ihr wichtiges Wissen und sorgten dafür, dass es weder Aufzeichnungen noch Reparaturanleitungen gab.

Abhängig von ihren Aufgaben können Mitarbeiter daher mehr Macht haben, als ihr offizieller Rang andeuten würde, weil sie eine Ressource kontrollieren, die entscheidend für das Überleben des Unternehmens ist. Das ist der Grund, warum Mitarbeiter mit Kundenkontakt oder in gewinnbringenden Funktionen in einem Unternehmen meist mehr Macht haben als Mitarbeiter mit administrativen Aufgaben wie im Personal- oder Rechnungswesen, die keinen direkten Einfluss auf Einnahmen und Gewinne haben. Selbst im nicht geschäftlichen Kontext üben diejenigen, die Ressourcen bieten, die für die Zielsetzungen und das Überleben einer Organisation von zentraler Bedeutung sind, Macht aus, und das unabhängig von ihrer Position in der offiziellen Hierarchie.

Autorität kann zwar eine Quelle der Macht sein, sie ist jedoch keine Garantie dafür. Die Vorstellung, dass nur Menschen an der Spitze Macht haben, ist ein Trugschluss, eine der Fehlannahmen im Zusammenhang mit Macht, die wir entlarven müssen. Autorität bedingt, dass ein Vorgesetzter Anweisungen erteilt, was jedoch nicht automatisch heißt, dass diese Anweisungen auch befolgt werden. Und auch diejenigen, die offiziell nicht über Autorität verfügen, können das Verhalten der anderen beeinflussen, wenn sie den Zugang zu einer wichtigen Ressource kontrollieren. Manchmal beruht diese Macht einfach auf einer bestimmten Rolle oder Funktion wie bei den Wartungsarbeitern in der französischen Fabrik. Doch die fehlende Verbindung zwischen Autorität und Macht kann auch einen anderen Ursprung haben und sich im Netzwerk der eigenen Beziehungen verbergen.

DER SCHLEIER ÜBER DEM ORGANIGRAMM
WIRD GELÜFTET

Um die Macht von Netzwerken besser zu verstehen, betrachten wir das Beispiel von Manuel, einem Manager, der mit der Umstrukturierung der Qualitätssicherung bei einem Hersteller von Flugzeugtriebwerken beauftragt wurde, der auch das US-Militär belieferte. Die Qualitätssicherung war für das Unternehmen sehr wichtig, da es die Vorgaben des Verteidigungsministeriums erfüllen und makellose Produkte liefern musste, um weiterhin Aufträge zu bekommen.[178]

Als Manuel in die Abteilung kam, brauchte man dort für die Durchführung von Audits deutlich länger, im Vergleich zu den Kollegen waren es 28 Prozent. Dank seiner Erfahrung erkannte er, dass die Verzögerungen auf die mangelnde Koordination zwischen den Prüfern und den Verwaltungsmitarbeitern zurückzuführen waren (die folgende Abbildung zeigt das Organigramm der Abteilung). Also führte Manuel einige grundlegende Veränderungen ein, die er bereits erfolgreich in anderen Abteilungen umgesetzt hatte: Er teilte jedem Prüfer einen eigenen administrativen Assistenten zu, wobei er darauf achtete, dass diejenigen, die besonders komplexe Prüfungsvorgänge übernahmen, auch die Assistenten mit der größten Erfahrung erhielten. Außerdem erstellte er ein Planungssystem, anhand dessen die Verwaltungsmitarbeiter sehen konnten, wann vermutlich eine Prüfung durchgeführt werden würde, was ihnen einen besseren Überblick über ihr Arbeitspensum verschaffte und sie vor zu vielen Prüfungen auf einmal schützte. Er ging die Maßnahme mit den Mitarbeitern vor der Einführung durch, die mit der neuen Vorgehensweise einverstanden zu sein schienen.

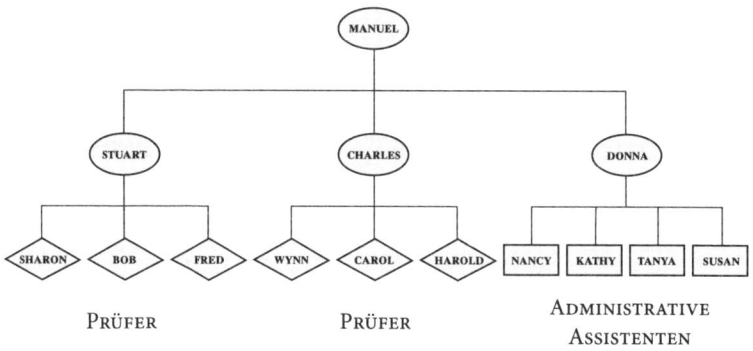

Formale Machtverteilung in der Abteilung für Qualitätssicherung

Doch einige Wochen später war der Rückstand noch größer als zuvor. Manuel war ratlos. Seine Änderungen waren doch vernünftig gewesen und widerspruchslos akzeptiert worden. Warum hatten sie nicht funktioniert? Er wandte sich Hilfe suchend an Prof. David Krackhardt, einen Dozenten für Organisationsmanagement an der Carnegie Mellon University. Anhand eines einfachen Fragebogens ließ Krackhardt jedes Teammitglied beschreiben, an wen es sich im Team wandte, wenn es Fragen zu seiner Arbeit hatte. Die Ergebnisse sehen Sie im folgenden Schaubild. Die Anzahl der Pfeile, die auf eine Person zeigen, entspricht der Anzahl der Personen, die angaben, sich an diese Person zu wenden, wenn sie Auskünfte oder einen Rat benötigten. Je mehr Pfeile, desto bedeutender war die entsprechende Person im Netzwerk der Abteilung.

Auf den ersten Blick erkannte Manuel nun, dass er bei Weitem nicht die Person war, die in der Abteilung am besten vernetzt war.[179] Daran war nichts Ungewöhnliches, schließlich war er erst seit Kurzem dabei. Die Einzigen, die angaben, ihn direkt um Rat zu fragen, waren die Manager, die ihm ohnehin Bericht erstatteten – was zeigt, dass das offizielle Organigramm zumindest auf einen Teil der inoffiziellen Beratungsnetzwerke einwirkt, die

in jeder Organisation entstehen.[180] Andererseits war Nancy diejenige, an die sich alle wandten, auch Manuel selbst. Sie stand
zwar in der offiziellen Hierarchie ganz unten, kannte sich jedoch
am besten aus und wusste, was im Unternehmen wirklich wichtig war und was nicht. Sie wusste, welche Regeln man einhalten musste und bei welchen man Spielraum hatte, und »verfügte
über ein geradezu übernatürliches Gespür dafür, Audit-Prob-
leme und problematische Audits vorherzusehen«, wie Manuel
es formulierte.[181] Deshalb suchten alle ihren Rat.

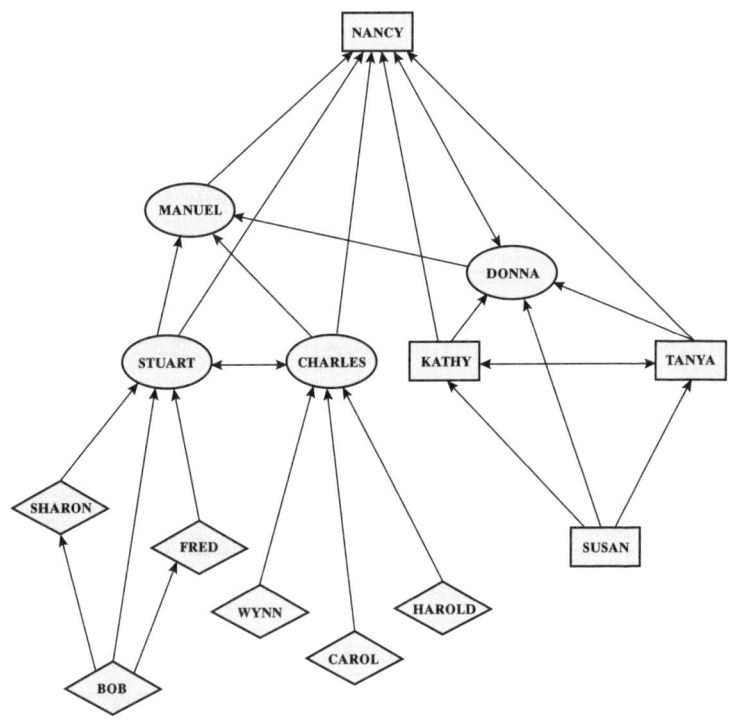

Inoffizielle Machtverteilung in der Abteilung für Qualitätsprüfung

Manuel erkannte, wie dumm er gewesen war, weil er Nancys Erfahrung und Einfluss übersehen hatte, und wandte sich nun an sie, um sie zu fragen, wie sie seine Maßnahme einschätzte, jedem Prüfer einen Assistenten an die Seite zu stellen. Zunächst hielt sie mit ihrer Meinung hinterm Berg, immerhin war er ihr Vorgesetzter. Doch nachdem er sie ein bisschen ermuntert hatte, erklärte sie, dass sie das für keine gute Idee halte, ohne ihm Gründe zu nennen. Manuel vermutete, dass die Verwaltungsmitarbeiter gewohnt waren, die Prüfungen selbst untereinander zu verteilen, und nun den Verlust ihrer Autonomie bedauerten. In den folgenden zwei Monaten erarbeiteten die beiden gemeinsam einen Kompromiss, der den Verwaltungsmitarbeitern mehr Mitspracherecht bei ihrer Arbeit mit den Prüfern gab. Einen Monat später übertraf die Leistung des Teams die unternehmenseigenen Vorgaben und Manuel hatte eine wichtige Lektion gelernt: Wenn man Veränderungen umsetzen will, muss man zuerst einmal herausfinden, wer im Netzwerk einer Organisation über die besten Verbindungen verfügt, und diese Personen dann miteinbeziehen.[182]

Erinnern Sie sich an Ning aus dem Callcenter? Die Wirkung seiner Maßnahmen beruhte darauf, dass er das Vertrauen der Mitarbeiter auf allen Hierarchieebenen gewonnen hatte: Vertrauen in seine Absicht, den Mitarbeitern zu helfen, und Vertrauen in seine Fähigkeit, diese Absicht auch umzusetzen.

Diese »liebenswerten Stars« sind diejenigen, die aller Wahrscheinlichkeit nach am häufigsten von ihren Kollegen um Rat gefragt werden und daher über sehr viele Verbindungen in einem Beratungsnetzwerk verfügen. All diese Verbindungen verleihen ihnen Macht, weil sie ihnen wiederum Zugang zu Informationen, Kontakten, Möglichkeiten und anderen Ressourcen bieten, die ihre Kollegen schätzen.[183] Oft kann ein gut vernetzter Verwaltungsmitarbeiter Veränderungen viel besser in Gang bringen als ein Manager, egal, wie klug oder talentiert dieser auch sein mag, wenn der Manager nur am Rand des Netzwerks agiert.

Viele CEOs und Führungskräfte, die sich an uns wenden, weil ihre Bemühungen scheitern, eine Veränderung im Unternehmen herbeizuführen, haben diese Lektion auf die harte Tour gelernt. Man kann sich ihre Reaktion vorstellen, wenn wir ihnen raten, bestimmte Führungsaufgaben an Kollegen aus dem mittleren Management zu delegieren, die in der Belegschaft besser vernetzt sind. Sie können oder vielleicht wollen sie auch nicht verstehen, dass Kollegen, die in der Hierarchie unter ihnen stehen, in diesem Kontext mehr Macht haben als sie selbst. Doch mit der Zeit macht sich unser Rat bezahlt und die Ergebnisse sprechen für sich: Sie erkennen die Bedeutung von Netzwerken als Quelle der Macht.[184] Zuvor machten sie den Fehler, dass sie Autorität mit Macht gleichsetzten. Mit Autorität kann man die Einhaltung von Vorschriften anordnen, doch Engagement lässt sich nicht verordnen.

Jeder, der Veränderungen herbeiführen will, muss, egal, wie hoch er in der Hierarchie stehen mag, die richtigen Leute finden und mit ihnen zusammenarbeiten. Selbst der beste Veränderungsvorschlag wird wahrscheinlich scheitern, wenn seine Umsetzung jemandem übertragen wird, der nicht über die richtigen Verbindungen verfügt.

MACHT VERORTEN: WER HAT MACHT UND WARUM?

Wenn Sie Einfluss ausüben wollen – insbesondere wenn Sie eine neue Aufgabe erhalten, neue Ziele oder eine organisatorische Veränderung umsetzen wollen –, ist es von entscheidender Bedeutung zu wissen, wer Sie am besten unterstützen kann.

Sie werden Hilfe benötigen, denn Veränderungen, ob groß oder klein, sind nie einfach. Meist lösen sie instinktive Abwehrreaktionen aus, weil wir fürchten, dass sie unsere Sicherheit gefährden. Tatsächlich sind wir darauf programmiert, Konstanz zu schätzen und Veränderungen abzulehnen. Dieser Instinkt, den

Psychologen als Status-quo-Verzerrung bezeichnen, ist so stark, dass wir uns sogar gegen triviale Veränderungen sträuben, über die wir selbst die Kontrolle haben[185] – selbst wenn es nur darum geht, die Zahnpastamarke zu wechseln. Und wenn dieses Gefühl der Kontrolle auch noch fehlt, wie das im Umgang mit anderen häufig der Fall ist, schlägt unser Abwehrsystem umso lauter Alarm. Das ist einer der Gründe, warum gut vernetzte Menschen in einem Unternehmen oder einer Organisation Veränderungen effektiver umsetzen können.[186] Ihre Kollegen vertrauen ihnen, und Vertrauen ist eine wichtige Voraussetzung für Einfluss, vor allem wenn man sich bedroht fühlt.

Um den Widerstand gegen einen Wandel zu überwinden, muss man die offiziellen Machtstrukturen klären, die wechselseitigen Beziehungen betrachten und eine detaillierte Karte der Machtverteilung erstellen. Nur dann lassen sich die folgenden Fragen beantworten: Wer sind die mächtigen Akteure in Ihrem direkten Umfeld, Ihrer Organisation oder Institution, Ihrer Branche oder Ihrem Beruf? Welche Ressourcen schätzen diese Akteure und über welche wertvollen Ressourcen verfügen sie? Inwieweit kontrollieren sie den Zugang zu ihren Ressourcen? Welche Allianzen oder Koalitionen bestehen zwischen den Akteuren? Und in welchem Verhältnis stehen Sie zu den einzelnen Akteuren?

Die Forschung zeigt, dass die Fähigkeit, Netzwerke darzustellen, an sich schon eine Quelle der Macht ist. Eine Studie bei einem kleinen Unternehmen in den 1990er-Jahren ergab, dass die Personen, die eine genaue Vorstellung davon hatten, wer wen um Rat fragte, in der Regel auch mehr Macht hatten, unabhängig von ihrer offiziellen Position und ihren Netzwerkverbindungen.[187] Das heißt, selbst wenn Sie nicht an der Spitze stehen und kein großartiges Netzwerk haben, ist es für Sie wichtig, die Machtverteilung zu erkennen: Wer hat eine enge Verbindung zu wem, wer beeinflusst wen, wer wird unterschätzt, ist aber unverzichtbar, wer stellt sich Ihnen entgegen, wer unterstützt Sie? Dieses Wissen ist an sich bereits eine Quelle der Macht.[188] Die Kartierung der Machtstrukturen erscheint manchen vielleicht etwas intrigant, doch sie ist unverzichtbar, wenn man in irgendeiner Form positiven Einfluss nehmen will.

Viele haben jedoch Mühe, die Machtverteilung exakt zu kartieren. Sie machen Fehler, übersehen jemanden (ein Beispiel wäre Manuel, der Nancys zentrale Bedeutung verkannte) oder schätzen Engagement falsch ein (zum Beispiel wenn man glaubt, jemand werde häufiger um Rat gefragt, als es tatsächlich der Fall ist). Diese Fehler sind keine große Überraschung. Unsere Beobachtungsgabe ist begrenzt, wir sind auf unser eigenes soziales Umfeld beschränkt und wissen kaum etwas von weiter entfernten Netzwerken.[189] Ironischerweise tendieren wir mit zunehmender Macht immer weniger dazu, die Macht zu nutzen, die aus einer genauen Betrachtung unseres Netzwerks und der unter uns stehenden Personen herrühren würde. Der Grund? Die Selbstfokussierung, die Macht bewirkt: Menschen an der Spitze sind natürlich nicht dümmer als alle anderen, doch sie neigen dazu, den Menschen, die unter ihnen stehen, weniger Aufmerksamkeit zu schenken, und sich nicht die Mühe zu machen, die Netzwerke ihrer Untergebenen zu erfassen. Studien unter kontrollierten Laborbedingungen zeigen, dass Menschen, die sich mächtig fühlen, die sozialen Beziehungen in ihrem Umfeld weniger gut erkennen als Menschen, die sich machtlos fühlen.[190] Das gleiche Muster zeigt sich auch in Feldstudien bei Organisationen und Unternehmen: Je höher jemand in der Hierarchie steht – und sich damit auch mächtig fühlt –, desto weniger weiß er über die Netzwerke der anderen Bescheid.[191]

Die besten Kartografen der Macht sind meisterhafte Beobachter ihres sozialen Umfelds. Anstatt sich bei langen Meetings, die wir alle über uns ergehen lassen müssen, mental auszuklinken, beobachten und analysieren sie das Verhalten der anderen und deren verbale und nonverbale Kommunikation: Wer gibt wem gegenüber nach, welche Allianzen bilden sich, welche Konflikte lauern unter der Oberfläche, wer gewinnt an Einfluss und wer verliert ihn? Denken Sie etwa an Lyndon B. Johnsons scharfen Blick und seine gute Beobachtungsgabe. Dabei können Sie sich auch Unterstützung holen. Als eine uns bekannte Managerin Meetings leiten und einen Großteil der Gesprächsführung übernehmen musste, verpflichtete sie einen ihrer Angestellten, einen exzellenten Beobachter, die Machtverhältnisse für sie im Auge zu behalten. Während sie das Meeting leitete, machte sich ihr Beobachter Notizen zur Körpersprache und zum Verhalten der Anwesenden: wer zuhörte, während die Chefin redete, wer Notizen weitergab und dergleichen.

Eine weitere wichtige Frage bei diesen Beobachtungen lautet: Was wird im Unternehmen oder in der Organisation belohnt? Wer weiß, womit man eine Gehaltserhöhung erhält, eine Beförderung oder einen besonders einträglichen Auftrag, der weiß auch, was in der Organisation geschätzt wird (ob man das dort zugibt oder nicht). Bei der Suche nach Antworten sollte man nie annehmen, man wisse bereits, was die anderen denken. Nings Erfahrung im Callcenter zeigt, dass die Bedürfnisse und Wünsche anderer selten offensichtlich sind. Außerdem bestimmt auch die eigene Position im Netzwerk, wie gut man andere einschätzen kann. Wenn Sie gut vernetzt sind, ist Ihre Karte der Machtstrukturen vermutlich genauer, weil Sie Ihre Informationen aus vielen verschiedenen Quellen erhalten – die oft selbst gut vernetzt sind –, was Ihnen Einblick in die Sicht der anderen auf die Machtverteilung verschafft: Wer hat Macht und warum? Wer sich hingegen an den Randbereichen des Netzwerks befindet, dessen Blick ist vermutlich von den eigenen Ansichten geprägt und kann daher irreführend sein.

Woher weiß man, ob man eine prominente Stelle im Netzwerk einnimmt? Bei unserer Forschung haben wir herausgefunden, dass Sie diese Frage erstaunlich genau beantworten können, indem Sie sich eine andere Frage stellen: Wenden sich andere an Sie, wenn sie Rat benötigen? Wenn ja, dann sind Sie wahrscheinlich in einer Position, in der Sie sowohl andere beeinflussen als auch von ihnen lernen können. Und wenn Sie es nicht sind, wer hat dann Einfluss? An wen wenden sich die anderen um Rat? Wie bereits erwähnt, helfen Ihnen Beobachtungen, die Situation einzuschätzen. Beginnen Sie bei Menschen, mit denen Sie sich gut verstehen, und stellen Sie Fragen wie: Auf wen hören die Leute hier? Wer hat Erfolg? Wer hat zu kämpfen und warum ist das so? Wie haben sich die Dinge hier verändert, seit Sie dabei sind? Und dann fragen Sie: Von wem kann man hier sonst noch etwas lernen? Diese Schneeballtechnik erweitert Ihren Einblick und hilft Ihnen bei der Kartierung der Machtverhältnisse. Anschließend können Sie diesen Einblick vertiefen, indem Sie nicht nur festhalten, wer Macht hat, sondern auch, wer Ihr Verbündeter sein könnte, Ihr Widersacher oder jemand, den Sie für sich gewinnen können.

UNTERSTÜTZER, WIDERSACHER UND UNENTSCHLOSSENE

Wenn Sie eine Change-Initiative vorantreiben wollen, reicht es nicht aus, die mächtigen Personen in Ihrem Umfeld zu identifizieren. Ihre Karte der Machtverteilung muss auch erfassen, wie die Menschen über das denken, was Sie erreichen wollen. Deshalb musste Manuel nicht nur wissen, dass Nancy diejenige war, die alle um Rat fragten, sondern auch, was sie von seinen Veränderungen hielt. Einflussreiche Menschen wie Nancy – die andere überzeugen können, eine Veränderung zu unterstützen, und die entscheidend für den Erfolg derartiger Maßnahmen sind – lassen sich normalerweise in drei Kategorien unterteilen: Unterstützer, die einer Maßnahme positiv gegenüberstehen, Widersacher, die sie ablehnen, und Unentschlossene, die sowohl Vor- als auch Nachteile sehen und sich deshalb noch nicht entschieden haben. Um welche Personen sollten Sie sich nun besonders bemühen, damit sie Ihnen helfen, Ihre Ziele zu erreichen? Zu wem sollten Sie ein gutes Verhältnis aufbauen, gegenseitiges Vertrauen und Sympathie?

»Halte deine Freunde nahe bei dir, aber deine Feinde noch näher«, rät Michael Corleone in *Der Pate – Teil II*.[192] Hat er recht? Wir wollten es unbedingt herausfinden, denn die Zeit und Energie, die man für den Aufbau einer Koalition zur Unterstützung eines Vorhabens benötigt, sind begrenzt, weshalb man sie gut nutzen sollte. Also betrachteten wir die Change-Manager bei unserer NHS-Studie etwas genauer und verknüpften ihren Erfolg oder Misserfolg mit einflussreichen Personen, denen sie bei der Umsetzung der Initiative nahestanden oder denen sie sich im Laufe der Zeit annäherten.[193]

Unsere Erkenntnis: Unterstützer eng an sich zu binden, hat keine Priorität. Verstehen Sie uns nicht falsch, Sie müssen Ihre Unterstützer erkennen und stark einbeziehen, indem Sie ihnen beispielsweise einen Teil der Verantwortung übertragen. Doch wie nahe Sie ihnen stehen, hat keinen Einfluss darauf, wie sehr sie sich Ihre Ziele zu eigen machen. Genau wie Sie wollen sie, dass die Veränderung angenommen wird. Bei den Gegnern verhält es sich anders: Zu viel Zeit mit ihnen zu verbringen, kann tückisch sein. Sie müssen natürlich mit ihnen sprechen, um ihren Widerstand zu verstehen – vielleicht haben sie ja gute Gründe, die Sie zum Nachdenken bringen und womöglich wieder zurück in die Planungsphase befördern –, doch sollten Sie vorsichtig sein, was deren Wirkung auf Sie betrifft. Wenn Sie viel Zeit mit Ihren Widersachern in der Hoffnung verbringen, Sie könnten sie überzeugen, beeinflussen sie am Ende Sie. Eine relativ geringfügige Veränderung wie Manuels Idee mit den Assistenten wird am Ende vielleicht doch, wenn auch widerwillig, von ihren Gegnern unterstützt, weil sie mit Ihnen befreundet sind und Ihnen helfen wollen oder weil sie sich für einen früheren Gefallen revanchieren möchten. Doch Sympathien genügen nicht, wenn es um radikale Veränderungen geht, die den Zugang des Widersachers zu wertvollen Ressourcen einschränken. In dem Fall wird ihre Ablehnung stärker sein als ihre Sympathie, und wenn Sie feststellen, dass Leute, die Ihnen besonders nahestehen, Ihre Idee ablehnen, bremst das womöglich Ihren eigenen Enthusiasmus und damit die Erfolgschancen Ihres Vorhabens. Diesen Fehler beobachten wir besonders häufig. Anstatt den Wandel voranzutreiben, konzentrieren sich die Change-Manager auf einflussreiche Gegner, denen sie nahestehen, weil sie glauben, sie könnten sie überzeugen und diese würden dann alle anderen von der Idee begeistern. Aber enge Beziehungen basieren immer auf einem gegenseitigen Geben und Nehmen, was hier jedoch nicht der Fall ist: Stattdessen überzeugen die Gegner diejenigen, die etwas verändern wollen, ihr Vorhaben aufzugeben!

Die Einzigen, mit denen Sie sich intensiver beschäftigen sollten, sind die Unentschlossenen – die Michael Corleone nicht einmal erwähnte. Hier macht Nähe den entscheidenden Unterschied aus, weil wir Menschen, die wir mögen, nicht enttäuschen wollen. Anders ausgedrückt: Wir verspüren eine Art soziale Verpflichtung,[194] weshalb wir uns wahrscheinlich, wenn wir schwanken, für das Vorhaben des anderen entscheiden; wir brauchen nur einen kleinen Stups. Deshalb erfordern Unentschlossene stets unsere volle Aufmerksamkeit, sie müssen wir besonders berücksichtigen. Das heißt jedoch nicht, dass Sie Menschen, die Sie sympathisch finden, manipulieren sollen. Nähe basiert auf Sympathie und gegenseitigem Vertrauen, und Vertrauen ist kostbar und sehr fragil. Sie müssen daher Zeit und Energie investieren, um denjenigen, die Ihrem Projekt ambivalent gegenüberstehen, Ihnen aber persönlich nahestehen, zu erklären, warum Sie glauben, dass eine Veränderung notwendig ist.

DIE KARTIERUNG DER MACHT AUSSERHALB VON ORGANISATIONEN

Wenn Ihre Ambitionen darauf abzielen, größere und vielfältigere Gruppen außerhalb Ihrer Abteilung oder Organisation zu beeinflussen, müssen Sie damit rechnen, auf stärkeren, wenn nicht sogar erbitterten Widerstand zu stoßen.[195] Dann genügt es nicht, dass Sie in Ihrem Team gut vernetzt sind. Sie müssen auch als Bindeglied zwischen verschiedenen Gruppen fungieren und das »Dazwischen« (*Betweenness*) erreichen, wie Netzwerkexperten sagen.[196] Wie der Begriff schon andeutet, hat Betweenness damit zu tun, dass man sich »dazwischen« befindet und eine Art Brücke bildet zwischen zwei Menschen oder zwei Gruppen, die nicht direkt miteinander verbunden sind. Dieses »Dazwischen« verleiht Macht, denn die beiden Menschen oder Gruppen müssen Sie als Vermittler nutzen, um Informationen auszutauschen. Sie sind auf Sie als Bindeglied angewiesen, denn Sie kontrollieren deren Zugang zu einer geschätzten Ressource, dem Informationsfluss zwischen beiden Parteien. Die Position als Mittler bietet Ihnen auch Zugang zu Informationen, die niemand aus den beiden separaten Gruppen kennt. Da Sie bestimmen, wann und wie Sie die Information weiterleiten, sind Sie in einer besseren Position als die meisten anderen, um eine genaue Karte der Machtverteilung zu erstellen, nützliche Beziehungen aufzubauen und Allianzen zu schmieden. Um das besser zu veranschaulichen, sehen wir uns an, wie Carol Browner als Direktorin der US-amerikanischen Umweltschutzbehörde EPA (Environmental Protection Agency) diese Position der Mittlerin nutzte.

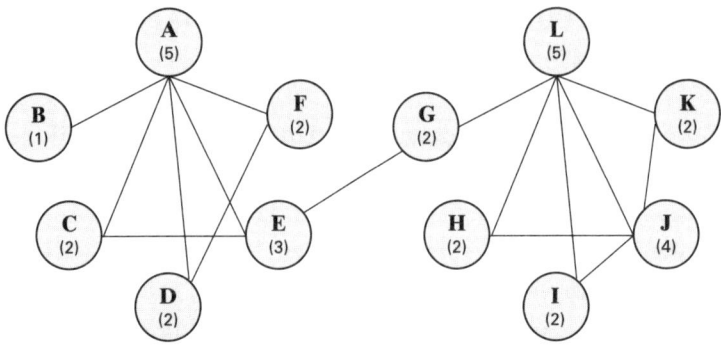

A und L haben die meisten Verbindungen (hohes Maß an Bekanntheit oder Popularität), doch E und G vermitteln Informationen zwischen Netzwerken (hohes Maß an Betweenness).

Zwei Möglichkeiten, Macht über eigene Netzwerke auszuüben

Im zweiten Amtsjahr von Bill Clinton als US-Präsident errangen die Republikaner bei den Zwischenwahlen nach vier Jahrzehnten wieder die Mehrheit im Repräsentantenhaus. Dass sie in Hochstimmung waren, ist noch eine Untertreibung. Newt Gingrichs Programm »Contract with America« (»Vertrag mit Amerika«), das von den meisten neu gewählten Republikanern als Kampfansage verstanden wurde, forderte weniger staatliche Interventionen und Regulierungen sowie massive Reformen in Form von Budgetkürzungen für Behörden und Ministerien.

Carol Browner leitete mit der EPA eine Behörde mit 17 000 Mitarbeitern und einem Budget von sieben Milliarden US-Dollar.[197] Die Arbeit der EPA stützte sich auf Regulierungen und Vorschriften, daher trafen die Angriffe der Republikaner sie besonders hart. Als Carol von Kollegen aus dem Westflügel des Weißen Hauses gewarnt wurde, dass sie Kompromisse eingehen müsse, antwortete sie: »Wisst ihr, was? Das ist Blödsinn. Die Leute haben vielleicht für Newt Gingrich gestimmt, aber sie haben ganz sicher nicht für schmutzige Luft und schmutzige Gewässer gestimmt.«[198] Anstatt nachzugeben, wie es vielleicht manche Kollegen von einer jungen Frau erwartet hätten, die die EPA noch nicht lange leitete, ging sie zum Gegenangriff über.

Allianzen mit den Gegnern zu schmieden – in diesem Fall mit bekannten Republikanern –, kam nicht infrage. »Es gab keine Feinde, die wir nahe bei uns halten konnten … Diese Leute hassten mich, weil ich ihnen die Stirn bot«, erzählte sie uns. »Einmal hat einer doch tatsächlich mit der Verfassung nach mir geworfen. Er zog sie aus der Tasche und schleuderte sie in meine Richtung.« Carol tat trotzdem das, was jeder machen sollte, der eine Veränderung bewirken will: Sie hörte sich die Argumente ihrer Gegner an, um ihre Haltung zu verstehen.

Doch ihr war auch klar, dass sie über die Grenzen Washingtons hinausgehen und Kontrolle über das Narrativ erlangen musste, wenn sie ausreichend Unterstützung für die EPA finden wollte. Sie und ihr Team sprachen daher mit jeder Zeitungsredaktion, die sich zu einem Treffen bereit erklärte: »Hier, das haben wir gegen die Luftverschmutzung in Ihrer Region unternommen. Hier, das haben wir gegen Giftmüll getan. Das hier haben wir gemacht, um Kindern mit Asthma das Leben zu erleichtern, und das, damit das Wasser, das bei Ihnen aus dem Hahn kommt, sauber bleibt. Deshalb brauchen wir eine Umweltpolizei, die den Umweltsündern eins auf die Finger gibt.« In kürzester Zeit hatte sie den Redaktionsleiter der *New York Times* auf der Kurzwahltaste abgespeichert. Doch wie sie uns gegenüber zugab, hatte sie auch Angst. Sie hatte einem der einflussreichsten Republikaner des Repräsentantenhauses den Kampf angesagt, und das im Auge des Sturms und während des sich bereits anbahnenden Präsidentschaftswahlkampfs. Die Medien waren natürlich begeistert.

Carol strebte Allianzen mit Personen und Organisationen mit unterschiedlichen Machtquellen an und suchte die Nähe einflussreicher Personen in allen möglichen Bereichen, etwa bei der American Academy of Pediatrics, der American Lung Association sowie zahlreichen weiteren Organisationen zum Schutz der

Gesundheit und der Umwelt. Diese wiederum veröffentlichten Artikel und Kommentare in überregionalen Zeitungen und übten so Druck auf Kongressabgeordnete aus, denen die Bedürfnisse ihrer Wähler am Herzen lagen. Sie pflegte auch ihre Kontakte zu Radio- und Fernsehsendern, um so über einen weiteren Kanal Einfluss auf die öffentliche Meinung zu nehmen. Kurz gesagt, Carol baute ein vielfältiges Netzwerk auf und wurde zum Bindeglied zwischen Organisationen, die normalerweise keine Möglichkeit hatten, ihre Aktionen zu koordinieren. Mit jeder neuen Partnerschaft, jedem Interview und jedem Kommentar in den Medien wurde die EPA stärker und war immer besser in der Lage, sich gegen eine Beschneidung ihrer Tätigkeit und die Abschaffung von Regulierungen zu wehren.

Carol Browner hätte das nicht geschafft, wenn sie sich nur darauf konzentriert hätte, Verbindungen innerhalb des EPA-Netzwerks aufzubauen. Viele Ressourcen, die sie benötigte, waren dort nicht zu finden. Daher musste sie ein viel breiteres Netzwerk schaffen und als Bindeglied im Zentrum ganz unterschiedlicher Beziehungen fungieren, die jeweils mit ihren speziellen Ressourcen einen Beitrag leisteten.

OHNE KARTE IST DAS TERRAIN TÜCKISCH

Eine Karte der Machtverteilung zeigt Ihnen, was in Ihrem Umfeld geschätzt wird und wer den Zugang zu Ressourcen kontrolliert, die dort besonders begehrt sind und entsprechend vergütet werden. Wie bei jeder Wanderung durch schwieriges Gelände hilft Ihnen eine genaue Karte, Ihr Ziel sicher und wohlbehalten zu erreichen. Ohne diese Karte kann das Terrain schnell tückisch werden, wie das Beispiel des Investmentbankers Aakash[199] zeigt.

Der in Indien geborene Aakash begann seine Karriere in der asiatischen Niederlassung einer bekannten US-amerikanischen Investmentbank und zog dann nach Kanada, um seinen Master of Business Administration zu machen. Nach dem Abschluss bekam er eine begehrte Stelle in der Abteilung für Fusionen und Übernahmen (Mergers & Acquisitions, kurz M&A) einer führenden Bank in Toronto. Doch trotz seiner beeindruckenden Bilanz waren Aakashs erste Erfahrungen in seinem neuen Job brutal. M&A ist ein anspruchsvoller Tätigkeitsbereich: Die Arbeit ist hart, die Arbeitszeiten sind lang und der Druck ist hoch. Neulinge stehen diesen Anforderungen machtlos gegenüber, daher sind ein gutes Verhältnis zu den Kollegen und ein humorvoller Umgang miteinander wichtige Bewältigungsmechanismen. Doch diese Unterstützung blieb ihm verwehrt. Da er der »einzige Einwanderer der ersten Generation und mit brauner Haut« in seinem Team war, hielten sich die Kollegen sehr zurück und waren auch für seine Annäherungsversuche nicht besonders empfänglich. Nicht dazuzugehören war neu für Aakash, der als Inder mit gutem Verdienst in Südostasien einige Privilegien genossen hatte, doch davon ließ er sich nicht entmutigen. »Ich überlegte mir, dass die einzige Möglichkeit, dass jemand wie ich in diesem Umfeld etwas Macht erlangen kann, darin bestand, mich richtig ins Zeug zu legen und so überragende Leistungen zu bringen, dass mich irgendein Vorgesetzter mit der Zeit schätzen würde.«

Für seine Arbeit wurde Aakash tatsächlich respektiert, doch seine Leistung forderte einen höheren Tribut, als er sich vorgestellt hatte. Seine erste Beurteilung – erstellt von einem Manager, der, wie Aakash überzeugt war, »Leute wie mich nicht mochte« –, fiel vernichtend aus. Aakash reagierte, indem er seine Anstrengungen verdoppelte und für den anspruchsvollsten Vorgesetzten zu arbeiten begann, den er finden konnte und der so einschüchternd und akribisch war, dass selbst Aakashs ehrgeizigste Kollegen einen Bogen um ihn machten. In einer Hinsicht zahlte sich Aakashs Strategie aus. Er überlebte eine zermürbende achtmonatige Probezeit, lieferte hervorragende Arbeit ab, behielt einen Job, bei dem die meisten neuen Mitarbeiter innerhalb eines Jahres aussortiert wurden, und verdiente sich den Respekt und die Unterstützung des härtesten Vorgesetzten. »Ich hatte das geliefert, was bei der Bank am meisten geschätzt wurde: herausragende M&A-Produkte. Und ich bekam dafür etwas Wertvolles zurück: Ich behielt meinen Job. Doch ich hatte das verloren, was ich am meisten schätzte: Das Leben mit meiner Frau, meinen Freunden, den Büchern, die ich gerne lese, und all den kleinen Freuden, die das Leben lebenswert machen. Deshalb beschloss ich, zu kündigen und für eine andere Bank zu arbeiten.«

Diese Entscheidung war riskanter, als Aakash bewusst war. In Italien sagt man in einem solchen Fall: »*Chi lascia la via vecchia per la nuova, sa quel che lascia, ma non quel che trova*«, also: »Wer seinen Weg für einen neuen verlässt, weiß nur, was er hinter sich lässt, nicht, was er finden wird.« Bevor man in ein neues Arbeitsumfeld wechselt, sollte man sich unbedingt vorab gut informieren, um sicherzustellen, dass der neue Job besser ist und man die Kontrolle darüber hat, was dort geschätzt wird. In seiner Eile, dem für ihn ungesunden alten Job den Rücken zu kehren, hatte Aakash nicht bemerkt, dass er in seinem neuen Job noch weniger Kontrolle über sein Schicksal haben würde.

In seinem bisherigen Job hatte Aakash Produkte entwickelt und keinen großen Kundenkontakt gehabt. In seiner neuen Position wurde vor allem die Akquise neuer Kunden geschätzt, die darauf basierte, dass man Kontakte aufbaute und mächtige Menschen dazu brachte, der Bank ihr Geld anzuvertrauen. Bei einer derartigen Aufgabe war es wichtig, dass man so aussah wie der Kunde, seine Sprache sprach und die »richtigen« Leute kannte; Überstunden für einen anspruchsvollen Chef waren eher nebensächlich. Jeder Neuling hätte Mühe, in der Finanzwelt mit ihren Cliquen und Seilschaften ein eigenes Netzwerk aufzubauen. Doch wie uns Aakash erzählte, wurde ihm erst beim Antritt seines neuen Jobs so richtig klar, wie außerordentlich schwer es für einen Inder wie ihn werden würde, der »anders aussieht, anders redet und anders denkt«, in der überwiegend weißen Welt des

Investmentbankings von Toronto Klienten zu gewinnen. Seine Stärke – die besten Finanzmodelle und -produkte zu entwickeln – war nicht mehr die am meisten geschätzte Ressource. Einer seiner wenigen anderen indischstämmigen Kollegen war sich dieser Dynamik bewusst und kündigte. Aakash erklärte er: »Sie werden uns nie vertrauen. Und das ist ein Problem, wenn man in dieser Branche vorankommen will.«

Aakash war ratlos. Er konnte seine Niederlage eingestehen und sich damit abfinden, dass jemand ohne Zugang zur kanadischen Business-Elite und mächtigen Netzwerken – mit anderen Worten: jemand wie er – sich aus diesem Bereich zurückziehen und nach einer erfolgversprechenderen Tätigkeit Ausschau halten sollte.

Aber was, wenn man seinen Job nicht aufgeben will, nicht auf seinen Beruf oder ein Vorhaben verzichten will, nur weil man nicht den gängigen Vorstellungen in diesem Bereich entspricht? Und was, wenn man die Spielregeln ändern will, die jemanden wie Aakash am Erfolg hindern, trotz seiner Fähigkeiten und seiner Arbeitsmoral? Für viele von uns ist Aufgeben ebenso demütigend wie empörend. Aber was sind die Alternativen? Bemerkenswerterweise findet sich ein Teil der Lösung für Aakashs verzwickte Situation bei Donatella Versace.

VERSCHIEDENE NETZWERKE FÜR VERSCHIEDENE MENSCHEN

Unsere Beschäftigung mit der Verteilung von Macht hat uns Schlüsselfaktoren aufgezeigt, die bestimmen, wer den Zugang zu geschätzten Ressourcen in einer bestimmten Situation kontrolliert. Erstens ist offizielle Autorität kein Garant der Macht, wie das Beispiel von Donatella Versace beweist. Zweitens kann uns eine offizielle Rolle Macht verleihen, wenn sie uns die Kontrolle über Ressourcen gibt, die von entscheidender Bedeutung für den Erfolg einer Organisation sind, wie das Beispiel der Mechaniker in der Zigarettenfabrik zeigt. Drittens kann man, selbst wenn man weder eine hohe Position bekleidet noch eine offizielle Funktion innehat, die für den Erfolg der Organisation entscheidend ist – wenn man beispielsweise eine administrative Tätigkeit wie Nancy ausübt –, trotzdem Einfluss haben, wenn man das Zentrum eines informellen Netzwerks bildet und die Person ist, an die sich jeder um Rat wendet. Viertens sind viele Verbindungen nicht die einzige Möglichkeit, über ein Netzwerk an Macht zu kommen. Man kann auch den Zugang zu geschätzten Ressourcen kontrollieren, indem man als Bindeglied fungiert, als Informationsvermittler zwischen verschiedenen Netzwerken. Fünftens kann man unabhängig von seiner Position in der offiziellen Organisationsstruktur oder im inoffiziellen Netzwerk Macht erlangen, indem man einfach weiß, wer was wertschätzt und wer den Zugang zu diesen geschätzten Ressourcen kontrolliert; eine Kartierung der Machtverteilung ist daher von grundlegender Bedeutung und für jeden machbar, der sein Umfeld aufmerksam beobachtet und die richtigen Fragen stellt. Sechstens müssen wir nicht nur kartieren, wer Einfluss hat, sondern auch, wer unter diesen einflussreichen Personen eher dazu neigt, uns zu unterstützen, sich uns in den Weg zu stellen oder abzuwarten, bis wir diese Person für uns eingenommen haben. Siebtens kann die Suche nach Verbündeten weit über die eigene Gruppe, Abteilung oder Organisation hinausführen, wie Carol Browner so erfolgreich gezeigt hat. Und zu guter Letzt ist es gefährlich, sich auf ein Terrain vorzuwagen, dessen Machtverhältnisse man nicht sorgfältig ausgelotet hat, wie Aakash bezeugen kann.

Nachdem wir nun wissen, wie man feststellt, wer in welchem Umfeld Macht hat und wie Netzwerke als Grundlage der Macht dienen können, sind wir bereit zu erfahren, wie es Donatella Versace nach dem unerwarteten Tod ihres Bruders Gianni ergangen ist. Sie haben wahrscheinlich schon erraten, dass wir Ihnen zeigen wollen, inwiefern Donatellas Netzwerk die Grundlage für das Überleben der Firma und ihren Erfolg bildete. Aber überlegen Sie zuerst einmal selbst: Welche Kontakte hätte Donatella Ihrer Meinung nach besonders pflegen sollen? Sie stand vor dem Problem, dass sie in ihrem Unternehmen und in der Branche als jemand gesehen wurde, dem die Kontrolle über die wichtigste Ressource fehlte, die entscheidend für das Überleben und den Erfolg der Firma war: das außergewöhnliche kreative Talent, mit dem Gianni das Modehaus zu dem gemacht hatte, was es war. Diese Wahrnehmung musste Donatella ändern – und zwar nicht nur bei den Mitarbeitern und Branchenvertretern, sondern auch bei sich selbst. Aber wer konnte sich für sie einsetzen und sie unterstützen? An wen sollte sie sich wenden? An andere Frauen im Unternehmen und in der Branche? Oder an die Männer, die nach wie vor die größte Macht in der Modebranche haben?[200]

Stereotypen, wie Frauen miteinander im Berufsleben umgehen, verweisen in eine andere Richtung.[201] Laut dem gängigen negativen Stereotyp sehen sich Frauen als Rivalinnen und verhalten sich regelrecht feindselig gegenüber ihren Konkurrentinnen. Diese pessimistische, aber weitverbreitete Ansicht wurde 2018 bei einem Konzert in Las Vegas auch von Donatellas Freundin Lady Gaga geäußert, die ihrem Publikum sagte, sie könne die Frauen, die sich in der Musikindustrie gegenseitig unterstützten, an einer Hand abzählen.[202] Dem würden sicher viele zustimmen. Stereotypen wie der Zickenkrieg sind weitverbreitet, ebenso wie die sich hartnäckig haltende Vorstellung von Frauen in höheren Positionen, die alles tun, um jüngere Frauen am Aufstieg zu hindern.

Es gibt jedoch auch die positive Sichtweise, dass Frauen sich als Kolleginnen betrachten und aufgrund ihrer gemeinsamen Erfahrungen solidarisch sind und sich gegenseitig unterstützen. Ein Beispiel dafür wäre die »Verstärkungsstrategie«, die Frauen in der Obama-Regierung entwickelten, um sich während seiner ersten Amtszeit gegenseitig zu unterstützen und sich mehr Gehör zu verschaffen: Wenn eine von einer Frau vorgeschlagene

Idee nicht beachtet wurde, griff eine andere Frau sie auf und dankte der Kollegin für den Vorschlag.[203]

Und welche Darstellung zum Verhalten von Frauen im Berufsleben und ihrem Verhältnis zueinander stimmt nun? Wenn eine Frau ein Netzwerk mit beruflichen Kontakten aufbaut, wo sollten ihre Prioritäten liegen: bei anderen Frauen oder bei Männern? Um diese Fragen zu beantworten, sammelten wir mit unseren Kollegen Bill McEvily und Evelyn Zhang bei einer großen nordamerikanischen Bank Daten von über 5000 Managern auf der mittleren Führungsebene – darunter 40 Prozent Frauen.[204] Vorgesetzte, Untergebene und Kollegen bewerteten die Führungskräfte anhand verschiedener Kriterien und schätzten deren Fähigkeit ein, andere zu motivieren, ihre Vertrauenswürdigkeit, Kompetenz und Zuverlässigkeit oder wie groß ihre Bereitschaft war, Netzwerke und Ressourcen zu teilen. Nach der Auswertung der 23 648 Fragebögen ergab sich ein klares Bild.

Im Durchschnitt bewerteten Männer andere Männer positiver als Frauen, und das in Hinblick auf *alle Kriterien* – einschließlich Kompetenz, Vertrauenswürdigkeit und der Bereitschaft, andere bei ihrer Arbeit zu unterstützen. Und wie sah es bei den Frauen aus? Auch Frauen bewerteten andere Frauen in *allen Punkten* positiver als Männer. Die Belege für die Solidarität der Geschlechter waren so deutlich, dass bei uns Zweifel an unserer Studie aufkamen. Verzerrte womöglich der relativ hohe Frauenanteil bei der Bank das Ergebnis? Oder wirkte sich der Zeitpunkt der Studie im Jahr 2017, als Frauenrechte stärker in den Nachrichten präsent waren, unter Umständen auf die Sichtweise der Befragten aus? Zum Vergleich zogen wir daher Daten heran, die wir 2006 bei einem Technologieunternehmen mit Sitz in den USA gesammelt hatten. Doch selbst in diesem männlich dominierten Arbeitsumfeld fanden wir dasselbe Muster geschlechtlicher Solidarität bei den 9452 Beziehungen am Arbeitsplatz, die wir untersucht hatten: Im Schnitt sehen Männer bei der Arbeit andere Männer positiv und Frauen andere Frauen.

Wenn wir unsere Erkenntnisse anderen Forschenden und Unternehmen präsentieren, zeigen sich viele überrascht. »Wirklich?«, fragen sie. Und Frauen sind im Allgemeinen genauso überrascht wie Männer. Eine bemerkenswerte Ausnahme: Donatella Versace. »Ich bin überhaupt nicht überrascht«, sagte sie uns. »Mir hat die Solidarität unter Frauen enorme Kraft gegeben.« Da sie bei Giannis Tod die einzige Frau im Vorstand von Versace war, war für sie alles noch schwieriger und schmerzlicher. »Keiner dieser Männer hat mir zugehört, keiner glaubte an mich, keiner gab mir die Unterstützung, die ich brauchte. Und ich hatte über Jahre schwer zu kämpfen. Ich hatte so große Selbstzweifel, dass ich eine Maske trug, im wahrsten Sinne des Wortes, eine Maske aus dunkler Schminke, einschüchternde schwarze Outfits und eine strenge Miene, die nie ein Lächeln zeigte – um meine Schwäche vor allen anderen zu verbergen.«

Im Lauf der Zeit fand Donatella die Unterstützung, die sie benötigte, um effektiv arbeiten zu können. »Ich lernte starke, entschlossene Frauen kennen, mit denen man sich besser nicht anlegt.« Einige kamen aus der Modebranche, andere hatten leitende Funktionen in anderen Bereichen inne. Vier davon wurden als Mitglieder im Vorstand zu ihren Verbündeten, die ihr Feedback gaben und konstruktive Kritik äußerten. »Endlich hatte ich Menschen um mich, die volles Vertrauen in meine Fähigkeiten hatten und mich pushten, und das nicht, um mich abzuwerten, sondern um mich noch besser zu machen. Tief in meinem Innern wusste ich schon immer, dass ich diese Fähigkeiten hatte, aber diese Frauen gaben mir den Glauben an mich selbst zurück, den ich nach Giannis Tod verloren hatte.«

Donatellas Erkenntnis deckt sich mit Untersuchungen über die Netzwerke, die frischgebackenen MBAs zu Führungspositionen verhelfen. Es überrascht nicht, dass sowohl männliche als auch weibliche Absolventen bessere Jobangebote erhalten, wenn sie in ihrem MBA-Studierenden-Netzwerk viele Verbindungen haben. Doch damit Frauen in hohe Führungspositionen mit viel Verantwortung und bester Bezahlung gelangen, brauchen sie noch etwas: einen inneren Zirkel mit engen Verbindungen zu anderen Frauen.[205] Bei Frauen mit vielen Kontakten *und* einem weiblich dominierten inneren Kreis ist die Vermittlungsquote 2,5-mal höher als bei Frauen mit wenigen Kontakten und einem männlich dominierten inneren Kreis. Aufgrund ihres starken Zusammenhalts sind diese Frauen hoch motiviert, implizites Wissen und geschlechtsspezifische Informationen über Arbeitgeber und Beschäftigungsmöglichkeiten untereinander auszutauschen und neue Kontakte zu vermitteln, die für den Erfolg von Frauen auf dem Arbeitsmarkt wichtig sind. Ohne eine eng verbundene Gruppe von Frauen, die sich gegenseitig unterstützen, erlangen sie nicht annähernd so viele prestigeträchtige Führungspositionen, selbst wenn sie die gleichen Qualifikationen wie ihre männlichen Kollegen vorweisen können.

Das sind interessante Ergebnisse, die aber auch Anlass zur Besorgnis geben. Für Frauen, die sich in einer Männerwelt behaupten müssen, ist es eine Erleichterung, wenn sie auf das Verständnis und die Unterstützung anderer Frauen zählen können – und sich nicht, wie oft angenommen wird, gegen deren Störmanöver zur Wehr setzen müssen. Dieser Rückhalt gibt ihnen Kraft. Aber heißt das auch, dass wir uns ein geschlechtsspezifisches Netzwerk als Machtbasis bei der Arbeit aufbauen sollten? Sollten wir uns auf der Suche nach Sicherheit und Wertschätzung einfach denjenigen zuwenden, die uns gleichen? Was ist mit Unterschieden, die nichts mit dem Geschlecht zu tun haben? Was hätte das für Aakash bedeutet? Sollten Angehörige anderer sozialer Gruppen in einem schwierigen sozialen Umfeld – Menschen, die aufgrund ihrer Hautfarbe ausgegrenzt werden, Mitglieder der LGBTQ+-Community oder Menschen mit einem Handicap – Netzwerke untereinander bilden, anstatt sich auf Kollegen einzulassen, die anders sind als sie?

Der Gedanke, Verbindung zu denjenigen aufzunehmen, die uns ähnlich sind, spricht uns an, weil wir diese Menschen besser verstehen als andere. Wir finden uns in ihnen wieder und fühlen uns geschätzt. Ein grundlegendes Gesetz menschlicher Beziehungen besagt: »Gleich und gleich gesellt sich gern.«[206] Man sollte jedoch vorsichtig sein, wenn man sich beim Aufbau eines Netzwerks auf demografische Ähnlichkeiten stützt. Zum einen lässt sich die Macht der Solidarität nur nutzen, wenn die eigene soziale Gruppe ein gewisses Maß an Kontrolle über wertvolle Ressourcen besitzt – die mit den bereits genannten Mitteln erlangt wurde. Und wenn Ihre soziale Gruppe in Ihrem Arbeitsumfeld eine Minderheit darstellt, dann ist die Wahrscheinlichkeit, dass Menschen wie Sie einflussreiche Positionen besetzen, eher gering.

Noch wichtiger ist jedoch, dass es sich nachteilig auf uns auswirkt, wenn wir es nicht schaffen, Verbindungen zu Menschen aufzubauen, die anders sind als wir. Die Heterogenität unserer Netzwerke – also die Vielfalt der Hintergründe, Perspektiven und Erfahrungen der Menschen, mit denen wir in Verbindung stehen, und ihre Fähigkeit, uns mit verschiedenen sozialen Gruppen in Verbindung zu bringen – bietet uns Zugang zu vielen verschiedenen Informationen, Möglichkeiten und innovativen Erkenntnissen, die uns zum Erfolg führen können.[207] Und wir können dadurch Machtverhältnisse besser erfassen: Der Blickwinkel, aus dem wir das Netzwerk betrachten, vergrößert sich, außerdem sind wir vor Voreingenommenheit geschützt, die entsteht, wenn man ständig mit Menschen zu tun hat, die den gleichen Standpunkt vertreten. Wenn wir uns auf Menschen beschränken, die so sind wie wir selbst, verengt sich unser Blickwinkel, was auf lange Sicht viele Nachteile bringt. Deshalb achtete Donatella Versace, obwohl sie sich der Kraft bewusst war, die ihr die weibliche Solidarität gab, auf eine gesunde Mischung aus Männern und Frauen mit unterschiedlichen Hintergründen und Erfahrungen im Vorstand von Versace. Tatsächlich findet sich in ihrem Kreativteam fast die gesamte Welt wieder. »Ich suche überall nach guten Designern. Wir haben chinesische, indische, englische, italienische, amerikanische und philippinische Designer. Und ich liebe es, wie sie zusammenfinden. Sie bringen alle ganz unterschiedliche Weltanschauungen mit, unglaubliche Geschichten, und daraus entstehen ganz faszinierende Gespräche und unser Denken verändert sich«, erzählte uns Donatella. Die Bandbreite ihres Netzwerks bietet ihr Zugang zu der von ihr am meisten geschätzten Ressource: Kreativität.

ÄHNLICHKEITEN AN UNERWARTETER STELLE

Aber, so könnten Sie jetzt einwenden, für Entscheidungsträger an der Spitze wie Donatella ist es natürlich einfacher, Vielfalt zu akzeptieren und zu nutzen, denn letztendlich kann sie sich die Mitglieder ihres Designteams selbst aussuchen. Wie baut man aber ein starkes, vielfältiges Netzwerk auf, wenn man nicht an der Spitze steht *und* wenn die Menschen, die Macht haben, so ganz anders sind als man selbst? Viele stehen jeden Tag vor dieser Herausforderung. Die Erfolgschancen wirken eher gering, immerhin wird von ihnen verlangt, trotz großer Unterschiede bei ihrer Kultur und Lebenserfahrung eine sinnvolle Verbindung zu anderen herzustellen. Dabei spielt Ähnlichkeit bei zwischenmenschlichen Beziehungen eine große Rolle. Wir fühlen uns zu Menschen hingezogen, die uns ähnlich sind, weil sie bestätigen, wer wir sind (was unser Selbstwertgefühl stärkt)[208] und weil sie berechenbarer sind (was uns Sicherheit gibt). Andererseits kann Ähnlichkeit in vielen Formen auftreten.

Wir alle organisieren unsere Netzwerke um einen *sozialen Fokus*, wie es in der Soziologie heißt.[209] Dabei handelt es sich um gemeinsame Aktivitäten, Interessen und Bindungen, die uns die Möglichkeit zum Aufbau einer Beziehung mit Gleichgesinnten geben. Bei den bedeutenden Geschäftsleuten und Investoren, zu denen Aakash Kontakte knüpfen musste, um in seinem neuen Job erfolgreich zu sein, wären der Golfklub oder das Ehemaligennetzwerk der Privatschule, die sie besucht hatten, vermutlich wichtige Anknüpfungspunkte. Allerdings war Aakash von diesen Kreisen ausgeschlossen. Andererseits erzählen uns Führungskräfte oft von anderen gemeinsamen Interessen und Verbindungen, die ihnen helfen, sinnvolle und authentische Beziehungen zu Personen aufzubauen, die für ihren Erfolg von Bedeutung sind, auch wenn sie einem relativ fernen sozialen Milieu angehören.[210] So engagieren sich etwa viele Geschäftsleute für humanitäre und soziale Organisationen. Wenn sich jemand wie Aakash solchen Organisationen anschließt, entstehen gemeinsame Interessen; dadurch kann er Kontakte zu Menschen knüpfen, die ganz anders sind als er selbst. Das gilt auch für die Teilnahme an außerbetrieblichen Aktivitäten, die vielleicht sogar von den Mitarbeitern organisiert werden. Dort haben sie die Möglichkeit, Netzwerke über Abteilungsgrenzen hinweg und unabhängig von Hierarchien und Führungsstrukturen zu schmieden. Und manchmal bieten sich soziale Anknüpfungspunkte über persönliche Interessen und Hobbys, die zwei Menschen überraschend teilen und die sie einander näherbringen.

Um Ähnlichkeiten an unerwarteter Stelle zu finden, müssen Sie Fragen stellen und anderen aufmerksam zuhören. So stoßen Sie auf gemeinsame Erfahrungen, ein gemeinsames Interesse oder eine Leidenschaft, die Sie eint. Das ist nicht immer einfach, manchmal steht man vor fast unüberwindlichen Hindernissen; aber man kann fast immer und überall eine gemeinsame Grundlage finden, die echte Verbindungen zu Personen ermöglicht, die den Zugang zu wertvollen Ressourcen kontrollieren.

Doch was ist, wenn man mehr tun will, als nur Verbindungen zu denjenigen zu knüpfen, die aktuell Macht haben? Was ist, wenn man etwas daran ändern will, wer gerade die Macht hat? Aakashs größte Sorge und seine Frustration basierten auf dem Gefühl, unfair behandelt zu werden. Er wurde nicht als kompetenter Profi betrachtet, sondern als Inder mit Akzent. Und wie müssen sich dann erst Menschen fühlen, die noch stärker benachteiligt werden als Aakash? Was wäre, wenn wir das System von Grund auf ändern würden? Wenn wir die Art und Weise ändern würden, wie wir Menschen und die von ihnen beigesteuerten Ressourcen bewerten? Können wir diese Hierarchien der Macht ändern? Ist das realistisch? Ja – wenn wir alle gemeinsam handeln, können wir das! Und in Kapitel 6 werden wir Ihnen zeigen, wie das geht. Doch wenn wir lernen wollen, wie wir fest verwurzelte Hierarchien aufbrechen wollen, müssen wir sie zuerst einmal verstehen. Wie kommen sie zustande? Warum sind sie so schwer zu durchbrechen? Und wann haben Menschen die Motivation *und* die Chance, sie zu ändern? Mit diesen Fragen werden wir uns im folgenden Kapitel befassen.

KAPITEL 5
MACHTHIERARCHIEN HALTEN SICH HARTNÄCKIG, KÖNNEN JEDOCH DEMONTIERT WERDEN

Wenn man Macht nicht »besitzen« kann und Macht nicht nur denjenigen vorbehalten ist, die an der Spitze stehen, warum erleben wir dann so oft, dass sich Macht bei bestimmten Gruppen anhäuft und anderen dauerhaft verwehrt bleibt? Die Stabilität von Machthierarchien ist mysteriös, lässt sich jedoch nicht leugnen: In China regierten über Jahrtausende verschiedene Herrscherdynastien und auch in Europa waren Monarchien über Jahrhunderte an der Macht. Das Kastensystem, das seinen Ursprung in längst vergangenen Zeiten hat, stellt die indische Demokratie auch heute noch vor große Herausforderungen. Und während der gesamten Menschheitsgeschichte hatten Männer in allen Gesellschaften unverhältnismäßig viel Macht.

Die Sklaverei ist ein besonders abstoßendes Beispiel für eine Machthierarchie. Es gibt kein größeres oder ungerechteres Machtgefälle als das zwischen Sklaven und Sklavenhaltern, die andere Menschen als ihr »Eigentum« betrachten. Dennoch wurden in den USA über Generationen Menschen als Sklaven gehalten, und um diesen Zustand zu beenden, brauchte es einen blutigen Bürgerkrieg, der die Nation beinahe zerrissen hätte. Und selbst die militärische Niederlage der Südstaaten konnte die rassistische Hierarchie privilegierter Weißer über schwarze Menschen nicht aufbrechen. Mit dem 13. Zusatzartikel zur Verfassung der Vereinigten Staaten wurde die Sklaverei zwar offiziell abgeschafft, doch auch 400 Jahre nachdem die ersten versklavten Afrikaner in Virginia landeten, prägt der Mythos einer angeblichen weißen Überlegenheit die US-amerikanischen Institutionen, wie die überproportional hohe Zahl schwarzer Inhaftierter in US-Gefängnissen zeigt oder die geringe Anzahl schwarzer Führungskräfte in Unternehmensvorständen und Aufsichtsräten. Schwarze Menschen in den USA unterliegen einem viel höheren Risiko, ihrer politischen Rechte beraubt zu werden, sind stärker von wirtschaftlicher Armut bedroht und massiver Polizeibrutalität ausgesetzt. Tragische Todesfälle wie jene von Breonna Taylor oder George Floyd im Frühjahr 2020 haben uns die lange Geschichte der Gewalt, Ungerechtigkeit und Traumata vor Augen geführt, die Schwarze in den Vereinigten Staaten nach wie vor begleitet.

Sklaverei, dynastische Herrschaft, systemischer Rassismus und die Ungleichbehandlung der Geschlechter sind Teil derselben Machthierarchien, die sich als sehr widerstandsfähig gegenüber Veränderungen erweisen. Diese Strukturen sind so beständig, weil Macht hartnäckig haften bleibt. Sie ist träge. Wenn Macht erst einmal auf eine bestimmte Art verteilt ist, erhält die daraus resultierende Hierarchie im Lauf der Zeit eine Patina der Legitimation. Sie wird zur natürlichen Ordnung, und wir vergessen, dass sie von Menschen geschaffen wurde.[211] Zum Glück können Menschen das, was andere Menschen geschaffen haben, auch wieder ändern.[212] Macht bleibt gern haften, das heißt aber nicht, dass das so bleiben muss.

Doch bevor wir lernen können, wie man Machthierarchien durchbricht, müssen wir die Kräfte kennen, die sie zementieren.

WAS MAN ZUR SCHAFFUNG VON MACHTHIERARCHIEN BENÖTIGT

Jane Elliott war eine ganz besondere Grundschullehrerin. Am 4. April 1968 schaltete sie den Fernseher ein und erfuhr, dass Martin Luther King jr. ermordet worden war. Von Trauer und Verzweiflung überwältigt, beschloss die Lehrerin, in ihrer Kleinstadt in Iowa aktiv zu werden. Wie, so fragte sie sich, konnte sie den weißen Drittklässlern in ihrer Klasse das Unrecht vermitteln, das schwarzen Menschen tagtäglich angetan wurde?

Am nächsten Tag unterteilte sie ihre Schüler gleich zu Beginn des Unterrichts anhand ihrer Augenfarbe in zwei Gruppen. »Die braunäugigen Menschen hier im Klassenzimmer sind besser. Sie sind reinlicher und klüger«, verkündete sie und erklärte, Intelligenz werde von der Melaninmenge im Körper bestimmt. Je mehr Melanin, desto dunkler seien die Augen eines Menschen und entsprechend klüger sei er auch. Dann wurden die braunäugigen Schüler den ganzen Tag über von ihr bevorzugt. Sie durften direkt aus dem Wasserspender trinken, während die blauäugigen Schüler Pappbecher verwenden mussten. Als ein Mädchen »Warum?« fragte und ein braunäugiger Junge rief: »Weil wir uns sonst etwas einfangen könnten«, nickte Elliott zustimmend. In der Pause durften die braunäugigen Kinder fünf Minuten länger spielen, außerdem lobte die Lehrerin sie häufiger.[213]

Das Verhalten der Kinder änderte sich schnell, wie Elliott beobachtete: Das Selbstvertrauen der braunäugigen Kinder an der Spitze der von ihr geschaffenen Hierarchie stieg im Laufe des Tages. Schon bald benahmen sie sich herablassend, wenn nicht sogar beleidigend gegenüber ihren blauäugigen Klassenkameraden. Die Kinder mit blauen Augen wirkten hingegen eingeschüchtert und mutlos. Sie begannen, bei Aufgaben, die sie normalerweise problemlos bewältigten, unnötige Fehler zu machen. Die braunäugigen Kinder verbündeten sich gegen die blauäugigen. Am Ende des Unterrichts forderte Elliott ihre Schüler auf, aufzuschreiben, was sie gelernt hatten. Die Drittklässlerin Debbie Hughes schrieb: »Die Schüler in Mrs. Elliotts Klasse, die braune Augen hatten, begannen, die Blauäugigen zu diskriminieren. Ich habe braune Augen. Ich hatte das Gefühl, ich könnte sie schlagen, wenn ich es gewollt hätte.«

Am nächsten Tag änderte Elliott die Vorgabe und sagte ihren Schülern, tatsächlich seien Blauäugige bessere Menschen als

Braunäugige. Es entwickelte sich dieselbe Dynamik, nur unter umgekehrten Vorzeichen. Über diesen zweiten Tag schrieb Debbie Hughes: »Ich wäre am liebsten heimgegangen … Ich war wahnsinnig wütend. So fühlt man sich, wenn man diskriminiert wird.«

Das Experiment sollte nicht zeigen, dass rassistische Hierarchien leicht umkehrbar sind – denn das sind sie ja eindeutig nicht –, sondern den Schülern vermitteln, wie es sich anfühlt, in eine bestimmte Gruppe hineingeboren zu sein, und wie die Zugehörigkeit zu dieser Gruppe die eigenen Erfahrungen auf unkontrollierbare Weise beeinflusst, unabhängig davon, ob sich die Zugehörigkeit über Hautfarbe, sozioökonomische Klasse oder Geschlecht definiert. Elliott wurde mitunter vorgeworfen, sie habe sich unethisch verhalten, weil sie nicht die Erlaubnis der Eltern eingeholt und den Schülern »großen psychischen Schaden« zugefügt habe.[214] Doch sie erhielt damals und noch Jahre später viel Lob – unter anderem von den Schülern, die ihr für diese wichtige Erfahrung dankten.

Elliotts Experiment zeigt zwei Schalthebel der Macht, die zur Schaffung und Legitimation einer Hierarchie genutzt werden: Autorität und ein Narrativ. Sie schuf mit ihrer Autorität als Lehrerin eine Hierarchie, die sie anschließend durch eine »legitimierende Geschichte« rechtfertigte und verstärkte: Sie nannte einen angeblichen Zusammenhang zwischen Melaningehalt im Körper und Intelligenz und nutzte dabei den Respekt der Schüler vor der Wissenschaft. Elliott hatte diese pseudowissenschaftliche Erklärung natürlich frei erfunden; dennoch zeigt das Beispiel, wie leicht Autoritätsfiguren Machthierarchien schaffen können. Wir würden gerne glauben, dass wir als Erwachsene weniger empfänglich für solche Manipulationen sind, doch auch wir werden stark von Machthierarchien beeinflusst, wenn sie über Jahre, Jahrzehnte oder sogar Jahrhunderte bestehen.

VORSICHT VOR AUTORITÄTSGLÄUBIGKEIT

Einer der wichtigsten Gründe für die Beständigkeit von Machthierarchien ist unsere Autoritätsgläubigkeit. Wie weit kann sie
reichen? Schockierend weit, wie eine französische Fernsehshow
2010 zeigte.[215] Dabei traten mehrere Zweierteams an, die Quiz-
fragen beantworten mussten. Die insgesamt 27 Fragen bezogen
sich auf Wortpaare, die sich der jeweilige Teilnehmer zu Beginn
der Sendung einprägen sollte (zum Beispiel »zahm« – »Tier«,
»wolkig« – »Himmel«). Die Sendung hatte die üblichen Merk-
male einer Quizshow: eine bekannte Moderatorin, Scheinwer-
fer, Kameras und jubelnde Zuschauer. Doch es gab einen wichtigen Unterschied: Der Teilnehmer, der die Fragen stellte, saß an
einem Hebel, mit dem er Stromschläge erteilen konnte, während
der Befragte auf einem elektrischen Stuhl in einer großen, ge-
schlossenen Kabine saß.

Vor Spielbeginn verkündete die Moderatorin die einzige Regel: Sobald der Befragte eine Frage falsch beantwortete, musste
ihm sein Teamkamerad einen Stromschlag verpassen. Mit jeder
weiteren falschen Antwort wurde die Intensität erhöht, bis sie
ein Maß erreichte, das zu schweren körperlichen Schäden führen
konnte. Für den Sieg mussten die Teilnehmer alle 27 Fragen bewältigen. Wenn die Stromschläge erteilt wurden, spielte es keine
Rolle, wie viele Fragen falsch beantwortet worden waren. Zusätzlich gab es den Vorbehalt, dass die Teilnehmer nur eine kleine
Aufwandsentschädigung erhielten, weil sich die Show angeblich
noch in der Pilotphase befand, zukünftige Zweierteams könnten hingegen bis zu einer Million Euro gewinnen, wurde erklärt.

Als die Elektroschocks im Laufe des Spiels stärker wurden,
verwandelten sich die unbehaglichen Äußerungen der Teilnehmer auf dem elektrischen Stuhl in Schmerzensschreie. Einige
Mitspieler zögerten, als ihre Teamkameraden sie baten, aufzuhören und sie aus der Kabine zu befreien. Doch die Moderatorin
bestand auf einer Fortsetzung: »Sie müssen aufs Ganze gehen!«,

»Machen Sie weiter, wir übernehmen die volle Verantwortung«. Auch das Publikum feuerte die Teilnehmer mit Klatschen und Rufen an. Weder die Zuschauer noch die Mitspieler, die die Fragen stellten, wussten, dass alles nur gestellt war. Der Teamkamerad in der Kabine war ein Schauspieler und erhielt auch keine Stromschläge.

Es handelte sich um ein Experiment, mit dem untersucht werden sollte, wie weit Menschen gehen würden, wenn sie den Anweisungen eines Fernsehmoderators folgen sollen. Inspiriert wurde die falsche Show von einem berühmten und umstrittenen Experiment, das Stanley Milgram, ein 28 Jahre alter, frischgebackener Psychologieprofessor an der Yale University, 1961 durchgeführt hatte. In jenem Jahr fand der Prozess gegen Adolf Eichmann statt, über den im Fernsehen ausführlich berichtet wurde. Bei der Verhandlung in Jerusalem musste sich Eichmann für seine Rolle bei der millionenfachen Ermordung der Juden während des Holocaust verantworten. Milgram, Sohn jüdischer Emigranten, hatte das Schicksal der Nazigrößen nach dem Krieg aufmerksam verfolgt und festgestellt, dass Angeklagte wie Eichmann ihr Handeln oft mit der Begründung rechtfertigten, sie hätten auf Anweisung ihrer Vorgesetzten gehandelt und nur deren Befehle ausgeführt. Inwieweit, fragte er sich, konnte diese grundlegende Dynamik – Autoritätsgläubigkeit – das Verhalten Eichmanns und anderer erklären, die die Gräueltaten des Holocaust begangen hatten?

Zur Klärung führte Milgram ein Experiment im Labor der Universität durch: Die Probanden, denen gesagt worden war, sie würden an einer Studie zu Gedächtnisleistung und Lernerfolg teilnehmen, wurden von einem Wissenschaftler aufgefordert, einer Person, die ihnen zugelost worden war, einen elektrischen Schlag zu versetzen, wenn diese einen Fehler gemacht hatte. Damals fügte sich die Mehrheit – 65 Prozent – den Anweisungen des Versuchsleiters und ging sogar so weit, Stromschläge der Maximalstärke von 450 Volt zu verabreichen.[216] »Mit erschre-

ckender Regelmäßigkeit«, schlussfolgerte Milgram, »leisteten gewöhnliche Mitbürger den Anweisungen der Autorität Folge und
führten gefühllose und brutale Handlungen aus.«[217]

Und was passierte in der französischen Fernsehsendung? Dieses Mal war die Autoritätsperson kein Wissenschaftler an einer
Eliteuniversität. Ist die Macht des Fernsehens vergleichbar mit
der der Wissenschaft? Die Ergebnisse des Experiments über-
raschten sogar die Sozialpsychologen, die es entworfen hatten:
72 Prozent der Teilnehmer verabreichten ihren Teamkameraden
am Ende maximale Stromstöße![218] Dabei handelte es sich anders als in Yale nicht nur um junge männliche Probanden. Unter
den 76 Teilnehmern fanden sich annähernd gleich viele Männer
und Frauen und das Durchschnittsalter lag bei 39,7 Jahren. Immer noch erschüttert von der Erfahrung, erklärte ein Teilnehmer: »Ich wollte die ganze Zeit aufhören, aber ich konnte einfach
nicht. Ich hatte nicht genügend Willenskraft. Obwohl das gar
nicht meiner Natur entspricht.«[219] Hier zeigt sich die Wirkung
der Autoritätshörigkeit: Sie bringt uns dazu, entgegen unserer
Werte zu handeln.[220]

Würden wir selbst den Mut aufbringen, uns zu widersetzen,
wenn wir an einem Milgram-Experiment oder bei der französischen Fernsehsendung mitgewirkt hätten? Hätten wir die Hierarchie der Macht während der NS-Diktatur infrage gestellt, wenn
wir um 1920 in Deutschland als Teil einer Familie der Mittelschicht geboren worden wären? Wir würden das gerne von uns
denken, doch die Experimente zeigen, dass Demut angebracht
ist.

Hannah Arendt, die den Eichmann-Prozess als Beobachterin
verfolgte, um den sogenannten »Architekten der Endlösung«
persönlich zu sehen, sah in ihm einen Mann, der »schrecklich
und erschreckend normal« war.[221] Sie kam zu dem Schluss, er sei
weniger ein Ideologe und mehr ein Bürokrat gewesen, der Befehle ohne Rücksicht auf ihre Konsequenzen ausgeführt habe.
»Die Banalität des Bösen«, wie ihre berühmte Formulierung lau-

tet, ist die Leichtigkeit, mit der Autorität jemanden wie Eichmann in ein Instrument verwandeln kann, das unaussprechlichen Schaden anrichtet. Doch Banalität ist keine Entschuldigung für das Böse. Oder wie Arendt schrieb: »Gehorsam und Unterstützung sind, politisch gesprochen, das Gleiche.«[222] Wir sollten daraus lernen, dass wir uns die Verlockungen der Autorität vor Augen führen, vor ihren Versuchungen auf der Hut sein und den Mut aufbringen müssen, nicht zu gehorchen, wenn es nötig ist. Macht ist nicht zuletzt deshalb so beständig, weil es schwierig sein kann, ihr zu widerstehen.

EIN TRIO INFERNALE

Machthierarchien halten sich auch deshalb so hartnäckig, weil die Machthabenden aktiv, mitunter aber unbewusst an der Erhaltung des Status quo arbeiten. Sozialpsychologen haben mehrere Mechanismen ermittelt, die mächtige Menschen dazu veranlassen, ihre Position zu sichern und auszubauen.[223] Drei davon sind besonders wichtig: mangelnde Empathie, ein verstärktes Gefühl der Handlungsfähigkeit und die Tendenz, das eigene Handeln als legitim zu betrachten.

In Kapitel 2 haben wir festgestellt, dass Menschen, die sich mächtig fühlen, zur Selbstfokussierung neigen und daher weniger empathisch sind.[224] Wenn man die Gefühle und Gedanken seiner Mitmenschen nicht wahrnimmt oder sich nicht dafür interessiert, fällt es leichter, nur an sich selbst zu denken und Ressourcen zu horten, anstatt sie mit anderen zu teilen. Die Macht der Mächtigen bleibt erhalten, weil sie auf den Austausch mit anderen verzichten, obwohl diese genauso auf Ressourcen angewiesen sind wie sie selbst.

Macht gibt uns außerdem ein stärkeres Gefühl der Kontrolle und ermutigt uns zum Handeln. In einem Experiment wiesen Psychologen die Teilnehmer an, über eine Zeit zu schreiben, in der sie sich entweder mächtig oder ohnmächtig fühlten.[225] Der eigentliche Trick bestand jedoch darin, dass jeder Teilnehmer beim Schreiben allein an einem Tisch saß und direkt von einem Ventilator angeblasen wurde. Es ging bei dem Experiment gar nicht darum, was die Teilnehmer aufschrieben, sondern um den lästigen Ventilator. Würden sie ihn wegstellen? Ganz ausschalten? Oder ihn weiterblasen lassen, während sie versuchten, das Papier festzuhalten, um überhaupt schreiben zu können? Wie sich zeigte, neigten diejenigen, die darüber schrieben, sich mächtig zu fühlen, viel häufiger dazu, den Ventilator abzuschalten oder wegzudrehen, als diejenigen, die sich mit ihrer Machtlosigkeit befassten. Sie arbeiteten weiter, während der Ventilator ihnen gnadenlos ins Gesicht blies.

Das Beispiel wirkt vielleicht banal, die Erkenntnis, die wir daraus ziehen, ist es jedoch nicht: Menschen, die sich mächtig fühlen, neigen eher dazu, etwas am Status quo zu ändern, um ihr eigenes Wohlbefinden zu erhöhen. Die Studie ist nur eine von vielen, die zeigen, dass Menschen, die sich mächtig fühlen, eher dazu tendieren, auf einen Affront zu reagieren, Pläne umzusetzen und Risiken einzugehen. Wer sich machtlos fühlt, neigt hingegen eher dazu, eine Situation zu akzeptieren, so unerfreulich sie auch sein mag. Und wenn mächtige Menschen handeln, betrachten sie ihre Aktionen als legitim, selbst wenn sie unethisch oder illegal sind.[226] Sie reden sich ein, dass sie sich ihre Position verdient haben – auch wenn die Realität anders aussieht.[227] Und da ihre Macht gerechtfertigt ist, haben sie auch ein Recht darauf, sie zu wahren und so zu nutzen, wie sie es für richtig halten.

In einem Experiment wurde den Teilnehmern ein Schaubild präsentiert, das Veränderungen beim Durchschnittseinkommen US-amerikanischer Familien im Verlauf der vergangenen 30 Jahre zeigte. Auf die Frage, warum das Durchschnittseinkommen für Familien der obersten 5 Prozent der Einkommenspyramide in die Höhe geschnellt war, während das aller anderen Haushalte gleich geblieben war, neigten Teilnehmer, die sich selbst als Teil der höheren Einkommensklasse betrachteten, häufiger dazu, die ungleiche Einkommensverteilung auf ihre Fähigkeiten und harte Arbeit zurückzuführen; sie waren der Ansicht, sie hätten ihre privilegierte Position verdient.[228]

Zusammengefasst heißt das, dass Macht unsere Handlungsbereitschaft und unser Anspruchsdenken verstärkt, während gleichzeitig unsere Fähigkeit nachlässt, uns in andere hineinzuversetzen. Das ist ein riskantes Trio infernale, weil es die Mächtigen in die Lage versetzt, ihre Handlungen vor sich selbst und anderen zu rechtfertigen und Kontrolle über geschätzte Ressourcen auszuüben, was wiederum ihre Macht stärkt.[229]

WARUM AUCH BENACHTEILIGTE DEN STATUS QUO STÄRKEN

Doch nicht nur die Mächtigen an der Spitze tragen zum Erhalt von Hierarchien bei. So widersprüchlich es auch klingen mag: Die Forschung zeigt, dass nicht nur Mächtige den Status quo verteidigen, sondern auch diejenigen, die durch den Status quo benachteiligt werden, auch wenn dies oft unbewusst geschieht.[230] Das soll keineswegs heißen, dass die Benachteiligten selbst schuld an ihrer Situation sind, trägt aber zur Erklärung bei, wie diese Ungleichheiten reproduziert und verstärkt werden.

Laut Definition entzieht uns Machtlosigkeit die Kontrolle über geschätzte Ressourcen. Ohne diese Kontrolle ist das Leben von Ungewissheiten und Entbehrungen geprägt und damit auch voller Unsicherheit. Psychologisch gesehen bewirken diese Verunsicherung und der Kontrollverlust, dass man sich nach Ordnung, Vorhersehbarkeit und Stabilität sehnt. Paradoxerweise motiviert dies die Machtlosen dazu, das bestehende System als gut, gerecht, unvermeidlich, ja sogar als wünschenswert zu betrachten, denn in einer Situation der Abhängigkeit ist die Vorstellung tröstlich, die Welt sei berechenbar und die Machtverteilung legitim. Deshalb neigen machtlose Menschen, ob bewusst oder unbewusst, dazu, das bestehende System zu begründen und zu rechtfertigen, auch wenn es ihren eigenen Interessen zuwiderläuft.[231]

Die Rechtfertigung des Status quo äußert sich in vielerlei Hinsicht. Arbeitnehmer, die sich finanziell von ihrem Arbeitgeber abhängig fühlen, tendieren dazu, die Entscheidungen und Anweisungen ihres Vorgesetzten zu akzeptieren, unabhängig davon, ob ihr Vorgesetzter recht hat oder nicht. Bei Experimenten sind Teilnehmer, die dazu gebracht werden, sich machtlos zu fühlen, eher der Meinung, dass sie in einer gerechten Gesellschaft leben, deren Mitglieder in der Regel das bekommen, was ihnen zusteht.[232] Bei landesweit in den USA durchgeführten Umfragen stimmten Teilnehmer mit niedrigem Einkommen häufiger als Teilnehmer mit höherem Einkommen der Aussage zu, große Unterschiede bei der Bezahlung seien notwendig, um Motivation und Leistung zu fördern.[233]

Machtbenachteiligte können nicht nur zu der Überzeugung gelangen, dass das derzeitige System der natürlichen Ordnung entspricht, sie werden durch die Wahrnehmung anderer sogar in ihrer Überzeugung bestärkt, sie seien nicht »gut genug«. Das kann sie sogar dazu bringen, sich so zu verhalten, dass sie diese Wahrnehmung bestätigen. Diese sich selbst erfüllende Prophezeiung ließ sich auch in Jane Elliotts Experiment beobachten – und in Klassenzimmern und an Arbeitsplätzen auf der ganzen Welt.[234] Als die blauäugigen Schüler ganz unten in der Hierarchie standen, hatten sie Mühe, Aufgaben zu bewältigen, die sie normalerweise mit Leichtigkeit geschafft hätten. Sie hatten schnell die Geschichte von der angeblichen Überlegenheit der Braunäugigen und ihrer eigenen Unterlegenheit verinnerlicht, was sich negativ auf ihre Leistung auswirkte. Diese bestätigende Reaktion, bei der Menschen ihr Verhalten so anpassen, dass es den Erwartungen der anderen entspricht,[235] trägt zusätzlich zur Aufrechterhaltung von Machthierarchien bei.

Diese Dynamik kann einen Teufelskreis in Gang setzen, da die Machthabenden die schlechte Leistung der Machtlosen nutzen, um ihre Position zu legitimieren, wodurch der Status quo weiter gefestigt wird. Die Machtlosen gehen dann davon aus, dass sie auch weiterhin machtlos bleiben werden, und verhalten sich entsprechend. Hoffnungslosigkeit und Entmachtung führen zu Lähmung oder Untätigkeit und tragen weiter zur Aufrechterhaltung des Status quo bei.[236]

DIE MACHT DER GESCHICHTEN

Wir verstehen nun, warum Mächtige und Machtlose den Status quo stützen, doch uns fehlt immer noch ein entscheidender Faktor, der das Beharrungsvermögen von Machthierarchien erklärt: die Geschichten, die wir erzählen, um den Status quo zu rechtfertigen. Wenn man sich in der Vergangenheit ein wenig umsieht, wird man feststellen, dass ein Herrscher nicht einfach verkünden konnte, er sei nun der Mächtigste im Lande. Herrschende hatten immer auch Narrative, um ihre Position zu rechtfertigen.[237] Geschichten zählen zu den effektivsten Vehikeln, um andere zu überzeugen, weil sie nicht nur an unseren Verstand appellieren, sondern auch an unsere Gefühle.[238]

Legitimierende Geschichten können unterschiedliche Formen annehmen, dennoch weisen sie quer durch die Jahrhunderte und überall auf der Welt einige Gemeinsamkeiten auf. Ein immer wiederkehrendes Merkmal ist die religiöse Legitimation.[239] Im 18. Jahrhundert v. Chr. ließ der babylonische König Hammurabi den Codex Hammurabi erstellen, eine Sammlung von 282 Gesetzen. Die Rechtsgrundsätze regelten das komplette öffentliche Leben, von Diebstahl und Handel bis zu Inzest und Familienleben.[240] Hammurabi berief sich darauf, dass die Götter ihm aufgetragen hätten, für Recht und Ordnung im Land Babylon zu sorgen, und stellte so sicher, dass seine Autorität und die des Codex nicht infrage gestellt werden konnten. Über die genauere Verbreitung des Codex weiß man heute nicht mehr viel, man nimmt jedoch an, dass er auf Tontafeln und steinernen Stelen verkündet wurde. Eine dieser Stelen – die in Susa gefunden wurde und heute unsere wichtigste Quelle für den Codex darstellt – verdeutlicht Hammurabis besondere Verbindung zu den Göttern: Gekrönt wird die Stele mit den Gesetzestexten in Keilschrift von einer Darstellung, die zeigt, wie Hammurabi den Codex vom babylonischen Gott Šamaš in Empfang nimmt.[241] Der Codex Hammurabi bringt als einer der ältesten Gesetzestexte der Welt eine klare Machthierarchie zwischen Männern und Frauen zum Ausdruck, zwischen Reichen und Armen, Freien und Sklaven.[242] Legitimiert durch die Verbindung des Königs zur Götterwelt, wurde eine Gesellschaftsordnung in Gesetzen festgehalten, die weit über Hammurabis Tod hinaus Bestand hatte und die Hierarchie festigte.

Hammurabi war damit nicht allein. Julius Cäsar nahm für sich in Anspruch, von der Göttin Venus abzustammen, während die Könige von Frankreich und England ihre absolute Macht unter Berufung auf den christlichen Gott rechtfertigten. Monarchen nutzten Geschichten über Wunder – etwa dass sie durch Handauflegen Skrofulose heilen könnten –, um ihren geheimnisvollen Nimbus zu unterstreichen.[243] Berichte über wundersame Heilungen verbreiteten sich im ganzen Reich eines Monarchen und ähnelten regelrechten Propagandakampagnen mit Schriften, Predigten und öffentlichen Zeremonien, die alle den göttlichen Ursprung der königlichen Macht unterstrichen.[244] Auch Bilder und Inschriften betonten das Wohlwollen und die Macht der Herrscher. Bilder von Monarchen in imponierenden Gewändern, die einem von Krankheiten geplagten Untertan ihre heilenden Hände auflegten, brachte die anderen Untertanen vielleicht dazu, zweimal zu überlegen, bevor sie Steuern hinterzogen oder gar, Gott behüte, eine Rebellion anzettelten.

Auch Mythen über körperliche oder biologische Unterschiede lieferten einen fruchtbaren Nährboden für Geschichten zur Legitimation von Macht und Hierarchien. So wurde etwa die Vorstellung, Frauen seien nicht so fähig wie Männer, durch Geschichten verbreitet und verstärkt, die erfunden wurden, um patriarchalische Systeme über Jahrtausende zu rechtfertigen.[245] Die britische Altertumswissenschaftlerin und Frauenrechtlerin Mary Beard beginnt ihr Manifest *Frauen & Macht* mit einer Geschichte, die sie das »erste aufgezeichnete Beispiel eines Mannes« nennt, »der einer Frau sagt, sie solle ›den Mund halten‹«. Sie meint den Beginn von Homers *Odyssee*, als Odysseus' Sohn Telemachos seine Mutter Penelope anweist, zurück in ihre Gemächer zu gehen, denn »die Rede ist Sache der Männer«.[246]

Mit der zunehmenden Bedeutung der Wissenschaften wurden diese Geschichten auch mit pseudowissenschaftlichen Erkenntnissen unterfüttert. So kamen etwa die Biologen Sir Patrick Geddes und Sir John Arthur Thompson, um nur ein Beispiel zu nennen, zu Beginn des 20. Jahrhunderts zu dem Schluss, da männliche Spermien klein und aktiv seien, die weibliche Eizelle hingegen groß und relativ unbeweglich, seien auch Männer von Natur aus »aktiver, energiegeladener, eifriger, leidenschaftlicher und flexibler«, während Frauen »passiver, konservativer, träger und beständiger« seien.[247] Heute lehnt die wissenschaftliche Gemeinschaft derartige Behauptungen als absurd ab. Wenn es überhaupt kognitive Unterschiede zwischen Männern und Frauen gibt, dann sind sie nach dem aktuellen Forschungsstand klein und haben keine biologische Funktion.[248]

Tatsächlich haben Jahrzehnte der Forschung zu Verhaltensunterschieden bei den Geschlechtern gezeigt, dass viele mit einem unterschiedlichen Zugang zur Macht zusammenhängen.[249] Wie wir bereits festgestellt haben, neigen Angehörige einer Gruppe, wenn sie aufgrund der bestehenden Hierarchien von der Macht ausgeschlossen werden, unbewusst dazu, mit ihrem Verhalten den Fortbestand der Hierarchien zu fördern. Für Frauen bedeutete das, eine schlechtere Behandlung zu akzeptieren und ihr Verhalten entsprechend anzupassen, während die Männer, die seit Jahrhunderten an der Macht sind und deren Verhalten durch das Trio infernale geprägt ist, zur Festigung des Status quo beitrugen. Die beobachteten Verhaltensunterschiede zwischen Männern und Frauen sind also weniger das Ergebnis biologischer Unterschiede als vielmehr der Geschichten, die unsere Wahrnehmung und damit auch unser Verhalten prägen. Oder wie Simone de Beauvoir es formulierte: »Man kommt nicht als Frau zur Welt, man wird es.«[250]

Geschichten, die sich pseudowissenschaftlicher Erkenntnisse bedienen, um eine Ungleichbehandlung zu rechtfertigen, können eine verhängnisvolle Wirkung entfalten und sind nicht auf Frauen beschränkt. Der englische Naturforscher und Universalgelehrte Sir Francis Galton prägte 1883 den Begriff »Eugenik«. Seine Ideen der Vererbungslehre fanden weltweit Verbreitung und stießen besonders in den USA auf große Zustimmung.[251] Eugeniker behaupteten, »Schwachsinn« trete vor allem bei Armen und Eingewanderten auf und sei erblich. Dieses Narrativ, das einer strengen wissenschaftlichen Überprüfung natürlich nicht standhielt, wurde damals genutzt, um die Position armer Menschen am unteren Ende der gesellschaftlichen Hierarchie zu rechtfertigen, und führte sogar dazu, dass Menschen, die als »minderwertig« galten, zwangssterilisiert wurden, um die Gesellschaft vor ihren angeblich defekten Genen zu schützen. Obwohl heute wissenschaftlich nachgewiesen ist, dass Armut größtenteils ein gesellschaftliches und kein genetisches Problem ist, wird das Narrativ, dass arme Menschen faul und nicht sonderlich klug seien und daher ihren Platz am Ende der sozialen Leiter verdient hätten, weiterhin als Rechtfertigung für Ungleichheit verwendet.

In jüngster Zeit dominiert ein anderer Mythos der Legitimation: der Mythos der Meritokratie.[252] In einer Meritokratie sammelt sich Macht angeblich bei den Fähigsten und Fleißigsten an, unabhängig von demografischen Faktoren, familiären Kontakten oder ererbtem Reichtum – womit impliziert wird, dass diejenigen, die scheitern, nicht die notwendigen Fähigkeiten oder das erforderliche Durchsetzungsvermögen hätten.[253] Der Mythos der Meritokratie, vermittelt in Geschichten über Selfmademännern (und in jüngster Zeit auch Selfmadefrauen), die mit nichts anfingen und aufgrund ihrer außergewöhnlichen Fähigkeiten und ihres Mutes aus eigener Kraft an die Spitze der Machthierarchie gelangten, ist vor allem in kapitalistischen Ländern weitverbreitet.[254] Bücher, Filme und die Medien verstärken dieses Narrativ mit ihren Porträts von Menschen, deren finanzieller Reichtum oft mit Erfolg gleichgesetzt wird. Selbstverständlich machen Kompetenz und Anstrengung einen Unterschied und verdienen Anerkennung; allerdings geht man bei der Meritokratie davon aus, dass die Spielregeln für alle gleich sind, obwohl das nicht stimmt. Wie Wirtschaftswissenschaftler und Soziologen schon lange festgestellt haben, liegt der Grund für Armut nicht in mangelnder Intelligenz oder unzulänglichen Fähigkeiten, sondern daran, dass arme Menschen durch die ungleiche Ressourcenverteilung in einer Gesellschaft an ihrer Entfaltung gehindert werden.[255] Anders als die Menschen an der Spitze der Gesellschaft haben sie keinen Zugang zu guten Schulen, Netzwerken oder Aktivitäten, die sich gut im Lebenslauf machen. Dass die Gesellschaft dem Einzelnen die Schuld an seiner wirtschaftlichen Situation gibt, ist also häufig falsch. Dennoch fällt es schwer, wie der US-amerikanische Philosoph Michael Sandel bemerkt, die Arbeit der »meritokratischen Sortiermaschine« zu ignorieren: »Wer an der Spitze steht, kann nur schwer dem Gedanken widerstehen, dass er seinen Erfolg verdient hat und dass diejenigen am Ende der sozialen Leiter ebenfalls ihren Platz verdient haben«.[256] So trägt der Mythos der Meritokratie dazu bei, bestehende Machtpositionen in einer Hierarchie zu rechtfertigen und zu bestätigen.

Egal, ob die Geschichten, die wir uns selbst erzählen, um den Status quo zu rechtfertigen, nun in der Religion, in pseudowissenschaftlichen Behauptungen, im Glauben an eine Meritokratie oder einem anderen Legitimationsmythos wurzeln, sie können so fest in uns verankert sein, dass wir die bestehenden Hierarchien am Ende für selbstverständlich halten.[257] Sie werden unsichtbar wie die Luft, die wir atmen. Wir betrachten sie als »üblichen Gang der Dinge«, dabei sollten wir sie eigentlich als »üblichen Gang der Politik« sehen.[258] Sie sind in unsere kulturellen Normen eingebettet, in die Berichterstattung der Medien, die Lehrpläne an den Schulen und in unsere Geschichtsbücher. Sie durchdringen unsere sozialen Normen und die Politik und beeinflussen unsere Vorstellung davon, was akzeptabel und legal ist. Das hat zur Folge, dass Machthierarchien die Dinge verzerren und zu Ungunsten der Menschen am unteren Ende beeinflussen. Und selbst wenn Mythen widerlegt werden, lösen sie sich nicht sofort in Luft auf, sondern können sich in Diskriminierungsmustern halten, die unsere Vorstellungen von anderen Menschen formen, ohne dass wir diese je kennengelernt hätten. Mit anderen Worten: Sie werden zu Stereotypen.

DIE LAST DER STEREOTYPEN

Wir alle sind in unserem Leben schon Opfer von Vorurteilen geworden, wenn auch in unterschiedlichem Maße, und wir alle hegen, bewusst oder unbewusst, eigene Vorurteile. In den 1990er-Jahren entwickelte ein Team von Psychologen den Impliziten Assoziationstest,[259] um die unbewusste Tendenz eines Menschen zu messen, bestimmte Gruppen mit Stereotypen in Verbindung zu bringen und sie entsprechend positiv oder negativ zu beurteilen. Millionen Menschen haben seitdem Implizite Assoziationstests zu so unterschiedlichen Themen wie Alter, Ethnie, Gewicht und Behinderung abgelegt und damit Aufschluss darüber gegeben, welchen Raum unsere unbewussten Tendenzen in unserem Denken einnehmen.[260] Die Auswirkungen dieser Wahrnehmung auf unser Handeln sind subtil, können jedoch weitreichende

Folgen haben; für einige können sie auch unsere Fähigkeit beschränken, Zugang zu geschätzten Ressourcen zu erlangen.

Cheryl Dorsey weiß aus eigener Erfahrung, was Diskriminierung bedeutet und was es heißt, eine schwarze Frau in den USA zu sein. Sie erinnert sich noch gut an den Tag, an dem ihre Mutter ihr fröhliches Herumtanzen vor dem Spiegel an einem Samstagnachmittag unterbrach, um sich mit ihr »ernsthaft zu unterhalten«. Sie war damals sieben oder acht und hatte sich ein T-Shirt über den Kopf gezogen, um die langen, glatten Haare einer damals angesagten Popsängerin zu imitieren. Ihre Mutter sagte ihr, sie solle aufhören zu tanzen, riss ihr das T-Shirt vom Kopf und erklärte: »Du bist ein junges schwarzes Mädchen in den USA und musst lernen, wie du mit dieser Situation klarkommst.« Ihre Mutter war Lehrerin und tat alles dafür, dass Cheryl ihr Potenzial entwickeln konnte – selbst wenn das hieß, schon früh ganz offen über Sexismus und Rassismus zu sprechen.

Cheryl war begabt und eine gute Schülerin, sogar eine der Besten in ihrer Klasse an ihrer Highschool in Baltimore. Trotzdem wurde »einem Mädchen wie ihr« bei der Berufsberatung empfohlen, sich nur an staatlichen und bundesstaatlichen Hochschulen um einen Studienplatz zu bewerben, nicht an den renommierten Eliteuniversitäten, die eigentlich auf ihrer Liste standen. »Das passierte vielen meiner schwarzen Freunde«, erklärte uns Cheryl. »Sie konnten ihr Potenzial nicht ausschöpfen. Ihnen wurde geraten, sich niedrigere Ziele zu stecken.« Doch Cheryls Eltern hielten dagegen und ermutigten ihre Tochter, sich an den Universitäten auf ihrer ursprünglichen Liste zu bewerben. Ein paar Monate später wurde sie in Harvard angenommen, wo sie 1985 ihren Bachelor in History and Science machte. Doch das sollte nicht ihr einziger Harvard-Abschluss bleiben; 1992 hatte sie auch ihren Abschluss in Medizin und Politikwissenschaften in der Tasche.

Dennoch hatte Cheryl während ihrer gesamten Studienzeit in Harvard das Gefühl, nicht richtig dazuzugehören. »Mir wurde ständig vermittelt, dass Frauen nicht so gut wie Männer seien und People of Color nicht so gut wie Weiße. Was in aller Welt hatte ich hier zu suchen? Ich hatte lange das Gefühl, ich wäre nur durch Zufall hier gelandet, ich hätte einfach Glück gehabt.« Auch bei ihrer Tätigkeit als Ärztin bekam sie weiterhin Sexismus und Rassismus zu spüren. Als eine von vier schwarzen Ärztinnen im Praktikum in einer 25-köpfigen Klasse fiel ihr auf, dass alle vier von den Angestellten des medizinischen Zentrums mit dem gleichen Vornamen angesprochen wurden. Und wenn sie nicht ihren weißen Arztkittel anhatte, hatten selbst ihre Kollegen Schwierigkeiten, sie auf dem Flur zu erkennen, und hielten sie oft für eine Krankenschwester. »Das erinnerte mich immer daran: ›Oh, schau mal, wie du in diesem größeren System eingeordnet wirst.‹«

Cheryls Engagement im Kampf gegen soziale und rassistische Benachteiligung wurde jedoch nur noch stärker. Ende der 1990er-Jahre bekam sie im Rahmen des White-House-Fellow-Programms einen der begehrten Praktikumsplätze im Weißen Haus und war außerdem als Assistentin im Arbeitsministerium tätig. Auch dort hatte sie weiterhin mit Vorurteilen zu kämpfen, stellte jedoch fest, dass ihre Körpergröße von 1,83 Meter und ihre relativ tiefe Stimme ihr halfen, bei Besprechungen mit hochrangigen Politikern und Behördenmitarbeitern Präsenz zu zeigen und Kompetenz zu vermitteln – allerdings nur bis zu einem gewissen Grad. Sie erkannte nämlich auch, dass sich diese Vorteile, wenn sie zu stark Gebrauch davon machte, in Nachteile verwandeln konnten. Da sie um die Prägung durch Stereotype wusste, war ihr bewusst, dass Frauen im Berufsleben aufgrunddessen doppelt benachteiligt sind. Wenn sie als zu warmherzig wahrgenommen wurden, widersprach das dem Bild einer starken und männlichen Führungskraft, weshalb die Frauen Gefahr liefen, als inkompetent eingestuft zu werden. Galten sie jedoch als zu stark und kompetent, rieb sich das mit der Vorstellung von der einfühlsamen, mütterlichen Frau, weshalb sie als kalt und gefühllos betrachtet wurden.[261] Als schwarze Frau hatte Cheryl das Gefühl, sie müsse besonders vorsichtig sein, um nicht zu aggressiv zu wirken. »Ich bin eine selbst ernannte Kämpferin für soziale Gerechtigkeit, aber ich achte stets darauf, nicht wie eine wütende schwarze Frau zu wirken.«

Allgemein werden berufstätige Frauen eher als Männer bestraft, wenn sie Wut zeigen.[262] Doch geschlechtsspezifische Stereotype betreffen nicht alle Frauen (und Männer) gleichermaßen. In den USA hat das Stereotyp der wütenden schwarzen Frau – dominant, stark, aggressiv, launisch, laut und feindselig – seine Ursprünge in den furchtbaren Erfahrungen, die schwarze Sklavinnen in Amerika vor dem Bürgerkrieg machen mussten.[263] Cheryl befürchtete, wenn sie wütend klang, würde sich das negativ für sie auswirken, weil man sie als »zu emotional und unberechenbar« wahrnehmen könnte.

Stereotype können aber auch Männer benachteiligen oder begünstigen. Wenn schwarze Männer in den USA Stärke und Durchsetzungsvermögen zeigen – Eigenschaften, die man normalerweise mit Führungsqualitäten in Verbindung bringt –, löst dieses Verhalten in ihrem Fall das Klischee des bedrohlichen schwarzen Mannes aus. Wut zu zeigen hat unterschiedliche Auswirkungen für schwarze und weiße Männer: Die Forschung hat ergeben, dass man weißen männlichen Führungskräften, die Wut zeigen, meist einen höheren Status und sogar eine höhere Bezahlung zugesteht. Bei schwarzen Männern wirkt sich Wut hingegen eher nachteilig aus und führt dazu, dass ihr Zugang zu Ressourcen eingeschränkt wird. Schwarze Männer mit entwaffnenden, runden Kindergesichtern sind hingegen häufiger in der Führungsetage prestigeträchtiger Unternehmen zu finden, verdienen mehr Geld und werden freundlicher aufgenommen als weiße und schwarze Führungskräfte ohne diese Eigenschaften.[264]

Bei der Überlegung, wie sich Stereotype auf unseren Zugang zu geschätzten Ressourcen auswirken, müssen wir berücksichtigen, inwiefern identitätsprägende Faktoren wie Hautfarbe, Ethnie, Geschlecht, sexuelle Orientierung, Alter, Fähigkeiten und sozioökonomische Klasse interagieren und sich überschneiden. Wie wir gerade festgestellt haben, interagieren herkunfts- und geschlechtsbedingte Identitäten unterschiedlich bei Frauen und Männern, schwarzen und weißen Menschen. Diese Dynamik lässt sich auch bei anderen Gruppen beobachten. So gelten etwa ostasiatische Frauen und Männer in Nordamerika als kühl, kompetent und nicht dominant. Wenn sie gegen diese Stereotype verstoßen und beispielsweise dominant wirken, sind sie bei der Arbeit stärkeren rassistischen Schikanen ausgesetzt als andere Angestellte.[265]

Stereotype schränken nicht nur unseren Zugang zu geschätzten Ressourcen ein, sondern beeinflussen auch unser Verhalten in einer Weise, die diesen Zugang noch weiter beschränkt. Negativen Stereotypen ausgesetzt zu sein, kann zu Angst und schlechten Leistungen führen; ein Phänomen, das als »Stereotyp-Bedrohung« bezeichnet wird.[266] Beispielsweise schnitten in einem Experiment Frauen in einem Mathematiktest schlechter ab, wenn ihnen gesagt wurde, dass bei dem Test in der Vergangenheit geschlechtsspezifische Unterschiede aufgetreten seien.[267] In einer anderen Studie zeigten schwarze Teilnehmer, die vor Beginn einer angeblich schwierigen Prüfung an ihre Hautfarbe denken sollten, schlechtere Leistungen als Teilnehmer, die nicht dazu angehalten wurden, sich mit ihrer Hautfarbe zu beschäftigen.[268] In einer anderen Versuchsreihe wurden ähnliche Belege für die Auswirkungen von Stereotypen auf die Leistung von lateinamerikanischen Collegestudenten gefunden. Besonders stark war der Effekt bei lateinamerikanischen Studentinnen, die sowohl mit herkunfts- als auch geschlechtsspezifischen Stereotypen konfrontiert wurden.[269]

Cheryl, die mittlerweile CEO von Echoing Green ist, einem der weltweit einflussreichsten Netzwerke zur Förderung sozialer Unternehmer, hat in ihrem eigenen Leben die verheerenden Auswirkungen solcher Stereotype zu spüren bekommen. Mit der

Zeit lernte sie, dass sie mit derartigen Gefühlen am besten umgehen konnte, wenn sie an ihre eigene Motivation dachte: »Wenn ich mich bedroht fühle, wenn ich an meinem Erfolg zweifle, rufe ich mir in Erinnerung, warum ich das mache, was ich jetzt mache: Dass es mir um den Kampf gegen Ungleichheit geht und um eine gerechtere Gesellschaft.«

Psychotherapeuten beobachteten eine ähnliche Dynamik bei einer Gruppe MBA-Studentinnen, die mit dem Stereotyp zu kämpfen hatten, schwächere Leistungen zu erbringen. Als sie aufgefordert wurden, ihre persönlichen Werte aufzuschreiben, verbesserte sich ihre Leistung deutlich und die Gender-Gap in ihrer Leistung verschwand.[270] Mit einer einfachen Handlung wie dieser kann der Stereotyp-Bedrohung die Grundlage entzogen werden. Auch Cheryl nutzte diesen Trick, wenn sie an ihre Ziele dachte. Doch sie wies uns auch darauf hin: »Individuelle Interventionen sind keine Lösung. Sie bieten nur die Möglichkeit, mit bestehender Ungleichheit zurechtzukommen. Trotzdem geht es darum, das ganze System zu transformieren.«

Einen derartigen Wandel in Gang zu bringen, wirkt wie eine gewaltige Aufgabe, vor allem nachdem wir nun die Prozesse kennen, die dafür sorgen, dass Machthierarchien so beständig sind. Die kulturellen Überzeugungen, die durch die Geschichten von Autoritätspersonen vermittelt werden und die wir uns auch selbst erzählen, um bestehende Machtverhältnisse zu rechtfertigen, verstärken in Verbindung mit den psychologischen und verhaltensspezifischen Auswirkungen von Macht (oder Machtlosigkeit) die Machtunterschiede zwischen Gruppen. Je mehr diese Geschichten in der kollektiven Psyche einer Gesellschaft verankert sind, desto stärker durchdringen sie die Politik und die Entscheidungen, wer Zugang zu welchen Ressourcen erhält, und verfestigen so die bestehenden Hierarchien weiter.[271] Sie prägen nicht nur die Gesetze und Normen, die wir für selbstverständlich halten, sondern auch die Art und Weise, wie wir unsere Mitmenschen wahrnehmen. Dieser zyklische Prozess hat große

Kraft und vollzieht sich zudem unbemerkt, weshalb man sich ihm nur schwer entziehen kann. Auch in unserer Forschung erleben wir, wie schwierig es ist, Veränderungen zu bewirken, die etablierte Machthierarchien und Normen infrage stellen.[272]

LASSEN SICH MACHTHIERARCHIEN DEMONTIEREN?

Wäre dies schon das Ende der Geschichte, würden die Mächtigen auf ewig weiter Macht anhäufen, der Status quo würde sich dauerhaft etablieren und ein Wandel wäre unmöglich. Doch die Vergangenheit zeigt ein anderes Bild: Machthierarchien können sich zwar über Jahrhunderte halten, sie können jedoch auch infrage gestellt und zerstört werden. Kein Reich währt ewig. Politische Regime werden gestürzt oder ersetzt. Neue Systeme mit neuen gesellschaftlichen Werten verdrängen die alten. Die sozialen Bewegungen des 20. und 21. Jahrhunderts haben den seit Langem bestehenden Hierarchien zugesetzt, die Frauen, People of Color, LGBTQ+, religiöse Gruppen, Menschen mit Behinderungen und indigene Gemeinschaften unterjocht haben.[273] Manchmal verändern sich Hierarchien ganz allmählich im Lauf der Jahre, Jahrzehnte oder Jahrhunderte, manchmal kommt es innerhalb weniger Tage zu radikalen Veränderungen. Die Frage lautet nur: Wie?

Die Forschung zeigt, dass drei Bedingungen den Wandel erleichtern. Die erste ist eine Krise: Naturkatastrophen, Kriege, wirtschaftliche Zusammenbrüche und technologische Neuerungen bieten eine Möglichkeit, Machtverhältnisse zu hinterfragen.[274] Man muss nur daran denken, wie der Zweite Weltkrieg die Arbeitswelt für Frauen öffnete, die in der Wirtschaft dringend gebraucht wurden. Die zweite Bedingung hat damit zu tun, wie tief eine Machthierarchie verankert ist: Je neuer die Hierarchie, desto formbarer ist sie, weil die verstärkenden Mechanismen die Macht noch nicht so beständig gemacht haben, dass sie unveränderlich wäre.[275] So waren etwa die Regime, die im Gefolge des Arabischen Frühlings entstanden, noch fragil, was zu einer politischen Instabilität führte. Die dritte Bedingung für die Veränderung lange etablierter Machthierarchien lautet, dass mögliche Störkräfte eine alternative Vorstellung davon benötigen, wie Macht zukünftig verteilt werden sollte; die bloße Kritik am bestehenden System genügt nicht.[276] In populären Darstellungen wird gern die Geschwindigkeit betont, mit der sich die Französische Revolution 1789 vollzog, doch die Ideale der Aufklärung, die sie befeuerten – Gleichheit, religiöse Toleranz und die Beteiligung derjenigen, die regiert werden –, hatten sich über ein Jahrhundert hinweg entwickelt. Diese Alternativen zum göttlichen Herrscherrecht der Könige hinterfragten die in Geschichten und kulturellen Vorstellungen vermittelte Legitimation, mit denen der Status quo gerechtfertigt und erhalten werden sollte, und ermöglichten so eine neue Realität.

Die genannten drei Bedingungen können Machthierarchien jedoch nicht allein abbauen. Darüber hinaus müssen Menschen motiviert sein, aktiv gegen den Status quo vorzugehen *und* die Gelegenheit haben, diese Motivation auch umzusetzen. Wenn Motivation und Gelegenheit zusammenfallen, kommt es zum Aufstand.[277]

Um besser nachzuvollziehen, wie das Zusammentreffen von Motivation und Gelegenheit eine Machthierarchie zerstören kann, werfen wir einen Blick ins späte 19. und frühe 20. Jahrhundert, als die Stahlindustrie im industriellen Nordwesten und Mittleren Westen der USA den Motor der wirtschaftlichen Entwicklung bildete. Die Arbeitsbedingungen in den Stahlwerken waren damals entsetzlich: Die Männer arbeiteten zwölf Stunden am Tag, sieben Tage die Woche und 363 Tage im Jahr (die einzigen freien Tage waren Weihnachten und der 4. Juli). Alle zwei Wochen wurde zwischen Tag- und Nachtschicht gewechselt, was für die Arbeiter bedeutete, dass sie 24 Stunden am Stück schuften mussten. Aufgrund der schweren körperlichen Arbeit bei starker Hitze und unter großen Gefahren kam es zu vielen Unfällen mit Verstümmelungen und Todesfällen. Wer morgens seine Unterkunft verließ und zur Arbeit ging, wusste nicht, ob er abends zurückkehren würde.[278] Gleichzeitig häuften Industriebarone wie Andrew Carnegie und Henry Frick immense Vermögen an, weil sie die Produktionsmittel kontrollierten. Dank ihrer enormen Macht stiegen sie in die höchsten Kreise der US-amerikanischen Gesellschaft auf, unterhielten prächtige Residenzen in New York City und Landhäuser in Newport, Rhode Island, die auch heute noch Touristen anziehen, die das opulente Leben der ersten Superreichen bestaunen. Die neuen Industriellen und ihre Bankiers brachten es zu einem derartigen Reichtum, dass sie schon bald die mächtigsten Männer in den USA waren.

Unmenschliche Arbeitsbedingungen und die massive Ungleichheit zwischen Arbeitern und Kapitaleignern waren jedoch nicht auf Stahlwerke oder die USA beschränkt. Nachrichten von Arbeiteraufständen in Europa gelangten ebenso über den Atlantik wie neue Ideen, darunter auch die Schriften von Karl Marx, vor allem sein Buch *Das Kapital*, eine Kritik der kapitalistischen Gesellschaft und Darstellung des Klassenkampfes, die 1867 erschien und den Status quo in den Industrieländern weltweit infrage stellte.[279]

Geschichten können nicht nur zur Rechtfertigung und Begründung des Status quo herangezogen werden, sie erzielen auch eine ähnlich kraftvolle Wirkung, wenn sie Benachteiligte darin bestärken, sich gegen die bestehenden Verhältnisse zu erheben. Doch als Individuen waren die Stahlarbeiter machtlos. Da immer neue Einwanderer nach Amerika strömten, waren sie als Arbeitskräfte ersetzbar. Wenn ein Arbeiter starb oder einen Arm verlor, übernahm ein anderer bereitwillig seinen Platz. So hatten die Arbeitgeber absolute Macht über ihre Beschäftigten, und sie zögerten nicht, diese Macht zu nutzen. Unter diesen Umständen blieb den Arbeitern nur eine Möglichkeit, sich zu wehren: Sie mussten sich zusammenschließen und streiken – eine klassische Strategie, um das Machtgleichgewicht zu verändern. Als geeinte Front konnten die Arbeiter dafür sorgen, dass Carnegie und andere Industriebarone stärker von ihnen abhängig wurden.

Die Stahlbarone taten alles, um einen Zusammenschluss der Arbeiter und ihre Fähigkeit zu gemeinsamem Handeln zu unterbinden. Sie zahlten so niedrige Löhne, dass sie kaum zum Überleben reichten, um den Arbeitern ihre Ersparnisse zu nehmen und so ihr Durchhaltevermögen bei Streiks zu schwächen. Sie nutzten ihre politischen Verbindungen und ließen Streiks von der Polizei auflösen. Beim sogenannten Homestead Strike in Carnegies wichtigstem Stahlwerk wurden 1892 mindestens zehn Menschen getötet und über einhundert verletzt, als private Sicherheitsleute versuchten, den Streik zu beenden.[280] Doch im Lauf der Zeit gewannen die Stahlarbeiter durch ihren Zusammenschluss an Macht, und die Gewerkschaften in den USA und vielen anderen Ländern konnten bessere Arbeitsbedingungen durchsetzen und das Machtungleichgewicht zwischen Arbeitgebern und Arbeitnehmern etwas ausbalancieren.

Die Stahlarbeiter verfügten über die Motivation und die Gelegenheit, gegen den Status quo vorzugehen. Die Motivation zogen sie aus dem extremen Machtungleichgewicht. Warum? Je ungerechter die Verteilung des Ertrags ist, desto schwieriger wird es für die Machtlosen, den Status quo als legitim zu rechtfertigen. Wenn die Erträge für die Mächtigen in die Höhe schnellen, greifen andere psychologische Faktoren und gleichen die Neigung der Machtlosen aus, das aktuelle System zu bestätigen. Wir haben einen Gerechtigkeitssinn, und eine eindeutig ungerechte Behandlung führt uns vor Augen, dass die Macht der Mächtigen nicht legitimiert ist.[281]

Die Ausbeutung und die brutalen Arbeitsverhältnisse versetzten die Stahlarbeiter in Rage und motivierten sie zu Protesten und zum Widerstand. Bestimmte Emotionen wie Trauer, Kummer und Scham sind mit Hilflosigkeit verbunden und können regelrecht lähmen. Und genau diese Emotionen sind beteiligt, wenn der Status quo begründet und gerechtfertigt wird. Doch wenn die Annahme, alles sei legitim und gerecht, Risse bekommt, setzt die Wut ein – und Wut bringt Menschen dazu, gegen Ungerechtigkeit aufzubegehren.[282] Deshalb können Anführer, die in Benachteiligten die Idee wecken und verstärken, sie würden ungerecht behandelt und die Mächtigen hätten überhaupt keine Legitimation, Machtlose zu einem wütenden Mob aufpeitschen, der den Status quo beseitigen will.

Doch die Stahlarbeiter in den USA mussten zunächst ein gewisses Maß an Macht – so gering es auch war – über die Stahlwerksbesitzer erlangen. Nur dadurch waren sie in der Lage, ihrer Unzufriedenheit Ausdruck zu verleihen und aktiv zu werden. Indem sie sich zusammenschlossen, fanden sie eine Möglichkeit, den Zugang zu einer Ressource – ihrer eigenen Arbeitskraft – zu kontrollieren, die nötig war, um die Stahlwerke zu betreiben. Das Kräftegleichgewicht neigte sich zwar immer noch zugunsten der Besitzer und ihrer Vertreter, doch die Arbeiter hatten immerhin genug Macht, um zu streiken und ihre Arbeitsniederlegung so lange fortzuführen, bis ihre Forderungen erfüllt wurden. Motivation und Gelegenheit waren zusammengekommen, und die Arbeiter konnten sich erheben.

Wie immer öffnet sich mit dem Zugang zur Macht auch die Möglichkeit zum Machtmissbrauch, wenn nicht sogar zur Korruption. Auch Gewerkschaften sind davor nicht gefeit.[283] Doch jedes Mal, wenn man jemandem am Freitagnachmittag ein schönes Wochenende wünscht oder am Montag fragt: »Wie war das Wochenende?«, sollte man daran denken, dass wir das Wochenende den Gewerkschaften zu verdanken haben. Ohne ihren gemeinsamen Kampf wären Arbeiter als Einzelpersonen weiterhin ersetzbar und völlig machtlos. Betrachtet man die Auswirkungen, die ein Zusammenschluss der Werktätigen auf das Wirtschaftssystem an sich hat, dann zeigt sich, dass Gewerkschaften nach wie vor eines der effektivsten Mittel sind, um ein zu großes

Machtungleichgewicht zu verhindern und langfristig negative Auswirkungen auf den Wohlstand aller abzuwenden.[284]

WENN DAS MACHTUNGLEICHGEWICHT INS WANKEN KOMMT

Ein zu großes Machtungleichgewicht ist gefährlich, und zwar nicht nur für die Machtlosen, sondern auch für die Mächtigen an der Spitze, weil dann der Status quo infrage gestellt wird, wie wir bereits festgestellt haben. Natürlich haben Benachteiligte bei aller Motivation nicht immer die Gelegenheit zum Handeln. Ein kleines Unternehmen, das seine Produkte bei Amazon anbietet, lehnt vielleicht die Bedingungen von Amazon ab, doch wenn andere Verkaufskanäle fehlen und Millionen Anbieter auf Amazon als Plattform angewiesen sind, fehlt die Möglichkeit, sich zur Wehr zu setzen.[285]

Wenn aber die Benachteiligten ein gewisses Maß an Macht über diejenigen erlangen, die ihnen ungerechte Bedingungen auferlegen, ist eine Gegenreaktion wahrscheinlich, und diese kann sowohl von den Machtlosen als auch den Mächtigen einen hohen Preis verlangen. Ein Beispiel dafür wäre der Krieg, den Tim Sweeney, der Gründer und CEO des Spieleentwicklers Epic Games, gegen Apple und Google führte, um sich gegen die Benachteiligung der Computerspieleentwickler zu wehren. Sweeneys Gegenwehr eskalierte, als er dank der enormen Popularität von *Fortnite*, des bekanntesten Spiels von Epic, Einfluss auf die Technologiekonzerne nehmen wollte. 2018 bot er *Fortnite* außerhalb des Apple App Stores und des Google Play Stores an, um die in seinen Augen unverhältnismäßig hohe Provision zu umgehen. 2020 reagierten Apple und Google und verbannten *Fortnite* aus ihren Stores, weil Epic Games ihre Zahlungssysteme umgangen hatte. Die Sache ging vor Gericht, mit hohen Kosten für beide Parteien.[286]

Unsere Untersuchungen zu Gewinnen und Erträgen in der US-Wirtschaft zeigen, dass diese Dynamik im gesamten Wirtschaftssystem besteht. Wenn das Machtungleichgewicht zwischen zwei Unternehmen wächst, setzt das machtbegünstigte Unternehmen immer mehr ausbeuterische wirtschaftliche Bedingungen durch, was die benachteiligten Geschäftspartner frustriert. In dem Moment, in dem die Benachteiligten ein gewisses Maß an Macht über die begünstigte Partei erlangen, weigern sie sich, mit ihnen Geschäfte zu machen. Der Deal platzt, und am Ende machen beide Parteien weniger Gewinn, als sie in einer ausgewogeneren Beziehung erzielt hätten, in der die mächtige Partei weniger versucht gewesen wäre, ihren Vorteil zu missbrauchen.[287]

Diese Dynamik lässt sich auch in der Gesellschaft an sich beobachten. Man muss nur an die Welle der populistischen Bewegungen denken, die sich seit den 2010er-Jahren weltweit ausbreitet.[288] Wenn die wirtschaftliche und soziale Ungleichheit massiv steigt, reagieren die Menschen mit Wut, weil die Ungleichheit aus ihrer Sicht die Gerechtigkeit und Legitimation des Systems untergräbt.[289] In den Gesellschaften wächst die soziale Unruhe und auch die wirtschaftliche und politische Instabilität nimmt zu. Warum? Weil die von der Macht Benachteiligten in solchen Situationen jedes ihnen zur Verfügung stehende Mittel nutzen – sei es nun eine Revolution (wie im 18. Jahrhundert in Frankreich und Amerika) oder ein Referendum (wie in Großbritannien beim Brexit) –, um ein System abzulehnen, das sie aus ihrer Sicht stark benachteiligt und gegen sie gerichtet ist, sogar wenn sie sich damit selbst schaden.

Seitens der Mächtigen ist es nicht nur moralisch verwerflich, sondern auch unklug, wenn sie Machtungleichgewichte so groß werden lassen, dass sie die Legitimität, die Stabilität und die Nachhaltigkeit unserer Wirtschafts- und Sozialsysteme untergraben. Langfristig betrachtet führt Ungleichheit zu weniger produktiven Volkswirtschaften und einem niedrigeren Wirtschaftswachstum.[290] Wie die Nobelpreisträger und Ökonomen

Abhijit Banerjee und Esther Duflo erklären, wäre es im Interesse der Reichen, »sich für die radikale Wende einzusetzen, damit der Wohlstand wirklich allen zugutekommt«.[291] Doch das Streben nach dem schnellen Dollar (oder der schnellen Milliarde) macht die Mächtigen oft blind für die langfristigen Konsequenzen massiver Ungleichgewichte in einem Sozialsystem, in dem wir alle voneinander abhängig sind.

Einige wenige US-amerikanische Millionäre und Milliardäre wie Bill Gates, Melinda French Gates, Warren Buffett, MacKenzie Scott und Abigail Disney fordern tatsächlich Veränderungen in genau dem System, das ihnen ihre Position der wirtschaftlichen Dominanz ermöglichte.[292] Doch die meisten Superreichen und Supermächtigen scheinen sich mehr um das Überleben des Kapitalismus in seiner derzeitigen Form zu sorgen, als sich Gedanken darüber zu machen, wie man der systemischen Ungleichheit ein Ende machen könnte. Oder wie es der Autor und Journalist Anand Giridharadas so treffend formuliert hat: »Die heutigen Titanen der Technologie- und Finanzwelt wollen die Probleme der Welt lösen, allerdings nur, wenn die Lösungen auf keinen Fall ihren Reichtum und ihre Macht gefährden.«[293]

Manchmal gibt es einen Weckruf, der die Mächtigen an die vielen Formen der gegenseitigen Abhängigkeit erinnert, die alle Menschen miteinander verbinden, und an die Risiken, die eine wachsende Ungleichheit für alle in einem so stark miteinander verflochtenen System darstellt. Nach den Erfahrungen der Weltwirtschaftskrise und des Zweiten Weltkriegs akzeptierten Industriekapitäne und Unternehmensführer in den USA eine Bezahlung, die im Vergleich zu den Gehältern heutiger US-amerikanischer CEOs wie ein Almosen wirkt. Sie akzeptierten auch (vielleicht widerwillig, aber immerhin) eine stärkere staatliche Regulierung und die Mitwirkung der Gewerkschaften, um das System vor den Auswüchsen der freien Märkte zu schützen. Gleichzeitig verabschiedeten die Parlamente Gesetze, um den Lebensstandard der Bevölkerung zu erhöhen und die Chancengleichheit zu verbessern, auch wenn das nicht für alle galt, da die Rassentrennung noch fest in der Gesellschaft und im System verankert war. Aufgrund dieser politischen und wirtschaftlichen Vorgaben stieg das Einkommen der US-amerikanischen Mittelschicht in den 1950er- und 1960er-Jahren in einem ähnlichen Maß wie die Einkommen an der Spitze.[294]

Doch Weckrufe geraten auch schnell wieder in Vergessenheit: In den 1970er-Jahren hatte sich die Stimmung gewandelt und es kam schnell zur Deregulierung. Gewerkschaften wurden mit Argwohn betrachtet und die Ungleichheit nahm rasch wieder zu.[295] Die Erinnerung an die verheerenden Auswirkungen der Weltwirtschaftskrise und des Zweiten Weltkriegs waren verblasst und mit ihnen das Wissen um unsere gegenseitige Abhängigkeit und Vergänglichkeit, das dafür sorgt, dass sich Mächtige weniger selbstsüchtig und arrogant verhalten.

Da es selten vorkommt, dass Mächtige freiwillig etwas von ihrer Macht abgeben, muss die Veränderung von denjenigen kommen, die weiter unten in der Hierarchie stehen. Aber wie können Menschen, die weniger Zugang zu Ressourcen haben, ausreichend Macht über Höhergestellte aufbauen, um den Wandel in die Tat umzusetzen? In vielen Fällen ist kollektives Handeln ein effektives Mittel, wie die Gewerkschaftsbewegung früher und heute zeigt. Wenn die einzelnen Mitglieder einer machtbenachteiligten Gruppe ihre jeweiligen Ressourcen zusammenlegen, können sie Einfluss auf das Machtgleichgewicht nehmen. Doch auf jede Geschichte über eine erfolgreiche kollektive Aktion kommen auch viele gescheiterte Versuche. Denn neben dem Zusammenschluss ist es auch von großer Bedeutung, *wie* die Benachteiligten die ihnen zur Verfügung stehenden Ressourcen einsetzen, um andere zu beeinflussen und den Status quo zu ändern.

Was genau müssen kollektive Bewegungen also tun, um scheinbar Unmögliches zu vollbringen und eine Machthierarchie erfolgreich zu demontieren? Mit dieser Frage werden wir uns im folgenden Kapitel befassen.

KAPITEL 6
AGITATION, INNOVATION, ORCHESTRIERUNG

Black Lives Matter, die Proteste in Hongkong, #MeToo, die französischen Gelbwesten, der Arabische Frühling: Das sind nur einige Beispiele für die sozialen Bewegungen, die im letzten Jahrzehnt von sich reden machten, angetrieben vom Engagement zahlreicher Menschen, die einen sozialen Wandel herbeiführen wollten.[296] Da sie in den sozialen Medien so großen Widerhall fanden, wirken sie vielleicht wie ein neues Phänomen.[297] Aber das sind sie nicht. Kollektive Bewegungen haben es Nationen ermöglicht, sich von Herrschern und Reichen unabhängig zu machen. Bürger konnten Diktatoren und Monarchen stürzen und Menschen unterschiedlicher Hautfarbe, Herkunft, Religion und Gender-Identität konnten ihr Recht auf Gleichstellung geltend machen. Wieder und wieder hat uns die Vergangenheit gezeigt, dass Bewegungen, die die Macht der vielen vereinen, stark genug werden können, um tief verwurzelte Machthierarchien zu demontieren und die Gesellschaft zu verändern.[298]

Unabhängig davon, wer wir sind oder wo wir leben, wir haben einen Großteil unserer Freiheiten und Rechte den Menschen zu verdanken, die gegen die Apartheid in Südafrika, die britische Kolonialherrschaft in Indien oder für die Rechte von Frauen, rassistisch diskriminierten Menschen oder der LGBTQ+-Bewegung weltweit gekämpft haben. Die Kämpfer für unsere Freiheiten und Rechte mussten über viele Generationen schwere Niederlagen hinnehmen, bis sie endlich den Status quo ändern konnten.

Und es ist auch nicht so, dass alle kollektiven Bewegungen Erfolg haben. Aber warum gelingt es manchen und anderen nicht?

AGITATION ALLEIN GENÜGT NICHT

Im Juli 2011 veröffentlichten Micah White, Redakteur bei *Adbusters* – einem Magazin für Gegenkultur im kanadischen Vancouver –, und sein Chef Kalle Lasn, der Gründer des Magazins, ein 600 Wörter umfassendes Schreiben, in dem sie alle »Retter, Rebellen und Radikale« aufforderten, ein Zelt zu nehmen und die Wall Street zu besetzen. Der Zeitpunkt ihres Aufrufs war gut gewählt: Die Auswirkungen der Finanzkrise von 2008 und der Rettung der großen Banken waren immer noch zu spüren, der Arabische Frühling war in vollem Gang, in Spanien protestierte die *Indignados*-Bewegung gegen die strenge Sparpolitik der Regierung und in den USA hatte der Oberste Gerichtshof ein Jahr zuvor mit dem Urteil im Fall Citizens United entschieden, dass Finanzierungsgrenzen im Wahlkampf zur Beschränkung des politischen Einflusses von Firmen nicht verfassungsgemäß seien. Viele, die durch die Finanzkrise ihre Häuser und Jobs verloren hatten, hielten das System für zutiefst ungerecht und hatten das Gefühl, dass sie in ihrem Elend und ihrer Wut nicht allein waren. Äußerungen, die die Gier und Korruption beim »obersten Prozent« verurteilten, fanden großen Widerhall. Der *Adbusters*-Aufruf startete durch und verbreitete sich über Blogs, das Darknet und in Aktivistenkreisen überall in den USA und auf der ganzen Welt.

Inspiriert von der Besetzung des Tahrir-Platzes während der Ägyptischen Revolution 2011, demonstrierten die Occupy-Anhänger drei Wochen lang in schätzungsweise 950 Städten auf der ganzen Welt. »Was Occupy ausmacht, ist die wilde Mischung, die die Bewegung zusammenbrachte. Ich glaube, dass das auch einen Teil ihrer Anziehungskraft erklärt. Man hatte das Gefühl, Teil von etwas zu sein, das sehr erfrischend war«, erzählte uns Micah.[299] Die in den Zeltdörfern abgehaltenen Generalversammlungen als Orte der demokratischen und einvernehmlichen Entscheidungsfindung stärkten das Selbstwertgefühl der

Teilnehmer, weil sie ihnen ein Gefühl der Autonomie und Zugehörigkeit gaben.

Doch die führungslose Bewegung formulierte keine klaren
Forderungen und die Generalversammlung stimmte gegen den
ursprünglichen *Adbusters*-Vorschlag einer von Präsident Barack
Obama eingesetzten Kommission, die den Einfluss von Geld
auf die Politik untersuchen sollte.[300] Die Bewegung war zwar
drei Monate sehr lebendig, bewirkte aber keine konkreten Veränderungen. Micah, Kalle und so viele andere, die ihre Städte
besetzt hatten, hatten gehofft, dass der Protest zur Entstehung
eines radikal neuen Wirtschafts- und Gesellschaftssystems führen würde. Doch das kapitalistische System änderte sich in den
folgenden Monaten, wenn überhaupt, nur geringfügig. Was war
schiefgelaufen?

Manche denken jetzt vielleicht, die Bewegung sei gescheitert,
weil ihr eine außergewöhnliche charismatische Führungsgestalt
fehlte, jemand wie Mahatma Gandhi, Martin Luther King jr.
oder Nelson Mandela. Doch ein einzelner Mensch, so bemerkenswert er auch sein mag, verändert selten eine Organisation
oder eine Gesellschaft. Den Aufruf eines isolierten Einzelnen,
aktiv zu werden und zu handeln, kann man leicht ignorieren.
Die genannten Führungspersönlichkeiten nutzten ihre Macht,
um Tausende, mitunter sogar Millionen Menschen zu inspirieren und dazu zu bringen, ihre Komfortzone zu verlassen und
sich einer Bewegung anzuschließen, um die erträumten Veränderungen wahr zu machen. Kollektive Bewegungen ermöglichen
einen Wandel, weil sie dafür sorgen, dass die Öffentlichkeit und
die Politik das von ihnen angeprangerte Problem nicht mehr länger ignorieren können.

Occupy Wall Street konnte eine Bewegung ins Leben rufen,
die gegen den Status quo protestierte – eine wichtige Aufgabe,
um einen sozialen Wandel in Gang zu bringen. Agitatoren bringen
die Kritik und die Sorgen bestimmter Personen oder Gruppen zum Ausdruck und sorgen so dafür, dass sie ins Bewusstsein

der Öffentlichkeit rücken, damit sich auch andere ihrer Empörung bewusst werden und auf Veränderungen drängen. Die Aktionen von Occupy sorgten in Kombination mit der Berichterstattung in den Medien und in den sozialen Netzwerken dafür, dass Ungleichheit und der Einfluss des Geldes in der Politik diskutiert wurden. Doch die Bewegung versagte bei den beiden anderen Voraussetzungen für einen sozialen Wandel: Innovation und Orchestrierung.

Bewegungen benötigen nicht nur Agitatoren, sondern auch Innovatoren und Orchestratoren.[301] Innovatoren schaffen umsetzbare Lösungen, um gegen die von den Agitatoren benannten Probleme vorzugehen. Bei der Entwicklung von Alternativen zum Status quo sind sie offen für unkonventionelle Ideen. Orchestratoren sind die Multiplikatoren der sozialen Bewegungen. Sie koordinieren Aktionen verschiedener Gruppen, um Veränderungen in Gang zu bringen und so dafür zu sorgen, dass die von den Innovatoren angestrebte Lösung in großem Maßstab angenommen wird. Ohne sie kommt es nie zum finalen Akt.

Obwohl alle drei Rollen entscheidend für den Erfolg einer sozialen Bewegung sind, muss ein und dieselbe Person nicht alle drei übernehmen. Die einzelnen Aufgaben sind auch nicht an eine bestimmte Reihenfolge von Aktionen oder einen zeitlichen Ablauf gebunden. Sozialer Wandel ist ein komplexer und mitunter ungeordneter Prozess. Beteiligte müssen oft alle drei Rollen mehrfach ausfüllen und je nach Situation hin und her wechseln. Manchmal ist die Arbeitsteilung auch strategisch, das heißt, dass einzelne Personen oder verbündete Organisationen nach außen hin verschiedene Rollen übernehmen – beispielsweise vertreten manche als Agitatoren radikalere Positionen, während andere als Innovatoren oder Orchestratoren gemäßigter auftreten.[302] Doch letzten Endes müssen alle für eine gemeinsame Agenda zusammenarbeiten.

Um den Prozess des sozialen Wandels und die Rolle der Macht zu veranschaulichen, betrachten wir die Erfahrungen von drei Aktivisten, die in aktuellen Bewegungen eine wichtige Rolle spielen oder gespielt haben. Zum besseren Verständnis werden wir die drei Rollen jeweils unabhängig voneinander analysieren. Bedenken Sie jedoch dabei, dass Agitation ohne Innovation bedeutet, sich zu beschweren, ohne Lösungen aufzuzeigen, und Innovation ohne Orchestrierung heißt, nur Ideen vorzustellen, ohne eine Wirkung zu erzielen.[303]

EIN THEMA AUF DIE ÖFFENTLICHE AGENDA SETZEN

Im August 2018 schrieb Greta Thunberg, der schwedische Teenager, der zum Gesicht der Fridays-for-Future-Bewegung wurde, die mittlerweile berühmten Worte *Skolstrejk för Klimatet* (»Schulstreik fürs Klima«) auf ein Plakat und schwänzte die Schule, zuerst jeden Tag und dann jeden Freitag, um vor dem schwedischen Parlament dagegen zu protestieren, dass die Regierung nichts gegen den Klimawandel unternahm. Zwei Monate später veröffentlichte der Weltklimarat (Intergovernmental Panel on Climate Change, IPCC) einen Bericht, der eine Erderwärmung um 1,5 Grad Celsius zwischen 2030 und 2052 prognostizierte, wenn nicht umfassende Maßnahmen zur Reduzierung der Treibhausgase unternommen werden würden, und Extremwetterereignisse als Folge nannte, die wir so noch nicht erlebt hätten.[304] Ermutigt von Gretas Vorbild und alarmiert durch den IPCC-Sonderbericht beteiligten sich Teenager weltweit bei Fridays for Future, der internationalen Koalition für den Klimaschutz, die Greta und andere Schüler ins Leben gerufen hatten. Darunter befand sich auch Xiye Bastida, eine 16-jährige Schülerin der Beacon High School in New York City und Vorsitzende des Umweltklubs ihrer Schule.[305] Die Arbeit von Xiyes Eltern, die sich als Anwälte für die Rechte indigener Völker und den Erhalt ihres überlieferten Wissens einsetzten, hatte die Familie zwei Jahre zuvor in die USA geführt. Xiye hatte die Auswirkungen des

Klimawandels in ihrer Heimatstadt San Pedro Tultepec in Mexiko selbst erlebt, wo Überschwemmungen ganze Häuser mitgerissen und die Lebensmittelpreise in die Höhe getrieben hatten. Nun arbeitete sie im Kampf gegen den Klimawandel mit anderen jungen Organisatoren in der ganzen Stadt zusammen und trat dem Organisationskomitee von Fridays for Future in New York City bei. Mit diesen ersten Schritten sammelte Xiye wertvolle Erfahrungen, die sie auf kommende Aufgaben vorbereiteten: Nur wenige Monate später organisierte sie zusammen mit anderen Jugendlichen eine der größten Demonstrationen für den Umweltschutz in der Geschichte der USA: den globalen Klimastreik am 20. September 2019 in New York City.

Die Jugendlichen der Fridays-for-Future-Bewegung mussten ihre Macht praktisch aus dem Nichts aufbauen. Sie hatten kaum Zugang zu finanziellen Ressourcen oder zu den Mainstream-Medien, um die Öffentlichkeit auf sich aufmerksam zu machen oder sie davon zu überzeugen, dass der Status quo inakzeptabel war. Sie waren auch nicht alt genug, um zu wählen, was bedeutete, dass ihnen eine wichtige Quelle der Macht fehlte, um Parlamentsabgeordnete zum Handeln zu bewegen. Wie schafften es diese Teenager dann, einen der größten Klimaproteste in der Geschichte auf die Beine zu stellen und Millionen Menschen weltweit zu einer Bewegung zusammenzuschweißen? Sie taten das, was Bewegungen tun müssen, wenn ihnen die offizielle Autorität und die Ressourcen fehlen: Sie fanden heraus, was die Menschen, die sie beeinflussen wollten, schätzten, und fanden kreative Wege, um den Zugang zu diesen Ressourcen zu kontrollieren.

Die Teenager wollten Erwachsene dazu bringen, aktiv zu werden. Um sie für ihre Zwecke zu gewinnen, stellten sie die Erwachsenen zur Rede und erinnerten sie daran, dass sie in den vergangenen Jahrzehnten nichts oder zu wenig gegen den Klimawandel unternommen hatten.[306] Außerdem wiesen sie auf den Preis ihrer Untätigkeit hin: die Gefährdung der Sicherheit und des Überlebens künftiger Generationen, ihrer eigenen Kinder und Enkelkinder. Dieses öffentliche Anprangern minderte das Selbstwertgefühl der Erwachsenen erheblich. Um ihre Selbstachtung wiederherzustellen und ihre Kinder vor Schaden zu bewahren, mussten sie handeln – auch wenn einige Erwachsene ihr Selbstwertgefühl lieber dadurch aufbesserten, dass sie die 16-jährige Greta als Symbolfigur der Bewegung öffentlich niedermachten. Wie wir in Kapitel 3 festgestellt haben, sehen wir uns selbst nicht gern als schlechte Menschen, was dazu führt, dass wir uns entweder tugendhaft verhalten oder andere schlechtmachen.

Der nächsten Herausforderung, die auf die jugendlichen Klimaschützer wartete, müssen sich alle Agitatoren stellen: Sie müssen gehört werden und im ständigen Strom der Nachrichten und im Grundrauschen der Ereignisse hervorstechen. Die jugendlichen Organisatoren dokumentierten ihre Fortschritte systematisch und teilten sie über die sozialen Medien; ähnlich wie die Occupy-Bewegung auf Memes und soziale Netzwerke vertraut hatte, von Twitter bis Reddit, um Aktivisten zu rekrutieren und die eigene Botschaft zu verbreiten. Soziale Medien sind immerhin so effektiv bei der Mobilisierung von Menschen, dass Autokraten in Krisensituationen das Internet blockieren, um Aufstände und Proteste zu unterbinden.[307] Doch die Jugendlichen von Fridays for Future wussten, dass sie sich nicht auf die sozialen Medien beschränken durften, wenn sie wollten, dass ihre Botschaft von sämtlichen Generationen wahrgenommen wurde. Also taten sie sich mit »erwachsenen Umweltorganisationen«, wie sie sie nannten, zusammen, um Kontakte zu den etablierten Medien herzustellen und so für einen globalen Klimastreik zu werben.

In den Tagen vor dem 20. September freuten sich Xiye und ihre Mitorganisatoren über die zunehmende Dynamik im Internet und die Berichterstattung in den Medien über die Veranstaltung. Zu diesem Zeitpunkt hatte Xiye ihre Botschaft fix und fertig formuliert. »Wir alle kannten die wichtigsten Statistiken auswendig. Aber wir wussten auch, dass man sich 22-mal eher an eine Botschaft erinnert, wenn man eine persönliche Geschichte einfließen lässt. Also haben wir unsere Aktivisten darin geschult, wie sie den Medien ihre persönliche Geschichte erzählen können.« In einem Organisationsprozess wie aus dem Lehrbuch führte Xiye wöchentliche Schulungen zu einer Reihe von Themen durch, um ihre Mitstreiter mit dem nötigen Rüstzeug für effektiven Aktivismus auszustatten, darunter Storytelling und Medientraining. Ohne es zu wissen, nutzte sie das »öffentliche Narrativ«, eine Führungsstrategie des Harvard-Dozenten Marshall Ganz, die andere motiviert, sich einer Bewegung anzuschließen und zu handeln.[308] Das öffentliche Narrativ kombiniert eine Geschichte des Selbst (auf der die eigenen Werte basieren), eine Geschichte von uns (wie diese Werte unsere Gemeinschaft zusammenhalten) und eine Geschichte des Jetzt (warum wir nun dringend handeln müssen). Dieser Rahmen hilft Organisatoren weltweit, ihre persönlichen Überzeugungen und Werte in Geschichten zu übersetzen, die Menschen mobilisieren und aktiv werden lassen. In Kapitel 5 ging es darum, inwiefern Geschichten zur Wahrung, Rechtfertigung und Legitimation von Machthierarchien genutzt werden. Es ist daher nur sinnvoll, dass sich ein wesentlicher Teil der Arbeit einer sozialen Bewegung darum dreht, diese Mythen durch Gegennarrative zu dekonstruieren.

Xiyes »Geschichte des Selbst« handelte von ihren Erfahrungen in Mexiko, wo sie Extremwetterereignisse und die Abhängigkeit der Gesellschaft von fossilen Brennstoffen hautnah erlebt hatte. Ihre »Geschichte von uns« sprach die New Yorker an: »12 Prozent der Erwachsenen in der Bronx haben Asthma; 19 Milliarden Dollar unserer Steuergelder wurden für den Wiederaufbau unserer Stadt nach dem Hurrikan Sandy verwendet.« In ihrer »Geschichte des Jetzt« ging es um den Klimawandel als Krise, die eine schnelle und sofortige Reaktion erfordert.[309] Damit führte sie Jugendlichen und Erwachsenen vor Augen, dass ein Wandel möglich war, wenn sie sich den Protesten und der Bewegung anschlossen. Öffentliche Narrative wie diese tragen dazu bei, Wut und Empörung in uns zu wecken, was uns wiederum zum Handeln und zum Widerstand motiviert.[310] Wie wir in Kapitel 5 gezeigt haben, kann Wut, wenn sie mit einer gewissen Macht kombiniert wird, den Eindruck erwecken, dass ein Wandel möglich ist, wenn man aktiv wird.[311]

Xiye und ihre Mitstreiter hofften bei der Kundgebung auf 20 000 Teilnehmer. Am 20. September 2019 schätzten die Organisatoren die Zahl der Teilnehmer, die zusammen mit ihnen auf den Straßen von New York demonstrierten, auf über 200 000. Am selben Tag fanden in 163 Ländern ähnliche von Jugendlichen organisierte Proteste statt.[312] Die Demonstrierenden nutzten ihre Stimmen als Kinder, Jugendliche und Studierende, um die Erwachsenen an ihre Beteiligung am Klimawandel zu erinnern: die Fleisch- und Milchindustrie, ExxonMobil, die Politik, die Vereinten Nationen, das oberste Prozent, Eltern, »die [ihren Kindern] direkt vor ihren Augen die Zukunft stehlen«.[313] Niemand blieb verschont. Mit harten wissenschaftlichen Fakten, die ihre Forderungen nach sofortigen Maßnahmen gegen die Klimakrise untermauerten, positionierten sie sich sowohl als Opfer des Status quo als auch als Anführer mit moralischer Autorität.

Außerdem nutzten sie für ihren Protest gegen den Status quo eine Organisationstaktik, die bereits lange vor ihrer Geburt zum Einsatz gekommen war: den gewaltfreien zivilen Ungehorsam. Der Begriff wurde erstmals in einem Essay des US-amerikanischen Dichters und Philosophen Henry David Thoreau verwendet.[314] Thoreau hielt es für gerechtfertigt und sogar für moralisch notwendig, dass ehrliche Bürger gegen ungerechte und repressive Gesetze aufbegehren. Er selbst weigerte sich, eine neue Kopfsteuer in Massachusetts zu zahlen, um so zu zeigen, dass er die Sklaverei und den Krieg der USA gegen Mexiko ablehnte. Mahatma Gandhi und Martin Luther King jr. zählen zu den vielen Anführern, die sich von Thoreau inspirieren ließen und auf

Maßnahmen des zivilen Ungehorsams und gewaltfreie Proteste setzten.[315]

Um die Effektivität solcher Proteste zu beurteilen, analysierten die Politikwissenschaftlerinnen Erica Chenoweth und Maria Stephan gewalttätige und gewaltlose Widerstandsbewegungen auf der ganzen Welt für den Zeitraum von 1900 bis 2006. Sie kamen zu dem Schluss, dass friedliche Proteste eine Wirksamkeit von 53 Prozent hatten, während es bei gewalttätigen Protesten nur 26 Prozent waren. Wie erklärt sich dieser Unterschied? Da die Schwelle für eine Beteiligung niedriger ist, wächst die Zahl der Mitglieder bei gewaltfreien Widerstandskampagnen schneller.[316] Beim Protestmarsch am 20. September in New York kamen Teenager, Eltern mit kleinen Kindern, Rentner, Lehrer und Studierende in Solidarität zusammen. Doch Gewaltfreiheit erweitert nicht nur die Mitgliedschaft einer Bewegung, sondern zieht auch ganz unterschiedliche Beteiligte an, die innovative Taktiken und Ideen einbringen.[317] Strategische Gewaltlosigkeit entspricht zwei Grundbedürfnissen: dem Bedürfnis nach Sicherheit, weil sie die Beteiligten vor Gewalt schützt (zumindest ist das die Absicht), und Selbstwertschätzung, weil sie den guten Willen Außenstehender anspricht, die für friedliche Demonstranten oft Hochachtung empfinden und sie als Kämpfer für eine gerechte Sache betrachten.

Fridays for Future und die verbündeten Organisationen bauten eine Machtgrundlage auf, die es ihnen ermöglichte, die Klimakrise auf die öffentliche Agenda zu setzen. Während der Proteste war »Klimawandel« einer der am häufigsten gesuchten Begriffe bei Google.[318] Mit dem Verweis auf das Versagen der Erwachsenen und auf die wachsende Zahl wissenschaftlicher Erkenntnisse, die den bereits durch den Klimawandel herbeigeführten Schaden dokumentierten, legitimierten die Jugendlichen ihren Protest, sorgten für moralische Empörung und übernahmen die Kontrolle über das öffentliche Narrativ. Mit ihren Worten und Aktionen machten sie weltweit auf sich aufmerksam und konnten den Rahmen verändern, in dem bislang über Klimawandel diskutiert wurde. Sie wussten jedoch auch, dass ein Umdenken beim Verhalten und bei der Gesetzgebung weit mehr erfordern würde als Proteste. Also nutzten sie organisatorische Aktivitäten – etwa Schulungen für Aktivisten, wie Xiye sie durchführte, oder die Einladung anderer Organisationen zu den Planungstreffen für die Kundgebung –, die dazu beitrugen, die Teilnehmer aneinander und an die Bewegung zu binden.

Eine Organisation schafft das Bindemittel, das aus einer Ansammlung von Individuen eine Gruppe mit einem gemeinsamen Ziel macht. Die Teilnehmer wollen wiederkommen, ihren Beitrag leisten und sich mit etwas verbunden fühlen, das größer ist als sie selbst. Die Pflege von Verbindungen, die stark genug sind, um das Gefühl zu vermitteln, Teil einer Gemeinschaft zu sein, die man sehr schätzt, sichert das Überleben und die Vitalität einer Bewegung über einen längeren Zeitraum.[319] Wenn diese Organisationstätigkeit mit Geschichten verflochten ist, wie sie Xiye und ihre Mitstreiter erzählten, entsteht ein Gefühl der »Einheit«, das Menschen aufgrund der gemeinsamen Identität mobilisiert. Das Gefühl, für eine gemeinsame Sache zu kämpfen, basiert nicht nur auf der rationalen Begründung der Geschichte, sondern auch auf ihrem emotionalen Appell. Dabei bleibt die Notwendigkeit zur Kommunikation und Organisation immer bestehen, unabhängig von der Rolle der Teilnehmer, denn nur so gewinnen Bewegungen Unterstützer und erhalten Zugang zu den Ressourcen, die sie für die Erweiterung ihrer Machtbasis benötigen.

ÜBER KONVENTIONEN HINAUSDENKEN

Innovationen sind unverzichtbar, um brauchbare Lösungen für ein gesellschaftliches Problem oder eine Alternative zum Status quo zu entwickeln. Ohne sie hat eine Bewegung keine spezifischen Forderungen, keinen Maßstab für den Erfolg. Die von

Innovatoren entwickelten Lösungen können völlig neu und originell sein oder auf bereits vorhandene, erprobte Ideen zurückgreifen, die auf andere Weise genutzt oder in neuen Zusammenhängen angewandt werden. Ein Beispiel dafür sind Frauenrechte: Das Konzept hinterließ keinen großen Eindruck, als die französische Schriftstellerin, Theaterautorin und Aktivistin Olympe de Gouges es 1791 in ihrer *Déclaration des droits de la Femme et de la Citoyenne (Erklärung der Rechte der Frau und Bürgerin)* vorstellte. In ihrem Manifest, das die Erklärung der Menschen- und Bürgerrechte für Männer zu Beginn der Französischen Revolution aufgriff, heißt es: »Die Frau wird frei geboren und bleibt dem Mann an Rechten gleich.«[320] 1793 wurde de Gouges vom Revolutionstribunal zum Tod verurteilt und hingerichtet, doch ihre Worte überlebten. Sie beeinflussten Frauen in Frankreich und auf der ganzen Welt und inspirierten sie, für Gleichberechtigung zu kämpfen. Ihre Innovation trug zur Entwicklung eines Gegennarrativs bei, das in zahlreichen Wellen feministischer Bewegungen verfeinert und in den folgenden Jahrzehnten und Jahrhunderten immer weiter verbreitet wurde.

Soziale Innovationen können in unterschiedlichen Formen auftreten: als Ideen, Produkte, Dienstleistungen, Programme, Verfahren, Gesetze und politische Maßnahmen. Doch unabhängig von der Form müssen Innovatoren einen gangbaren Weg aufzeigen, wie man das vorliegende Problem angehen und den Status quo neu definieren kann. Ein Innovator hat die Aufgabe, die Schwächen der aktuellen Situation zu erkennen, sich eine Lösung auszudenken, die besser ist als vorhandene Alternativen und keine unbeabsichtigten negativen Folgen hat, und diese Lösung zu formulieren und zu begründen, vor allem gegenüber Gruppen, die sich anpassen müssen oder von der vorgeschlagenen Alternative betroffen sein werden.[321]

Das ist eine gewaltige Aufgabe: Sie müssen sich nicht nur eine neue Realität vorstellen, sondern auch Wege finden, ihren neuen Ansatz in den Augen der anderen zu legitimieren. Ohne offizielle Autorität oder den Zugang zu Ressourcen ist diese Aufgabe noch schwieriger zu bewältigen. Deshalb sind Innovatoren meist auch Problemlöser, die unkonventionell denken und trotz aller Widrigkeiten und komplexer Probleme weitermachen.

Genau das tat auch Jean Rogers. Als die Finanzkrise 2008 die Wall Street erschütterte und das Leben vieler Menschen zerstörte, Geschäfte schließen mussten und Hausbesitzer zwangsgeräumt wurden, fing sie an zu überlegen, wie sie dazu beitragen könnte, die Spielregeln der Finanzmärkte zu verändern. Nach ihrer Ausbildung zur Umweltingenieurin hatte sie fast zwei Jahrzehnte als Nachhaltigkeitsberaterin gearbeitet und Unternehmen geholfen, umweltfreundliche Maßnahmen umzusetzen. »Für mich ergab es keinen Sinn, dass Unternehmen nicht dafür zur Rechenschaft gezogen werden konnten, welche Auswirkung ihre Tätigkeit auf lokale Gemeinschaften hatte, auf ihre Mitarbeiter und Kunden und auf die Umwelt an sich«, erklärte sie uns. »Man sieht doch, wohin uns das geführt hat.«

Jeans Freund David Gottfried hatte das System Leadership in Energy and Environmental Design (Anm. d. Ü.: LEED, etwa »Führerschaft in energie- und umweltgerechter Planung«) zur Klassifizierung ökologischer Gebäude entwickelt. Und so kam ihr eine Idee: Anleger treffen Entscheidungen auf der Grundlage von Daten. Doch selbst wenn sich ein Anleger über die gesellschaftlichen Folgewirkungen oder die von einem Unternehmen verursachten Umweltschäden informieren will, gibt es nur wenige Daten, die noch dazu nicht schematisch berücksichtigt werden. Was wäre, wenn es eine Möglichkeit gäbe, dass Unternehmen beständig und transparent über mehr berichten müssten als nur über ihre finanzielle Performance? Die Aufgabe war gewaltig, und natürlich drohte Jean Widerstand seitens der Unternehmen, die lieber weitermachen wollten wie bisher. Doch da sie eine zweijährige Tochter hatte, war die Änderung des Status quo für sie zu einem persönlichen Anliegen geworden und dringlicher als je zuvor.

Jean machte das, was alle Innovatoren, die ein gesellschaftliches Problem lösen wollen, am Anfang tun sollten: Sie arbeitete sich umfassend in das Problem ein, zu dessen Lösung sie beitragen wollte.[322] Sie untersuchte, warum es so schwierig war, die soziale und ökologische Leistung von Unternehmen zusätzlich zu ihrer finanziellen Leistung zu verfolgen. Sie lernte die Global Reporting Initiative (GRI) kennen, die eine Reihe von Standardkennzahlen entwickelt hatte, die Unternehmen unabhängig von ihrer Branche für die Erstellung von Nachhaltigkeitsberichten verwenden können, und unterstützt diese seither. Gleichzeitig befragte sie Führungskräfte von Unternehmen und Investoren zu ihren Berichterstattungsverfahren, um die Zwänge und Herausforderungen für die Beteiligten besser zu verstehen. Dabei entdeckte sie, dass es keine passende Lösung für alle gab: So müssen beispielsweise Lebensmittelhändler und -logistiker ein größeres Augenmerk auf Verpackungen legen und sie in ihren Berichten berücksichtigen als Banken und Softwareunternehmen, für die wiederum der Datenschutz sehr wichtig ist. Es kristallisierte sich heraus, dass es einen Bedarf an strengen und geprüften Standards gab, die von Unternehmen, Investoren und Behörden als zuverlässig angesehen wurden, um soziale und ökologische Leistungen für jede Branche zu messen und zu kommunizieren.

Jeans Recherchen gipfelten in einem Weißbuch, in dem sie ihre innovative Idee darlegte: eine Methodik, die die Grundlage für die Entwicklung geeigneter Nachhaltigkeitsstandards für jede Branche bildete.[323] Ihr Vorgehen, Fragen zu stellen und sich als Neuling Rat zu holen, zahlte sich aus. Die Reaktion auf ihr Weißbuch war ungemein positiv; viele Anleger und Anlagenverwalter meldeten sich bei ihr und fragten, wann die neuen Maßstäbe verfügbar sein würden.[324]

Ursprünglich hatte Jean gedacht, wenn sie die Idee vorgestellt hätte, würde jemand anderes sie aufgreifen und umsetzen, daher legte sie das Projekt zunächst auf Eis. Doch als die Occupy-Bewegung an Schwung gewann, entschied sie, dass sie lange genug gewartet hatte. Wenn sie wollte, dass ihre Nachhaltigkeitsstandards weiterentwickelt wurden, musste sie es selbst tun. Mit der Unterstützung ihres Mannes kündigte sie ihren Job und setzte sich eine sechsmonatige Frist, um ihr gemeinnütziges Projekt zu gründen, das Sustainability Accounting Standards Board (SASB).[325]

Neben der Beschaffung der nötigen finanziellen Mittel für SASB bestand Jeans erste Aufgabe darin, ein Team von Forschenden und technischen Experten zusammenzustellen, die zusammen mit ihr die Nachhaltigkeitsstandards für jede Branche entwickeln sollten. »Ich kann gar nicht sagen, wie oft mir gesagt wurde, dass ich verrückt wäre zu glauben, wir könnten in weniger als 80 Jahren Maßgaben für 80 Branchen entwickeln. Das mussten wir widerlegen. Wir mussten zeigen, dass es möglich war. Nachdem wir eine Methodik geschaffen hatten, hängten wir eine riesige Blaupause für die nächsten acht Jahre an die Wand, um sicherzustellen, dass wir unser Ziel in acht und nicht in 80 Jahren erreichten!«

Die Gründung von SASB, die Zusammenstellung des Teams und die Entwicklung einer Methodik zur Schaffung der Standards waren jedoch nur die erste Station auf Jeans Weg als Innovatorin. Sie und ihr Team mussten aus SASB eine offiziell anerkannte Organisation machen, die Standards festlegen konnte und genug Macht hatte, um sich zu einer kollektiven Bewegung zu entwickeln. Jean wusste aus Erfahrung: Wenn sie wollte, dass SASB ernst genommen wurde und Unterstützer anzog, musste sie zunächst die bestehenden Machtverhältnisse und Verbindungen zwischen Unternehmensführern, Investoren, Behörden und Nichtregierungsorganisationen kennen, die mit der Nachhaltigkeit von Unternehmen zu tun hatten. Kurz gesagt, sie musste die Machtverhältnisse kartieren. Sie sammelte sämtliche Informationen, die sie bekommen konnte, von den Namen der wichtigsten Organisationen bis hin zu den größten Budgets. Sie notierte sich die Organisationen mit einflussreichen Anführern und die, deren Veröffentlichungen auf diesem Gebiet zitiert wurden. Sie sammelte jede Information, um zu verstehen, wer mit wem in Verbindung stand und wer sich auf wen zu stützen schien.

Für sie als Außenseiterin in der Finanzwelt und ihre noch junge Organisation, die sich gegen den Status quo richtete, wurde durch diese Maßnahme eines deutlich: Um die Macht der SASB zu stärken und die Organisation zu einer offiziell anerkannten Einrichtung für Nachhaltigkeitsstandards zu machen, musste Jean die Ressourcen identifizieren, die diese wichtigen Interessengruppen im Bereich der Nachhaltigkeit schätzten, und sich Zugang zu ihnen verschaffen. Sie begann damit, dass sie sich Verbündete suchte, die ihre Ansicht teilten, dass Anleger neue Maßstäbe benötigten. Diese Verbündeten wollte sie als Mitinnovatoren in den Entwicklungsprozess bei SASB einbinden. »In meinem ersten Vorstand saßen ehemalige Mitglieder der Securities and Exchange Commission (SEC) und des Financial Accounting Standards Board (FASB)«, erzählte uns Jean. »Das sorgte für Legitimation und brachte andere dazu, ebenfalls mitzumachen.« Sie startete Arbeitsgruppen für verschiedene Branchen, organisierte Konferenzen in San Francisco und New York und hielt regelmäßig Feedback-Sitzungen ab. So konnte sie im Lauf der Zeit eine Gemeinschaft von Unterstützern aufbauen, die sich der SASB verpflichtet fühlten, ihrer Vision und ihrem Versprechen, die Vorgaben des Kapitalismus zu verändern.

Über einen Mentor konnte Jean ein gutes Verhältnis zur US-amerikanischen Handelskammer aufbauen, einer Lobbyorganisation für Unternehmen, und zur Börsenaufsichtsbehörde SEC. Deren Beteiligung erhöhte ihre eigene und die Glaubwürdigkeit der SASB in den Augen anderer wichtiger Akteure, die nun bereit waren, sich mit ihr zu treffen. Bei allen Gesprächen »formulierte ich unser Wertversprechen in Bezug auf die Faktoren [von denen ich wusste, dass sie] sie schätzten – ich provozierte sie sogar ein bisschen und ›reizte‹ sie in Bezug auf den Status quo … Das Versprechen von SASB, Informationen für Anleger zu bieten und mehr Produktivität für Unternehmen und Markteffizienz für das SEC, war der Schlüssel, diese völlig unterschiedlichen und sehr mächtigen Gruppen für uns zu gewinnen.« Indem sie »alle abklapperte«, wie sie es nannte, und ihren Kreis an Unterstützern um Organisationen der Zivilgesellschaft, Unternehmen und Behörden stetig erweiterte, wurde Jean durch die vierteljährlichen Treffen, bei denen sie alle auf den neuesten Stand brachte, zur Informationsvermittlerin in Sachen Nachhaltigkeit und zum Bindeglied, das zwischen Gruppen, die sonst keine Verbindung zueinander hatten, den Kontakt hielt. Nun kontrollierte sie den Zugang zu einer geschätzten Ressource: Informationen über Schlüsselorganisationen und die wichtigsten Akteure der jeweiligen Branche. Jean und die Bewegung von SASB hatten angefangen, eine eigene Machtbasis aufzubauen.

Schon bald nutzten sie das neue Beziehungsnetz von SASB, um namhafte Investoren und Unternehmer als Berater und Vorstandsmitglieder zu gewinnen, darunter Michael Bloomberg, der Vorsitzender des SASB-Vorstands wurde. Dank Bloomberg – Finanzunternehmer und ehemaliger Bürgermeister von New York – gewann SASB in der Unternehmenswelt weiter an Legitimation. Gleichzeitig baute SASB die Beziehungen zu Nichtregierungsorganisationen und Behörden weiter aus. 2018 hatte SASB durch die Beiträge aller Beteiligten Nachhaltigkeitsstandards für mehr als 80 Branchen entwickelt und war zur wichtigsten Organisation für Nachhaltigkeitsbilanzierung in den USA geworden – was viele für unmöglich gehalten hatten, als Jean ihre Idee erstmals vorgestellt hatte.

Die Organisation, die Jean zur Entwicklung und Umsetzung ihrer Idee geschaffen hatte, war Teil einer viel größeren Bewegung, die den Kapitalismus verändern und neu erfinden wollte – ein Transformationsprozess, der viel mehr erforderte als SASB. Die Standards waren nun entwickelt und bereit zur Anwendung, daher beschloss Jean nach jahrelanger unermüdlicher Arbeit, als CEO von SASB zurückzutreten. »Ich habe erkannt, dass mich vor allem die Innovation begeistert. Ich liebe das Lernen, ich bin von Natur aus sehr neugierig und fasziniert von kniffligen Problemen, die eine Lösung brauchen, von Dingen, die andere für unmöglich halten«, erklärte Jean bei unserem Gespräch. Was noch zu tun blieb, war die Orchestrierung des Wandels, damit die SASB-Nachhaltigkeitsstandards und die Berücksichtigung der Nachhaltigkeit in den Unternehmensberichten zur neuen Normalität für Unternehmen und Investoren wurden. So etwas geschieht aber nicht von heute auf morgen, das wissen auch Jean und ihre Nachfolger bei SASB. Denn letztlich geht es nicht nur darum, Gesetze zu ändern, sondern eine ganze Kultur, die tief in unserer Gesellschaft verankert ist, zu transformieren. Dennoch ist ein derartiger Wandel möglich, wie wir gleich sehen werden.

DEN WANDEL REALITÄT WERDEN LASSEN

In den Jahren 2000 und 2003 wurden die Niederlande und Belgien die beiden ersten Länder weltweit, in denen die gleichgeschlechtliche Ehe gesetzlich anerkannt wurde. Inspiriert von diesen Vorstößen begann auch in Argentinien eine Gruppe lesbischer Aktivistinnen von einer eigenen Kampagne für die Einführung der gleichgeschlechtlichen Ehe zu träumen. Der Widerstand war enorm und kam in erster Linie von einer mächtigen Institution, die sich auf eine jahrhundertealte Machtbasis stützen konnte: die katholische Kirche. Doch es gab auch heftigen Widerstand von homosexuellen Aktivisten aus der argentinischen LGBTQ+-Community, die eine eingetragene Partnerschaft bevorzugten. Und doch vollzog sich innerhalb eines Jahrzehnts eine Entwicklung, die nicht einmal die kleine Gruppe visionärer lesbischer Aktivistinnen für möglich gehalten hätte: Sie siegten.

2010 wurde Argentinien das erste Land in Lateinamerika und das zehnte weltweit – vor Ländern wie Frankreich, Deutschland und Neuseeland –, in dem die Eheschließung gleichgeschlechtlicher Paare offiziell ermöglicht wurde. Und das ist noch nicht alles! Die Kampagne, die diese Gesetzesänderung erreichte, wurde von einer Gruppe gestartet und orchestriert, die anfangs so gut wie keine Ressourcen hatte. Oder wie es María Rachid formulierte, Gründerin eines Asyls für bisexuelle und lesbische Frauen in Buenos Aires und eine der Anführerinnen im Kampf um die gleichgeschlechtliche Ehe: »Wir waren in vielen Bereichen, die traditionelle soziale Bewegungen als Machtbasis nutzen, sehr schwach, das heißt, wir konnten keine Menschenmassen zu Kundgebungen auf die Straße bringen oder Geld in Anzeigen oder schicke PR-Kampagnen investieren, denn wir waren pleite.«[326] Dennoch ist der Erfolg der Bewegung nicht irgendeinem Wunder zu verdanken oder gar auf pures Glück zurückzuführen. Er ist das Resultat von Durchhaltevermögen, Strategie – und natürlich von Macht.

Der erste Schritt bestand darin, die Gelegenheit zum Handeln zu erkennen und zu nutzen. Als Néstor Kirchner, ein Politiker der linken Mitte, 2003 zum Präsidenten gewählt wurde, wussten er und seine Regierung, dass sie die Bevölkerung nicht gegen sich aufbringen durften. Von 1998 bis 2002 hatte Argentinien eine massive Wirtschaftskrise durchgemacht. Als die Regierung 2001 strenge Sparmaßnahmen ankündigte, darunter auch das Einfrieren aller Bankkonten, sodass Bargeldabhebungen nur noch in begrenzter Höhe möglich waren, waren Panik und politisches Chaos die Folge.[327] Die Wirtschaftskrise bot den sozialen Bewegungen des Landes jedoch auch die Gelegenheit, die argentinische Bevölkerung politisch zu mobilisieren, was dazu führte, dass vor Kirchners Wahl vier Präsidenten vorzeitig ihr Amt niederlegen mussten. Der neue Präsident zeigte sich also schon früh gesprächsbereit gegenüber den sozialen Bewegungen und erklärte, er wolle ihre Forderungen berücksichtigen und in Frieden regieren.

María erinnerte sich an den Vorstoß der Regierung: »Sie sagten, sie würden an einem Plan gegen Diskriminierung arbeiten, der auch sexuelle Vielfalt einschließen solle. Sie fragten uns nach unserer Einschätzung der Probleme unserer Community und baten um Empfehlungen für Maßnahmen, die Abhilfe schaffen könnten. Wir waren skeptisch. Noch nie in der argentinischen Geschichte hatte eine Regierung mit der LGBTQ+-Community bei Maßnahmen zur Antidiskriminierung zusammengearbeitet. Wir sahen in einer Regierung nicht Menschen, die uns unterstützten, sondern Menschen, die uns verfolgten.« Andererseits war die Kirchner-Regierung die erste, die Mitglieder der brutalen Militärdiktatur, die von 1976 und 1983 Angst und Schrecken im Land verbreitet hatte, strafrechtlich verfolgen ließ. Daher beschlossen María und ihre Mitstreiter, dem Angebot eine Chance zu geben.»Wir dachten: Jetzt oder nie. Wir müssen uns für die gleichgeschlechtliche Ehe einsetzen und müssen das mit Kirchner durchziehen, bevor er wieder abtreten muss.« Dass sie die politische Gelegenheit erkannten und nutzten, war entscheidend für die Bewegung.[328] Die Innovation für María und die anderen war klar: ein Gesetzesentwurf zur Gleichstellung der Ehe auch für gleichgeschlechtliche Paare. Sie hatten Kontakt zu Aktivisten, die ein derartiges Gesetz in Spanien entwickelt und seine Verabschiedung erreicht hatten; nun hofften sie, das Gleiche in Argentinien zu schaffen.

Doch der geeignete Moment und der Entwurf einer innovativen Maßnahme sind noch keine Garantie, dass diese auch verwirklicht wird. María und ihre Mitstreiterinnen mussten also nicht nur für ihr Vorhaben werben, sondern auch für seine Umsetzung sorgen, was bedeutet, dass sie bei ihren Landsleuten die Vorstellungen darüber ändern mussten, was diese für wertvoll, wünschenswert und oft auch schlicht legal hielten. Damit sich Gesetze ändern, müssen zudem Politiker und Abgeordnete die Veränderungen unterstützen. Das Verhalten und Denken so vieler Menschen zu beeinflussen – von Bürgern wie politischen Entscheidungsträgern –, erfordert eine Koalitionsbildung in großem Maßstab.

Zunächst einmal brachte María fünf Organisationen der LGBT+-Bewegung zusammen, die dann die Federación Argentina de Lesbianas, Gays, Bisexuales y Trans (FALGBT) gründeten. Eine gemeinsame Identität und ein Zusammengehörigkeitsgefühl waren in diesem Zusammenhang von großer Bedeutung.[329] María und ihre Mitstreiter organisierten Workshops und verteilten die Aufgaben auf Gruppen, damit sich die Teilnehmer kennenlernen und eine stärkere Bindung aufbauen konnten. So wurden etwa Unterschriften für eine Petition für die gleichgeschlechtliche Ehe immer in Teams gesammelt. Ihre Bemühungen zahlten sich aus. »Unter den Teilnehmern entstand ein echtes Zusammengehörigkeitsgefühl und ein starkes Engagement für die gemeinsame Sache.« Doch die Federación blieb relativ klein, und ihr fehlten auch immer noch die Ressourcen, mit denen sie die Zahl der Unterstützer steigern konnte. Also griffen sie auf dieselbe immaterielle Ressource zurück, mit der auch die jugendlichen Klimaschützer begonnen hatten: Sie sprachen das Gewissen der Menschen an und appellierten an die Ideale der Gleichberechtigung.

Die gewählte Strategie – ihre Forderungen als Kreuzzug für Menschenrechte (nicht für Bürgerrechte, auf die sich etwa LGBTQ+-Kampagnen in den USA und anderen Ländern berufen) zu präsentieren – war bereits von früheren argentinischen LGBTQ+-Aktivisten in den 1980er-Jahren verwendet worden, als die durch die brutale Militärdiktatur verursachten Wunden noch frisch waren.[330] Durch die Verbindung der Rechte von Homosexuellen mit der wachsenden Menschenrechtsgemeinschaft des Landes, die sich in den Jahrzehnten nach der Diktatur zu einer starken politischen Kraft entwickelte, wurden die Mitglieder der LGBTQ+-Community als Menschen und Mitbürger dargestellt, die sich bemühten, ihre Rechte gesetzlich zu verankern.[331] Indem sie sich auf ihre Vorgänger beriefen und ihre Kampagne als Aufruf zur Gleichstellung der Ehe gestalteten, sprachen María und ihre Mitstreiter das Bedürfnis der Menschen nach einem ethischen Verhalten an. Damit hofften sie, all jene zu überzeugen, denen die Verteidigung der Menschenrechte am Herzen lag: Wie konnte der Gemeinschaft der Homosexuellen, die wie so viele Argentinier während der Militärdiktatur verfolgt worden waren, ein Recht abgesprochen werden, das alle anderen hatten? Mit dieser Darstellung konnten María und die anderen gegen den Status quo agitieren, für Empörung sorgen und Leute dazu bringen, sich der Bewegung anzuschließen. Mit Erfolg: Die Zahl der Unterstützer und neuen Verbündeten wuchs.

Zusätzlich zum Ideal der Gleichheit nutzten die Aktivisten eine weitere immaterielle Ressource zum Ausbau ihrer Netzwerke: Solidarität. An Treffen teilzunehmen, Unterstützer zu Protesten einzuladen, die von anderen Bewegungen organisiert werden, sich für die Forderungen dieser Bewegungen einzusetzen – bei all diesen Aktivitäten spielt Solidarität eine wichtige Rolle und ist daher eine geschätzte Ressource unter Aktivisten. Die Mitglieder der Federación bekundeten immer wieder Solidarität für Rentner, Gewerkschaften, Migranten, Menschen mit Behinderungen, Afro-Argentinier und andere. So konnten sie nicht nur enge Verbindungen zu Aktivisten in anderen Bewegungen aufbauen, sondern auch die Unterstützung vieler gewinnen, die ursprünglich gegen die Rechte Homosexueller waren. Darüber hinaus verschaffte ihnen die Unterstützung durch größere, etablierte soziale Bewegungen mehr Einfluss auf Parlamentsabgeordnete und eine stärkere Kontrolle über eine äußerst wertvolle politische Ressource: Wählerstimmen. Diese Strategie zahlte sich aus. So sprach sich der Anführer der größten Gewerkschaft des Landes – »ein stämmiger Lastwagenfahrer«, wie María ihn beschrieb – wenige Wochen vor der Abstimmung im Senat öffentlich für die Gleichstellung homosexueller Paare bei der Eheschließung aus.

Doch um das Denken und die Herzen der Menschen im Land zu gewinnen, war noch ein weiterer Verbündeter erforderlich: die Medien. María und ihre Mitstreiter gewannen deren Unterstützung, indem sie ihnen Zugang zu einer Ressource verschafften, auf die Medien stets erpicht sind: persönliche, emotionale Geschichten – in diesem Fall über Paare, die seit Jahrzehnten zusammen waren, obwohl sie nicht heiraten durften. Nun ließen diese Paare die Öffentlichkeit an ihren Erfahrungen teilhaben. »Ich erinnere mich an eins unserer ersten Paare«, erzählte uns María. »Sie hatten beide Aids und brauchten die Ehe, damit die eine über die Sozialversicherungsleistungen der anderen abgesichert war. Ihre Geschichte zeigte den Leuten, warum das Gesetz für die gleichgeschlechtliche Ehe so nötig war.« Wenn sich ein Paar gründlich mit dem vorgeschlagenen Gesetz befasst hatte und es verteidigen konnte, wurde die Presse zusammen mit sämtlichen Familienmitgliedern und Freunden zum Standesamt eingeladen, wo sie um eine Eheschließung baten. Diese wurde ihnen natürlich verweigert. Doch der Anlass bot die Gelegenheit, den Kampf auf eine menschliche Ebene zu bringen, indem das Gesetz mit Geschichten aus dem wahren Leben und echten Menschen verbunden wurde, die unter dieser Ungerechtigkeit litten.

Die Neurowissenschaftler Melanie Green und Timothy Brock haben sich mit der Bedeutung der »Transportation« beschäftigt, dem Ausmaß, in dem man sich in eine Geschichte vertieft und sich mit ihren Figuren identifiziert. Dieses Hineinversetzen kann dazu führen, dass man seine eigenen Vorstellungen ändert und die Wahrnehmung der Protagonisten übernimmt. Green und Brock vertreten die These, dass mithilfe der Transportation – charakterisiert durch emotionale Reaktionen, mentale Bilder, Verbindung mit den Figuren und Konzentration auf die Erzählung – eine überzeugende Wirkung erzielt wird. So zeigten etwa Studienteilnehmer, die sich in Geschichten über die Bedeutung von Loyalität und Freundschaft hineinversetzten, einen stärkeren Glauben an Loyalität und Freundschaft sowie eine positive Wahrnehmung der Protagonisten, selbst wenn diese Moral nicht explizit ausgeführt wurde.[332] Hier haben wir eine Erklärung dafür, warum Geschichten für Bewegungen eine wichtige Quelle der Macht sein können: Sie helfen, Empathie und Unterstützung aufzubauen, und erweitern die Zahl der Mitglieder, genau wie es sich María erhoffte.

Die katholische Kirche sah der historischen Kampagne für die gleichgeschlechtliche Ehe nicht tatenlos zu. Die Kirche nutzte ihre großen finanziellen Ressourcen und ihr noch viel größeres Netzwerk an Kontakten zur Regierung, zu den Medien und natürlich zur Bevölkerung, um zum Widerstand aufzurufen. María und ihre Co-Organisatoren hatten jedoch noch einen anderen Gegenspieler, der ausgerechnet aus den eigenen Reihen kam: Mehrere Organisationen für die Rechte Homosexueller traten für die in ihren Augen politisch realistischere Option der eingetragenen Partnerschaft ein. »Unsere eigenen Leute wurden zu unseren größten Gegnern«, berichtete María verärgert. Nun drohte die Forderung der Bewegung verwässert zu werden – ein Risiko, das Orchestratoren häufiger begegnet, wenn sie versuchen, die Bedürfnisse und Wünsche verschiedener Gruppen einer Koalition zusammenzubringen.[333] Die Balance zwischen einer Ausweitung der Bewegung, um einen Wandel voranzubringen, und der Verpflichtung gegenüber dem Kernanliegen der eifrigsten Unterstützer ist nicht einfach. María und die Federación lösten das Problem, indem sie sich einem Kompromiss verweigerten. Sie hatten Vertrauen in ihren Ansatz, nicht zuletzt weil sie vor einer Verwässerung gewarnt worden waren: Die Aktivisten in Spanien, zu denen sie 2005 Kontakt aufgenommen hatten, waren bei der Einführung der gleichgeschlechtlichen Ehe auf ähnliche Hindernisse gestoßen und hatten ihnen geraten, sich nicht auf die eingetragene Partnerschaft einzulassen, selbst wenn Mitglieder der Bewegung das wollten.

Die Spannungen zwischen den beiden Gruppen eskalierten in den Monaten vor der Abstimmung im Senat. Doch die Anhänger der eingetragenen Partnerschaft konnten es nicht mit dem organisatorischen Geschick der Federación aufnehmen. »Als sie sahen, dass wir immer mehr an Schwung gewannen, sprangen sie auf den fahrenden Zug auf. Nicht alle in unserem Team waren bereit, sie wiederaufzunehmen und ihnen eine Plattform zu geben, und wir hielten bis spät in die Nacht Treffen ab, bei denen lautstark diskutiert wurde. Aber am Ende wollten wir, dass das Gesetz verabschiedet wurde. Das war das Allerwichtigste.« Also wurden die Gruppen wieder in der Bewegung willkommen geheißen, am Tag der Abstimmung stellten sie das Gesetz sogar alle gemeinsam vor.

Dieser Moment verweist auf eine weitere Falle, vor der sich Orchestratoren hüten müssen. Wer bisher die Rolle des Agitators eingenommen hat (wie so viele in der Bewegung für die gleichgeschlechtliche Ehe), kann sich schwertun, seinen Standpunkt zu ändern, wenn es darum geht, von der Sensibilisierung der Öffentlichkeit und der Verurteilung derjenigen, die den Status quo aufrechterhalten, zur Erweiterung der Koalition und zur Vereinigung der verschiedenen Teile der Bewegung zu wechseln. Doch es führt kein Weg daran vorbei, irgendwann muss man die Haltung »Wir gegen die anderen« zugunsten einer vermittelnden und einigenden Position aufgeben. Das war auch María klar, dennoch kann Agitatoren dieser Positionswechsel schwerfallen.[334]

Durch den umfassenden Ausbau ihres Netzwerks befand sich die Federación im Zentrum einer wachsenden Koalition. Ein gemeinsamer Brief, unterzeichnet von den bekanntesten Menschenrechtsorganisationen, wurde an die Abgeordneten geschickt. Die größten Gewerkschaften Argentiniens bekundeten in den Medien ihre Unterstützung. Die führende Universität des Landes drängte das Parlament unter Berufung auf die Menschenrechte, das Recht auf Eheschließung auf gleichgeschlechtliche Paare auszudehnen. Spanische LGBTQ+-Aktivisten sandten eine Delegation, die die Bedeutung des Gesetzes unterstrich. Dank der Geschichten in den Medien und auch dank der Unterstützung von Stars aus den beliebten Telenovelas und anderer

Prominenter befürworteten zum Zeitpunkt der Abstimmung schließlich 70 Prozent der Argentinier das Gesetz.[335]

»2010 erreichten wir die rechtliche Gleichstellung«, berichtete María, »doch bis zur echten Gleichstellung ist es noch ein weiter Weg. Frauen haben schon vor langer Zeit die Gleichberechtigung erkämpft, aber wir warten immer noch auf den Tag, an dem wir ebenfalls gleichberechtigt behandelt werden. Das gilt auch für die LGBTQ+-Community. Wir müssen weiterkämpfen, um politische Maßnahmen durchzusetzen, und wir müssen weiter an einem kulturellen Wandel arbeiten. Wir müssen uns unser Engagement bewahren, selbst wenn es schwer ist.« Das ist die letzte Hürde: die Ermüdung in einer Bewegung. Wenn sich die Aufregung um die eigene Präsenz in den Medien abgenutzt hat und die Dringlichkeit einer unmittelbaren Ungerechtigkeit verblasst, kann es mühsam sein, die aktiven Teilnehmer bei der Stange zu halten, geschweige denn die Zahl der Mitglieder zu steigern. Um diese Hürde zu überwinden, muss die Bewegung Beharrlichkeit zeigen, damit sie bei jeder sich bietenden Gelegenheit reagieren und Veränderungen vorantreiben kann. Dafür müssen die Mitglieder weiterhin agitieren, um Empörung zu schüren, innovativ sein, um sich an einen veränderten Kontext anzupassen, und an einer Veränderung des Status quo arbeiten.

WIRD ES IRGENDWANN LEICHTER?

Mit Anbruch des 21. Jahrhunderts kam es zu einem explosionsartigen Anstieg der Onlineagitation. Nach den Vorwürfen des sexuellen Missbrauchs gegen den Filmproduzenten Harvey Weinstein Anfang Oktober 2017 griff die #MeToo-Bewegung mit einer unglaublichen Geschwindigkeit um sich; der Hashtag ging in wenigen Tagen um die Welt. In Frankreich und Belgien wurde daraus #BalanceTonPorc, in Spanien und Lateinamerika #YoTambien, in Italien #QuellaVoltaChe. Frauen hatten endlich ein wirkungsvolles Sprachrohr gefunden, um ihre Geschichten über sexuelle Belästigung und Missbrauch bekannt zu machen und sich Gehör zu verschaffen. Dank der öffentlichen Bloßstellung kamen bis dahin unangreifbare Männer zu Fall. Im ersten Jahr wurde der Hashtag in mindestens 85 Ländern durchschnittlich über 55 000-mal am Tag verwendet.[336] Doch es wäre ein Fehler zu glauben, dass die #MeToo-Bewegung im Internet quasi über Nacht entstand. Die Bürgerrechtsaktivistin Tarana Burke, die selbst sexuelle Gewalt erfahren hat, verwendete ihn bereits ein Jahrzehnt zuvor, um das Bewusstsein dafür zu schärfen, wie weitverbreitet sexuelle Gewalt und Übergriffe in unserer Gesellschaft sind. Als sich Hollywoodstars und die *New York Times* des Themas annahmen, wurde Taranas Grundlagenarbeit zunächst übersehen, bis empörte Aktivistinnen die Sache richtigstellten und dafür sorgten, dass ihr Beitrag gewürdigt wurde, wodurch sie urplötzlich im Rampenlicht stand.

Es steht außer Frage, dass soziale Plattformen es Tarana und anderen Aktivistinnen einfacher machen, zu agitieren, zusammenzukommen und sich auszutauschen. Doch als erfahrene Aktivistin und Community-Organisatorin wusste Tarana auch um die Grenzen des digitalen Engagements.[337] Soziale Medien haben ein großes Potenzial, andere zu mobilisieren, sie bergen jedoch selbst für Agitatoren Risiken, da Nachrichten, die darauf abzielen, andere für eine Sache zu gewinnen, möglicherweise nur diejenigen erreichen, die bereits dieser Meinung sind. Die Vorlieben der Menschen verstärken in Kombination mit Algorithmen und maschinellem Lernen bereits bestehende Tendenzen und Meinungsunterschiede.

Wenn man weiß, wie wichtig es für Bewegungen ist, eine breite Unterstützungsbasis zu mobilisieren und weitreichende Koalitionen aufzubauen, besteht die Herausforderung für Agitatoren im digitalen Zeitalter darin, Informationen mit neuen Zielgruppen und über Gruppen hinweg zu teilen, die nicht miteinander verbunden sind.

Auch für Innovatoren birgt die digitale Welt neue Risiken. Innovationsvorschläge lassen sich zwar leichter und in größerem Umfang verbreiten, allerdings können technische Lösungen selten tief verwurzelte Machthierarchien ändern.[338] Selbst wenn die Technologie Teil der Lösung ist, ist Wandel immer eine politische Angelegenheit. Dennoch hat das digitale Zeitalter viele Innovatoren dazu verleitet, zu stark auf technologische Lösungen bei Problemen zu setzen – ein Trend, den wir auch bei den sozialen Innovatoren beobachten, mit denen wir seit über 15 Jahren zusammenarbeiten.

Für die Orchestratoren bietet die Technologie nützliche Instrumente, sich mit verschiedenen Gruppen zusammenzuschließen und Koalitionen aufzubauen. Vor allem die sozialen Medien machen es leicht, sich per »Klick-Aktivismus« zu engagieren und Petitionen oder Aussagen in den sozialen Medien anzuklicken, zu liken oder zu teilen, um Veränderungen voranzutreiben.[339] Allerdings warnt die Soziologin Zeynep Tufekci: »Moderne vernetzte Bewegungen können schnell wachsen und alle möglichen logistischen Aufgaben übernehmen, ohne dass vor dem ersten Protest oder Marsch umfangreiche organisatorische Kapazitäten aufgebaut werden müssen … Diese Geschwindigkeit birgt jedoch auch Schwächen.«[340] Ohne die langwierige, mühevolle Arbeit beim Aufbau einer Bewegung bilden sich Verbindungen zwischen den Beteiligten nur unzureichend aus. Zudem fehlen die Erfahrung bei kollektiven Entscheidungsprozessen, bei der Entwicklung von Strategien, der Kommunikation und Organisation, die alle einen wesentlichen Beitrag für das Widerstandsvermögen und die Effektivität einer Bewegung leisten. In ihrem Buch *Die Kraft des Handelns: Wie wir Bewegungen im 21. Jahrhundert bilden* bringt Alicia Garza, die Mitbegründerin von Black Lives Matter, das Problem auf den Punkt: »Man kann eine Bewegung nicht über einen Hashtag ins Leben rufen. Hashtags stoßen keine Bewegungen an, Menschen tun das. Politische Bewegungen starten und enden nicht zu einem offiziellen Zeitpunkt, und sie werden auch nie von einer Person allein auf den Weg gebracht. Sie kommen eher wie eine Welle in Gang, nicht durch das Anknipsen eines Lichtschalters. Wellen kommen und gehen.«[341]

Die Kraft einer Bewegung basiert nicht allein auf der bloßen Ansammlung vieler Menschen, sondern auf ihrem kontinuierlichen kollektiven Handeln, mit dem die Überzeugungen und Verhaltensweisen anderer Menschen beeinflusst und Veränderungen vorangetrieben werden.[342] Dafür muss man wissen, was diese Menschen brauchen und wollen, und sich überlegen, wie man die Macht des Zusammenhalts nutzt, um den Zugang zu geschätzten Ressourcen zu kontrollieren.[343] Die erfolgreichen Bewegungen, die wir in diesem Kapitel analysiert haben, konnten genau das erreichen. Oder wie Marshall Ganz es so eloquent formuliert: »[Diese Bewegungen] haben die Fähigkeit, Chancen zu nutzen, indem sie die zur Verfügung stehenden Ressourcen in die benötigte Macht umwandeln, wodurch aus Möglichkeiten Resultate werden.«[344] Das Aufkommen der neuen Technologien hat zwar neue Möglichkeiten für kollektive Bewegungen geschaffen, Macht zu erlangen und auszuüben, doch in einigen Teilen der Welt ist es für die Akteure eines sozialen Wandels dadurch auch schwieriger geworden, gehört zu werden. In den Händen von Diktatoren sind die neuen Technologien zu Instrumenten der Überwachung und Zensur mit einer noch nie da gewesenen Effizienz geworden. Abhängig davon, wer die neuen Technologien kontrolliert und wozu sie benutzt werden, können sie die Macht kollektiver Bewegungen stärken oder beschränken.

Und was für kollektive Bewegungen gilt, trifft erst recht auf jeden Einzelnen von uns zu. Neue Technologien können uns ermächtigen oder unterdrücken, je nachdem, wer den Zugang zu ihnen kontrolliert und wozu sie verwendet werden. Das sollten wir uns genauer ansehen.

KAPITEL 7
MACHT ÄNDERT SICH NICHT –
SIE WECHSELT NUR DEN BESITZER

W enn sich alles mit halsbrecherischer Geschwindigkeit än- dert, kann uns die daraus resultierende Verunsicherung zu der Annahme verleiten, auch Macht müsse sich verändern. Diese Haltung ist weitverbreitet. So erklärte etwa der venezolanische Journalist und Autor Moisés Naím 2013, als traditionell mächtige Institutionen und Akteure gegenüber den agileren Graswurzelorganisationen an Boden verloren, das Ende der Macht sei nahe: »Im 21. Jahrhundert ist Macht einfacher zu erlangen, schwieriger zu nutzen – und leichter zu verlieren.«[345] Ähnlich argumentierten fünf Jahre später Jeremy Heimans, ein Unternehmer und politischer Aktivist, und sein Mitautor Henry Timms, dass unsere wechselseitige Verbundenheit zu einer neuen Form von Macht geführt habe: vernetzt, informell, kollaborativ, transparent und partizipativ. Diese Form der Macht lebt von der Energie der Masse, die Bewegungen wie #MeToo und Black Lives Matter für sich nutzen. Das Gegenteil, so erklären die Autoren, sei die »alte Macht«, die in sich geschlossene Strukturen aufweist, unzugänglich und meistens auch hierarchisch ist.[346]

Ob es nun um das Ende der alten Macht oder das Aufkommen neuer Machtstrukturen geht – beide Analysen beschreiben zutreffend wichtige Veränderungen bei der Ansammlung und Ausübung von Macht. Doch wie wir noch feststellen werden, hat sich Macht an sich nicht verändert. Die Veränderungen, die wir erleben, sind nur eine andere Erscheinungsform, doch ihre grundlegenden Strukturen bleiben weiterhin erhalten.

DIE GRUNDLAGEN DER MACHT SIND ZEITLOS

Betrachten wir zwei technologische Neuerungen, die unser Leben und unseren Umgang miteinander grundlegend verändert haben. Die erste trat vor etwa 10 000 Jahren auf, als unsere Vorfahren im Verlauf der neolithischen Revolution – dem Übergang vom Jagen und Sammeln zu Ackerbau und Viehzucht – das Leben als Nomaden aufgaben und sesshafte Bauern wurden.[347] Da sie nun nicht mehr ständig nach Nahrung suchen mussten, konnten sich einige Mitglieder der Gruppe auf andere Tätigkeiten spezialisieren. Die neolithische Revolution veränderte die Machtverteilung auf zwei Ebenen: geografisch, weil Gesellschaften, die über üppige landwirtschaftliche Ressourcen wie Haustiere, Pflanzen, Saatgut und Geräte verfügten, nun im Vorteil waren, und innerhalb dieser Gesellschaften, weil nun eine neue gesellschaftliche Schicht entstehen konnte, die ihre Zeit für intellektuelle, technische, kaufmännische und politische Tätigkeiten verwenden und so ihre Machtstellung weiter festigen konnte.[348]

Viel später, Mitte des 15. Jahrhunderts, vollzog sich durch die Erfindung des Buchdrucks ein weiterer radikaler Wandel. Gutenbergs bewegliche metallene Lettern fanden rasche Verbreitung; in den Handelszentren Europas lernten findige Unternehmer schnell, die neuen Druckerpressen zu bauen und zu betreiben. Kaufleute und Intellektuelle, aber auch die Landbevölkerung hatten nun Zugang zu einer bis dahin ungekannten Fülle an Informationen, die sie noch dazu weiterverbreiten konnten. Die Schreiber waren allerdings weniger begeistert: Über Jahrhunderte waren sie aufgrund ihrer Fähigkeit, überwiegend religiöse Texte zu lesen, zu schreiben und zu kopieren, die Hüter des Wissens gewesen. Nun wurden sie immer weniger benötigt. 1492 schrieb der deutsche Abt Johannes Trithemius das Traktat *De laude scriptorum manualium* (»Lob der Schreiber«), in dem er sich besorgt zeigte, dass sich der Verlust des handschriftlichen Kopierens negativ auf die spirituelle Entwicklung der Mönche auswirke, weil sie bisher durch das Kopieren beschäftigt gewesen seien und darüber hinaus ständig gelernt hätten. Zudem seien das für die gedruckten Bücher verwendete Material und die ästhetische Qualität sehr schlecht.[349] Doch er kämpfte auf verlorenem Posten. In den 50 Jahren nach Gutenbergs Erfindung wurden in Europa Millionen Bücher gedruckt, mit weitreichenden Konsequenzen: Nicht nur die Verbreitung von Wissen wurde demokratisiert, sondern auch kulturelle Bewegungen wie die Renaissance oder religiöse Bewegungen wie die Reformation wurden beschleunigt.[350] Selbst diejenigen, die sich wie Johannes Trithemius gegen die Erfindung stellten, konnten ihrer Anziehungskraft nicht widerstehen. Einige Historiker gehen davon aus, dass *De laude scriptorum manualium* nicht nur über handschriftliche Kopien verbreitet wurde, sondern auch mithilfe der vom Autor so geschmähten Druckerpresse!

Jede dieser technologischen Neuerungen brachte einen dramatischen Wandel im Leben der Menschen mit sich. Doch es änderte sich noch etwas anderes: die Strukturen der Macht. Wer die drastischen Veränderungen damals miterlebte, für den müssen sie sowohl berauschend als auch überwältigend gewesen sein. So unterschiedlich die Veränderungen auch waren, die ihnen zugrunde liegende Dynamik war dieselbe: Die Macht der Bauern, Landbesitzer und Drucker beruhte auf ihrer Kontrolle über neu geschätzte Ressourcen. Unabhängig vom jeweiligen Zeitalter findet sich stets dasselbe Muster. Jede Ära des technologischen Wandels schafft neue Ressourcen, die schon bald sehr geschätzt werden. Und wer diese neuen Ressourcen kontrolliert – weil sie ihm entweder gehören oder weil er sie betreiben kann –, hat enorme Macht. Auf diese Weise verändert der technologische Wandel die Verteilung der Macht.

Natürlich ändern sich Machtverhältnisse auch aus anderen Gründen. So wurde die Macht auf unserem Planeten immer wieder infolge von Naturereignissen neu verteilt, manchmal innerhalb von Sekunden (etwa als der Einschlag eines riesigen Asteroiden vor 66 Millionen Jahren die Dinosaurier auslöschte, die das Leben auf der Erde 135 Millionen Jahre lang dominiert hatten), manchmal im Verlauf von Jahrhunderten (als sich der Himmel über Europa Ende der 530er-Jahre nach Vulkanausbrüchen verdunkelte[351] und es zu einer massiven Abkühlung kam, die die politischen und sozialen Unruhen nach dem Zusammenbruch des Weströmischen Reiches noch verstärkte). Doch wenn es um menschengemachte Veränderungen bei der Machtverteilung geht, hat die Technologie wohl den größten Einfluss auf das Machtgefüge, ob zum Guten oder zum Schlechten. Und das gilt heute mehr denn je.

TECHNOLOGIE VERÄNDERT MACHTSTRUKTUREN

Nezuma wurde auf Unguja geboren, der Hauptinsel des Sansibar-Archipels, in einem Dorf, das praktisch nur aus einer Straße besteht. Sie hatte eigentlich nie vor, aus ihrer Heimat wegzugehen, doch 2016 zog die Mutter von sechs Kindern ins gut 30 Kilometer entfernte Kinyasini, um sich dort zur Solartechnikerin ausbilden zu lassen. Nach fünf Monaten kehrte sie in ihr Dorf zurück und brachte ihm eine bis dahin nicht verfügbare und sehr wertvolle Ressource: Elektrizität.

Wie war Nezuma, die weder lesen noch schreiben konnte, zur Solartechnikerin geworden? Die Antwort liegt über 4800 Kilometer entfernt, in Indien, wo der Sozialaktivist und Pädagoge Bunker Roy das Barefoot College gegründet hat. Bunker, der von sich selbst sagt, er habe eine »sehr elitäre, snobistische, teure Erziehung« an indischen Privatschulen genossen,[352] ist der Meinung, dass seine eigentliche Ausbildung 1966 begann, als Dürren und Ernteausfälle eine verheerende Hungersnot im Osten des Bundestaates Uttar Pradesh und in Bihar auslösten. Damals beschloss er, sein Leben der Unterstützung armer ländlicher Gemeinschaften zu widmen und ihnen zu helfen, sich selbst zu versorgen.

Zunächst half Bunker den Dörfern mit dem Bau von Trinkwasserbrunnen. Doch er war überzeugt, dass die Dorfbewohner, wenn man ihnen die Chance gab, auch kompliziertere Techniken erlernen könnten. Dass sie nicht lesen und schreiben konnten, sollte dabei kein Hindernis sein. 1972 hatte er eine Idee: Man könnte doch eine spezielle Schule einrichten, die sich darauf konzentrierte, arme Menschen vom Land nach dem Learning-by-Doing-Prinzip auszubilden. Noch im gleichen Jahr gründete er die gemeinnützige Organisation Barefoot College, um seine Vision zu verwirklichen. Das erste Ausbildungszentrum wurde in Indien eingerichtet, wo der visionäre Pädagoge und engagierte Lehrer Bagewat Nanda Sevedan innovative Methoden entwickelte, die den Schülern ein praktisches Lernen ermöglichten. Bald folgten weitere Schulen in Burkina Faso, Madagaskar, Liberia, Guatemala, auf den Fidschi-Inseln, im Senegal und auf Sansibar, wo Nezuma die Chance bekam, sich zur Solartechnikerin ausbilden zu lassen.

Vertreter des Barefoot College besuchten ihr Dorf – auf der ganzen Welt besuchen Mitglieder der Barefoot-Organisation jeden Tag ländliche Gemeinden – und luden die Bewohner ein, sich am Solarprogramm zu beteiligen, dem Aushängeschild des Barefoot College, über das ländliche Regionen mit erneuerbarer und nachhaltiger Energie versorgt werden. Sie stellten jedoch einige Bedingungen: Die Dorfbewohner mussten ein Mitglied ihrer Gemeinschaft für das Trainingsprogramm bestimmen und diese Person musste sich verpflichten, in ihr Dorf zurückzukehren, um die vom College zur Verfügung gestellte Ausrüstung zu installieren und zu warten. Außerdem musste die Dorfgemeinschaft den ausgebildeten Solartechniker für die Betreuung der Anlage bezahlen. Das war alles schön und gut, doch es gab eine weitere Bedingung, die die Dorfbewohner, die daran gewöhnt waren, dass Männer das Sagen hatten, überraschte. Die Person musste eine Frau sein, idealerweise mittleren Alters und bereits Mutter oder Großmutter, da sie – wie die Vertreter des Barefoot

College aus Erfahrung wussten – am Ende der Ausbildung in ihr Dorf zurückkehren und ihre Gemeinschaft nicht im Stich lassen würde.

Nach der Vorstellung der Bedingungen wandten sich viele Dorfbewohner intuitiv an Nezuma. Sie suchten bei Problemen oft ihren Rat und ihre Hilfe. Doch Nezuma konnte sich zunächst nicht vorstellen, aufs College zu gehen. Das hatte nicht nur logistische Gründe, sondern lag vor allem an ihrem Mann, der ihr nie erlauben würde, das Dorf zu verlassen. Er war dagegen, dass sie ihre Familie zurücklassen und fünf Monate allein in der Stadt leben sollte. Mit der Unterstützung des Dorfoberhaupts, das erkannte, wie sehr die Gemeinschaft von dem Programm profitieren würde, und Nezumas Mutter, die versprach, sich während der Abwesenheit ihrer Tochter um die Familie zu kümmern, konnten die Vertreter des Barefoot College Nezumas Mann überzeugen, seiner Frau die Teilnahme zu erlauben. Das College sorgte außerdem dafür, dass er seine Frau einmal pro Woche besuchen konnte. In den folgenden fünf Monaten lebte Nezuma auf dem Campus in Kinyasini und lernte von anderen Frauen, die selbst die Ausbildung durchlaufen hatten, wie man Solaranlagen installiert und repariert. Da die meisten Frauen kaum oder gar nicht lesen oder schreiben konnten, wurde der Lernstoff hauptsächlich visuell vermittelt, etwa mit Bildern und farblich codierten Anleitungen. Doch Nezuma wurde nicht nur zur Solartechnikerin ausgebildet. Meagan Fallone, Bunkers Nachfolgerin als CEO des Barefoot College, ergänzte den Unterricht um Themen wie Frauengesundheit und Frauenrechte sowie digitale und unternehmerische Fertigkeiten. »Wir wollen, dass unsere Auszubildenden etwas über ihren Körper, ihre Rechte und ihre Verantwortung lernen«, erklärte uns Meagan. »Dieser ganzheitliche Ansatz verändert sie komplett.«[353]

Als Nezuma nach ihrer Ausbildung in ihr Dorf zurückkehrte, verspürte sie ein neues Gefühl von Macht. Mit Fleiß und Intelligenz setzte sie ihr Wissen um und installierte eine Stromversorgung für die Gemeinschaft. Dabei erhielt sie Unterstützung von unerwarteter Seite: ihrem Ehemann. Er hatte sich vom Skeptiker zum treuen Verbündeten gewandelt und wurde nun regelmäßig dabei gesehen, wie er die Leiter hielt, wenn Nezuma auf dem Dach eines Nachbarn arbeitete, oder wie er ihr bei einer Reparatur zur Hand ging. Er hatte erkannt, wie sehr er und seine Familie von Nezumas neuer Bedeutung profitierten. Innerhalb weniger Monate hatte sie die Kontrolle über den Zugang zur wertvollsten und von allen herbeigesehnten Technologie in ihrem Dorf erlangt. Dank ihrer neuen Macht wurde sie als erste Frau in den einflussreichen Dorfrat aufgenommen. Das war das Geniale an der Innovation des Barefoot College: Die Frauen mittleren Alters, die die Ausbildung durchlaufen hatten, waren nicht nur im wahrsten Sinne des Wortes eine Energiequelle für ihre Dörfer, sondern profitierten auch selbst von dieser Energie.

Bunker und Meagan hatten das Potenzial der Technologie erkannt, bestehende Machtstrukturen zum Besseren zu verändern. Im Laufe der Geschichte hat der technische und wissenschaftliche Fortschritt weitaus mehr bewirkt, als nur unser tägliches Leben zu verbessern, wie der Psychologe Steven Pinker in seinem Buch *Aufklärung jetzt: Für Vernunft, Wissenschaft, Humanismus und Fortschritt. Eine Verteidigung* feststellt. Er hat auch dafür gesorgt, dass wir uns mehr wie die »Herrscher und Besitzer der Natur« fühlen, wie es der französische Wissenschaftler und Philosoph René Descartes formulierte.[354] Für Descartes waren Wissenschaft und Technik Mittel, um die Natur zu verstehen, zu interpretieren und zu analysieren und dadurch Kontrolle über Mutter Natur an sich zu erlangen.[355] Wir sind mittlerweile so erstaunlich mächtig, dass wir sogar an Programmen arbeiten, die verhindern sollen, dass große Asteroiden auf die Erde treffen und uns auslöschen.[356]

Die digitale Revolution, die zur Jahrtausendwende Warp-Geschwindigkeit erreichte, hat unsere Macht mit beeindruckender

Geschwindigkeit gesteigert.** 1989 erfanden Tim Berners-Lee und Robert Cailliau in einem der größten Physiklabore der Welt ein neues Netzwerk für die Suche nach Informationen und deren Austausch. Sie nannten ihre Erfindung »World Wide Web«. Ihr Gespräch darüber, was sie mit ihrer Erfindung anfangen wollten, sollte enormen Einfluss auf unsere Art zu leben, zu arbeiten und zu spielen haben. Sie diskutierten, ob sie ihre Entdeckung patentieren lassen sollten, was eine Nachahmung, Nutzung oder Verbesserung durch andere verhindert hätte. Cailliau erinnert sich, Tim habe gefragt: »›Robert, willst du reich werden?‹ Und ich dachte: *Tja, wäre doch ganz angenehm, oder?* Aber ihm war das ganz offensichtlich nicht wichtig. Ihm war wichtig, dass das Ding funktionierte und dass es einfach für alle da war.«[357]

Ihre Entscheidung, das World Wide Web als Open Source anzulegen und zugänglich für alle zu machen, basiert auf der Vorstellung von Technologie als einer gleichmachenden Kraft. Berners-Lee war davon überzeugt, dass das Internet dazu beitragen könnte, das Potenzial der Menschheit durch Zusammenarbeit und Wissensaustausch in einem noch nie da gewesenen Ausmaß freizusetzen. Er stellte sich vor, dass die Technologie allen Menschen Zugang zu Wissen verschaffen würde. Und in gewisser Weise hatte er recht. Wer Zugang zum Internet hat, ist nur ein paar Klicks von einer unbegrenzten Informationsmenge entfernt. Die Möglichkeit, leichter und schneller auf Informationen zuzugreifen und sich online miteinander zu vernetzen, hat neue Kanäle und die Möglichkeit geschaffen, über Graswurzelbewe-

---

** Die technologischen Veränderungen sowie ihre Kontrolle und Regulierung vollziehen sich so schnell, dass alles, was man an einem Tag sagt, am nächsten schon wieder veraltet sein kann. Für schriftlich Fixiertes wie Bücher ist das ein großes Problem. Da wir nicht ständig »zum Zeitpunkt der Abfassung dieses Buchs« schreiben wollen, möchten wir hier festhalten, dass wir wissen, dass alles, was wir in diesem Zusammenhang geschrieben haben, bei der Veröffentlichung unseres Buchs wahrscheinlich schon wieder überarbeitet werden müsste.

gungen bestehende Machthierarchien infrage zu stellen, wie #MeToo und Black Lives Matter zeigen.[358]

Zusammengenommen haben uns diese Veränderungen mehr Möglichkeiten verschafft, unser Bedürfnis nach Sicherheit und Selbstwertgefühl zu befriedigen. Aber mehr Macht insgesamt bedeutet nicht zwangsläufig mehr Macht für alle. Es bedarf gezielter Interventionen wie der des Barefoot College, um Menschen, deren Zugang zu wertvollen Ressourcen durch bestehende Machthierarchien eingeschränkt ist, mehr Macht zu geben. Ohne diesen zielgerichteten Einsatz der Technologie bleibt die digitale Revolution meist hinter den Erwartungen zurück und ist nicht die große gleichmachende Kraft, die sich Berners-Lee und Cailliau vorstellten. Wie frühere technologische Neuerungen veränderte sie die Machtverteilung, doch davon profitierten nicht alle gleichermaßen.[359] Einige wenige sind die großen Gewinner, in deren Händen sich enorme Macht konzentriert.

WIE DIE DIGITALE REVOLUTION DIE KARTEN NEU GEMISCHT HAT

Einer der ersten Hinweise auf einen Algorithmus wurde im Irak gefunden, auf einer sumerischen Tontafel aus dem Jahr 2500 v. Chr. Dabei handelt es sich um Anweisungen für eine Divisionsaufgabe.[360] In seiner eigentlichen Bedeutung ist »Algorithmus« nur ein anderes Wort für eine Reihe von Anweisungen.[361] Seit ihrem ersten Auftreten haben sich Algorithmen enorm weiterentwickelt. Heute wird das Wort vor allem in der Bedeutung »eine Reihe von Handlungsvorschriften, die einem Computer sagen, was er zu tun hat« gebraucht.[362] Diese Anweisungen können von Menschen stammen. Ein Programmierer könnte beispielsweise einen Algorithmus schreiben, der einen Computer anweist, den kürzesten Fußweg von Punkt A nach B zu finden. Aber im Zeitalter von Big Data, das durch die digitale Revolution ermöglicht wurde, können Computer auch dazu gebracht werden, ihre eigenen Anweisungen auf Grundlage großer Dateneingaben und -ausgaben, die von den Programmierern bereitgestellt werden, zu schreiben. Wenn ein Programmierer zum Beispiel eine Reihe von Divisionen in den Computer eingibt, ohne dass der Computer weiß, was eine Division ist, wird der Computer das Muster erkennen und es selbstständig wiederholen. Das ist gemeint, wenn von »maschinellem Lernen« die Rede ist, einer Anwendung der künstlichen Intelligenz (KI), die unsere Fähigkeit enorm gesteigert hat, riesige Datenmengen zu verarbeiten und auszuwerten, und die die Effizienz, Präzision und Vorhersagegenauigkeit von Maschinen optimiert.[363]

Die digitale Revolution hat erstaunliche Fortschritte und Verbesserungen für unser Leben gebracht. In Verbindung mit Big Data können Algorithmen aus Tausenden von medizinischen Bildern lernen, ein Krebsgeschwür im menschlichen Gewebe früher und genauer zu erkennen als das menschliche Auge.[364] Digitale Lösungen in der Gesundheitsversorgung verbessern die Übermittlung von Informationen, die Patientenbetreuung und die Überwachung der Medikamenteneinnahme, sparen Kosten und haben das Potenzial, den Zugang zur medizinischen Versorgung in ländlichen Gebieten in Ländern mit niedrigem und mittlerem Einkommen zu demokratisieren.[365] Doch die Vorteile der Informationstechnologie gehen weit über die Medizin hinaus. Mithilfe innovativer Instrumente und Prozesse können wir die Effizienz natürlicher Ressourcen und Energiequellen steigern, die Sicherheit und Leistung von Fahrzeugen und industriellen Werkstoffen erhöhen und die Verfügbarkeit und Bezahlbarkeit von Informationen und Waren verbessern. Darüber hinaus bieten sich unzählige weitere Annehmlichkeiten und Möglichkeiten, um unser Bedürfnis nach Sicherheit und Selbstbestätigung zu befriedigen.

Algorithmische Entscheidungssysteme haben den Vorteil, dass sie größere Datenmengen nutzen, als Menschen verarbeiten können, zudem sind sie beständig, präzise und auf eine Weise zuverlässig, wie Menschen es nicht sind. Davon können Personen profitieren, die von menschlichen Entscheidungsträgern bewusst oder unbewusst diskriminiert werden. So zeigte beispielsweise eine Studie, dass eine automatisierte Kreditvergabe bei der Vorhersage von Zahlungsausfällen präziser sein kann als der Mensch, wodurch mehr Kredite genehmigt wurden, vor allem für Kunden, die sonst unzureichend berücksichtigt worden waren.[366]

Doch neben diesen Fortschritten und ihrem Potenzial, andere Menschen zu ermächtigen, weisen digitale Technologien und KI auch zwei kritische Aspekte der Machtverteilung auf, die wir im Auge behalten und sorgsam überprüfen müssen: die Kontrolle über Algorithmen und die Kontrolle über persönliche Daten.

Die Kontrolle über Algorithmen ist entscheidend, weil auch Algorithmen zu Verzerrungen neigen können. Wenn das der Fall ist, führt das aufgrund ihrer umfangreichen Anwendung dazu, dass sich selbst kleine Verzerrungen auf sehr viele Menschen auswirken.[367] Beispielsweise nutzen die US-amerikanische Regierung, Polizei- und Justizbehörden in zunehmendem Maße selbstlernende Algorithmen zur Überwachung bestimmter Stadtviertel und zur Identifizierung von Kriminellen. Technologien wie Kameras mit Gesichtserkennung in öffentlichen Verkehrsmitteln oder die Sammlung biometrischer Daten an Flughäfen mögen hilfreich bei der Verhinderung oder Reduzierung von Verbrechen sein, doch die Unvollkommenheit der ihnen zugrunde liegenden Algorithmen kann in bestimmten Teilen der Bevölkerung, die oft ohnehin benachteiligt werden, weitaus größeren Schaden anrichten. Zum Beispiel ist bei Algorithmen zur Gesichtserkennung die Wahrscheinlichkeit, dass schwarze Gesichter falsch erkannt werden, fünf- bis zehnmal höher als bei weißen Gesichtern, was wiederum die Wahrscheinlichkeit erhöht, dass unschuldige schwarze Frauen und Männer für Verbrechen verhaftet und angeklagt werden, die sie gar nicht begangen haben.[368] Ein Grund, warum Gesichtserkennungssysteme bei dunklerer Haut weniger akkurat sind, ist der, dass viele Datensätze, die zum Training und zur Erprobung der Systeme verwendet wurden, nicht repräsentativ waren. Joy Buolamwini vom MIT Media Lab erklärt dazu:»Wenn die Datensätze für das Training keine große Diversität aufweisen, ist jedes Gesicht, das zu stark von der etablierten Norm abweicht, schwer zu erkennen.«[369] Dass eine derartige Verzerrung, so unbeabsichtigt sie auch sein mag, dazu beiträgt, bestehende Machthierarchien aufrechtzuerhalten und zu vertiefen, leuchtet wohl sofort ein.[370]

Die unbeabsichtigten Folgen algorithmischer Entscheidungsfindung sind für uns schwer zu erkennen und zu beheben, da uns oft gar nicht bewusst ist, wie sich Algorithmen überhaupt auf unser Leben auswirken, und da wir zudem davon ausgehen, dass Algorithmen »neutral« sind. Irgendein Computergenie hat eine Reihe von Handlungsvorschriften geschrieben, so denken wir, und weil es sich dabei um Mathematik handelt, muss das Ergebnis objektiv und faktenbasiert sein.[371] Doch der Teufel steckt im Detail. »Algorithmen sind in Programmierung eingebettete Meinungen«, befindet die US-amerikanische Mathematikerin Cathy O'Neil. Die Annahme, sie seien stets »objektiv«, führt dazu, dass wir Maßstäbe wie menschliche Verantwortung und Überprüfbarkeit nicht auf sie anwenden.[372]

Algorithmen werden von Programmierern und Informatikern erstellt. Hier spielt auch eine Rolle, wer diese Menschen sind, woher sie kommen und wie sie arbeiten, denn diese Faktoren können zu Verzerrungen bei den Algorithmen führen. Nur ein kleiner Prozentsatz der technischen Angestellten in Unternehmen wie Apple und Facebook sind Frauen und BIPoC (Black, Indigen und People of Color).[373] Doch vielfältige Perspektiven sind entscheidend, um Verzerrungen zu erkennen und Algorithmen bei der Erprobung und Verfeinerung noch einmal kritisch unter die Lupe zu nehmen. Dazu kommt, dass die Arbeitgeber der Programmierer in den meisten Fällen privatwirtschaftliche

Unternehmen sind, geleitet von Führungskräften, die den Anleger verpflichtet sind, die natürlich Gewinne erwarten. Das heißt, dass die Algorithmen, quasi die goldene Gans des Unternehmens, nicht offengelegt werden können, weshalb außerhalb der Firma niemand Zugang dazu hat und sie weder analysieren noch infrage stellen kann. Durch die mangelnde Transparenz bleibt die Kontrolle in den Händen der Ingenieure und Unternehmen, die die Produkte entwickeln und davon profitieren, frei von öffentlicher Aufsicht und der Möglichkeit, das Unternehmen zur Verantwortung zu ziehen.

Die zweite durch die digitale Revolution hervorgerufene Machtverlagerung vollzieht sich im Bereich der persönlichen Daten und der Frage, wer die Kontrolle darüber hat. Während uns digitale Technologien Zugang zu unbegrenzten Informationen im Netz bieten, haben wir gleichzeitig sehr wenig Kontrolle über die Informationen, die dort über uns zur Verfügung stehen.

Stellen Sie sich eine Welt vor, in der jede Bewegung beobachtet werden könnte: Jeder Schritt, den Sie machen, jede Mahlzeit, die Sie zu sich nehmen, und jedes Gespräch, das Sie führen, könnte überwacht werden. Der englische Philosoph Jeremy Bentham entwickelte aus diesem Konzept ein Modellgefängnis, das sogenannte Panopticon, bei dem eine einzige Wache, die für die Häftlinge nicht zu sehen war, alle Insassen gleichzeitig im Blick haben sollte. Der französische Philosoph Michel Foucault griff Benthams Konzept in den 1970er-Jahren auf und nutzte es als Metapher, um zu beschreiben, wie einige wenige mithilfe von Überwachung soziale Kontrolle über viele ausüben können.[374] Das Ergebnis wäre eine bemerkenswert geordnete und regulierte Gesellschaft, die jedoch völlig unfrei wäre. Heute befinden sich, ob uns das bewusst ist oder nicht, immer mehr Aspekte unseres Lebens in einem digitalen Panopticon, und wir können nicht immer sagen, ob wir beobachtet werden oder nicht. Wenn wir digitale Geräte nutzen, werden Millionen Daten gesendet, die Hinweise auf unsere Gewohnheiten, Vorlieben und Bedürfnisse geben. In Verbindung mit den ständig wachsenden Möglichkeiten der Datenspeicherung bieten diese Informationen denjenigen, die Zugang zu diesen Informationen haben, eine noch nie da gewesene Möglichkeit, etwas über uns zu erfahren und uns zu überwachen. Ohne Aufsicht und die Möglichkeit, die Verantwortlichen zur Rechenschaft zu ziehen, kann eine harmlose Datenerfassung schnell zur bedrohlichen Kontrolle werden, vor allem wenn sich die Daten in den Händen eines autoritären Regimes befinden.[375]

Doch Regierungen sind bei Weitem nicht die Einzigen mit Zugang zu enormen Mengen persönlicher Daten. Unternehmen können mithilfe von Überwachungssoftware verfolgen, wie viel Zeit ihre Angestellten mit Tippen verbringen, sie können beliebig Screenshots vom Computerbildschirm machen, jede besuchte Website registrieren und das alles an die Vorgesetzten weiterleiten.[376]

Große Technologieunternehmen haben nicht nur Zugang zu Informationen über ihre Mitarbeiter, sondern über uns alle: Amazon kennt unsere Vorlieben beim Einkaufen. Alexa speichert Teile unserer Gespräche. Facebook weiß, was wir liken und wen wir gut finden, wem wir Nachrichten auf WhatsApp schicken, wem wir Geld schulden und welche Inhalte uns empören, damit wir länger auf einer Website bleiben. Die Apple Watch registriert unseren Herzschlag. Durch unsere Suchanfragen und Auswahl bei YouTube weiß Google, was uns interessiert. Google weiß sogar, wo wir uns zu einem bestimmten Zeitpunkt aufhalten, wie wir klingen und wie wir aussehen.[377] Weil diese Unternehmen wissen, was wir wollen und brauchen, haben sie enorme Macht, die uns nutzen oder schaden kann, je nachdem, wer sie wie benutzt.

Die Versuchung, die Kontrolle über wertvolle Ressourcen für nicht ganz so tugendhafte Zwecke zu nutzen, ist stets präsent. In ihrem Buch *Das Zeitalter des Überwachungskapitalismus* dokumentiert Shoshana Zuboff akribisch, wie Unternehmen von der Auswertung und vom Verkauf unserer persönlichen Daten profitieren.[378] Ursprünglich erfassten IT-Unternehmen die Nutzerdaten, um die von ihnen angebotenen Dienstleistungen zu verbessern. In den 1990er-Jahren begannen dann einige Unternehmen, mithilfe der Informationen Einnahmen zu generieren, indem sie gezielt Werbung schalteten, von der sie wussten, dass die Konsumenten wahrscheinlich darauf reagieren würden. Dieses Geschäftsmodell fand rasche Verbreitung und schon bald war der Wettkampf um unsere Aufmerksamkeit in vollem Gange. »Aufmerksamkeitsbindung« wurde zur »neuen Währung der Aufmerksamkeitsökonomie«[379] und Daten das »neue Öl.«[380] Und als die großen Technologieunternehmen erkannt hatten, dass sie unsere Daten auch an interessierte Parteien verkaufen konnten, begnügten sie sich schon bald nicht mehr mit zielgerichteter Werbung. Ihre Kunden sind Versicherungen, Banken, Arbeitgeber, politische Parteien und im Grunde alle, die bereit sind, Geld auszugeben, um zu erfahren, was wir denken und wollen. Ihr Angebot an potenzielle Kunden ist einfach: »Gebt uns Geld und wir bringen die Leute dazu, das zu tun, was ihr wollt. Sie kaufen eure Produkte, nehmen eure Dienstleistungen in Anspruch und geben euch sogar bei der nächsten Wahl ihre Stimme.«

Bei YouTube, Apple, Netflix und Amazon wird entschieden, welche Empfehlungen ausgesprochen werden, was Sie als Nächstes sehen sollten. Bei Facebook, LinkedIn, Twitter und TikTok wird entschieden, wie Algorithmen die Inhalte auswählen, die in Ihren Newsfeeds erscheinen. Die Unternehmen entscheiden, welche Nachrichten wir zuerst im Netz sehen, welche Posts in unseren Newsfeeds auftauchen, welche Produkte aufpoppen, wenn wir eine Website besuchen, und wer bei Dating-Apps zu uns passt. Oder wie Jack Dorsey, der Mitbegründer von Twitter, 2018 bei seiner Aussage vor dem US-Kongress erklärte: »Jedes Mal, wenn jemand unseren Dienst öffnet, jedes Mal, wenn jemand unsere App öffnet, geben wir ihm implizit einen Anreiz, etwas zu tun oder nicht zu tun.« Und er ergänzte: »Ich denke, wir müssen die grundlegenden Anreize hinterfragen, die heute in unserem Produkt stecken.«[381]

Dank ihrer Kontrolle über Algorithmen und persönliche Daten sind Technologieunternehmen zu den Gatekeepern der Handels- und Informationskanäle geworden. Hier tritt die Macht des Mittlers deutlich zutage: Verbraucher, Mitarbeiter und Lieferanten haben oft gar keine andere Wahl, sie brauchen die großen Technologiekonzerne, um einzukaufen, zu arbeiten oder ihre Produkte anzubieten. Da es an Alternativen mangelt, können sie nicht einfach auf eine Technologie oder eine Plattform verzichten oder gar ihren Job kündigen, wenn sie mit den Praktiken des Unternehmens nicht einverstanden sind. Technologieunternehmen nutzen ihre Vormachtstellung häufig dazu, ihre Macht auszubauen und wettbewerbsfeindliche Praktiken anzuwenden – Verdrängungspreise, Ausschlussvereinbarungen, Wuchergebühren, Selbstbevorzugung und die Übernahme zahlreicher Mitbewerber, um die Konkurrenz auszuschalten.[382] Dadurch haben Unternehmen wie Google, Amazon, Facebook und Apple ein Monopol oder Quasimonopol und verfügen über eine Wirtschaftskraft, die sogar die mancher Länder übersteigt.[383]

Was bedeutet das nun für uns? Die Technologiekonzerne haben die Grundlagen der Macht fest im Griff. Erstens wissen sie, was wir wertschätzen, und das in Echtzeit, mit großer Genauigkeit und in großem Umfang, und diese Informationen können sie nutzen, um unser Verhalten vorherzusagen. Zweitens können sie nicht nur kontrollieren, welche Daten über uns gesammelt werden, sondern auch, wie diese Daten genutzt werden, um unsere Meinung und unser Handeln zu beeinflussen. Drittens können sie ihre Macht einsetzen, um die Alternativen für Verbraucher, Zulieferer und Konkurrenten zu begrenzen, und mit ihrem Geld Gesetzgeber und Gesetzeshüter beeinflussen, um sich mehr Spielraum zu verschaffen. Aufgrund des großen und unkontrollierten Machtungleichgewichts kann es sein, dass die technischen Experten, die diese Unternehmen leiten oder für sie arbeiten, bewusst oder unbewusst Entscheidungen treffen, die unser Wohlergehen nicht berücksichtigen. Häufig bleiben unsere Interessen auf der Strecke. Und damit ist unsere Fähigkeit und die unserer Kinder in Gefahr, kritisch zu denken und für uns selbst zu entscheiden, was wir wollen und wie wir uns verhalten.[384] Die Geschichte lehrt uns, wie wichtig es ist, diese Fähigkeit gerade in Hinblick auf Propaganda und Machtkonzentration zu bewahren. Im digitalen Zeitalter ist das umso bedeutender angesichts von Deep Fakes, Fake News und gezielten Desinformationskampagnen, die das Ziel haben, die Grundlage unserer Realität zu verändern.

Andererseits sind Machtkonzentrationen nicht unumkehrbar. Wir können immer noch agitieren, Innovationen präsentieren und einen Wandel in der Machthierarchie orchestrieren, wie das Beispiel der Google-Mitarbeiter zeigt.

DIE MACHT DER TECHNOLOGIEKONZERNE BESCHRÄNKEN

Im März 2018 wurde bekannt, dass Google einen Vertrag mit dem US-Verteidigungsministerium unterzeichnet hatte, um bei der Entwicklung eines KI-Tools zu helfen, das von Drohnen aufgenommenes Bildmaterial analysieren konnte.[385] Trotz der Behauptung des Unternehmens, das Projekt sei »nicht offensiv«, waren viele Google-Mitarbeiter empört. Da ihnen klar war, dass sie allein nicht viel ausrichten konnten, um das Unternehmen zu grundlegenden Veränderungen zu bewegen, nutzten sie das Kollektiv. Sie beschränkten sich nicht nur auf die Agitation, sondern wollten Innovationen umsetzen und den Wandel orchestrieren. »Wir wollten Kapazitäten aufbauen, um selbst Entscheidungen zu treffen – anstatt als Bittsteller bei den Mächtigen aufzutreten«, erklärte Meredith Whittaker, die damals für Google arbeitete.[386]

Ihre Bemühungen mündeten in einem offenen Brief an die Unternehmensführung, in dem sie ein sofortiges Ende von Project Maven (wie das Vorhaben genannt wurde) forderten. Und sie drängten auf eine Neuerung: Google sollte klare Richtlinien entwickeln und umsetzen, die besagten, dass weder Google noch ein Subunternehmen jemals »Kriegstechnologie« entwickeln würde.[387] Der offene Brief wurde von über 4600 Google-Mitarbeitern unterzeichnet.[388] Nachdem ein Monat vergangen war, ohne dass die Unternehmensleitung reagiert hätte, kündigten fast ein Dutzend Google-Mitarbeiter, um gegen die fortgesetzte Beteiligung der Firma am Projekt zu demonstrieren.[389] Inzwischen hatten das Project Maven und die Reaktion der Google-Mitarbeiter großen Widerhall in den Medien gefunden, wodurch das Unternehmen zusätzlich unter Druck geriet. Schließlich verkündete die Unternehmensleitung, der 18-monatige Vertrag mit dem Verteidigungsministerium werde im März 2019 auslaufen und nicht erneuert.[390] Google-CEO Sundar Pichai gab eine Erklärung heraus, in der er eine Reihe von KI-Prinzipien nannte, unter anderem auch, auf die Entwicklung von Waffen oder Technologien zu verzichten, »deren Hauptzweck oder Anwendung darin besteht, Menschen zu verletzen oder die Verletzung von Menschen direkt zu erleichtern«.[391] Diese Prinzipien bestätigten, dass künstliche Intelligenz und ihr Einsatz von gesellschaftlichem Nutzen sein sollten, dass sie keine Vorurteile schaffen oder verstärken sollten, dass sie auf ihre Sicherheit überprüft werden sollten, dass Menschen weiter die Kontrolle haben sollten, dass sie die Grundsätze des Datenschutzes berücksichtigen und hohe wissenschaftliche Standards einhalten sollten und dass sie nur für Verwendungszwecke zur Verfügung gestellt werden sollten, die mit diesen Prinzipien übereinstimmen.

Nach monatelanger unermüdlicher Arbeit trug der Einsatz der Organisatoren erste Früchte. Kollektive Aktionen hatten ihre Forderungen bekannt gemacht und die Berichterstattung in den Medien hatte ihnen Nachdruck verliehen, weil das Unternehmen fürchten musste, sein Ansehen könnte Schaden nehmen; eine Ressource, die der Unternehmensführung und den Aktionären sehr wichtig war. Dennoch wurden die Google-Mitarbeiter schon bald nach dieser Erklärung erneut aktiv, um sich gegen den Missbrauch künstlicher Intelligenz durch Google zu wehren.

Im August 2018, nur wenige Monate nach den Protesten gegen Project Maven, erschien im Onlinemagazin *The Intercept* ein Artikel über eine weitere Google-Initiative: Project Dragonfly.[392] Darin wurde Dragonfly als Prototyp einer zensierten Version der Google-Suchmaschine beschrieben, der für den Einsatz in China entwickelt worden war. Websites und Suchbegriffe zu Themen wie Menschenrechte, Demokratie, Religion und friedlicher Protest waren dabei gesperrt. Aufbauend auf ihren früheren Erfolgen beschloss eine Gruppe von Google-Mitarbeitern, einen weiteren offenen Brief zu verfassen, in dem sie nicht nur Project Dragonfly hinterfragten, sondern auch die Entwicklung einer Struktur zur ethischen Überprüfung forderten, die auch die Beiträge der Belegschaft und eine Beteiligung auf allen Ebenen berücksichtigte.[393] Innerhalb von drei Wochen wurde der Brief von über 1400 Google-Mitarbeitern unterzeichnet. Wieder nutzten die Organisatoren die Medien, um ihre Botschaft zu verbreiten. Auch Amnesty International griff den Fall auf und veröffentlichte einen eigenen Brief, in dem Google dazu aufgerufen wurde, das Projekt zu beenden, für Transparenz hinsichtlich seiner Position zur Zensur zu sorgen und den Schutz von Whistleblowern zu garantieren.[394]

Noch während der Proteste gegen Dragonfly platzte eine weitere Bombe: Im Oktober 2018 wurde bekannt, dass Andy Rubin, der Entwickler des Smartphone-Betriebssystems Android, eine Abfindung in Höhe von 90 Millionen US-Dollar erhalten hatte, nachdem er von Google 2014 nach glaubwürdigen Vorwürfen wegen sexueller Nötigung zur Kündigung aufgefordert worden war.[395] Obwohl die Google-Leitung die hohe Abfindung genutzt haben könnte, um einen unwillkommenen Mitarbeiter schnell und ohne langen Rechtsstreit loszuwerden, empfand es die Belegschaft inmitten der internationalen Debatte um sexuelle Gewalt und geschlechtsspezifische Diskriminierung, die durch die #MeToo-Bewegung angestoßen worden war, als verantwortungslos, dass das Unternehmen einen Täter in den eigenen Reihen geschützt hatte. Also organisierten die Google-Mitarbeiter erneut eine Aktion. Doch dieses Mal begnügten sie sich nicht mit einem offenen Brief, sondern trugen die Proteste vom Cyberspace in die reale Welt.

Am 1. November 2018 gingen weltweit Google-Mitarbeiter auf die Straße. Nach Angabe der Organisatoren beteiligten sich über 60 Prozent der Google-Niederlassungen und damit Tausende von Angestellten an den Arbeitsniederlegungen.[396] Am gleichen Tag erschien ein Artikel in *The Cut* mit den fünf wichtigsten Forderungen: ein Ende der Zwangsschlichtung; eine Verpflichtung zur Beendigung der Lohn- und Chancenungleichheit; ein öffentlich zugänglicher Transparenzbericht über sexuelle Belästigung; ein klares, einheitliches, global integratives Verfahren zur Meldung von sexuellem Fehlverhalten und Änderungen bei der Unternehmensführung, darunter auch, dass der Diversitätsbeauftragte in Zukunft direkt dem CEO unterstehen und ein Arbeitnehmervertreter in den Vorstand aufgenommen werden sollte.[397]

Im Februar 2019 gab Google bekannt, man werde eine der Forderungen erfüllen und die Zwangsschlichtung aufheben, bei der Mitarbeiter auf ihr Recht verzichten, bei Rechtsstreitigkeiten vor Gericht zu klagen.[398] Zu Project Dragonfly äußerte sich das Unternehmen allerdings erst am 16. Juli 2019, als Karan Bhat, Leiter der Abteilung Public Policy and Government Relations, vor dem Justizausschuss des US-Senats erklärte, das Projekt sei eingestellt worden.[399]

Die Geschichte der Google-Belegschaft ist nur ein Beispiel für die vielen Petitionen und Proteste, die Mitarbeiter von Technologieunternehmen wie Amazon, Facebook, Salesforce, Microsoft und Apple organisierten, um ihre Firmen zu einem ethischeren Handeln zu bewegen.[400] Viele haben zusätzlich Innovationen vorgeschlagen und versucht, deren Umsetzung zu orchestrieren, weil ihnen klar war, dass die von ihnen entwickelten Instrumente eine politische Wirkung haben. Meredith Whittaker, die Google 2019 verließ, erklärte, die Mitarbeiter wollten nichts Geringeres als »ein Recht auf Mitsprache und Kontrolle über die von ihnen entwickelten Produkte«.[401] Nach Jahrzehnten, in denen der Profit eine übergeordnete Rolle gespielt hat, machen die Angestellten nun mobil und drängen darauf, dass im Silicon Valley und in der Hightech-Kultur andere Aspekte berücksichtigt werden, der Schutz demokratischer Werte und der Menschenrechte in unternehmerische Entscheidungen einfließt und auf eine verstärkte Integration am Arbeitsplatz geachtet wird. Zur Umsetzung dieser Ziele gründeten 2021 über 400 Google-Mitarbeiter eine Gewerkschaft.[402] Die Alphabet Workers Union, benannt nach der Google-Muttergesellschaft Alphabet, will »die Angestellten von Alpha, unsere globale Gesellschaft und unsere Welt schützen. Wir fördern Solidarität, Demokratie und soziale wie ökonomische Gerechtigkeit«.[403]

Diese Bewegung für einen Wandel, die von Tech-Mitarbeitern in den Unternehmen und von Aktivisten von außen angeführt wird, ist angesichts der enormen Macht der Technologiekonzerne wichtig, steht aber auch vor großen Herausforderungen. Um Bürgern, Verbrauchern und kleineren Unternehmen mehr Informationen und Alternativen zu den Diensten der Konzerne zu bieten, ist eine staatliche Regulierung unumgänglich.

DIE KONTROLLE ZURÜCKGEWINNEN

Wenn wir im digitalen Zeitalter ein Machtgleichgewicht herstellen wollen, müssen wir ein bestimmtes Maß an Kontrolle über unsere persönlichen Daten und die Algorithmen zurückgewinnen, die so viele Aspekte unseres Lebens prägen. Aber wo sollen wir anfangen?

Als Einzelpersonen haben wir gewisse Möglichkeiten zum Schutz unserer Privatsphäre und unserer Daten, etwa durch die Verwendung von Funktionen, die es uns ermöglichen, inkognito zu surfen und unsere Browserverläufe zu löschen, wenn wir den Computer ausschalten, oder durch die Nutzung alternativer Browser und Apps, die unsere persönlichen Daten besser schützen. Doch das alles nützt nur bis zu einem gewissen Grad, denn unsere IP-Adressen bleiben sichtbar, was bedeutet, dass unser Internetprovider, unser Arbeitgeber und/oder der Staat immer noch unsere Aktivitäten im Netz verfolgen können.

Um uns vor Verzerrungen bei Algorithmen und einer mangelnden Kontrolle über unsere persönlichen Daten zu schützen, braucht es Gesetze und die Gewissheit, dass sie auch angewandt werden. Bei der Datenschutzkonferenz Computers, Privacy and Data Protection 2021 in Brüssel forderte Apple-CEO Tim Cook weitreichende Reformen beim Datenschutz, um ein »universales, humanistisches Signal an diejenigen zu senden, die behaupten, sie hätten einen Anspruch auf private Informationen von Nutzern, und ihnen zu vermitteln, was toleriert wird und was nicht«.[404] Auch Sundar Pichai fordert eine entsprechende Regulierung. In einem Gastkommentar in der *Financial Times* erklärte er 2020, eine Regulierung sei notwendig, und meinte: »Regeln wie die europäische Datenschutzgrundverordnung können eine starke Grundlage bilden.«[405]

Die 2016 verabschiedete Datenschutzgrundverordnung (DSGVO) der Europäischen Union erlaubt jedem EU-Bürger freien Zugang zu den Daten, die Informationsunternehmen über ihn sammeln, und zwingt die Unternehmen, eine ausdrückliche Zustimmung zur Datenerhebung einzuholen. Sie schränkt ein, welche Daten gesammelt werden dürfen, und gibt den Bürgern das Recht, bei Verletzungen der Privatsphäre Schadenersatz zu verlangen.[406] Doch mit der Verabschiedung war die Arbeit der

Aktivisten, die sich unermüdlich dafür eingesetzt hatten, noch nicht beendet. Am 25. Mai 2018, dem Tag, an dem die Verordnung in Kraft trat, verklagte der österreichische Jurist und Datenschutzaktivist Max Schrems zusammen mit seiner Organisation noyb (»none of your business« – »Das geht dich nichts an«) Facebook und Google aufgrund ihres nun unzulässigen »Take it or leave it«-Ansatzes, der ihre Nutzer zwang, sowohl ihrer Datenschutzerklärung als auch ihren Bedingungen zuzustimmen, um ihre Dienste weiterhin nutzen zu können.[407] Im Februar 2020 verklagte noyb zusätzlich noch Amazon für deren Umgang mit persönlichen Daten.[408]

Aktivisten wie Schrems und Organisationen wie noyb sehen sich als Wächter, die wichtige Fälle und Datenschutzverletzungen an die Öffentlichkeit bringen und die Justiz- und Regulierungsbehörden darauf aufmerksam machen. Nicht nur Gesetzesänderungen, auch die Arbeit der Aktivisten und Organisationen – kurz gesagt einer Bewegung – sind ein wichtiger Hebel, um neue Gesetze zur Anwendung zu bringen und Unternehmen wie Behörden zu zwingen, sich daran zu halten.

Die US-amerikanische Rechtswissenschaftlerin Lina Khan hat festgestellt, dass relevante Gesetze häufig bereits durchaus vorhanden sind, aber nicht konsequent angewendet und manchmal über Jahrzehnte nicht genutzt werden, wie die Antitrust-Gesetzgebung in den USA zeigt.[409] Stimmen wie die von Khan tragen dazu bei, die staatliche Aufsicht über die großen Technologieunternehmen wiederzubeleben. US-Gesetzgeber und Staatsanwälte haben mittlerweile auf Bundes- wie auf bundesstaatlicher Ebene damit begonnen, die Praktiken der Unternehmen, die auf vielen Märkten als Monopolisten agieren, aufgrund ihres wettbewerbswidrigen Auftretens zu untersuchen.[410]

Die EU zeigte sich bislang besonders eifrig, Technologieunternehmen für ein Gebaren, das sie als Marktdominanz betrachtet, mit Strafen zu belegen,[411] doch inzwischen sind Regierungen auf der ganzen Welt aufgewacht und denken über entsprechende

Gesetzesänderungen nach, weil sie das extreme Machtungleichgewicht als Bedrohung erkannt haben.[412]

Doch nicht nur bei den Antitrust-Gesetzen hat sich etwas getan. 2021 verabschiedete Australien ein Gesetz, laut dem Social-Media-Unternehmen für journalistische Texte, die auf ihren Plattformen zitiert werden, bezahlen müssen, trotz der Proteste der Unternehmen – ein wichtiger Meilenstein, um dem Journalismus mit seiner wichtigen Funktion ein gewisses Maß an Macht zurückzugeben.[413] Auch in der Rechtsprechung werden Technologieunternehmen für algorithmische Verzerrungen zunehmend zur Verantwortung gezogen. In einem wegweisenden Prozess zur Diskriminierung von Kurieren beim Lieferdienst Deliveroo entschied ein Gericht im italienischen Bologna, auch wenn ein Algorithmus Mitarbeiter unabsichtlich diskriminiere, könne das Unternehmen dafür belangt und zu Strafzahlungen verurteilt werden.[414]

Die Regulierung komplexer Technologien, die sich noch dazu schnell weiterentwickeln, ist jedoch nicht einfach. Meredith ist sich der bedeutenden Rolle bewusst, die Aktivisten mit technischem Fachwissen bei der Gestaltung einer effektiven Regulierung zukommt. In ihrer neuen Rolle als Leiterin des von ihr mitgegründeten AI Now Institute setzt sie sich weiter für mehr Inklusion in der Technologiebranche ein und will dazu beitragen, künstliche Intelligenz in Hinblick auf Herkunft, Geschlecht und Macht verantwortungsbewusster und ethischer zu gestalten.[415] Bei ihrer Aussage vor dem Ausschuss des US-Repräsentantenhauses zu Wissenschaft, Raumfahrt und Technologie nannte sie 2019 die wichtigsten Prioritäten im Zusammenhang mit künstlicher Intelligenz, darunter auch den Punkt, auf den Einsatz der Gesichtserkennung in sensiblen sozialen und politischen Kontexten für staatliche und kommerzielle Zwecke zu verzichten, bis die Risiken ausreichend untersucht sind und es entsprechende Regulierungen gibt, etwa Gesetze zum Schutz biometrischer Daten oder Richtlinien, Algorithmen auf Verzerrungen zu überprüfen.[416] Diese Überprüfung wird allerdings eine Herausforderung, weil man nicht nur entscheiden muss, bei wem die Verantwortung zur Bewertung der Algorithmen liegt, sondern auch was einen »fairen« Algorithmus ausmacht – eine komplexe Frage, auf deren Beantwortung Ingenieure, Informatiker und Rechtswissenschaftler, die sich mit der Ethik der KI-Entwicklung befassen, zunehmend drängen.[417] Aber immerhin wissen wir ein paar Dinge darüber, wie Algorithmen funktionieren und wo wir in der Lage sind, Kontrolle darüber auszuüben.

Bei Informatikern gibt es den Spruch »Garbage in, garbage out«, der besagt, dass ein Algorithmus verzerrte oder nicht aussagekräftige Ergebnisse produziert, wenn bereits die Eingabe verzerrt oder nicht aussagekräftig war.[418] Obwohl die Entwickler der Algorithmen nicht direkt das Ergebnis eines Algorithmus bestimmen (KI-Algorithmen enthalten normalerweise zu viele Variablen, um sie direkt kontrollieren zu können), kontrollieren sie doch die Parameter. Sie entscheiden vor allem, mit welchen Daten der Algorithmus »gefüttert« wird, und nehmen dann über die Feinabstimmung Einfluss darauf, wie der Algorithmus lernt. Bei der Gesichtserkennungstechnologie kann zum Beispiel die unverhältnismäßige Fehleinschätzung schwarzer Gesichter im Vergleich zu weißen Gesichtern zum Teil dadurch behoben werden, dass dem Algorithmus eine unverhältnismäßig große Anzahl von Bildern schwarzer Gesichter zugeführt und dann die Genauigkeit der Ergebnisse gemessen wird.[419] Ein erreichbares Ziel regulatorischer Eingriffe wäre damit die Forderung nach Transparenz bei den Trainingsdaten für Algorithmen und die Messung ihrer Ergebnisse.

Bei den Maßnahmen zur Kontrolle der IT sollten wir auch Bunker Roys Ansatz der Inklusion berücksichtigen, der ihn bei der Gründung des Barefoot College leitete. Oder wie seine Nachfolgerin Meagan erklärt: »Erst wenn Frauen in den sich entwickelnden Ländern mit männlichen Ingenieuren auf einer Stufe stehen und Technologien gestalten, die den Bedürfnissen der

Menschen entsprechen, erst dann sind wir auf dem Weg zu einer technologischen Revolution, die tatsächlich alle einschließt.« Nezumas Beispiel zeugt von der positiven Wirkung der Technologie auf das Leben der Menschen, wenn ihre Umsetzung und Auswirkungen gut durchdacht sind und wenn man sich die Zeit nimmt, die Nutzer in der Anwendung zu schulen. Dieses Training ist heutzutage umso wichtiger, da Computer und Maschinen die menschliche Arbeitskraft zunehmend ersetzen.[420]

Die Organisation für wirtschaftliche Zusammenarbeit und Entwicklung (OECD) geht davon aus, dass 22 bis 45 Prozent der bestehenden Arbeitsplätze in ihren Mitgliedsländern der Automatisierung zum Opfer fallen werden.[421] Der Widerstand gegen die Technologiekonzerne entspringt nicht nur der berechtigten Sorge angesichts ihrer übergroßen Macht, sondern auch der Angst vor einem Verlust der Autonomie und Erfolgserlebnisse bei Arbeitnehmern und Fachleuten, weil die von ihnen angebotenen Ressourcen auf dem Markt an Wert verlieren. Diese beängstigende Situation nimmt den Menschen ihre Sicherheit und ihr Selbstwertgefühl und lässt sie zu Maschinenstürmern werden. Doch obwohl der Mensch durch die Automatisierung bei Aufgaben, die sich programmieren lassen und bei denen es um sich wiederholende Abläufe geht, zunehmend überflüssig wird, ist er bei Aufgaben, die Kreativität und soziale Kompetenz erfordern, weiterhin unentbehrlich.[422] Der Mensch ist Maschinen und Computern immer noch überlegen, wenn es um nicht routinemäßige Aufgaben geht, um körperliche Geschicklichkeit und Vielseitigkeit, Ideenreichtum und Originalität, soziale Wahrnehmung, Überzeugungskraft und Vertrauen sowie um die Gestaltung der Partnerschaft von Mensch und Maschine.

Wir müssen daher in die Bildung und Kompetenzentwicklung investieren, mit niedrigschwelligen Angeboten für Erwachsene und Jugendliche und Programmen, die auf den Alphabetisierungsgrad der Teilnehmer zugeschnitten sind.[423] Dafür benötigen wir Bildungssysteme, die nicht nur technische Fertigkeiten fördern, sondern auch unsere kulturellen, moralischen, künstlerischen und wissenschaftlichen Fähigkeiten sowie unsere Kritikfähigkeit, denn diese Fähigkeiten unterscheiden uns von Maschinen, auf ihnen gründet unser besonderer Wert – und damit auch unsere Macht.

DIE MACHT IN VIELE HÄNDE LEGEN

Das Streben der Menschen nach Sicherheit und Selbstwertschätzung hat Technologien hervorgebracht, die es uns ermöglichen, unsere Umwelt zu erkunden, zu kontrollieren und für unsere Zwecke zu nutzen. Wir haben gelernt, Werkzeuge zu gebrauchen, können Trinkwasser reinigen und Windenergie nutzen und haben Smartphones und Roboter entwickelt. Wissenschaftler haben sich sogar darangemacht, die Essenz des Lebens an sich zu entschlüsseln: unsere DNA und die anderer Arten. Entwicklungen bei der gezielten Veränderung der DNA wie die CRISPR/Cas-Methode[424] haben das Potenzial, Erbkrankheiten zu kurieren und Lebensformen zu verändern. Damit könnte man die Lebensmittelversorgung aller Menschen sichern und gleichzeitig die schädlichen Auswirkungen der Landwirtschaft auf die Umwelt eindämmen. Doch trotz aller Fortschritte bestehen weiterhin große Ungleichheiten und auch die Häufigkeit von Naturkatastrophen, von Wirbelstürmen bis zu Waldbränden, hat zugenommen. Daraus lassen sich zwei wichtige Lektionen ableiten.

Die erste Lektion lautet, dass sich mit jeder Welle des technologischen Wandels auch die Machtverhältnisse ändern, was aber nicht unbedingt heißt, dass Macht dann gleichmäßiger verteilt ist. Die digitale Revolution zeigt als ein Beispiel von vielen, wie neue Technologien zur Konzentration von Macht und Reichtum in den Händen einiger weniger Personen und Organisationen führen können. Der Sozialunternehmer Greg Brodsky formuliert das so: »Die Technologie hat fast jeden Bereich der Wirtschaft durcheinandergewirbelt: die Gig-Economy, Computerspiele, das Einkaufen, die Buchung von Hotels. Doch der eine Bereich, von dem der Technologiesektor schön die Finger lässt, ist Eigentum an sich. In gewisser Weise erschafft der Technologiesektor einfach die ungleiche Verteilung von Vermögen aus jedem anderen Teil der Wirtschaft neu.«[425]

Die zweite Lektion ist Demut: Nicht einmal die raffinierteste Technologie wird es uns ermöglichen, alles zu kontrollieren, wie uns Mutter Natur immer wieder vor Augen führt. Unsere Entwicklungen und Errungenschaften haben ihre Kehrseiten. Die Ausbeutung der natürlichen Ressourcen hat den menschengemachten Klimawandel beschleunigt, der droht, das Leben auf der Erde, wie wir es kennen, zu zerstören. Während Kohle und Erdöl die Industrie und unsere Volkswirtschaften buchstäblich befeuern, verändern die Treibhausgase und die globale Erwärmung das natürliche Gleichgewicht, das unser Klima prognostizierbar macht und die Entwicklung der menschlichen Zivilisation in den vergangenen 12 000 Jahren erst ermöglicht hat.[426]

Obwohl wir also nicht alles kontrollieren können, haben wir durchaus Einfluss darauf, wie wir uns selbst als Gesellschaft organisieren wollen. Und wir können kontrollieren, wann, wie und zu welchem Zweck wir Technologie nutzen. Es gibt das Argument, man könne den Markt entscheiden lassen, ob eine Technologie zum Einsatz kommt. Doch die bloße Nachfrage nach einem Produkt rechtfertigt nicht seine Existenz. Wenn Investoren Schlange stehen, um sich in den boomenden Markt der Überwachungstechnologie einzukaufen, ist das keine Rechtfertigung für deren großflächigen Einsatz. Außer Rand und Band geratene Märkte – frei von politischen und moralischen Beschränkungen – waren die treibenden Kräfte des transatlantischen Sklavenhandels, bei dem im Laufe von 300 Jahren über zehn Millionen Menschen aus Afrika nach Amerika verschleppt wurden.[427] Das unkritische Vertrauen in die Märkte brachte Unternehmen dazu, radikal umzudenken und sich dem Shareholder-Value und dessen Maximierung zu verschreiben. Unternehmensführer und Investoren verloren die ökologischen und gesellschaftlichen Auswirkungen ihrer Aktivitäten aus den Augen und trugen so zur Zerstörung der Umwelt und zu sozioökonomischen Ungleichheiten bei. Wenn man dem Markt die alleinige Kontrolle über die Technologie überlässt, wird die Welt weniger sicher, weniger human und noch weniger gerecht. Vermutlich verdammt man die Menschheit damit zu ihrer eigenen Auslöschung.

Doch wenn es der Markt allein nicht richten kann, wer dann? Die Experten, die die Technologien entwickelt haben und sehr viel darüber wissen? Im besten Fall verlangen sie eine Art moralische Rechenschaftspflicht, wie es viele Angestellte in der Technologiebranche bereits getan haben, und fühlen sich weiterhin einem höheren Ziel verpflichtet. Doch im schlimmsten Fall verlieren wir den moralischen Kompass unserer Gesellschaftssysteme, weil Wissenschaft, wie der Renaissance-Schriftsteller François Rabelais so treffend bemerkte, »ohn Gewissen nichts andres als der Seelen Tod« ist.[428] Einer kleinen Gruppe, egal welcher, die Kontrolle über eine neue Technologie zu überlassen, ist immer gefährlich, weil man ihr damit erlaubt, die Technologie zu ihrem eigenen Vorteil zu nutzen, und ihr freie Hand lässt, immer mehr Macht auf sich zu konzentrieren. Man braucht nicht viel Fantasie, um sich vorzustellen, wie eine Technologie wie CRISPR von den Reichen und Mächtigen dazu genutzt wird, genetische Verbesserungen durchzuführen, länger und gesünder zu leben und einen in ihren Augen genetisch überlegenen Nachwuchs zu zeugen.[429] Derartige Dystopien finden sich in vielen Büchern und Filmen, von Aldous Huxleys 1932 erschienenem Roman *Schöne neue Welt* bis zum aktuelleren Science-Fiction-Drama *Gattaca*, und wir sollten uns nicht in der falschen Sicherheit wiegen, dass aus der Fiktion nicht irgendwann Realität werden könnte.

Der technologische Wandel stellte uns schon immer vor die Wahl: Der eine Weg führt zur Macht für eine Minderheit mit gefährlichen Konsequenzen für alle anderen, der andere zu einer gemeinsam getroffenen Entscheidung, wie wir den Zugang zu einer neuen wertvollen Ressource organisieren wollen. Die einzige Möglichkeit, diesen Scheideweg zu meistern, besteht in der Überlegung, wie wir die Kontrolle über die Technologie zurückerlangen können, wie wir ihren Wert in Hinblick auf ihren Nutzen für die Gesellschaft beurteilen und den Zugang zu ihr demokratisieren. Obwohl ihre Erfolgsbilanz alles andere als makellos ist, haben uns sowohl die Politik als auch privatwirtschaftliche Initiativen gezeigt, dass es sehr wohl möglich ist, Technologie nicht nur zur Gewinnmaximierung zu nutzen, sondern den Zugang zu ihr zu optimieren und auf Fairness, Datenschutz und Benutzerfreundlichkeit zu achten.[430] Dadurch wird Macht auf viele verteilt. Wir können eine derartige Demokratisierung der Macht erreichen und bewahren, wenn wir sie proaktiv in Schach halten.

KAPITEL 8
MACHT IN SCHACH HALTEN

Vom Palazzo Pubblico in Siena hat man einen beeindruckenden Blick auf die muschelförmige Piazza del Campo, den zentralen Platz der Stadt, der vor allem für den Palio bekannt ist – ein Pferderennen, das seit 1633 jeden Sommer ausgetragen wird. Besucher, die sich von der faszinierenden Schönheit der Piazza losreißen können und die Säle des Palazzo besichtigen, werden mit einem weiteren Höhepunkt belohnt: dem Freskenzyklus *Allegorie der guten und schlechten Regierung* von Ambrogio Lorenzetti, einem außergewöhnlichen Werk der politischen Kunst im mittelalterlichen Italien.

Als Lorenzetti die Fresken zwischen 1338 und 1339 malte, war die Republik Siena einer der mächtigsten und wohlhabendsten Stadtstaaten Italiens. Die Republik wurde vom Governo dei Nove regiert, neun gewählten Bürgern, die nur zwei Monate im Amt waren, bevor sie von neun anderen Bürgern abgelöst wurden.[431] Die Bürger von Siena gaben die Fresken für die *Sala della Pace* (den Saal des Friedens) in Auftrag, in dem sich die Regierenden versammelten. Vielleicht sollte der Rat der Neun bei seiner Arbeit an die Tragweite seiner Entscheidungen erinnert werden. Die beiden ersten Fresken – das eine mit Allegorien der Tugend, das andere mit Allegorien des Bösen – vergleichen eine gute Regierung mit einer schlechten. Das zweite Paar zeigt verschiedene Ansichten einer Stadt, die Siena darstellen soll: Auf dem einen Fresko leben die Bürger zusammen in Sicherheit, Ordnung, Harmonie und Wohlstand, auf dem anderen liegt die Stadt in Trümmern und die Bürger werden von Gewalt und

Elend heimgesucht. Tausende Bürger gehörten in den 68 Jahren ihres Bestehens der Regierung der Neun an, in dieser Zeit erlebte Siena eine Blüte der Architektur und des kulturellen Schaffens.[432] In einem politisch turbulenten Jahrhundert, das geprägt war von gewalttätigen Parteikämpfen und häufigen Umstürzen, war der Kontrast zwischen einer guten und schlechten Regierung besonders ausgeprägt.

Warum sind Regierungssysteme so wichtig? Die Antwort ist einfach: Sosehr wir uns auch bemühen, wir können nicht allein auf gute Absichten vertrauen, um die Hybris und den Egoismus der Macht unter Kontrolle zu halten. Die Geschichte und unsere persönliche Erfahrung lehren uns, übermäßiger Macht in jeder Form mit Misstrauen zu begegnen.[433] Gibt man einem einzelnen Menschen über einen ausreichenden Zeitraum genügend Macht, steigt das Risiko des Machtmissbrauchs unweigerlich. Selbst Vera Cordeiro, die brasilianische Ärztin, die wir in Kapitel 2 vorgestellt haben, wäre beinahe in diese Falle getappt, als ihr der eigene Ruhm und der ihrer Organisation zu Kopf stieg, obwohl sie eigentlich die besten Absichten hatte.

Das Risiko einer übermäßigen Machtkonzentration lässt sich nie ganz beseitigen, doch die Sozialwissenschaften zeigen viele Möglichkeiten auf, wie man sie eindämmen kann. Wie die Bürger Sienas im 14. Jahrhundert wussten, braucht man, um Macht in Schach zu halten, strukturelle Begrenzungen, die zwei Dinge gewährleisten: erstens, dass die Macht geteilt wird, anstatt sie in den Händen eines Einzelnen oder einer kleinen Gruppe zu konzentrieren, und zweitens, dass diejenigen, die an der Macht sind, zur Verantwortung gezogen werden können. Als Familienmitglieder und Kollegen Vera die negativen Auswirkungen vor Augen führten, die Macht auf sie hatte, erkannte sie intuitiv, dass sie neue Strukturen einführen musste, die die Macht verteilten und die Möglichkeit boten, sie bei Meetings zur Verantwortung zu ziehen.

Wie wir noch sehen werden, gelten diese beiden Instrumente – Machtverteilung und Verantwortlichkeit – nicht nur für eine Teamleiterin oder die Regierenden eines mittelalterlichen Stadtstaats, sondern für alle Menschen an jedem Arbeitsplatz und in jeder Gesellschaft. Wir haben bewährte Werkzeuge, die wir einsetzen können, um unsere eigene Macht und die anderer unter Kontrolle zu halten.

MACHTVERTEILUNG BEI DER ARBEIT

2013 wurde Ellen Ochoa Leiterin des Johnson Space Center (JSC), des Raumfahrtzentrums der NASA, das die Raumfahrtprogramme und die Astronautenausbildung koordiniert. Als erste Latina-Astronautin im Weltall hatte sie unermüdlich daran gearbeitet, ihre Träume zu verwirklichen. Sie wusste aus eigener Erfahrung, dass es für jemanden wie sie noch lange keine Garantie war, die Kandidatin mit der besten Qualifikation zu sein, um eine Stelle zu bekommen. »Bei einem weißen männlichen Ingenieur gehen die Leute einfach davon aus, dass er gut ist, solange er keinen Fehler macht; aber bei einer Ingenieurin oder einem afroamerikanischen oder lateinamerikanischen Ingenieur entscheidet man im Zweifel nicht zu deren Gunsten. Wir müssen unsere Fähigkeiten unter Beweis stellen, sonst werden wir nicht beachtet.«[434]
Ellens Erfahrung ist weder einzigartig noch auf das Ingenieurswesen beschränkt. In westlichen Ländern konzentriert sich die Macht in Betrieben und Unternehmen nach wie vor auf weiße Männer, auch wenn es immer mehr Qualifizierte aus anderen demografischen Gruppen gibt. Diese Gruppen werden auch bei der Bezahlung und beim Zugang zu Ressourcen benachteiligt, wenn man sie mit Gruppen vergleicht, die seit Langem über mehr Macht verfügen.[435] So tragen Organisationen und Unternehmen dazu bei, geschlechtsspezifische und rassistisch bedingte Ungleichheiten fortzuführen, die sich aus den in Kapitel 5 analysierten Machthierarchien ergeben.[436]

Michael Coats, Ellens Vorgänger als Leiter des Johnson Space Center, hatte das erkannt und deshalb Diversität und Inklusion zu den Schwerpunkten seiner Amtszeit gemacht. Der ehemalige Astronaut war durch seine Erfahrungen im öffentlichen und privatwirtschaftlichen Sektor ein »überzeugter Anhänger der Macht der Diversität« geworden, wie er in einem Interview erklärte.[437] Doch Michael redete nicht nur über Diversität am JSC, sondern arbeitete mit Ellen, seiner damaligen Stellvertreterin, auch daran, seine Worte in die Tat umzusetzen. »Er sagte, er wolle, dass Frauen und die Angehörigen von Minderheiten dieselben Chancen hätten wie Männer wie er selbst. Zuerst war ich überrascht«, erinnerte sich Ellen, »aber dann machten wir uns an die Arbeit und es war klar, dass er nicht nur redete, sondern diesen Wandel wirklich in Gang bringen wollte.«

Diversität, so ihr gemeinsames Credo, konnte für Innovationen sorgen. »Mike und ich waren beide der Meinung: Wenn wir es nicht schafften, jedem und jeder Einzelnen im JSC das Gefühl zu geben, bei der Arbeit wertgeschätzt zu werden, damit sie das Beste aus sich herausholen konnten, würden wir das Potenzial der Organisation beschneiden«, erklärte Ellen. Das war jedoch nicht ihre einzige Begründung. »Das ist nicht nur das Richtige für eine Organisation, es ist einfach das Richtige, Punkt. Das haben mir meine eigenen Erfahrungen gezeigt. Schließlich habe ich als Frau und Latina ein naturwissenschaftliches Fach studiert. Schon bei meinem Physikstudium … wurde mir vermittelt, dass Frauen keine Ingenieure werden, [ich hatte das Gefühl], eine Außenseiterin zu sein, die nicht dazugehörte.«

Michaels und Ellens Überzeugung, dass das Johnson Space Center von mehr Inklusion profitieren würde, deckt sich mit Forschungsergebnissen, die zeigen, dass Diversität Organisationen effizienter macht.[438] Doch allein mit demografischer Vielfalt ist es nicht getan. Macht muss gleichmäßig auf alle demografischen Gruppen verteilt werden, anstatt sich auf die üblichen Verdächtigen zu konzentrieren.[439] Für Michael und Ellen lautete nun die Frage (eine Frage, mit der Organisationen auch heute noch ringen), wie sie diesen Wandel in Gang bringen sollten.

Eine Zeit lang konzentrierte sich der öffentliche Diskurs auf Frauen und die Aufforderung »to lean in«[440], was bedeutete, dass sich Frauen durchsetzen und Karriere machen sollten. Ellen hatte jedoch auf die harte Tour gelernt, dass es zwar wichtig ist, sich zu präsentieren, die eigene Meinung zu äußern, sich Gehör zu verschaffen und dafür zu sorgen, dass man beachtet wird, das alles aber nicht genügte, um die Machtverteilung in einer Organisation zu ändern. Die Betroffenen mussten das Spiel nicht einfach nur besser spielen, sie mussten die Spielregeln ändern.

Ellen hatte auch die Erfahrung gemacht, dass man zwar Barrieren abbauen und andere inspirieren kann, wenn man einige wenige Menschen aus unterrepräsentierten Gruppen in Führungspositionen bringt, sich dadurch aber kaum etwas an der Machtverteilung ändert. Solche »Alibivertreter« sind zwar sichtbar, ihre erhöhte Sichtbarkeit erhöht jedoch den Druck auf sie selbst, höhere Leistungen auf höherer Ebene zu erbringen. Das kann dazu führen, dass sie sich isoliert fühlen (und es tatsächlich auch sind) und ihre Meinung wenig Beachtung findet. Die Soziologin und Ökonomin Rosabeth Moss Kanter hat in ihrer wegweisenden Forschung auf die psychologischen Konsequenzen des Tokenismus hingewiesen: Unbefriedigende soziale Beziehungen, ein miserables Selbstbild, Frustration aufgrund widersprüchlicher Anforderungen, eine Hemmung der Selbstdarstellung und Gefühle der Unzulänglichkeit und des Selbsthasses fordern einen enormen Preis, selbst wenn der oder die Betroffene bei der Arbeit außergewöhnliche Leistungen zeigt.[441] Dennoch betreiben viele Unternehmen und Organisationen diesen Tokenismus und unternehmen lediglich symbolische Anstrengungen zur Gleichstellung, indem sie Mitglieder einer unterrepräsentierten Gruppe in Führungs- und Vorstandspositionen befördern.[442] Diese Praxis schafft keine echte Machtverteilung, schlimmer noch, sie kann sie sogar verhindern.

Gemeinsam mit Alicia DeSantola und Lakshmi Ramarajan untersuchten wir die Zusammensetzung der Vorstände von über 2000 Unternehmen im Verlauf von zwei Jahrzehnten und stellten fest, dass sie zum Zeitpunkt ihres Börsengangs zwar häufig eine Frau in den Vorstand aufnahmen, wenn sie noch keine hatten, es jedoch unwahrscheinlich war, dass sie eine zweite Frau aufnahmen, wenn es bereits ein weibliches Vorstandsmitglied gab.[443] Eine Frau schien zu genügen, um den Eindruck zu erwecken, man tue das Richtige. Es genügte jedoch sicher nicht, um die Machtdynamik zu verändern. Die Analyse von Vorständen hat ergeben, dass eine kritische Masse (etwa 30 Prozent) erreicht werden muss, bevor das Umfeld empfänglicher wird für neue Ideen und andere Denkweisen.[444]

Was konnten Michael und Ellen also noch tun, um die Machtverteilung zu ändern? Diversitätsschulungen, die den Mitarbeitern ihre unbewussten Vorurteile bewusst machen und neue Verhaltensweisen aufzeigen sollen, sind ein beliebtes Mittel. Diese Beliebtheit ist durchaus angebracht, denn wie wir in Kapitel 5 gesehen haben, sind Vorurteile, die in fest verankerten Stereotypen wurzeln, ein großes Hindernis für eine Änderung der Machtverteilung. Also führten Ellen und Mike für alle Mitarbeiter im JSC verpflichtende Diversitätsschulungen ein. Sie wussten jedoch auch, dass solche Schulungen für sich genommen keine Verhaltensänderungen bewirken oder das Arbeitsklima verändern,[445] weil sie den Diskriminierten normalerweise keinen Zugang zu wertvollen Ressourcen geben. So betrachtet ändern Diversitätsschulungen nichts an der grundlegenden Machtverteilung in einer Organisation, sie stellen sie nicht einmal infrage. Sie können sogar kontraproduktiv sein, wenn die Teilnehmer glauben, ihr Unternehmen werde allein durch die Existenz der Schulungen vorurteilsfrei und orientiere sich nur noch an vermeintlich objektiven Kriterien wie Leistung. Eine derartige Selbstgefälligkeit und irrige Annahme öffnet weiterer Diskriminierung Tür und Tor.[446]

Das Problem sind nicht die Diversitätsschulungen an sich, sondern das Denken, dass die Schulungen allein das Problem lösen könnten. Untersuchungen, die sich mit der Frage beschäftigten, wie eine Organisation einen höheren Grad an Inklusion erreichen kann, kamen alle zu demselben Schluss: Echter Wandel erfordert gleich an mehreren Stellen Interventionen, die eine Umverteilung der Macht ermöglichen.[447] Man sollte sich also nicht nur auf die individuellen Einstellungen und Vorurteile konzentrieren, sondern alle bestehenden Prozesse und Systeme der Organisation überdenken – von der Einstellung neuer Mitarbeiter über die Beförderung und Bezahlung bis zur Vergabe attraktiver Aufgaben und Aufträge – und dabei immer überlegen, ob sie bestimmten Gruppen einen ungleichen Zugang zu Ressourcen verschaffen.[448]

Michael und Ellen richteten einen Rat für Innovation und Inklusion ein – ein Komitee aus Führungskräften, Mitarbeitern der Personalabteilung, Gleichstellungs- und Diversitätsbeauftragten und Arbeitnehmervertretern, dessen Zusammensetzung alle zwei Jahre wechselte. Die Übertragung dieser Aufgaben an einen Ausschuss ermöglicht sowohl eine datengestützte Entscheidungsfindung als auch eine eingehende Analyse der organisatorischen Praktiken.[449] Ohne eine solche Analyse besteht die Gefahr, dass besonders augenfällige Ungleichheiten angeprangert werden, ihren Ursachen jedoch nicht auf den Grund gegangen wird.[450]

Der Rat verfolgte systematisch, wer sich auf welche Stellen bewarb und wer befördert wurde. Aus der Analyse ging hervor, dass das JSC seine Rekrutierungskanäle erweitern und nicht nur eine leitende Person pro Abteilung, sondern eine diverse Gruppe von Teammitgliedern in den Rekrutierungsprozess einbinden musste. Ziel war es, Personal nicht über Netzwerke anzuwerben, sondern über vielfältigere Kanäle. Zu einem derartigen Vorgehen gehört auch, proaktiv auf Organisationen zuzugehen, die mit unterrepräsentierten Gruppen arbeiten,[451] und in sie zu investieren. Außerdem sollten bei Bewerbungen idealerweise Informationen über das Alter, Geschlecht, die Ethnie und den sozioökonomischen Hintergrund der Bewerber geschwärzt werden.[452] Ziel ist ein systematischer Rekrutierungsprozess, bei dem alle Kandidaten gleich behandelt werden, anstatt auf das Bauchgefühl der Personalchefs beim Bewerbungsgespräch oder darauf zu vertrauen, dass ein Kandidat zur Unternehmenskultur passt, weil dadurch oft hoch qualifizierte Kandidaten ausgeschlossen werden, nur weil sie nicht dem Profil der Personalabteilung entsprechen.[453]

Doch ein fairer Einstellungsprozess bietet noch keine Garantie, dass Neueingestellte auch Erfolg haben. Daher wandte sich der Rat an die Mitarbeiter des Space Center, um die Herausforderungen zu verstehen, vor denen sie standen, und Möglichkeiten zu finden, sie zu unterstützen. »Wenn man ein Problem beheben will, muss man mit denen reden, die es durchmachen«, sagte uns Ellen. Das sehen auch die Managementexperten Laura Morgan Roberts und Tony Mayo so, die hervorheben, wie wichtig derartige Dialoge sind, um Vertrauen aufzubauen, Empathie zu fördern und den Standpunkt des anderen zu verstehen.[454] Den Diskriminierten zuzuhören und ihnen bei den Richtlinien und Verfahren einer Organisation ein Mitspracherecht einzuräumen, kann das Risiko der Diskriminierung reduzieren und gleichzeitig für eine Umverteilung der Macht innerhalb der Organisation sorgen.[455]

Die Gespräche hatten Ellen wichtige Erkenntnisse geliefert, von denen sie profitierte, als sie schließlich selbst Leiterin des JSC wurde und die Arbeit fortführte, die sie mit Michael und dem Rat begonnen hatte. Die beiden hatten sich jedoch kaum mit einer anderen Möglichkeit beschäftigt, über die Menschen in Organisationen Macht erlangen: mit den informellen Gelegenheiten, die Mitarbeitern Zugang zu Netzwerken bieten, zu erstrebenswerten Aufträgen, Sichtbarkeit und anderen wertvollen Ressourcen. Die Entscheidung, wer einen Manager vertritt, Teil eines zentrumsweiten Teams wird oder einen einflussreichen Gast herumführt – etwa einen Kongressabgeordneten oder den Leiter des Office of Science and Technology Policy im Weißen Haus –, lag üblicherweise bei den Abteilungsleitern. Und wie in vielen Unternehmen und Organisationen wandten sie sich an ihre üblichen Ansprechpartner, an die sie sich immer wandten. Und so setzte sich die Spirale (oder der Teufelskreis) der Chancen (oder des Ausschlusses) fort.

Um diesen Zyklus zu durchbrechen, startete Ellen das Transparency Opportunity Program (TOP), das intern alle informellen Stellen (von den Mitarbeitern »TOPportunities« genannt) ausschrieb, damit sich auch diejenigen, die vielleicht übersehen wurden, aber motiviert waren, bewerben konnten. Das Programm sollte sicherstellen, dass alle im Space Center von den bestehenden Möglichkeiten wussten, und unterrepräsentierte Gruppen ermutigen, die Chancen zu ergreifen.

Dann ging Ellen noch einen Schritt weiter – einen Schritt, der entscheidend ist, wenn man eine Kultur verändern will: Die Umsetzung von TOP floss in die Beurteilung der Manager mit ein. Sie wurde als ein Kriterium bei der Frage betrachtet, ob ein Manager in der Lage war, den kulturellen Wandel zu unterstützen und Ressourcen innerhalb seines Teams gerecht zu verteilen. Ellens Strategie zahlte sich aus. Als sie sich in den Ruhestand verabschiedete, wurden Chancen unter den Mitarbeitern tatsächlich gerechter verteilt. Vanessa Wyche, die damals im JSC arbeitete und ein Jahr nach Ellens Ausscheiden stellvertretende Leiterin des Space Center wurde, erinnerte sich: »Ellen hat nicht nur selbst die Karriereleiter erklommen; sie hat andere Leute mitgenommen. Und dieses Vermächtnis hat Bestand. Ich wäre nicht in der Position, in der ich heute bin, wenn Ellen Ochoa nicht dafür gesorgt hätte, dass Leute wie ich sichtbar wurden und die Chancen erhielten, durch die ich überhaupt in die engere Auswahl kam. Sie hat das nicht nur für mich getan, sondern für so viele Frauen und Angehörige von Minderheiten. Sie hat dazu beigetragen, Macht zu verteilen und andere daran teilhaben zu lassen.«

Ellen war stolz auf die Fortschritte, meinte jedoch auch: »Bei dieser Arbeit geht es nicht darum, ein Ziel zu erreichen. Sie erfordert ständige Wachsamkeit, Kreativität und immer wieder neues Engagement.« Der Weg zur Verteilung der Macht bleibt also lang und holperig, doch immerhin haben wir jetzt eine Wegbeschreibung, um den Wandel voranzutreiben. Oder wie es der Sozialpsychologe und Diversitätsforscher Robert Livingston formuliert: »Die eigentliche Herausforderung für Organisationen besteht nicht darin zu erkennen, ›Was können wir tun?‹, sondern in der Frage ›Sind wir bereit, das zu tun?‹«[456]

Wenn wir eine gerechtere Machtverteilung in Organisationen erreicht haben, müssen wir uns mit der Frage beschäftigen, wie wir diejenigen, die Macht haben, zur Verantwortung ziehen können. Alles, was wir über Macht und ihre Auswirkungen auf die menschliche Psyche wissen, zeigt eindeutig, dass wir Möglichkeiten brauchen, die Mächtigen für ihr Handeln zur Rechenschaft zu ziehen, unabhängig von ihren demografischen Merkmalen oder Zielen. Niemand von uns ist gegen Hybris und Selbstbezogenheit immun, nicht einmal Miriam, die Holocaustüberlebende aus Kapitel 2, die entsetzt feststellte, wie sie sich nach nur einem Tag der Macht von den »kleinen Leuten« distanzierte und sich ihnen überlegen fühlte. Die Führungskräfte von morgen werden hoffentlich eine größere Diversität aufweisen als heute, doch auch dann besteht das Risiko des Machtmissbrauchs, es sei denn, man kann jeden, der Macht hat, auch zur Verantwortung ziehen.

VERANTWORTLICHKEIT IN ORGANISATIONEN: FÜR WEN UND WOZU?

Wann immer wir jemand anderem die Macht geben, für uns Entscheidungen zu treffen und zu handeln, laufen wir Gefahr, dass diese Person ihre Macht gegen uns verwendet. Warum? Weil die Dinge, die dem Entscheidenden (dem Agenten) wichtig sind, nicht mit dem übereinstimmen müssen, was uns (dem Prinzipal) wichtig ist. In den Wirtschaftswissenschaften spricht man in diesem Zusammenhang vom Prinzipal-Agenten-Problem. Ein typisches Beispiel ist das Verhältnis zwischen Unternehmensleitung und Aktionären in einem Unternehmen: Wenn die Eigentümer die Leitung an die CEOs und andere Führungskräfte delegieren, geben sie den Führungskräften ein Maß an Macht, das eine Aufsicht und Rechenschaftspflicht erfordert. Liegt das daran, dass alle Führungskräfte Gauner sind? Überhaupt nicht. Sie sind wie alle Mächtigen einfach nur anfällig dafür, von der Macht verführt zu werden, daher wäre es unklug, bei der Ausübung dieser Macht allein auf ihre Selbstbeherrschung zu vertrauen.

Bereits 1363 hatten die Wollhändler, die sich zu einer der ersten Handelsgesellschaften in England zusammenschlossen, dieses Problem erkannt. Sie entwickelten Strukturen, um die Machthabenden im Auge zu behalten. Sie wählten einen »Mayor« (vergleichbar mit einem CEO von heute), der die Geschäfte der Gesellschaft führte. Als Gegengewicht gab es einen 24-köpfigen Mitgliedsrat, der die Gesellschaft leitete – ein Prinzip, das auch in anderen Organisationen eingeführt wurde, etwa bei der Bank of England, die noch einen Schritt weiter ging und ein Drittel der Direktoren nach ihrer einjährigen Amtszeit von einer Wiederwahl ausschloss.[457]

Diese Räte waren die Vorläufer der modernen Vorstände, bei denen die Macht zwischen den Spitzenmanagern eines Unternehmens und dem Vorstand aufgeteilt ist, der die Interessen der

Aktionäre vertritt und die Aktivitäten des Unternehmens und seine Manager kontrollieren soll.[458] Vorstände gelten als eines der wichtigsten Kontrollinstrumente, dennoch haben nicht alle Unternehmen einen aktiven Vorstand, zudem variieren die Bereitschaft und die Fähigkeit, diese Kontrollfunktion auch auszuüben, von Unternehmen zu Unternehmen erheblich.

Experten, die sich mit Vorständen befassen, haben mehrere Hindernisse ausgemacht, die einer angemessenen Überwachung der Geschäftsführung im Weg stehen. Dazu gehören die Komplexität der Probleme, mit denen Unternehmen konfrontiert sind, der Widerwille mancher Vorstandsmitglieder, sich den Wünschen der Unternehmensleitung zu widersetzen, und die Schwierigkeit, effektiv als Team zu arbeiten, wenn die Mitglieder nur ein paarmal im Jahr zusammenkommen. Am wichtigsten ist vermutlich, dass Vorstandsmitglieder aufgrund ihrer zahlreichen anderen Verpflichtungen weder die nötige Zeit noch die Motivation haben, sich eingehend mit den einzelnen Operationen eines Unternehmens zu befassen.[459]

Einige dieser Hindernisse lassen sich durch eine Änderung der Rekrutierungspraktiken für Vorstandsmitglieder beseitigen. Bis vor Kurzem wurde meist im engen Kreis der Unternehmenselite nach Mitgliedern gesucht, was dazu führte, dass die Mitglieder untereinander und mit dem Management über direkte und indirekte Kanäle eng verbunden waren.[460] Diese Verflechtung war sehr stark: Wenn im Januar 1999 ein Virus den Vorstand der Chase Manhattan Bank infiziert hätte, hätte er sich über die verschiedenen monatlichen Sitzungen der Mitglieder bis Mai auf 97 Prozent der größten 600 börsennotierten Unternehmen in den Vereinigten Staaten ausbreiten können![461] Doch warum ist das abgesehen von der Verbreitung von Viren so problematisch? Weil enge Verbindungen auch eine laxe Aufsicht bedeuten, wie eine Reihe von Unternehmensskandalen zeigt – Enron dürfte wohl das bekannteste Beispiel sein. Als Reaktion darauf haben sich die Rekrutierungspraktiken geändert,[462] mittlerweile sind

Mitglieder, die gleich in mehreren Vorständen sitzen, weniger gefragt, weil sie weniger Zeit für die einzelnen Organisationen haben, für die sie tätig sind, und weil ihre Unabhängigkeit nicht garantiert ist.

Selbst wenn Vorstandsmitglieder ihre Aufsichtspflichten erfüllen, tun sie das eher im Interesse der Aktionäre, die Kapital in die Firma investiert haben.[463] Doch es gibt noch andere Akteure, auf die ein Unternehmen angewiesen ist und die direkt von der Tätigkeit des Unternehmens betroffen sind – Mitarbeiter, Kunden, Zulieferer und ganz allgemein die Gesellschaft –, die jedoch selten auf die Ausrichtung des Unternehmens einwirken können. Daher überrascht es nicht, dass es vielen Unternehmen in den vergangenen Jahrzehnten allein um die Maximierung des Shareholder-Value ging.

Ein untrügliches Symptom für eine Machtkonzentration in den Händen der Aktionäre und Unternehmensleitung ist die immer größer werdende Einkommensschere zwischen Topmanagern und Mitarbeitern. Das durchschnittliche Verhältnis der höchsten zu den niedrigsten Gehältern in US-Unternehmen stieg von 20 zu 1 im Jahr 1965 auf 320 zu 1 im Jahr 2019. Ähnlich stieg das Gehalt von CEOs in den USA in den Jahren 1978 bis 2019 um 1167 Prozent, während das der Belegschaft nur um 14 Prozent wuchs.[464] Zusätzlich zur wachsenden Ungleichheit hat diese Verschiebung des Machtgleichgewichts auch dramatische Folgen für die Umwelt, wie das Beispiel der fossilen Brennstoffindustrie zeigt, wo Konzernchefs absichtlich die von ihren Unternehmen verursachten Umweltschäden verheimlichen, um weiterhin ungehemmt Geld zu scheffeln, wie wir bereits in Kapitel 3 festgestellt haben.[465]

Die Gesellschaft ist jedoch nicht untätig geblieben: In den vergangenen Jahrzehnten haben Aktivisten auf der ganzen Welt mit vereinten Kräften gegen die Gier der Konzerne agitiert und die Öffentlichkeit auf die Gefahren eines außer Rand und Band geratenen Kapitalismus aufmerksam gemacht. Die Schlachten, die

Umweltschützer gegen Lobbyisten geschlagen haben, sind ein Sinnbild für dieses Tauziehen, doch so langsam zahlen sich die Bemühungen der Aktivisten aus, die Bevölkerung über Generationsgrenzen hinweg zu mobilisieren. Belegschaften drängen auf einen Wandel von innen heraus, wie wir in Kapitel 7 gesehen haben, und organisieren sich intern, damit sich die Unternehmensspitze nicht mehr allein auf die Gewinnmaximierung konzentriert, sondern auch die Auswirkungen der Unternehmenstätigkeit auf die Gesellschaft und Umwelt berücksichtigt.

Aufgrund des wachsenden Drucks haben viele Unternehmensführer den Wunsch geäußert, nicht nur an ihre Aktionäre zu denken, sondern auch an andere Beteiligte.[466] Im August 2019 veröffentlichte der Business Roundtable, dem die CEOs der meisten großen US-Unternehmen angehören, eine Erklärung, in der sie den Vorrang der Aktionäre ablehnten und lieber Wert für ihre Mitarbeiter und andere Beteiligte, darunter ihre Kunden und die Gesellschaft an sich, schaffen wollten. Doch wenn es darum geht, tatsächlich Verantwortung gegenüber diesen Gruppen zu übernehmen, hat sich nicht viel geändert. Eine Studie zeigte, dass beim Ausbruch von Corona im Frühjahr 2020 die Unternehmen, die die Erklärung des Business Roundtable unterzeichnet hatten, ihre Mitarbeiter 20-mal häufiger entließen als die Unternehmen, die nicht unterzeichnet hatten.[467] Auch die Bereitschaft, für Hilfsmaßnahmen zu spenden, Kunden Preisnachlässe zu gewähren oder die Produktion auf in der Pandemie benötigte Güter umzustellen, war bei diesen Unternehmen geringer. Das überrascht nicht: Wenn wir es den Mächtigen überlassen, sich zu ändern, ändern sie vielleicht ihre Kommunikation, aber nur selten ihr Verhalten.

Doch es gibt auch eine gute Nachricht: Neue Strukturen und Systeme, die von Unternehmen nicht nur wirtschaftliche Leistung verlangen, sondern auch ihre Auswirkungen auf Gesellschaft und Umwelt unter die Lupe nehmen, können einen echten Wandel ermöglichen.[468] Das 2011 von Jean Rogers geschaffene

Sustainability Accounting Standards Board, das wir in Kapitel 6 vorgestellt haben, ist dafür ein hervorragendes Beispiel.[469] Die Maßstäbe, die von Organisationen wie SASB gesetzt werden, genügen für sich allein jedoch noch nicht, um einen Wandel voranzutreiben. Hier kommen ergänzende Kräfte mit neuen Rechtsformen ins Spiel – beispielsweise die Benefit Corporations oder B-Corps in den USA, die Community Interest Companies in Großbritannien und die Sociétés à Mission in Frankreich –, die den Weg ebnen für Unternehmen, die einen Gewinn in dreifacher Hinsicht (sozial, ökologisch und finanziell) anstreben und ihre Führung für die Umsetzung dieser Ziele in die Verantwortung nehmen.[470] Auch bei der Infrastruktur im Umfeld dieser Unternehmen – externe Wirtschaftsprüfer, Finanzanalysten und Investoren – ändert sich allmählich die Denkweise, wie die wachsende Zahl der Impact-Investoren zeigt, die neben dem finanziellen Gewinn auch soziale und ökologische Zielsetzungen von den Unternehmen erwarten, in die sie investieren.[471]

Doch selbst bei diesen neuen Systemen der Verantwortlichkeit ist eine Machtkonzentration nur schwer zu vermeiden, wenn in den Aufsichtsräten und Vorständen nur Anleger sitzen. Ein massives Machtungleichgewicht zwischen denen, die ihr finanzielles Kapital investieren (die Aktionäre), und denjenigen, die ihre Arbeit und ihren Intellekt zur Verfügung stellen (die Mitarbeiter), ist nicht nur ungerecht, sondern auch problematisch, weil die Macht der Aktionäre weiterhin nicht kontrolliert wird.[472] In einem provokanten Artikel schrieb die Philosophieprofessorin Elizabeth Anderson: »Bosse sind Diktatoren und Angestellte ihre Untertanen«, weil die Angestellten in der »Regierung« des Unternehmens, für das sie arbeiten, nicht vertreten seien.[473] Die Entscheidung, in einer Rezession Arbeiter zu entlassen, anstatt Managergehälter zu kürzen, um das Unternehmen über Wasser zu halten, oder in einer Pandemie auf eine Entgeltfortzahlung im Krankheitsfall zu verzichten, liegt nicht bei den Mitarbeitern. In den meisten Unternehmen treffen immer noch die Vertreter der

Aktionäre und die Unternehmensleitung die strategischen Entscheidungen.

Doch zum Glück gibt es eine einfache Lösung: Man muss einfach den Angestellten und Arbeitern mehr Macht geben.[474]

MEHR MACHT FÜR WERKTÄTIGE

Zwei Kleinkinder und sechs Tage pro Woche, an denen sie stundenlang durch die Stadt pendelte, um ihrem Job als Reinigungskraft nachzugehen, forderten von Sandra Lopez ihren Tribut. Wenn sie für die Arbeit länger brauchte als erwartet, gab es keine bezahlten Überstunden. Und wenn die Kunden, wie es häufig der Fall war, um eine zusätzliche Dienstleistung baten, etwa spontan die Fenster zu putzen oder den Deckenventilator zu reinigen, war es Sandra oft unangenehm, den Preis auszuhandeln und aufgrund ihrer begrenzten Englischkenntnisse auch schwierig.

Diese Arbeitsbedingungen sind für die meisten Hausangestellten heute und in der Vergangenheit typisch – sie sind quasi unsichtbar, viele sind Teil der Schattenwirtschaft und arbeiten in privaten Haushalten, wo sie sich um die Kinder kümmern, den Haushalt machen oder alte Menschen pflegen.[475] Die Arbeit ist oft sehr persönlich und kaum reguliert. In den USA waren Hausangestellte zusammen mit landwirtschaftlichen Arbeitskräften von den Gesetzen zum Schutz der Arbeiter beim New Deal ausgenommen. Palak Shah, zuständig für soziale Innovationen bei der National Domestic Workers Alliance, erklärte uns: »Diese Arbeitsmärkte sind seit Generationen inoffiziell, unsichtbar und Teil der Schattenwirtschaft. Über einen Großteil der Zeit waren Hausangestellte ohne jeden Schutz.«[476] Für sie ist die Frage nach der Macht und Verantwortlichkeit der Arbeitgeber von großer Bedeutung, aber auch nicht unproblematisch, da die Trennlinie zwischen beruflicher und persönlicher Beziehung aufgrund der Natur dieser Arbeit leicht verwischen kann. Und Shah wirft noch eine weitere, allgemeinere Frage auf: Wodurch wird die Macht des Arbeitgebers über den Arbeitnehmer begrenzt?

Für viele Arbeitnehmer ist die Antwort auf diese Frage klar: kollektives Handeln. Im Kampf um den Schutz der Arbeitnehmer und auch um das Recht, Gewerkschaften zu bilden, spielt der Gesetzgeber eine wichtige Rolle. Gewerkschaften haben entscheidend dazu beigetragen, Arbeiter zu einen und in ihrem gemeinsamen Kampf für rechtliche Änderungen zu unterstützen, um das Kräfteverhältnis zwischen Arbeitnehmern und Arbeitgebern auszugleichen.[477] Doch Gewerkschaften polarisieren auch. Kritiker argumentieren, sie würden unproduktive Arbeiter schützen, Einzelmeinungen unterdrücken, unverhältnismäßige Forderungen stellen, die wirtschaftlichen Interessen der Unternehmen außer Acht lassen, kostspielige Rechtsstreitigkeiten und Schlichtungen heraufbeschwören und seien noch dazu anfällig für Korruption. Sicher gibt es einzelne Fälle, die diese Vorwürfe bestätigen, dennoch haben Gewerkschaften entscheidend zum allgemeinen Wohlstand in den Industrieländern beigetragen. Gewerkschaftlich organisierte Arbeitnehmer sind besser abgesichert und besser bezahlt als nicht gewerkschaftlich organisierte Arbeitnehmer. Die gewerkschaftlichen Errungenschaften haben auch den nicht organisierten Arbeitern Verbesserungen gebracht, weil sie die Standards für die Arbeitsbedingungen setzen. Diese Vorteile verschaffen den Arbeitnehmern einen größeren Anteil am erwirtschafteten Gewinn eines Unternehmens, ohne dass die Produktivität sinkt.[478] Mitte des 20. Jahrhunderts, als in den USA die Mitgliedschaft in Gewerkschaften auf einem Höchststand war, trugen Gewerkschaften dazu bei, dass sich Unternehmensgewinne auch in höheren Löhnen niederschlugen, wodurch sich die allgemeine Ungleichheit verringerte. Doch wenn die Gewerkschaften an Macht einbüßen – wie es in den USA in der zweiten Hälfte des 20. Jahrhunderts der Fall war – oder wenn Arbeitnehmer vom Gesetz daran gehindert werden, sich zu organisieren, ist das Machtungleichgewicht so groß, dass die Rechte der Arbeiter in Gefahr sind[479] und das Wirtschaftswachstum gehemmt wird.[480]

Für manche Arbeitnehmer, wie etwa Hausangestellte, ist kollektives Handeln ohnehin schwierig, weil sie keinen gemeinsamen Arbeitsplatz haben. Aber schwierig heißt nicht unmöglich, wie uns Ai-jen Poo, die Mitgründerin der National Domestic Workers Alliance, erklärte.[481] 2003 organisierte sie zusammen mit anderen eine Kampagne, bei der 250 Hausangestellte aus ganz New York City zusammenkamen und eine Bewegung starteten, die auch für so dezentral und isolierte Arbeitskräfte wie Hausangestellte grundlegende Rechte erkämpfen wollte. Nach sechs Jahren mit schlaflosen Nächten und unzähligen Fahrten zum Regierungssitz des Bundesstaats New York, wo die Hausangestellten demonstrierten und auf ihre Interessen aufmerksam machten, schafften die Organisatoren einen Durchbruch: New York unterzeichnete als erster Bundesstaat der USA eine Grundrechtserklärung für Hausangestellte, die ihnen bezahlte Überstunden, bezahlten Urlaub, Schutz vor Belästigung, Abfindungen bei Kündigungen und so weiter garantierte.[482] Das Gesetz ist nicht perfekt und die Hürde, sich vor Gericht mit Arbeitgebern auseinanderzusetzen, bleibt weiterhin bestehen, doch es hat dazu beigetragen, das Machtverhältnis im Alltag zugunsten der Hausangestellten zu verschieben, von Menschen wie Sandra, und ist damit ein weiterer Beleg für die Bedeutung der kollektiven Organisation.

In der Gig-Economy mit ihren zeitlich befristeten Aufträgen ist der fehlende Schutz vor der übermäßigen Macht der Arbeitgeber ein großes Problem. Man muss nur an die Fahrer von Fahrdienstvermittlern oder an Essenslieferanten denken, die in vielen Ländern nicht als »angestellt« gelten. Obwohl die Firmen, die diese angeblichen Subunternehmer beschäftigen, ihre Unternehmen nicht ohne sie betreiben können, haben sie die einseitige Kontrolle über deren Arbeitsbedingungen. Die gesundheitlichen und finanziellen Risiken, durch den dichten Stadtverkehr zu radeln oder ein Auto zu unterhalten, liegen bei den Arbeitnehmern, während die Vorteile (durch den Verkauf hoch gehandelter Aktien) allein an die Betreiber der Firmen gehen.

Doch selbst mit einem besseren rechtlichen Schutz der Beschäftigten in der Gig-Economy und der Schattenwirtschaft kann Macht nur dann besser verteilt werden, wenn Organisationen umgestaltet werden. Wie das geht, zeigt das Beispiel von Sandra Lopez. Ihre Arbeitsbedingungen haben sich deutlich verbessert: Sie nutzt mittlerweile eine App namens Up & Go, die ihr Kunden in der ganzen Stadt vermittelt. Man könnte jetzt annehmen, dass Up & Go ähnlich wie Uber oder der Lieferservice DoorDash enorme Macht über die Mitarbeiter hätte, weil der Dienst den Zugang zu ihrer wichtigsten Ressource kontrolliert: den Kunden. Doch im Fall von Up & Go ist das Machtverhältnis umgekehrt, denn Sandra ist nicht nur Nutzerin, sondern auch Mitbesitzerin der Plattform. 2018 sah sie in ihrem Viertel in Brooklyn einen Handzettel vom Center for Family Life, das ein Programm zum Aufbau einer Reinigungskooperative anbot. Ihre eigene Chefin und Gründerin eines Unternehmens zu sein, klang für Sandra verlockend, und so nahm sie begeistert an dem einjährigen Programm teil, bei dem sie zusammen mit 17 anderen Frauen, die meisten wie sie Einwanderinnen aus Mexiko oder Mittelamerika, abends und an den Wochenenden am Aufbau der Kooperative arbeitete.

Kooperativen geben Arbeitern durch die Mitgliedschaft ein echtes Mitspracherecht bei der Ausrichtung der Organisation. In Sandras Kooperative stimmten die Frauen darüber ab, welche Dienstleistungen sie zu welchem Preis anbieten wollten. Ihr Einkommen verdoppelte sich, wodurch sie weniger arbeiten musste und mehr Zeit mit ihren Kindern verbringen konnte. »Die Leute glauben oft, die Bezahlung wäre der größte Vorteil. Aber für mich sind es die Flexibilität und die zusätzliche Zeit mit meiner Familie. Wir arbeiten so hart. Wir vergessen oft, wie wichtig unsere Lebensqualität ist«, sagte sie uns. Die Kooperative ist auf die Bedürfnisse der Arbeiterinnen-Mitinhaberinnen ausgerichtet. So werden etwa Gespräche oder Verhandlungen telefonisch oder von der Kundendienst-App der Kooperative unterstützt, die zweisprachig ist und wichtige Informationen in Spanisch vermittelt. Die Kunden buchen den Dienst über die App, daher sind die Erwartungen bei Ankunft der Hausangestellten klar. Außerdem schult die Kooperative die Mitinhaberinnen und klärt sie über ihre Rechte auf. »Indem wir uns zusammentaten, haben wir eine Struktur geschaffen, die uns alle unterstützt. Die Kooperative schützt uns und kämpft für unsere Interessen. Allein hätte ich nie so viel Macht.« Zum Vergleich: Als Uber 2019 seinen Börsengang plante, wurde die Bezahlung der Fahrer gekürzt, um die Aktien attraktiver zu machen.[483] In Sandras Kooperative gehen alle Gewinne direkt an Sandra und ihre Mitgründerinnen, ausgenommen sind nur die Beträge, die sie aufgrund ihrer eigenen Entscheidung wieder in die Kooperative investieren wollen. Sie kontrollieren die wertvollen Ressourcen, daher haben sie Macht.

Als Sandra uns ihre Geschichte erzählte, war offensichtlich, dass diese Erfahrung sie verändert hatte: »Bevor ich Mitinhaberin wurde, war ich schrecklich schüchtern. Ich traute mich nicht, vor vielen Leuten zu reden oder für mich selbst einzustehen. Aber durch das Programm lernte ich so viel über meine Rechte und über kooperative Prozesse, dass ich spürte, wie mein Selbstbewusstsein immer mehr aufblühte. Ich habe das Gefühl, dass ich weiß, wovon ich spreche. Ich kenne meine Arbeit und ihren Wert. Dieses Selbstbewusstsein hat sich auch auf mein persönliches Leben ausgewirkt.«

Kooperativen sind weder neu noch auf Hausangestellte beschränkt. Beispielsweise werden 20 Millionen Häuser, Gewerbegebäude und Schulen in den USA über Energiekooperativen mit Strom versorgt, die ihre Preise mit den Interessen der Verbraucher abstimmen.[484] Diese Unterschiede in der Organisationsstruktur sind alles andere als trivial. Sie definieren, wer was bei der Arbeit kontrolliert. Die US-amerikanische Soziologin und Ökonomin Juliet Schor plädiert überzeugend für Kooperativen und regulatorische Reformen, um Internetplattformen in die Schranken zu weisen und den in der Gig-Economy erwirtschafteten Gewinn gleichmäßiger zu verteilen.[485] Wieder einmal geht es am Ende um eine Verteilung der Macht und Verantwortlichkeit.

Außerhalb der Kooperativen bleibt das Arbeitsleben für die meisten Arbeitnehmer hierarchisch und ohne eine Möglichkeit, die Mächtigen zur Verantwortung zu ziehen. Das muss jedoch nicht so sein: Deutschland, die Niederlande und einige skandinavische Länder haben Mitbestimmungsgesetze eingeführt, die eine Vertretung der Arbeitnehmer in Unternehmensvorständen vorschreiben. Dadurch können Topmanager, Aktionäre und die Belegschaft miteinander verhandeln und gemeinsam über die Ausrichtung eines Unternehmens entscheiden.[486] Allerdings gibt selbst bei der Mitbestimmung häufig die Stimme der Aktionäre den Ausschlag, was bedeutet, dass die Mitarbeiter die Aktionäre nicht überstimmen können.[487] Aus diesem Grund schlägt die belgische Sozialwissenschaftlerin Isabelle Ferreras vor, einen Schritt weiter zu gehen und den Vertretern der Aktionäre wie der Belegschaft echte Macht bei Entscheidungen zu geben.[488] Durch die gegenseitige Abhängigkeit wären sie bei Entscheidungen über die Zukunft des Unternehmens zur Zusammenarbeit gezwungen. Es bleibt abzuwarten, ob diese Art der gemeinsamen Entscheidungsfindung am besten durch die Schaffung von zwei Einheiten mit gleichen Befugnissen (eine für jede Gruppe) erreicht werden kann oder durch die Aufnahme von Arbeitnehmervertretern in bestehende Vorstände, in denen sie dann dieselben Stimmrechte hätten. Letztendlich geht es darum, dass die Interessen der Arbeitnehmer vertreten werden, dass alle Parteien miteinander sprechen und fundierte strategische Entscheidungen treffen können und dass die Arbeitnehmer die Möglichkeit haben, diese Entscheidungen zu beeinflussen – vor allem wenn sie direkt davon betroffen sind. Ohne diese Demokratisierung der Unternehmen werden Arbeitnehmer nie ein direktes Mitspracherecht in ihrer Firma haben.[489]

Eine gleichmäßigere Machtverteilung wäre schon allein aus moralischen Gründen erforderlich. Doch unsere Forschung hat gezeigt, dass Organisationen mit demokratischen Entscheidungsprozessen oft besser gerüstet sind, um neben rein finanziellen Zielen auch soziale und ökologische Ziele umzusetzen.[490] Die Vielfalt der Perspektiven, die sich durch den Austausch zwischen Aktionären, Topmanagern und Arbeitnehmern ergibt, trägt dazu bei, dass sich das Unternehmen nicht nur auf einseitige Ziele zum Schaden der anderen konzentriert.[491] Wenn wir also anfangen wollen, von Unternehmen die Einhaltung strengerer Sozial- und Umweltstandards zu verlangen, sollten wir uns an den Organisationen orientieren, die bereits Möglichkeiten für eine demokratische Entscheidungsfindung geschaffen haben, wie zum Beispiel die Genossenschaften. Das sollte keine große Überraschung sein: Demokratie gewährleistet eine ausgeglichenere Machtverteilung und ermöglicht die Umsetzung vielfältiger Ziele anstelle der begrenzten Ziele einer kleinen Gruppe.[492] Das gilt für Organisationen genauso wie für die Gesellschaft an sich.

MACHTVERTEILUNG IN DER GESELLSCHAFT

Solon und Kleisthenes, die beide vor über 2500 Jahren in Athen lebten, sind bekannt für ihre innovativen Reformen, die zur *dēmokratía* führten, der »Herrschaft des Volkes« im Stadtstaat Athen.[493] Um Korruption und Tyrannei zu verhindern, beinhalteten die Reformen ein System der gegenseitigen Kontrolle, das die Trennung der Gewalten in mehrere große politische Gremien vorsah, darunter die *ekklesia*, die Versammlung, die *bule*, der Rat der 500, der die Tagesordnung der *ekklesia* festlegte, und die *heliaia*, das Volksgericht.[494] Dieses demokratische System hatte über ein Jahrhundert Bestand, bevor die Athener wie der

Großteil Griechenlands im 4. Jahrhundert v. Chr. unter die Herrschaft Makedoniens gerieten.[495]

Die Gewaltenteilung rückte erst 1748 wieder ins Blickfeld, mit der Veröffentlichung von Charles-Louis de Secondats (besser bekannt als Montesquieu) *De l'esprit des loix (Vom Geist der Gesetze).* Aus Montesquieus Sicht vermied man eine Despotie am besten, indem man die Machtausübung auf drei verschiedene Körperschaften verteilte – die Legislative, die Exekutive und die Judikative –, die alle an das Gesetz gebunden waren. Montesquieu schreibt: »Es ist eine ewige Erfahrung, dass jeder, der Macht hat, ihrem Missbrauch geneigt ist … Um den Missbrauch der Macht zu verhindern, muss vermöge einer Ordnung der Dinge die Macht der Macht Schranken setzen.«[496] Sein Konzept hatte großen Einfluss auf die Männer, die einige Jahrzehnte später die Verfassung der Vereinigten Staaten ausarbeiteten, in der das Konzept der drei getrennten Körperschaften durch den Kongress, den Präsidenten und den Obersten Gerichtshof umgesetzt wurde. Diese Gewaltenteilung liegt den heutigen Demokratien zugrunde – eine Trennung, die unverzichtbar, aber auch ständig davon bedroht ist, ausgehöhlt zu werden,[497] wie zahlreiche ehemalige Demokratien auf der ganzen Welt zeigen, die zu Autokratien wurden.

Anders als in Athen, wo jeder männliche Bürger an der *ekklesia* teilnehmen konnte (die als Volksversammlung das verkörperte, was wir heute als Legislative bezeichnen würden), entschieden sich die Gründerväter der Vereinigten Staaten dafür, die legislative Verantwortung gewählten Repräsentanten zu übertragen, die nur über einen begrenzten Zeitraum ihr Amt ausüben sollten. Mit diesem Kernstück einer repräsentativen Demokratie, das praktisch in jeder modernen Demokratie zu finden ist, stellt sich nun die entscheidende Frage, wen wir zu unseren Vertretern wählen. Und obwohl wir vermutlich alle schon in der Situation waren, dass Kandidaten das Rennen machen, die wir nicht unterstützt haben, akzeptieren wir die Wahl, weil das unsere Pflicht als Bürger ist, solange sich die Kandidaten an die Regeln halten und ihr Amt niederlegen, wenn es die Verfassung verlangt.

So ausgeklügelt die Gestaltung einer Verfassung auch sein mag, sie bietet keinen ausreichenden Schutz vor Machtmissbrauch. Die Verankerung der Gewaltenteilung und einer Amtszeitbegrenzung in der Verfassung eines Landes ist keine Garantie dafür, das schleichende Vordringen der Autokratien zu verhindern: 2021 war das 15. Jahr in Folge, in dem die Demokratie weltweit auf dem Rückzug war.[498] Prozesse, bei denen die Demokratie untergraben wird, weil Kontrollmechanismen nicht mehr funktionieren, finden sich in allen Gesellschaften und Epochen.[499] Der US-amerikanische Historiker Timothy Snyder mahnt: »Der Fehler liegt in der Annahme, Machthaber, die durch Institutionen an die Macht kamen, könnten genau diese Institutionen nicht verändern oder zerstören.«[500] Sie können es sehr wohl.

Oft endet eine Demokratie nicht in einem plötzlichen und gewalttätigen Staatsstreich, sondern geht aufgrund einer langsamen, schleichenden Erosion der Rechte und Freiheiten zugrunde, die einer Autokratie Tür und Tor öffnet, indem sie die Bürger allmählich an die Einschränkungen gewöhnt. Dieser Entwicklung stellte sich Tope Ogundipe mit Paradigm entgegen, einer panafrikanischen Organisation zum Schutz digitaler Rechte, die sich für den Schutz der Freiheit der Nigerianer im Netz einsetzt. Die Bewahrung dieser Rechte erfordert ständige Wachsamkeit, wie Tope uns erzählte, weshalb bürgerschaftliches Engagement so wichtig ist.[501]

WIR ALLE SIND DAFÜR VERANTWORTLICH, DIE MÄCHTIGEN ZUR RECHENSCHAFT ZU ZIEHEN

Im Dezember 2015 legte der nigerianische Senator Bala Ibn Na'Allah ein neues Gesetz vor, das die Meinungsfreiheit im Netz einschränken sollte. Wenn es verabschiedet worden wäre, wären sämtliche Postings und Nachrichten, deren Inhalt die Regierung für falsch erachtete, verboten gewesen, wenn sie sich auf Einrichtungen (einschließlich aller Behörden), Gruppen und Organisationen bezogen. Das Gesetz sollte für öffentliche Plattformen wie Twitter und Facebook gelten, aber auch für private Messengerdienste wie WhatsApp. Bei einem Verstoß drohten bis zu zwei Jahre Gefängnis oder eine Geldstrafe in Höhe von zwei Millionen Naira (zu der Zeit etwa 10 000 US-Dollar). Man riskierte also eine Haftstrafe oder einen Bankrott, weil man seinen Freunden seine Meinung mitgeteilt hatte. Tope Ogundipe war empört und scharte schon bald ein Team aus lokalen und internationalen Partnern um sich: Sie wollten die Vorgänge im Zusammenhang mit dem Gesetz offenlegen und allgemein bekannt machen, damit es nicht, wie vom Senat bevorzugt, von der Öffentlichkeit unbemerkt verabschiedet werden konnte. Tope selbst wandte sich an Organisationen für digitale Gerechtigkeit, mit denen sie bereits zusammengearbeitet hatte, darunter Freedom House, die Web Foundation und PEN International.

Gemeinsam verfassten sie einen offiziellen Brief an den nigerianischen Senat, in dem sie das Gesetz als »gefährlichen Eingriff in das Recht auf freie Meinungsäußerung« bezeichneten und seine Streichung forderten.[502] Gleichzeitig starteten sie eine Onlinekampagne unter dem Hashtag #NoToSocialMediaBill, außerdem kontaktierte Tope traditionelle Medien. Um in Nigeria eine Botschaft zu verbreiten, gibt es nichts Besseres, als zur besten Sendezeit im Radio in Lagos ausgestrahlt zu werden, wo in jedem Auto, das im Stoßverkehr unterwegs ist, das Radio läuft.

Tope und die Internetorganisationen wollten ihre Kampagne auch offline weiter vorantreiben. Sie wandten sich per Telefon an die Bürger, per WhatsApp und machten Hausbesuche. Sie nahmen an Veranstaltungen teil und nutzten auch sonst jedes Mittel, damit die Bürger sich nicht auf einen einfachen Retweet beschränkten, sondern sich auch an riskanteren, aber notwendigen Aktionen wie Protesten auf der Straße beteiligten. Warum diese Verlagerung vom Internet auf die persönliche Ebene? Weil Tope wusste, dass die Senatoren den Frieden auf den Straßen Nigerias wahren wollten. Sie fürchteten, dass die Protestierenden mehr infrage stellen würden als das neue Gesetz und es deshalb zu politischen Unruhen kommen könnte. Tope hatte die Situation richtig eingeschätzt. Am 17. Mai 2016 lehnte der Senat von Nigeria das Gesetz ab, während draußen vor dem Gebäude die Demonstranten lautstark ihre Meinung kundtaten.[503] Tope und ihr Team waren ihrer Bürgerpflicht nachgekommen, waren wachsam gewesen und hatten verhindert, dass die Regierung den nigerianischen Bürgern ein Stück von ihrer Macht nahm.

Ein wichtiger Teil der öffentlichen Verantwortung in modernen Demokratien liegt bei jedem Einzelnen von uns. Nur wenn die Bürger wachsam sind, können sie die Mächtigen auch fern der Wahlurne zur Verantwortung ziehen.[504] Damit kommt uns neben dem Wählen noch eine weitere entscheidende Aufgabe zu: Wir fungieren als Gegengewicht der Macht, indem wir die Politik kritisch begleiten, weil nur so der Fortbestand einer Demokratie gewährleistet ist.[505] Wie Topes Geschichte zeigt, sind Medien ein wichtiges Instrument dieser Kontrolle durch wachsame Bürger. Im besten Fall bieten sie den Bürgern die Möglichkeit, die Welt um sich herum zu verstehen und das Treiben der Mächtigen unter die Lupe zu nehmen, indem sie uns informieren und motivieren. Im schlimmsten Fall bemühen sie sich nicht um Aufklärung, sondern präsentieren reine Unterhaltung; sie schüren Vorurteile, Angst und Hass und werden zur Propagandamaschine par excellence für autokratische Herrscher. Das ist sehr beunruhigend, weil Demokratie, wie der US-amerikanische Philosoph und Aktivist Cornel West erklärt, »in großen Teilen auf eine freie und offene Presse angewiesen ist, die bereit ist, auch schmerzliche Wahrheiten über unsere Gesellschaft auszusprechen, einschließlich der Tatsache, dass wir selbst mit schuld an ihrer oberflächlichen und vereinfachenden Berichterstattung sind«.[506] Medien gestalten eine der wesentlichen Fragen zu den Grundlagen der Macht mit, die Frage: »Was schätzen wir?«[507] Und sie spielen eine besondere Rolle, Debatten unter den Bürgern zu befeuern und im Idealfall den Willen – oder, genauer gesagt, die Vielfalt der Willensäußerungen – der Bevölkerung zum Ausdruck zu bringen und als ihr Sprachrohr zu fungieren.

Journalisten, die auf der ganzen Welt für Menschenrechte kämpfen, wie etwa die jemenitische Aktivistin und Friedensnobelpreisträgerin Tawakkol Karman, wissen um die Bedeutung der freien Meinungsäußerung. Sie sagte uns: »Es gibt keine Demokratie ohne Pressefreiheit, [aber] es ist nicht nur die Pressefreiheit – die Leute denken, freie Meinungsäußerung sei einfach Pressefreiheit. Nein, es ist mehr. Freie Meinungsäußerung ist das Recht auf Pressefreiheit, [aber auch] das Recht, Zugang zu Informationen zu haben, das Recht der Bürger, sich zusammenzuschließen, das Recht auf Demonstrationen. Diese Kombination der Rechte auf freie Meinungsäußerung bietet den wahren Zugang und ist der wahre Beleg für einen wirklich demokratischen Staat.«[508]

Freie Bürger müssen wachsam sein und aufmerksam verfolgen, wie eine Regierung agiert und Probleme im Zusammenhang mit diesen Rechten löst. Sie müssen das Handeln ihrer Regierung einschätzen, beurteilen und wenn nötig auch kritisieren und verhindern.[509] Doch diese Form des bürgerschaftlichen Engagements tritt nicht über Nacht ein. Es muss gelehrt und gefördert und von einer Generation zur nächsten weitergegeben werden.

DIE HERANBILDUNG AUFGEKLÄRTER BÜRGER

Unsere Fähigkeit zur Wachsamkeit basiert auf der »Bereitschaft zur Partizipation«, die laut Aussage der Politikwissenschaftlerin Danielle Allen eine Voraussetzung für echte politische Gleichheit ist.[510] Wenn die Bürger die Funktionsweise einer Demokratie nicht verstehen, kann »das Volk« auch nicht richtig herrschen. Bildung ist von grundlegender Bedeutung, um Macht zu verstehen und auszuüben.[511]

Doch nicht jede Form der Bildung stattet Bürger mit dem Wissen und dem kritischen Geist aus, die ein Engagement für die Demokratie erfordert. Der italienische Politologe und marxistische Philosoph Antonio Gramsci wies darauf hin, dass traditionelle Bildungseinrichtungen und -systeme bestehende Machthierarchien durch ihre Ausschlussverfahren und Narrative stützen und an der Macht halten. Daher benötige man eine Erziehung, die jedem Kind – nicht nur den wenigen, die das Glück haben, der richtigen sozialen Klasse anzugehören – die Möglichkeit biete, sich zu einer Person zu entwickeln, die »fähig ist zu denken, zu studieren, zu führen oder die Führenden zu kontrollieren«.[512]

Ein solches Bildungssystem, das den Einzelnen zu einem Bürger macht, der selbstständig denken und konstruktiv streiten kann und ausgestattet ist mit Respekt, Selbstvertrauen, geistiger Komplexität und Offenheit für neue und andere Ideen, ist tatsächlich möglich. Die dänische Futuristin und Philosophin Lene Rachel Andersen und der schwedische Sozialtheoretiker und -unternehmer Tomas Björkman stellen in ihrem Buch *Das skandinavische Geheimnis* eine Bildungsrevolution vor, dank derer sich die skandinavischen Länder von armen, landwirtschaftlich geprägten Gesellschaften seit Beginn des 20. Jahrhunderts zu wohlhabenden Industrienationen entwickelten.[513]

Die Grundlage dieses Transformationsprozesses ist Bildung, ein von der Aufklärung inspiriertes Konzept der Erziehung, das über den bloßen Erwerb von Wissen und Fertigkeiten hinausgeht und auch die lebenslange Entwicklung der kulturellen und geistigen Sensibilität, der sozialen und lebenspraktischen Fähigkeiten und der intellektuellen Tiefe umfasst.[514] Dadurch entsteht eine denkende, autonome Bürgerschaft, die zur Selbstreflexion und kritischen Analyse fähig ist und über ein immer weiter wachsendes Verantwortungsgefühl verfügt, das über sie selbst und ihre Familie hinausgeht und auch die Nachbarn, Mitbürger, die Gesellschaft, die Menschheit und unseren Planeten miteinschließt. Bildung ist ein moralisches und emotionales Heranreifen, das den persönlichen Entwicklungsweg zur Macht widerspiegelt, den wir in Kapitel 2 vorgestellt haben.

Die skandinavischen Länder, die Mitte der 1850er-Jahre das Konzept der Volksbildung einführten, wollten ein ganzheitliches Bildungssystem schaffen, das weiten Teilen der Bevölkerung offenstand – auch den Bauern in ländlichen Regionen und später den Arbeitern in den Städten, die traditionell nur wenig Bildung erhalten hatten. Hinter der Volksbildung stand die Idee, auch den Ärmsten und Ungebildeten Zeit zu geben, nicht nur besser lesen und schreiben zu lernen, sondern sich auch mit ambitionierten Ideen zu beschäftigen, die ihnen zuvor nicht zugänglich waren. Die Schüler in den skandinavischen Volkshochschulen (die mit den deutschen nur den Namen gemein haben) lernten nicht nur die neuesten landwirtschaftlichen Methoden, sondern auch alles über die Verfassung und Gesetze ihres Landes, seine Geschichte, sein kulturelles Erbe, die Wirtschaft und das Regierungssystem. Neben technischen Fähigkeiten entwickelten sie auch demokratische Kompetenzen, Moralvorstellungen und ein kulturelles Bewusstsein. Dadurch entstanden Gesellschaften mit einem großen Vertrauen in den Staat, in dem die Bürger an der Gestaltung ihrer gemeinsamen Zukunft mitwirkten und Meinungsverschiedenheiten willkommen waren – ein selbstorganisiertes gemeinschaftliches Engagement mit einer blühenden Bauernbewegung, Arbeitergenossenschaften, lokalen Gemeinschaftshäusern, öffentlichen Bibliotheken, Sportvereinen und aufklärerischen Zeitschriften – eine davon mit dem Motto »Bildung ist Macht« –, die Wissenschaft, Dichtung, Literatur und Politik volksnah aufbereiteten. Diese Form des bürgerschaftlichen und ehrenamtlichen Engagements besteht bis heute.[515]

Die Volksbildung ist also alles andere als eine Utopie, wie die skandinavischen Länder zeigen. Dank dieser Grundlage können Bürger Informationen interpretieren und kritisch hinterfragen – eine Fähigkeit, die für eine gesunde Demokratie unverzichtbar ist. Wir sind uns vielleicht nicht immer alle einig, das sind wir eigentlich selten. Doch im besten Fall sammelt eine Demokratie unsere verschiedenen Meinungen, Ansichten und Prioritäten und fügt sie zusammen.[516] So entwickelt sich eine kollektive Intelligenz, dank der aus unseren Debatten und Meinungsverschiedenheiten »klügere« Lösungen hervorgehen als die Summe unserer einzelnen Ideen.[517]

Doch eine solche Kultur des Abwägens und Austarierens zu bewahren ist nicht einfach, weil das demokratische Engagement ständig unter Druck steht und eine schädliche Polarisierung droht, vor allem wenn die verschiedenen Gruppierungen in der Bevölkerung den Respekt voreinander verlieren. Selbst die skandinavische Erfolgsgeschichte der Volksbildung zeigt nach vielen Jahrzehnten des Fortschritts Risse und Brüche. Andersen und Björkman beschreiben, wie sich die Lehrpläne der skandinavischen Länder seit der Jahrtausendwende geändert haben und der Schwerpunkt seitdem auf konventionellen Fähigkeiten und der Betonung des kommerziellen Werts liegt, was zulasten der moralischen Entwicklung, der Kenntnisse über Geschichte, Kultur und Ästhetik und letztlich auch zulasten einer robusten Demokratie geht. Wachstum gerät ins Stocken und geht sogar zurück, wenn wir es nicht fördern. Aber immerhin zeigt uns das skandinavische Beispiel, dass die Entwicklung eines selbstkritischen Bürgertums möglich ist, wenn wir unseren Verstand und unsere Ressourcen entsprechend nutzen.

DIE BÜRGERSCHAFTLICHEN MUSKELN TRAINIEREN

In Athen waren Frauen und Sklaven von der *dēmokratía* ausgeschlossen. Die in der Amerikanischen Unabhängigkeitserklärung verkündete offensichtliche Wahrheit, »dass alle Männer gleich erschaffen wurden«, bezog sich nicht auf Frauen, versklavte Afrikaner oder indigene Völker. Auch in der Französischen Revolution blieben Frauen bei der Erklärung der Menschen- und Bürgerrechte außen vor. Bis heute hat die Demokratie ihr Versprechen der Gleichberechtigung nur unzulänglich erfüllt.

Derzeit lassen sich zwei existenzielle Bedrohungen beobachten, die das bestehende Machtungleichgewicht in Demokratien auf der ganzen Welt weiter verstärken. Die erste ist die Konzentration von Reichtum. Sie ist keineswegs neu, Philosophen warnen schon seit Beginn der Menschheitsgeschichte vor ihr. Der französische Philosoph Jean-Jacques Rousseau sprach sicher vielen aus dem Herzen, als er zum Thema Vermögen erklärte: »Dass kein Staatsbürger so reich sein darf, um einen anderen kaufen zu können, und niemand so arm, sich verkaufen zu müssen.«[518] Das Ausmaß der Vermögenskonzentration schwankte im Lauf der Jahrhunderte erheblich, doch der neoliberale Kapitalismus der vergangenen Jahrzehnte hat einigen wenigen Reichen enormen Einfluss verschafft und ihnen die Möglichkeit gegeben, mitzubestimmen, wer in Machtpositionen gewählt wird und welche Entscheidungen diese Personen dann treffen. Je mehr Geld Bürger zur Verfügung stellen, desto größeres Gewicht hat ihre Stimme, wie die Forschung zeigt. Das ist besonders in den USA deutlich zu erkennen, wo Gerichte politische Spenden als eine Form der freien Meinungsäußerung verteidigt und dieses Recht sogar auf Unternehmen ausgedehnt haben. Hier gilt nicht mehr der Grundsatz »eine Person – eine Stimme«, man muss wohl eher sagen, dass wir gerade den Aufstieg eines politischen Systems nach dem Prinzip »ein Dollar – eine Stimme« erleben.[519]

Doch Gelder für politische Parteien und Wahlkampfspenden sind nur eine von vielen Möglichkeiten, mit denen die Reichen demokratischen Institutionen ihren Willen aufzwingen und die Spielregeln zu ihren Gunsten verändern. Man kann auch millionenschwere Lobbykampagnen finanzieren, die zur Verabschiedung von Gesetzen zugunsten der eigenen Interessen führen.[520] Oder man nutzt das legislative Vakuum im Zusammenhang mit digitalen Technologien und häuft enorme Vermögen auf Kosten des Datenschutzes an. Oder man versteckt sein Geld auf Offshore-Konten und drückt sich so darum, seinen gerechten Anteil an Steuern zu zahlen.[521] Wenn einige wenige die am meisten geschätzten Ressourcen kontrollieren, können sie ihre Macht dazu nutzen, jedes politische System so zu beeinflussen, dass es ihren Interessen dient.[522] Wenn wir als Bürger nicht gleichberechtigt mitwirken, verzichten wir auf unsere Macht und auf die Möglichkeit, über unsere gemeinsame Zukunft zu entscheiden, und unterwerfen uns dem Willen derjenigen, die mächtiger sind als wir.

Die zweite Bedrohung für die Demokratie tritt im Zusammenhang mit den digitalen Technologien auf, die wir im vorherigen Kapitel angesprochen haben. Die asymmetrische Kontrolle über Informationen untergräbt die Fähigkeit der Bürger, den Staat zu beaufsichtigen, gleich in mehrfacher Hinsicht. So kann etwa eine verstärkte Überwachung Proteste und andere Meinungen unterdrücken, wie Aktivistinnen wie Tope nur allzu gut wissen.[523] Die auf Profit ausgerichteten Algorithmen der Plattformen verbreiten kontroverse, hetzerische Inhalte und leiten sie an diejenigen weiter, die besonders empfänglich dafür sind –[524] obwohl diese Inhalte oft eklatant falsch sind. Indem die sozialen Medien entscheiden, welche Informationen wir sehen und welche Meinungen wir hören, verstärken sie die politische Polarisierung und verbreiten gleichzeitig Desinformationen und Fake News.[525] Unreguliert und noch immer im Entstehen begriffen, feindselig und profitorientiert, bleibt die digitale Öffentlichkeit weit hinter ihrem demokratischen Potenzial zurück.[526]

Es gibt zwar keine einfache Lösung angesichts dieser Bedrohungen, doch eins ist klar: Während die Geschäftswelt und die globale Wirtschaft in den vergangenen 50 Jahren einen enormen Wandel vollzogen haben, besteht bei unseren demokratischen Institutionen noch ein sehr großer Nachholbedarf. Wir brauchen Innovationen, die die Macht wieder in die Hände der normalen Bürger legen. Wir müssen dafür sorgen, dass alle Menschen wahlberechtigt, wahlfähig und wahlwillig sind, weil das ein entscheidender Teil der Lösung ist.[527] Allerdings tappen wir zu oft in die Falle, Demokratie mit Wahlen gleichzusetzen, obwohl sie doch in Wirklichkeit ein viel ambitionierteres politisches Projekt ist. Heutzutage geht es darum, dass alle Bürgerinnen und Bürger – und nicht nur ein Teil davon –[528] aktiv an der Gestaltung und Verfeinerung der Spielregeln mitwirken.

Genau aus diesem Grund hat LaTosha Brown, die Gründerin des Black Voters Matter Fund, eine Einrichtung geschaffen, die Gemeinschaften einen Instrumentenkasten an die Hand gibt, selbst über ihre Politik zu bestimmen. »Wir treffen uns mit den Mitgliedern einer Community und hören erst einmal zu. Wir wollen wissen, welche Themen sie wirklich interessieren, nicht nur die Sachen, die sie in den Nachrichten hören, sondern das, was ihnen wichtig ist, was sich auf ihr Leben auswirkt.«[529] Wenn LaTosha und ihr Team die wichtigsten Probleme identifiziert haben, erstellen sie eine Karte der Machtverteilung, um die wichtigsten Akteure und Instrumente für einen Wandel ausfindig zu machen. Sie fangen klein an, etwa mit einem Sitz im Schulausschuss der Kommune oder mit Bodenschwellen zur Geschwindigkeitsbegrenzung im Viertel. Doch diese kleinen Siege bereiten den Boden für zahlreiche weitere Aktionen, die die Handlungsfähigkeit der Gemeinschaft und die Organisationsfähigkeit der Bürger stärken. »Ein wichtiger Teil unseres Tuns besteht darin, den Leuten ein Gefühl für ihre Macht zu vermitteln. Es geht nicht nur um das Ergebnis. Es geht um menschliches Handeln. Und den Aufbau einer Beziehung.« Diese Arbeit, der Aufbau zwischenmenschlicher Beziehungen, um die Leute zu kollektivem Handeln anzuspornen, stärkt die Muskeln der Demokratie, die dringend trainiert werden müssen.[530]

Auf der ganzen Welt entstehen derzeit Initiativen für partizipative Demokratie, die den Bürgern wieder mehr Macht geben wollen. Beispielsweise wurden in Frankreich, in Kanada und in Irland repräsentative, nach dem Zufallsprinzip ausgewählte Bürgergruppen eingesetzt, um über strittige Themen wie Abtreibung und Klimawandel zu beraten.[531] In Taiwan arbeitet die Regierung seit 2014 mit einem Hackerkollektiv namens g0v (»gov zero«) zusammen, um Politik transparenter und zugänglicher zu machen. Ein Beispiel für diese Zusammenarbeit ist die Plattform vTaiwan, die die Meinungen der Bürger zu Themen sammelt, bei denen eher Konsens als Uneinigkeit herrscht.[532] Bis 2018 wurden 26 Themen über vTaiwan beraten, von denen 80 Prozent in politischen Maßnahmen mündeten.[533] Hier zeigt sich das Potenzial der Technologie, Beratung und Konsens zu fördern und nicht nur für Zwietracht und Polarisierung zu sorgen. Innovationen wie diese könnten als Vorbild für ein neues Demokratiemodell im 21. Jahrhundert dienen.[534]

Die Mittel gegen eine exzessive Machtkonzentration sind klar: Machtverteilung und Verantwortlichkeit. Das Versäumnis, Macht zu teilen und die Mächtigen zur Verantwortung zu ziehen, öffnet Missbrauch und Tyrannei Tür und Tor, sei es in Organisationen oder in der Gesellschaft. Dem können wir nur entgegenwirken, wenn wir uns alle klarmachen, dass wir gemeinsam die Verantwortung tragen, Macht in Schach zu halten. Dazu müssen wir zuerst verstehen, was Macht ist und wie sie funktioniert. Deshalb sind die Grundlagen der Macht so wichtig. Und wir müssen unsere kollektive Macht nutzen, um die Institutionen zu schützen und zu verbessern, die eine Verteilung der Macht und die Verantwortlichkeit in Organisationen und in unserer Gesellschaft gewährleisten. Damit diese kollektive Macht gedeiht, müssen wir unsere Anführer klug auswählen und diejenigen suchen, die entschlossen sind, die gesellschaftlichen Ressourcen in unsere Entwicklung zu investieren, damit wir uns alle – egal, wer wir sind und welchen sozialen Gruppen wir angehören – zu freiheitlich denkenden und bürgerschaftlich gesinnten Mitgliedern der Gesellschaft entwickeln. Nur dann werden wir die moralische Stärke und die demokratischen Kompetenzen haben, um unsere bürgerschaftlichen Muskeln einzusetzen. Und wenn ein Politiker oder ein Konzernchef unsere demokratischen Institutionen untergräbt, werden wir seine Propaganda durchschauen, ihn als Demagogen entlarven, die Bedrohung erkennen und uns zur Wehr setzen, um unsere Rechte und Freiheiten zu verteidigen.

SCHLUSS: ES LIEGT AN UNS

S tellen Sie sich vor, wir müssten die Welt ganz neu ordnen. Sie wurden ausgewählt, die Rechte und Machtverhältnisse in der Gesellschaft neu zu verteilen. Sie werden Teil dieser neuen Gesellschaft sein, haben aber keine Ahnung, wer Sie sein werden. Sie kennen weder Ihre gesellschaftliche Stellung noch Ihre angeborenen Fähigkeiten. Weder Ihr Geschlecht noch Ihre Hautfarbe oder Nationalität. Über Ihnen liegt der sogenannte Schleier des Nichtwissens. Sie könnten ein Bauer sein oder eine Ärztin oder arbeitslos. Jung oder alt, reich oder arm, weiblich, männlich oder nicht binär, gebildet oder nicht, behindert oder nicht. Würden Sie eine Demokratie oder eine Autokratie entwerfen? Allen Zugang zu einer Gesundheitsversorgung bieten oder den Zugang auf diejenigen beschränken, die dafür bezahlen können? Eine erstklassige Ausbildung für jedes Kind garantieren oder viele Kinder ausschließen?

Dieses Gedankenexperiment, das der US-amerikanische Philosoph John Rawls entwickelt hat, wirft viele Fragen zur gerechten Verteilung von Macht auf. Durch den Schleier der Unwissenheit zwingt uns das Experiment, das Wohlergehen aller zu berücksichtigen und ihnen Zugang zu Möglichkeiten zu bieten, ohne dass wir dabei von unserem eigenen sozialen Status beeinflusst werden – weshalb Rawls glaubte, sein Experiment würde eine gerechtere Gesellschaft hervorbringen.[535]

Philosophen diskutieren seit Jahrtausenden, wie eine gerechte Machtverteilung aussehen müsste,[536] daher neigen viele zu der Annahme, dass diese Debatte auch Sache der Philosophen sei. Dabei verhält es sich genau umgekehrt: Die Verteilung

von Macht betrifft jede und jeden Einzelnen von uns persönlich.
Wir können immer etwas tun, um die Machtverteilung in einer
bestimmten Situation zu ändern. Wie wir gezeigt haben, geht es
am Ende immer um die Grundlagen der Macht: Wenn Sie her-
ausfinden können, was die andere Partei braucht und will, und
Wege finden, ihr Zugang zu diesen geschätzten Ressourcen zu
verschaffen, können Sie das Machtgleichgewicht beeinflussen.
Die Entscheidung, wie wir dieses Wissen einsetzen, in unseren
Familien, bei der Arbeit und in der Gesellschaft, liegt bei uns als
Einzelpersonen und als Gemeinschaft.

WAS MAN BRAUCHT, UM MACHT ZU ERLANGEN

Bevor Sie Ihre eigene Machtbasis aufbauen können, müssen Sie
wissen, wer gerade Macht hat und warum. Diese Dynamik zu
beurteilen und akkurat zu analysieren, ist stets möglich. Wir alle
können unser Umfeld, das wir beeinflussen wollen, beobachten,
und wir wissen, dass jeder Mensch ein starkes Bedürfnis nach Sicherheit und Selbstwertschätzung hat. Daher können Sie überlegen, wie Ihre Mitmenschen diese Bedürfnisse auf verschiedene,
aber doch vorhersehbare Weise stillen: durch die Anhäufung von
materiellem Reichtum und Statussymbolen oder durch das Gefühl, etwas geleistet zu haben, geliebt zu werden und dazuzugehören, eigenständige Entscheidungen treffen zu können oder
moralisch zu handeln. Sie können auch die Beobachtungen anderer nutzen, Fragen innerhalb Ihres Netzwerks stellen, um besser zu verstehen, was in Ihrem Umfeld geschätzt wird, und dann
Ihr Netzwerk erweitern und Personen aufnehmen, die Ihnen
eine andere Perspektive bieten und Zugang zu anderen Personen verschaffen, die diese wertvollen Ressourcen kontrollieren.
Wenn Sie die Machtverhältnisse in Ihrem Umfeld so akkurat
wie möglich erfasst haben, können Sie entscheiden, welche der
vier Strategien Sie zur Verschiebung des Machtgleichgewichts

anwenden wollen: Attraktion, indem Sie Ressourcen anbieten, die die andere Partei schätzt; Rückzug, indem Sie Ihr Interesse an dem, was die andere Partei zu bieten hat, zurückschrauben; Konsolidierung, indem Sie die Alternativen der anderen Partei reduzieren; und Expansion, indem Sie Ihre Alternativen zur anderen Partei erweitern.

Darüber hinaus sind Sie für Ihr eigenes Verhältnis zur Macht verantwortlich. Die Schritte zur Erfassung der Machtverhältnisse und die Strategien zur Verschiebung des Machtgleichgewichts sind dieselben, ob Sie die Macht nun für finstere Absichten oder eine gerechte Sache nutzen wollen. Macht an sich ist nicht schmutzig; das Potenzial zum Machtmissbrauch ist in uns allen angelegt, je nachdem, weshalb wir Macht wollen, wie wir sie erwerben und wie wir sie nutzen. Sie entscheiden, ob Sie sich auf einen Weg begeben, der Sie zu Empathie und Demut führt, und ob Sie die Macht, die Sie über die Grundlagen der Macht und die Erfassung der Machtverhältnisse erlangen, für einen guten Zweck gebrauchen – und nicht missbrauchen. Durch Ihre Arbeit und Lebenserfahrungen, durch die Bücher, die Sie lesen, die Medien, die Sie nutzen, und die Praxis der Selbstreflexion können Sie die Welt als ein Netz wechselseitiger Verbundenheit betrachten. Das heißt, dass unsere eigene Macht die Abhängigkeit eines anderen Menschen bedeutet, und dass unser Handeln Konsequenzen hat, die über unser unmittelbares Umfeld hinausgehen. Wir leben gemeinsam in dieser Welt, und keiner von uns lebt ewig. Dieses Wissen liefert Ihnen eine klare Richtlinie bei der Überlegung, wem wir Macht anvertrauen wollen: nicht denjenigen, die uns die Illusion von Sicherheit und Wertschätzung vermitteln, indem sie Stärke ausstrahlen, sondern denjenigen, die Empathie und Demut zeigen und die Kompetenz und das Engagement haben, einem höheren Ziel zu folgen. Dies sind die Kriterien, die Sie anwenden sollten, wenn Sie sich für diesen Weg entscheiden.

Die Macht, die Sie nicht selbst aufbauen können, können Sie über kollektives Handeln erreichen. Gemeinsam haben wir alle

ein Mitspracherecht und die Verantwortung, bei der Machtverteilung von morgen mitzuwirken. Nicht nur weil wir mit vereinten Kräften agitieren, Innovationen durchführen und den
Wandel orchestrieren können, sondern auch, weil die Machtverteilung am Ende darüber bestimmt, was wir alle schätzen und
wie wir die Kontrolle über diese geschätzten Ressourcen gestalten. Mit diesen kollektiven Entscheidungen können wir unsere
Freiheiten und Rechte schützen und fördern oder sie in Gefahr
bringen.

WAS WERDEN WIR SCHÄTZEN?

In der Geschichte der Menschheit war es bisher meist so, dass
wir direkt mit den Menschen interagierten, die mit ihrer harten Arbeit die von uns benötigten Produkte herstellten. Doch als
sich die Wirtschaft und Aufgabenverteilung mit der Industriali-
sierung veränderten, gründete der menschliche Austausch nicht
mehr vorwiegend auf persönlichen Beziehungen und Gegenseitigkeit, sondern wurde distanzierter und zunehmend von materiellem Gewinn bestimmt.[537] Der »Markt« stand nun zwischen
uns, und wir lernten, weniger an den Handwerker oder die Familie des Fabrikarbeiters und deren wirtschaftliche Situation zu
denken, sondern mehr an unsere eigene Kosten-Nutzen-Ana-
lyse. Das neoliberale Selbstwertgefühl, das sich in erster Linie
um die Fähigkeit dreht, Geld anzuhäufen, führt zur Entrechtung
weiter Teile der Bevölkerung – unter anderem der Arbeiter-
klasse, der sozial Benachteiligten, der Einwanderer, ethnischer
Gruppen und Menschen mit Behinderung.[538]
Aber das muss nicht so sein. Aus der Forschung geht hervor,
dass unser Wohlergehen beeinträchtigt ist, wenn wir (egal, ob
wir uns als Gewinner oder Verlierer fühlen) in einer Gesellschaft
leben, die uns nach dem bewertet, »was wir haben« und nicht
nach dem, »was wir sind«.[539] In unserem sehr menschlichen Stre-

ben nach Selbstbestätigung stellt sich erst dann ein Gefühl der Erfüllung ein, wenn wir aufgrund zahlreicher Aspekte geschätzt werden und nicht nur aufgrund einer einzelnen Facette.[540] Und ja, da wirtschaftliche Begriffe und Vorstellungen unseren Alltag prägen, bemessen wir unseren Selbstwert auch daran, wie finanziell erfolgreich und wie weit wir den anderen voraus sind.[541]

Aufgrund der derzeitigen Verhältnisse brauchen wir einen grundlegenden kulturellen Wandel, damit wir erkennen, dass auch andere Maßstäbe als finanzieller Erfolg eine Rolle spielen, sowohl bei der Einschätzung unseres Selbstwerts als auch bei der Beurteilung von Unternehmen und Institutionen.[542] Die gute Nachricht lautet, dass jüngere Generationen diesen Wandel anstreben. Vielen jungen Menschen, mit denen wir weltweit zusammenarbeiten, geht es nicht nur ums Geldverdienen, sondern darum, drängende gesellschaftliche und ökologische Probleme in ihren Gemeinschaften anzugehen. Und dennoch erhalten diejenigen, die sich diesen sinnvollen Initiativen verschrieben haben, oft nicht die Anerkennung (ganz zu schweigen von dem Einkommen), die ihnen aufgrund ihrer Kompetenz und ihres Altruismus in einem weniger materialistischen kulturellen Kontext zustehen würde.

Diesen kulturellen Wandel in großem Maßstab voranzutreiben, erfordert Agitation, Innovation und Orchestrierung. Es gibt bereits zahlreiche derartige Bestrebungen, ob es nun die Jugendlichen von Fridays for Future sind, die die Politik drängen, endlich aktiven Klimaschutz zu betreiben, oder Organisationen wie SASB, die neue Maßstäbe zur Unternehmensbewertung entwickeln. Diese Vorstöße ebnen den Weg in eine neue Zeit, in der bei Entscheidungen nicht mehr nur finanzielle Kriterien den Ausschlag geben, sondern andere Ressourcen geschätzt werden, die uns beim Schutz unseres Planeten, im Kampf gegen Armut oder bei der Förderung unseres kollektiven Wohlergehens unterstützen. Und mit diesem Wandel wird auch eine Umverteilung der Macht möglich werden. Ob diese Verteilung dann gerechter sein wird, hängt allerdings davon ab, wie wir den Zugang zu geschätzten Ressourcen regulieren werden.

WER WIRD DIE GESCHÄTZTEN RESSOURCEN KONTROLLIEREN?

Machthierarchien können unser Leben stabiler und sicherer machen und Aufstiegschancen bieten, die unser Bedürfnis nach Wertschätzung befriedigen. Doch wie wir bereits gezeigt haben, kann Macht leicht missbraucht werden. Daher benötigen wir den Überblick und Mut, auf Fälle von Machtmissbrauch zu achten und sie anzuprangern, wann immer sie auftreten. Wenn wir das nicht tun, tragen wir zur Erhaltung des Status quo bei und sorgen dafür, dass sich Macht weiter in den Händen einiger weniger konzentriert. Ein Teil der Machthabenden versteht vermutlich, dass es in ihrem eigenen Interesse ist, Macht zu teilen und die Risiken eines massiven Machtungleichgewichts zu vermeiden, doch vielen wird diese Einsicht fehlen. Sie werden alles daransetzen, ihre Macht zu erhalten und auszubauen, selbst wenn sie damit anderen und am Ende auch sich selbst schaden.

Wir können der Konzentration von Macht entgegenwirken, indem wir unsere kollektiven Fähigkeiten stärken und die Regeln an unserem Arbeitsplatz und, noch wichtiger, in unserer Gesellschaft überdenken, diskutieren und mitbestimmen. Ein wesentlicher Aspekt ist dabei der Wunsch nach mehr Demokratie: Wenn wir nicht allen die Möglichkeit geben, gleichberechtigt an einem demokratischen System mitzuwirken, verzichten wir auf die Chance, gemeinsam über unsere Zukunft zu bestimmen. Wir fügen uns dem Willen derjenigen, die mehr Macht haben als wir. Kurz gesagt, wir verzichten auf unsere Macht. Das Fazit ist einfach: Mit dem Blick nach vorn müssen wir dringend und mit aller Leidenschaft unsere demokratische Macht im Arbeitsleben und in der Gesellschaft zurückerobern.

Erinnern Sie sich an die Geschichte des Gyges zu Beginn des Buchs? Mit dem Ring, der ihn unsichtbar machte, nutzte er seine neu gewonnene Macht, um den König zu töten, dessen Frau zu heiraten und immer mächtiger zu werden. Platons Geschichte ist eine Warnung. Wenn Macht unkontrolliert einigen wenigen Einzelpersonen überlassen wird, besteht immer die Gefahr, dass sie für finstere Zwecke missbraucht wird. Diesen fragwürdigen Unterfangen stemmt man sich jedoch nicht entgegen, indem man der Macht den Rücken kehrt. Wir müssen unsere Macht verstehen, ausbauen und nutzen, als Einzelpersonen wie auch als Kollektiv von Bürgern, um unsere Rechte und Freiheiten zu verteidigen und ungerechte Machthierarchien zu bekämpfen. Dafür müssen wir anerkennen, dass Macht uns alle angeht. Macht ist für uns alle da.

ANHANG
MACHTDEFINITIONEN IN DEN SOZIALWISSENSCHAFTEN

W ie in der Wissenschaft üblich, basiert unsere Arbeit auf der Arbeit derjenigen, die sich vor uns mit Macht beschäftigt und darüber geschrieben haben. Wir haben uns daher bemüht, die Autoren und Werke zu nennen, die unser Denken maßgeblich beeinflusst und zum Verständnis dessen beigetragen haben, was wir als Grundlagen der Macht bezeichnen.

In den Sozialwissenschaften gibt es zahlreiche Definitionen von Macht. Macht wird als die Fähigkeit betrachtet, den eigenen Willen trotz Widerstand durchzusetzen;[543] andere zu einem bestimmen Verhalten zu zwingen;[544] die Grenzen festzulegen, in denen Diskussionen und/oder Entscheidungsfindungen erfolgen;[545] anderen seinen Willen aufzuzwingen, indem man Belohnungen vorenthält oder Strafen verhängt;[546] andere dazu zu bringen, das zu glauben, was man sie glauben machen möchte;[547] oder dafür zu sorgen, dass etwas so getan wird, wie man es gerne hätte.[548]

Durch diese Definitionen ziehen sich zwei Gemeinsamkeiten. Die erste ist die, dass die Autoren Macht als die Fähigkeit einer Person oder Gruppe betrachten, eine Wirkung bei anderen zu erzielen – das heißt ihr Verhalten zu beeinflussen.[549] Dieser Einfluss lässt sich auf verschiedene Weise ausüben, weshalb die Wissenschaft zwischen verschiedenen Arten von Macht unterscheidet.[550] Der spanische Soziologe Manuel Castells definiert Macht daher folgendermaßen: »Macht wird mithilfe von Zwang ausgeübt (das Gewaltmonopol des Staates, ob legitimiert oder nicht) und/oder mittels der Konstruktion eines Sinnes in den Köpfen der Menschen durch die Mechanismen kultureller Produktion und Verteilung.«[551] Daher liegen den in der Literatur genannten Formen der Macht zwei Kategorien zugrunde: Die erste Kategorie umfasst auf Überzeugung gründende Formen der Macht wie etwa die Macht der Experten, die darauf basiert, dass man auf das Wissen eines Menschen vertraut; referenzielle Macht, die sich aus der Bewunderung für oder der Identifikation mit einer Person ergibt, oder Macht, die auf der Kontrolle über kulturelle Normen basiert. Die andere Kategorie umfasst auf Zwang basierende Formen der Macht, zu denen der Einsatz von Gewalt (ob mit oder ohne physische Gewalt) und Autorität (oder »legitimer Macht«) gehören, um das Verhalten zu beeinflussen. Auf der Grundlage dieser umfangreichen Vorarbeiten definieren wir Macht als die Fähigkeit, das Verhalten einer anderen Person oder Gruppe zu beeinflussen, sei es durch Überzeugung oder Zwang.

Die zweite Gemeinsamkeit besteht darin, dass alle, ob implizit oder explizit, davon ausgehen, dass Macht eine Funktion der Abhängigkeit eines Akteurs von einem anderen ist. In der Theorie des sozialen Austauschs wird diese Ansicht in einem von dem US-amerikanischen Soziologen Richard Emerson entwickelten Modell der Macht-Abhängigkeits-Beziehungen zum Ausdruck gebracht. In dieser Darstellung ist Macht die Umkehrung der Abhängigkeit. Die Macht von Akteur A über Akteur B ist das Ausmaß, in dem Akteur B von Akteur A abhängig ist. Die Abhängigkeit von Akteur B von Akteur A ist »direkt proportional zu Bs motivationaler Investition in die von A vermittelten Ziele und umgekehrt proportional zur Verfügbarkeit dieser Ziele für B außerhalb der A-B-Beziehung«.[552] Die von uns im Buch vorgestellten Grundlagen der Macht leiten sich von dieser Konzeptualisierung der Macht ab. Sie besagen, dass die Macht eines Akteurs A über einen Akteur B davon abhängt, inwieweit A den Zugang zu Ressourcen kontrolliert, die B schätzt, und dass umgekehrt die Macht eines Akteurs B über einen Akteur A von dem

Ausmaß abhängt, in dem B den Zugang zu Ressourcen kontrolliert, die A schätzt. Aus den Grundlagen der Macht folgt, dass Macht immer in einer Beziehung existiert und kein Nullsummenspiel ist. Das Machtverhältnis zwischen A und B kann ausgeglichen sein, wenn A und B wechselseitig voneinander abhängig sind und die Ressourcen, zu denen die andere Partei Zugang hat, im gleichen Maß schätzen. Es ist unausgeglichen, wenn eine der Parteien die von der anderen Partei kontrollierten Ressourcen stärker benötigt.

Dabei sollte man nicht vergessen, dass die Ressourcen, die die Parteien schätzen, nicht nur materieller, sondern auch psychologischer Natur sein können. Die Psychologen Edna und Uriel Foa definierten Ressourcen als »materielle Objekte wie ein Kleid oder eine Flasche Wein, Geld und ähnliche Zahlungsmittel, ein[en] Kuss, eine medizinische oder kosmetische Behandlung, eine Zeitung, ein[en] Händedruck beim Gratulieren, ein[en] bewundernden oder vorwurfsvollen Blick, ein Schulterklopfen oder ein Schlag auf die Nase. Kurz gesagt sind Ressourcen Objekte, konkret oder symbolisch, die beim Austausch zwischen Personen Verwendung finden.«[553] Die Kontrolle über eine dieser Ressourcen kann eine Quelle der Macht sein, ist jedoch keine Garantie dafür, denn die Ressourcen an sich bedeuten noch keine Macht, wie Peter Morriss hervorhebt.[554] Zudem ist die Kontrolle über geschätzte Ressourcen nicht gleichbedeutend mit der Ausübung von Macht. Manche Menschen nutzen diese Kontrolle, um andere zu beeinflussen, manche nicht. Dass man die Möglichkeit hat, andere zu beeinflussen, heißt nicht automatisch, dass man sie auch nutzt.

Die Erkenntnis, dass Macht die Fähigkeit ist, andere zu beeinflussen, und dass Macht in der Kontrolle über den Zugang zu wertvollen Ressourcen besteht, ist entscheidend für das Verständnis von Machtbeziehungen auf allen Ebenen der Analyse. Quer durch die Sozialwissenschaften zeigt die Forschung, dass die Dynamik, die den Grundlagen der Macht zugrunde liegt, nicht nur für Machtbeziehungen zwischen Individuen, sondern auch für Machtbeziehungen zwischen Organisationen[555] und Staaten[556] gilt.

Wenn man die Grundlagen der Macht nutzt, um zwischenmenschliche Beziehungen und Beziehungen zwischen Organisationen oder Staaten zu verstehen, sollte man auch immer den Kontext berücksichtigen, in den diese Beziehungen eingebettet sind. Was in einem bestimmten Kontext wertgeschätzt wird, hängt immer auch von kulturellen Normen ab, gleichzeitig begünstigt die Verteilung von Ressourcen manche Menschen und Organisationen und benachteiligt andere. Oder wie der kanadische Soziologe Dennis Wrong schreibt: »Die ungleiche Verteilung von Macht ist nicht das Resultat einer ungleichen Verteilung rein individueller Attribute und Fähigkeiten, sondern spiegelt die Funktionsweise der Institutionen unserer Gesellschaft und der Legitimation dieser Institutionen wider.«[557] So verfestigt sich Macht in Strukturen, die zum Fortbestand von Machthierarchien beitragen. In dieser Hinsicht ist Macht, wie Foucault es formulierte, überall.[558]

Obwohl Machthierarchien tief verwurzelt sind, wie wir in Kapitel 5 dargelegt haben, zeigt die Geschichte, dass sie infrage gestellt werden können, wenn Menschen sich zusammenschließen und mit ihrer kollektiven Macht Ziele anstreben, die sie allein nicht erreichen würden.[559] Unsere Definition von Macht als die Fähigkeit, das Verhalten einer anderen Person zu beeinflussen, weckt vielleicht die Assoziation, es gehe um »Macht über andere«, doch sie umfasst auch die kollektive Dimension der Macht, bei der sich Menschen in Gruppen, Organisationen oder Bewegungen zusammenschließen, um andere zu beeinflussen. Diese Form der »Macht durch andere« ermöglicht es uns, zusammenzuarbeiten und gemeinsame Ziele in Organisationen zu erreichen[560] und bestehende Machtstrukturen in der Gesellschaft zu ändern.[561]

All diese Konzeptualisierungen – ob sie sich nun auf »Macht über« oder »Macht durch« konzentrieren – betreffen »soziale

Macht« und drehen sich immer um Beziehungen, genau wie unser Ansatz der Machtdefinition. Ergänzend zu diesen Ansichten führte die US-amerikanische Politikwissenschaftlerin Hanna Pitkin 1973 die Unterscheidung ein zwischen der Macht, die man über andere ausübt, und der Macht, etwas zu tun. Pitkin erklärt dazu: »Man kann Macht übereinander oder Macht über andere haben, und diese Form der Macht ist in der Tat beziehungsgebunden ... Doch man kann auch Macht haben, ganz auf sich allein gestellt etwas zu tun oder zu erreichen, und diese Macht hat nichts mit Beziehungen zu tun: Sie kann andere Menschen umfassen, wenn das, wozu man zu tun die Macht hat, eine soziale oder politische Handlung ist, aber sie muss es nicht.«[562] Spätere Analysen haben die Vorstellung, dass die Macht zu handeln nichts mit Beziehungen zu tun hat, infrage gestellt und betont, dass die eigene Handlungsfähigkeit oft vom sozialen Kontext abhängt, der von sich aus beziehungsgebunden ist.[563]

Zusammenfassend lässt sich sagen, dass Macht immer die Fähigkeit einer Person oder einer Gruppe von Personen betrifft, etwas, jemanden oder mehrere Personen zu beeinflussen, sei es nun durch Überzeugung oder Zwang. Diese Fähigkeit basiert auf der Kontrolle über den Zugang zu wertvollen Ressourcen, wie sie in den von uns in Kapitel 1 vorgestellten Grundlagen der Macht enthalten ist.[564]

DANK

Die Saat für dieses Buch wurde von unseren Studierenden an der Harvard University und der University of Toronto gelegt und von all denjenigen, denen wir bei unserer Forschung weltweit begegnet sind. Ihre Neugier zu erfahren, was Macht ist, ihre Suche nach Antworten und ihr Wunsch, etwas zu bewegen – ob bei sich zu Hause, bei der Arbeit oder in der Gesellschaft –, haben uns veranlasst, dieses Buch zu schreiben. Wir sind jeder und jedem Einzelnen dankbar für ihr Engagement, ihre Unterstützung und für alles, was sie uns gelehrt haben. Wir hoffen, dass dieses Buch dazu beitragen kann, ihre Fragen zu beantworten, und sie in die Lage versetzt, ihre Macht noch besser einzusetzen und etwas Gutes in ihrem Leben und der Welt zu bewirken. Obwohl nur unsere beiden Namen auf dem Umschlag stehen, waren noch viele andere daran beteiligt.

Unsere Agentin Elyse Cheney hat uns seit den Anfängen unserer Buchidee begleitet und mit sanfter, aber fester Hand geführt. Ihr Vertrauen in uns und in unser Buch sowie ihre Vision davon gaben uns den nötigen Schub, um uns ernsthaft ans Schreiben zu machen. Seit dem Tag, an dem wir uns zum ersten Mal trafen und ihr die Grundlagen der Macht am Whiteboard in ihrem New Yorker Büro vorstellten, ist Elyse mit ihrem unschätzbaren Feedback und Rat an unserer Seite und hat uns geholfen, den Inhalt zugänglich und informativ für die Leser aufzubereiten. Wir danken auch allen bei Elyse Cheney Literary Associates, die unser Buch unterstützten, vor allem Allison Devereux, Claire Gillespie und Isabel Mendia.

Auch unsere Lektorin bei Simon & Schuster, Stephanie Frerich, glaubte von Anfang an an unser Buch. Ihr Enthusiasmus für das Projekt war uns stets eine Inspiration und Ermutigung. Stephanie verbrachte unzählige Stunden damit, die verschiedenen Versionen unseres Manuskripts durchzugehen und zu lektorieren. Ihre Weisheit, ihr Scharfsinn und Weitblick halfen uns, unser Buch zu strukturieren, den Inhalt zu konkretisieren und unseren Schreibstil zu verfeinern. Wir hätten uns keine bessere Partnerin wünschen können. Bei Simon & Schuster hatten wir außerdem das Glück, von der hervorragenden Arbeit von Stephen Bedford zu profitieren, von Kirsten Berndt, Alicia Brancato, Dana Canedy, Alison Forner, Morgan Hart, Elizabeth Herman, Jon Karp, Jillian Levick, Math Monahan, Lewelin Polanco, Richard Rhorer und Emily Simonson.

Den Menschen, die ihre Erfahrungen, ihr Wissen und ihre Weisheit mit uns in Interviews teilten, sind wir ewig dankbar. Viele ihrer Geschichten sind in diesem Buch enthalten, viele auch nicht, aber jede einzelne hat einen bleibenden Eindruck bei uns hinterlassen und unser Verständnis von Macht geprägt. Wir danken Karen Adams, Mohamad Al Jounde, Gabriela Ayala, Xiye Bastida, Mary Beard, David Beatty, Betsy Beamon, Karol Beffa, Essma Ben Hamida, Paola Bergna, Vikas Birhma, LaTosha Brown, Carol Browner, Tarana Burke, Carol Caruso, Lucia Casadei, Srilekha Chakraborty, Sasha Chanoff, Vera Cordeiro, Pendo Daubi, Cheryl Dorsey, Elina Dumont, Omar Encarnacion, Cecile Falcon, Meagan Fallone, Jim Fruchterman, David Gergen, Dorothy Greenaway, Lia Grimanis, Claude Grunitzky, François Hollande, Mashroof Hossain, Tatiana Jama, Tawakkol Karman, Christine Lagarde, Sandra Lopez, Françoise Nyssen, Anand Mahindra, Oriana Mambie, Vanessa Matos, Antoine Mindjimba, Sylvia Morse, Nezuma Mjumbe, Tanya Nesterenko, Ellen Ochoa, Tope Ogundipe, Ai-jen Poo, María Rachid, Emily Rafferty, Andrea Reimer, Jean Rogers, Guillaume Roussel, Miriam Rykles, Urvashi Sahni, Palak Shah, Wendy Sherman, Bright Simons, Maria

Speck, Dan Taber, Justus Uwayesu, Donatella Versace, Florence Verzelen, Alexandria Villasenor, Glen Weyl, Micah White, Meredith Whittaker, Claudine Wolfe und Vanessa Wyche sowie »Ning« und »Aakash«, deren Identitäten geheim bleiben müssen, sowie einer Führungskraft, die anonym bleiben will. Wir möchten auch den Medizinern und Managern des britischen National Health Service danken, die wir im Rahmen unserer Studie interviewt haben, die den Beginn unserer Zusammenarbeit vor 15 Jahren markiert. Weil ihre Angaben vertraulich sind, können wir ihre Namen nicht nennen, doch was sie uns sagten, hat unser Verständnis von Macht erweitert.

Da wir Erkenntnisse aus vielen Disziplinen für unser Buch verwendet und darauf aufgebaut haben, sind wir allen Forschenden zu Dank verpflichtet, deren Arbeit uns ein besseres Verständnis von Macht in verschiedenen Kontexten vermittelt hat, über Ländergrenzen hinweg und aus unterschiedlichen akademischen Perspektiven. Es wären zu viele Namen, um sie hier alle aufzuführen, doch wir hoffen, dass wir ihren Ideen und Erkenntnissen gerecht geworden sind.

Viele unserer Freunde, Kollegen und Studenten nahmen sich großzügig die Zeit und diskutierten mit uns die Ideen, die wir im Buch vorstellen. Für die anregenden Gespräche danken wir Elizabeth Anderson, Michel Anteby, Sophie Bacq, Lauren Bacon, Sivahn Barli, François Bonnici, Christin Brutsche, Suzanne Cooper, Tom D'Aunno, Jerry Davis, Alicia DeSantola, Sofia Gomez De Silva, Stefan Dimitriadis, Frank Dobbin, David Eaves, Alnoor Ebrahim, Doug Elmendorf, Isabelle Ferreras, Archon Fung, Herve Gbego, Mattia Gilmartin, Mary Ann Glynn, Royston Greenwood, Monica Higgins, Rakesh Khurana, Clayton Kunz, Nicholas Krawies, Michael Lee, Dutch Leonard, Nick Levitt, Michael Lounsbury, Johanna Mair, Joshua Margolis, John Meyer, Victoria Nguyen, Tomasz Obloj, Timothy O'Brien, Anne-Claire Pache, Catherine Paradeise, Jeff Polzer, Woody Powell, Vincent Pons, Kash Rangan, Subi Rangan, Hannah Riley Bowles, Mathias

Risse, Christian Seelos, George Serafeim, Jean-Claude Thoenig, Annie Trainque, Brian Trelstad, David Wood und Evelyn Zhang.

Für ihre Ratschläge in den verschiedenen Phasen des Schreibens danken wir Iris Bohnet, Diana Cafazzo, Mihir Desai, Jim Fisher, Adam Grant, Sarah Kaplan, Marissa King, Chris Marquis, Jerry Meland, Sheba Meland, Gautam Mukunda, Adeline Sire, Greg Stone, Michael Tushman, Marjorie Williams, Henry Timms und András Tilcsik.

Emelie Aguirre, Erica Chenoweth, Michael Fuerstein, Marshall Ganz, Michele Gelfand, Avi Goldfarb, Jon Jachimowicz, Michele Lamont, Robert Livingston, Mordecai Lyon, Bill McEvily, Julie Mirocha, Swetha Raja, Satwik Sharma und Tieying Yu lasen Teile des Manuskripts und schlugen Änderungen vor, die unsere Aussagen verdeutlichten. Daher sind wir ihnen zu speziellem Dank verpflichtet.

Wir danken außerdem Benjamin Abtan, Sigal Barsade, Carol Caruso, Cécile Falcon, Caroline Faure, Barbara Lawrence, Matthew Lee, Umaimah Mendhro, Ayesha Nayar, Deepa Purushothaman, Metin Sengul, Channing Spencer, Elliot Stoller, Aduke Thelwell, Julie Yen und Marcela Zingerevitz, die das Manuskript Seite für Seite gelesen haben und uns unglaublich nützliche und detaillierte Rückmeldungen gaben, Lakshmi Ramarajan, die das Manuskript gleich zweimal las und jeden Aspekt des Buches unzählige Male mit uns durchging und trotzdem nie aufhörte, ans Telefon zu gehen, wenn wir anriefen, und Peter Scoblic, der uns bei der Gliederung des Buches half und schwierige Passagen überarbeitete.

Unser Dank gilt auch den Teams der Social Innovation and Change Initiative und dem Center for Public Leadership an der Harvard Kennedy School of Government und der Social Enterprise Initiative der Harvard Business School. Ein besonderes Dankeschön geht an Brittany Butler, Colleen Kelly, Ingo Michelfelder, Ally Phillips, Alondra Ramirez und Mu-Chieh Yun, die uns während des gesamten Entstehungsprozesses unterstützten und zur Seite standen, indem sie uns Leuten vorstellten, die Geschichten zum Buch beisteuern konnten, das Manuskript lasen und kommentierten und in Brainstorming-Sitzungen mit uns überlegten, wie wir unsere Ideen am besten vermitteln konnten. Danke auch an das Rotman-Team, vor allem an Karen Christensen, Daniel Ellul, Ken McGuffin und Suzanne Tobin, die mit ihrem entschlossenen Einsatz dafür sorgen, dass das Buch seine Wirkung erzielt.

Verschiedene spezielle Partner haben unser Buch mit ihrem Engagement, ihrer harten Arbeit, Unterstützung und Begeisterung überhaupt erst ermöglicht. Jason Gerdom half uns bei der IT-Infrastruktur, damit wir trotz räumlicher Entfernung gemeinsam schreiben konnten. Libby Quinn war von Anfang an Teil unseres Teams. Ob es nun darum ging, Interviews zu organisieren, die zahlreichen Entwürfe des Manuskripts zu kommentieren oder uns dazu zu bringen, zu überlegen, wie wir die Kernideen des Buches vermitteln konnten – Libby leistete immer einen entscheidenden Beitrag. Emily Grandjean, Matt Higgins, Marissa Kimsey, Leszek Krol, Mordy Sabeti und Alex Ubalijoro unterstützten uns bei der Recherche in verschiedenen Phasen des Buchs. Ihr Engagement war bemerkenswert. Es war ein Privileg, von so talentierten, gründlichen und engagierten wissenschaftlichen Mitarbeitern unterstützt zu werden.

Ein ganz besonderer Dank geht an Kara Sheppard-Jones und Nan Stone für ihre unschätzbare Hilfe bei der Entwicklung des Konzepts und beim Schreiben unseres Buchs. Kara Sheppard-Jones' Ehrgeiz und Leidenschaft für dieses Projekt haben uns immer wieder aufs Neue motiviert. Sie ging mit uns während des gesamten Prozesses durch dick und dünn. Das Buch hat enorm von ihren vielen Talenten als Autorin, Rechercheurin und als Gestalterin des sozialen Wandels profitiert. Und ohne Nan Stone, die uns mit ihrer Klugheit und ihrem Geschick unerschütterlich zur Seite stand, hätten wir diese Reise niemals erfolgreich bewältigt. Ihre hervorragenden Ratschläge beim Lektorat, die sie stets freundlich und großzügig erteilte, haben das Buch sehr verbessert. Was für eine wunderbare Autorin und Freundin!

Unseren Eltern danken wir für ihre beständige Ermutigung über all die Jahre, ihren unerschütterlichen Glauben an uns und ihre bedingungslose Liebe. Und unseren Geschwistern Emilie und Raffaele danken wir, weil sie es mit uns ausgehalten und uns inspiriert haben, das Leben zu genießen und die Schönheit der Welt zu feiern.

Unseren Partnern Romain und Ned danken wir, weil wir jederzeit auf sie zählen konnten, wenn wir sie brauchten, etwa wenn sie noch ein Kapitel lesen mussten, die Kinder mal wieder irgendwo hinbringen, mit uns über einen weiteren Kapiteltitel (oder Untertitel!) nachdenken und noch einen Abend oder ein Wochenende mit uns ertragen mussten, an dem wir völlig mit Schreiben beschäftigt waren. Unseren Kindern Noe und Lou, Sohier und Livia danken wir für ihre Energie, ihren Humor, ihre Ideen, ihre aufmunternden Worte, Umarmungen, Küsse, ihre Weisheit, die ihr eigentliches Alter Lügen straft, ihre Geduld und die grenzenlose Freude, die sie uns schenken. Unsere Familie ist unsere Superkraft. Ohne sie wäre rein gar nichts möglich.

Und zu guter Letzt danken wir all den außergewöhnlichen Menschen, die den Wandel vorantreiben und ihre Macht unermüdlich dafür einsetzen, gerechtere, demokratischere und grünere Stadtviertel, Organisationen und Gesellschaften aufzubauen. Sie haben uns inspiriert, dieses Buch zu schreiben. Wir wissen, wie wichtig und schwierig ihre Arbeit ist. Unsere Dankbarkeit und unsere Bewunderung sind grenzenlos. Wir hoffen, dass dieses Buch Ihnen bei Ihren Vorhaben helfen und andere inspirieren wird, sich Ihnen anzuschließen.

ÜBER DIE AUTORINNEN

J ulie Battilana ist Professorin für Organisationales Verhalten und soziale Innovation an der Harvard Business School und der Harvard Kennedy School, wo sie auch die Social Innovation and Change Initiative gegründet hat. In den vergangenen 15 Jahren hat sich Battilana neben ihren Vorlesungen und Seminaren zu Macht und Führung intensiv mit dem Wandel in Organisationen und in der Gesellschaft befasst. Sie berät Changemaker im öffentlichen, privatwirtschaftlichen und sozialen Bereich weltweit. Battilana ist Mitbegründerin der Democratizing Work Initiative, einer globalen Allianz aus Forschung und Praxis mit dem Ziel eines gerechten, grünen und fairen Wirtschaftssystems. Die gebürtige Französin promovierte an der Wirtschaftshochschule INSEAD und der École normale supérieure de Paris-Saclay. Sie lebt in Belmont, Massachusetts.

Tiziana Casciaro ist Professorin für Organisationales Verhalten an der Rotman School of Management der University of Toronto. Ihre Arbeiten zur Machtdynamik zwischen Personen und Organisationen und zu Netzwerken haben zahlreiche renommierte akademische Auszeichnungen erhalten und fanden Erwähnung in *The New York Times, The Washington Post, CNN, The Economist* und *The Financial Times,* bei MSNBC, ABC, CBC, in *Fortune* und im *Time Magazine.* Sie berät Organisationen und Unternehmen und wurde von Thinkers50 gewürdigt, einem Ranking der wichtigsten Vordenker im Management, die unsere Zukunft und unserer Arbeitswelt prägen werden. Die gebürtige Italienerin machte ihren Abschluss an der Università Commerciale Luigi Bocconi in Mailand und promovierte anschließend an der Carnegie Mellon University in Pittsburgh. Sie lebt in Toronto.

ANMERKUNGEN

EINLEITUNG: MACHT WIRD MISSVERSTANDEN

1 Platon, *Der Staat,* Stuttgart: Reclam 2017, Buch II, 359b-360d.
2 Niccolò Machiavelli, *De Principatibus/Il Principe,* Antonio Blado d'Asola, 1532; dt.: *Der Fürst,* Stuttgart und Tübingen: J. G. Cotta, 1842.

KAPITEL 1: DIE GRUNDLAGEN DER MACHT

3 Lia Grimanis Rede beim International Women's Forum, World Leadership Conference in Toronto, 15. November 2017.
4 Ebenda.
5 Ebenda.
6 Die International Coaching Federation (ICF) zertifiziert Coaches anhand verschiedener Stufen ihrer beruflichen Entwicklung: Associate Certified Coach (ACC), Professional Certified Coach (PCC) und Master Certified Coach (MCC). Viele zertifizierte Coaches arbeiten als Executive Coaches. Alle zertifizierten Coaches folgen einer festgelegten Methodik, ähnlich wie zertifizierte Wirtschaftsprüfer oder Finanzanalysten. Lia engagierte für ihre Organisation nur ICF-zertifizierte Coaches.
7 Lia Grimanis im Gespräch mit den Autorinnen, Juni 2019, September 2019 und Oktober 2020.
8 Grimanis im Gespräch mit den Autorinnen.
9 Zertifizierte Coaches im Gespräch mit den Autorinnen, August 2020.
10 Mary Parker Follett, *Dynamic Administration: The Collected Papers of Mary Parker Follett,* hg. von Henry C. Metcalf und L. Urwick, New York und London: Harper & Brothers 1942, S. 101; siehe auch Mary Parker Follett, *Creative Experience,* New York: Longmans, Green, & Co. 1924, S. XIII.
11 Pam Houston, »The Truest Eye«, in: *O, the Oprah Magazine,* November 2003, abgerufen am 10. Dezember 2020, http://www.oprah.com/omagazine/toni-morrison-talks-love/4/.
12 Für die Abbildung haben wir Richard Emersons Strategien für Machtausgleich adaptiert. Siehe Richard M. Emerson, »Power-Dependence Relations«, in: *American Sociological Review* 27, Nr. 1 (1962), S. 31–41.
13 Andrew Francis-Tan und Hugo M. Mialon, »›A Diamond Is Forever‹ and Other Fairy Tales: The Relationship Between Wedding Expenses and Marriage Duration«, in: *Economic Inquiry* 53, Nr. 4 (2015), S. 1919–1930.

14 Stefan Kanfer, *The Last Empire: De Beers, Diamonds, and the World*, New York: Farrar, Straus and Giroux 1995, S. 270ff.

15 Edward J. Epstein, *The Rise & Fall of Diamonds*, New York: Simon & Schuster 1982, S. 125f.

16 Francis-Tan und Mialon, »A Diamond Is Forever«.

17 Der Sozialpsychologe Robert Cialdini nennt sechs Strategien, um den wahrgenommenen Wert einer Ressource zu beeinflussen. Zu diesen Strategien zählen: Uns das Gefühl zu geben, dass eine Ressource rar ist, um uns zu überzeugen, dass wir sie brauchen (Knappheit); Empfehlungen von Autoritätsfiguren, die wir respektieren und denen wir vertrauen (Autorität); ein Gefallen oder ein Geschenk, damit wir uns sozial verpflichtet fühlen, wenn wir zu einer Gegenleistung aufgefordert werden (Reziprozität/Gegenseitigkeit); das Drängen auf eine öffentliche Erklärung, die uns dazu bringt, das zu tun, wozu wir aufgefordert werden (Konsistenz); uns Komplimente zu machen, um sich uns anzunähern und dadurch unsere Entscheidungen effektiver zu beeinflussen (Sympathie); und schließlich das Verhalten anderer in unserem Umfeld, das genutzt wird, um Druck auf uns auszuüben, das zu tun, was die anderen tun, und die Ressourcen zu bekommen, die sie auch haben (soziale Bestätigung). Siehe Robert B. Cialdini, *Einfluss: Die Psychologie des Überzeugens*, 8. unveränderte Auflage, Göttingen: Hogrefe 2017.

18 Anne Bowers, »Category Expectations, Category Spanning, and Market Outcomes«, in: *Advances in Strategic Management*, 32 (2015), S. 241–276.

19 Alexandra Wexler, »De Beers Diamonds Reflect a Changing Market«, in: *The Wall Street Journal*, 30. November 2019, https://www.wsj.com/articles/de-beers-dia monds-reflect-a-changing-market-11575109800.

20 Robert H. Frank, *Luxury Fever: Why Money Fails to Satisfy in an Era of Excess*, Princeton: Princeton University Press 2001; Thomas Biesheuvel, »The Elite Club That Rules the Diamond World Is Starting to Crack«, *Bloomberg*, 29. Juli 2019, https://www.bloomberg.com/news/articles/2019-07-29/the-elite-club-that-rules-the-diamond-world-is-starting-to-crack.

21 Lara Ewen, »Rock Bottom: Tracing the Decline of Diamond Retail«, in: *Retail Dive*, 18. Juni 2019, https://www.retaildive.com/news/rock-bottom-tracing-the-decline-of-diamond-retail/555795/.

22 Edahn Golan, »De Beers's Market Share Falls in 2019, Hides a Surprise«, in: *Rubel & Ménasché*, 8. Oktober 2020, https://www.rubel-menasche.com/en/de-beers-mar ket-share-falls-in-2019-hides-a-surprise/.

23 Emerson, »Power-Dependence Relations«.

24 National Portrait Gallery, »Lyndon Johnson and the ›Johnson Treatment‹«, abgerufen am 18. November 2020, https://npg.si.edu/blog/lyndon-johnson-and-johnson-treatment.

25 »Stay Tuned: Campaign ›Spying‹ & the Ways and Means of Power (with Bob Caro)«, *café*, 11. April 2019, https://cafe.com/stay-tuned/stay-tuned-campaign-spy ing-the-ways-and-means-of-power-with-bob-caro/.

26 Robert A. Caro, *Master of the Senate*, Westminster, MD: Knopf Doubleday Publishing Group 2009, S. 153.

27 In ihrem 2008 erschienenen Artikel im *Journal of Applied Psychology* kommen Anderson, Spataro und Flynn zu dem Schluss, dass Extrovertierte in teamorientierten Organisationen und Unternehmen mehr Einfluss haben, während in Organisationen, in denen jeder für sich an technischen Aufgabenstellungen arbeitet, die Gewissenhaften mehr Einfluss haben. Cameron Anderson, Sandra Spataro und Francis Flynn, »Personality and Organizational Culture as Determinants of Influence«, in: *Journal of Applied Psychology* 93, Nr. 3 (2008), S. 702–710.

28 Raoul Girardet, *Mythes et mythologies politiques,* Paris: Le Seuil 1986.

29 Lee Ross, »The Intuitive Psychologist and His Shortcomings: Distortions in the Attribution Process«, in: *Advances in Experimental Social Psychology*, hg. von Leonard Berkowitz, Bd. 10, Academic Press 1977, S. 173–220.

30 »Wer zugrunde gehen soll, der wird zuvor stolz; und Hochmut kommt vor dem Fall«, *Luther-Bibel,* Sprüche 16:18.

KAPITEL 2: MACHT KANN SCHMUTZIG SEIN, MUSS ES ABER NICHT

31 Robert Greene, *Power: Die 48 Gesetze der Macht,* München: Hanser Verlag 2013, S. 24, 44, 68 und 76.

32 Niccolò Machiavelli, *Der Fürst,* Stuttgart und Tübingen: J. G. Cotta 1842, Kapitel 17.

33 Paul Rozin und Edward B. Royzman, »Negativity Bias, Negativity Dominance, and Contagion«, in: *Personality and Social Psychology Review* 5, Nr. 4 (2001), S. 296–320.

34 Saul Alinsky, Rules for Radicals: A Pragmatic Primer for Realistic Radicals, New York: Vintage Books 1989, S. 51.

35 Bertrand Russell, *Macht: Eine sozialkritische Studie,* Zürich: Europa-Verlag 1947, S. 10.

36 Miriam Rykles im Gespräch mit den Autorinnen, April 2019 und Februar 2020.

37 Einen Überblick bietet Dacher Keltner, *The Power Paradox: How We Gain and Lose Influence,* New York: Penguin Press 2016. Siehe auch Adam D. Galinsky et al., »Power and Perspectives Not Taken«, in: *Psychological Science* 17, Nr. 12 (2006), S. 1068–1074; Deborah H. Gruenfeld et al., »Power and the Objectification of Social Targets«, in: *Journal of Personality and Social Psychology* 95, Nr. 1 (2008), S. 111–127; Joe C. Magee und Pamela K. Smith, »The Social Distance Theory of Power«, in: *Personality and Social Psychology Review,* Nr. 2 (Mai 2013), S. 158–186.

38 Simon Baron-Cohen et al., »The ›Reading the Mind in the Eyes‹ Test Revised Version: A Study with Normal Adults, and Adults with Asperger Syndrome or High-Functioning Autism«, in: *Journal of Child Psychology and Psychiatry and Allied Disciplines* 42, Nr. 2 (2001), S. 241–251.

39 Michael W. Kraus et al., »Social Class, Contextualism, and Empathic Accuracy«, in: *Psychological Science* 21, Nr. 11 (2010), S. 1716–1723.

40 Cameron Anderson et al., »The Local-Ladder Effect: Social Status and Subjective Well-Being«, in: *Psychological Science* 23, Nr. 7 (2012), S. 764–771.

41 Vanessa K. Bohns und Scott S. Wiltermuth, »It Hurts When I Do This (or You Do That): Posture and Pain Tolerance«, in: *Journal of Experimental Social Psychology* 48, Nr. 1 (2012), S. 341–345.

42 Petra C. Schmid und Marianne Schmid Mast, »Power Increases Performance in a Social Evaluation Situation as a Result of Decreased Stress Responses«, in: *European Journal of Social Psychology* 43, Nr. 3 (2013), S. 201–211.

43 Cameron Anderson und Adam D. Galinsky, »Power, Optimism, and Risk-Taking«, in: *European Journal of Social Psychology* 36, Nr. 4 (2006), S. 511–536.

44 Robert Graves, *Griechische Mythologie: Quellen und Deutung,* Bd. 1, Reinbek bei Hamburg: Rowohlt 1960.

45 Ebenda, S. 283.

46 Dacher Keltner et al., »Power, Approach, and Inhibition«, in: *Psychological Review* 110, Nr. 2 (2003), S. 265–284; Nathanael J. Fast et al., »Illusory Control: A Generative Force Behind Power's Far-Reaching Effects«, in: *Psychological Science* 20, Nr. 4 (2009), S. 502–508.

47 Fast et al., »Illusory Control«, S. 502–508.

48 David Gergen im Gespräch mit den Autorinnen, Juni 2019. Siehe auch David Gergen, *Eyewitness to Power: The Essence of Leadership Nixon to Clinton,* New York: Simon & Schuster 2000.

49 François Hollande im Gespräch mit den Autorinnen, Juli 2019.

50 »Acton-Creighton Correspondence« (1887), abgerufen am 9. Dezember 2020, https://oll.libertyfund.org/title/acton-acton-creighton-correspondence.

51 Moralische Reinheit ist ein psychischer Zustand, der sich daraus ergibt, dass sich eine Person von einem moralischen Standpunkt aus betrachtet rein und damit tugendhaft fühlt. Studien zur Embodied Cognition haben gezeigt, dass man ein größeres Bedürfnis hat, sich körperlich zu reinigen, wenn man sich aufgrund eines moralisch fragwürdigen Verhaltens beschmutzt fühlt. Die Aufgabe zum Ergänzen der Buchstaben wurde entwickelt von Chen-Bo Zhong und Katie Liljenquist in »Washing Away Your Sins: Threatened Morality and Physical Cleansing«, in: *Science* 313, Nr. 5792 (2006), S. 1451f. Siehe auch Spike Lee und Norbert Schwarz, »Dirty Hands and Dirty Mouths: Embodiment of the Moral-Purity Metaphor Is Specific to the Motor Modality Involved in Moral Transgression«, in: *Psychological Science* 21, Nr. 10 (2010), S. 1423ff.

52 William Shakespeare, *Macbeth,* 5. Aufzug, 1. Szene, übersetzt von Dorothea Tieck, Erstdruck in: *Shakespeare's dramatische Werke,* übersetzt von August Wilhelm Schlegel, ergänzt und erläutert von Ludwig Tieck, Bd. 9, Berlin: Georg Andreas Reimer 1832.

53 Tiziana Casciaro, Francesca Gino und Maryam Kouchaki, »The Contaminating Effects of Building Instrumental Ties: How Networking Can Make Us Feel Dirty«, in: *Administrative Science Quarterly* 59, Nr. 4 (2014), S. 705–735.

54 Tiziana Casciaro, Francesca Gino und Maryam Kouchaki, »Learn to Love Networking«, in: *Harvard Business Review* 94, Nr. 5 (2016), S. 104–107.

55 Casciaro, Gino und Kouchaki, »The Contaminating Effects«, S. 705–735.

56 Vera Cordeiro im Gespräch mit den Autorinnen, September 2018 und Februar 2019.

57 Julie Battilana et al., »Associacao Saude Crianca: Trying to Break the Cycle of Poverty and Illness at Scale«, in: Harvard Business School Case N2-419-048, 2018.

58 Ebenda.

59 Casciaro, Gino und Kouchaki, »Learn to Love Networking«, S. 104–107.

60 Dass wir uns selbst einreden, unser Verhalten sei moralisch, obwohl es das gar nicht ist, ist eine Möglichkeit, die kognitive Dissonanz aufzulösen und eine Konsonanz zu erreichen. Siehe Leon Festinger, *Theorie der kognitiven Dissonanz*, Bern: Verlag Hans Huber 1978.

61 »Princess Diana: A ›Modern‹ Mother Who Ripped Up the Rule Book«, in: *History Extra*, 3. November 2020, https://www.historyextra.com/period/20th-century/princess-diana-mother-parenting-william-harry-mother-son-relationship/.

62 David Eagleman, *Livewired: The Inside Story of the Ever-Changing Brain*, New York: Pantheon Books 2020.

63 Jamil Zaki, *The War for Kindness: Building Empathy in a Fractured World*, New York: Crown 2019.

64 C. Daniel Batson et al., »Empathy and Attitudes: Can Feeling for a Member of a Stigmatized Group Improve Feelings Toward the Group?«, in: *Journal of Personality and Social Psychology* 72, Nr. 1 (1997), S. 105–118.

65 Fernanda Herrera et al., »Building Long-Term Empathy: A Large-Scale Comparison of Traditional and Virtual Reality Perspective-Taking«, in: *PLOS ONE* 13, Nr. 10 (2018), e0204494.

66 Christopher J. Patrick (Hg.), *Handbook of Psychopathy*, 2. Auflage, New York: Guilford Publications 2019.

67 Harma Meffert et al., »Reduced Spontaneous but Relatively Normal Deliberate Vicarious Representations in Psychopathy«, in: *Brain* 136, Nr. 8 (2013), S. 2550–2562.

68 Hazel R. Markus und Shinobu Kitayama, »Culture and the Self: Implications for Cognition, Emotion, and Motivation«, in: *Psychological Review* 98, Nr. 2 (1991), S. 224–253; Theodore M. Singelis, »The Measurement of Independent and Interdependent Self-Construals«, in: *Personality and Social Psychology Bulletin* 20, Nr. 5 (1994), S. 580–591; Serena Chen, »Social Power and the Self«, in: *Current Opinion in Psychology* 33 (2020), S. 69–73.

69 Siehe zum Beispiel Wendi L. Gardner, Shira Gabriel und Angela Y. Lee, »›I‹ Value Freedom, but ›We‹ Value Relationships: Self-Construal Priming Mirrors Cultural Differences in Judgement«, in: *Psychological Science* 10, Nr. 4 (1999), S. 321–326.

70 Einen Überblick zu psychologischen Modellen der kognitiven Entwicklung von Jean Piaget bis zu Lawrence Kohlberg und Robert Kegan bieten Lene Rachel Anderson und Tomas Björkman, *Das skandinavische Geheimnis: Eine europäische Geschichte von Schönheit und Freiheit,* Hamburg: Phänomen Verlag 2020.

71 Matthieu Ricard, *Allumfassende Nächstenliebe: Altruismus – die Antwort auf die Herausforderungen unserer Zeit,* Hamburg: Edition Blumenau, 2. Auflage 2017; Thich Nhat Hanh, *The Art of Power: Die Kunst, mit Macht richtig umzugehen,* Freiburg: Herder 2008.

72 Bhikkhu Anālayo, *Satipatthana Meditation: A Practice Guide,* Cambridge, UK: Windhorse Publications 2018.

73 Siehe Peter Sedlmeier et al., »The Psychological Effects of Meditation: A Meta-Analysis«, in: *Psychological Bulletin* 138, Nr. 6 (2012), S. 1139–1171.

74 Martin Luther King jr., »A Christmas Sermon on Peace«, 24. Dezember 1967.

75 Cem Çakmaklı, Selva Demiralp, Şebnem Kalemli-Özcan, Sevcan Yeşiltaş und Muhammed Yıldırım, »The Economic Case for Global Vaccinations: An Epidemiological Model with International Production Networks«, Working Paper 28395, National Bureau of Economic Research, Januar 2021.

76 John Vidal in Zusammenarbeit mit Ensia, »Destroyed Habitat Creates the Perfect Conditions for Coronavirus to Emerge«, in: *Scientific American*, 18. März 2020, https://www.scientificamerican.com/article/destroyed-habitat-creates-the-perfect-conditions-for-coronavirus-to-emerge/.

77 Karin Brulliard, »The Next Pandemic Is Already Coming, Unless Humans Change How We Interact with Wildlife, Scientists Say«, in: *Washington Post*, 3. April 2020, https://www.washingtonpost.com/science/2020/04/03/coronavirus-wildlife-environment/.

78 Mary Beard, *The Roman Triumph,* Cambridge, MA: Belknap Press 2009.

79 Lange Zeit galt diese Vorstellung als gesichert und ist fest im populären Bewusstsein verankert, doch die Belege dafür sind bei Weitem nicht eindeutig. Zudem gibt es zahlreiche Widersprüche zwischen den verschiedenen Quellen und Interpretationen. Siehe dazu Beard, *The Roman Triumph*, S. 85–92.

80 Mashroof Hossain im Gespräch mit den Autorinnen, Mai 2019 und Juni 2019.

81 »Rohingya«, *Britannica Academic*, Encyclopadia Britannica 2020.

82 Hannah Beech, Saw Nang und Marlise Simons, »›Kill All You See‹: In a First, Myanmar Soldiers Tell of Rohingya Slaughter«, in *New York Times*, 8. September 2020, www.nytimes.com/2020/09/08/world/asia/myanmar-rohingya-genocide.html.

83 Amy Edmondson, *Die angstfreie Organisation: Wie Sie psychologische Sicherheit am Arbeitsplatz für mehr Entwicklung, Lernen und Innovation schaffen*, München: Vahlen 2020; Amy Edmondson, »Psychological Safety and Learning Behavior in Work Teams«, in: Administrative Science Quarterly 44, Nr. 2 (1999), S. 350–383.

84 Siehe auch Julia Rozovsky, »The Five Keys to a Successful Google Team«, 2015, https://rework.withgoogle.com/blog/five-keys-to-a-successful-google-team/.

85 Bradley P. Owens, Michael D. Johnson und Terence R. Mitchell, »Expressed Humility in Organizations: Implications for Performance, Teams, and Leadership«, in: *Organization Science* 24, Nr. 5 (2013), S. 1517–1538. In seinem neuen Buch *Think Again: The Power of Knowing What You Don't Know* (Viking 2021) untersucht Adam Grant Demut als Voraussetzung für Offenheit, Lernbereitschaft und eine verbesserte Entscheidungsfindung.

86 Siehe Julie Exline und Peter Hill, »Humility: A Consistent and Robust Predictor of Generosity«, in: *Journal of Positive Psychology* 7, Nr. 3 (2012), S. 208–218; Jordan Paul Labouff et al., »Humble Persons Are More Helpful than Less Humble Persons: Evidence from Three Studies«, in: *Journal of Positive Psychology* 7, Nr. 1 (2012), S. 16–29.

87   Eine Analyse der Kriterien, die bei der Wahl politischer Anführer eine Rolle spie-
     len sollten, findet sich bei Gautam Mukunda, *Picking Presidents: How to Make the
     Most Important Decision in the World,* Oakland, CA: University of California Press,
     erscheint voraussichtlich 2022.
88   Danielle V. Tussing, »Hesitant at the Helm: The Effectiveness-Emergence Para-
     dox of Reluctance to Lead«, Dissertation, University of Pennsylvania 2018, S. 1–
     118.
89   Für Analysen über die weite Verbreitung autoritärer Einstellungen und deren Aus-
     wirkungen im Laufe der Zeit und an verschiedenen Orten siehe Bob Altemeyer,
     The Authoritarian Specter, Cambridge, MA: Harvard University Press 1996; Daniel
     Stevens, Benjamin G. Bishin und Robert R. Barr, »Authoritarian Attitudes, Demo-
     cracy, and Policy Preferences among Latin American Elites«, in: *American Journal
     of Political Science* 50, Nr. 3 (2006), S. 606–620; Matthew C. MacWilliams, *On Fas-
     cism: Lessons from American History,* London: St. Martin's Press 2020.
90   Anita Williams Woolley et al., »Evidence for a Collective Intelligence Factor in the
     Performance of Human Groups«, in: *Science* 330, Nr. 6004 (2010), S. 686ff.
91   Marko Pitesa und Stefan Thau, »Masters of the Universe: How Power and Accoun-
     tability Influence Self-Serving Decisions under Moral Hazard«, in: *Journal of Ap-
     plied Psychology* 98, Nr. 3 (2013), S. 550–558.
92   Amy Edmondson, »The Competitive Imperative of Learning«, in: *Harvard Business
     Review* 86, Nr. 7–8 (2008), S. 60.

KAPITEL 3: WAS WIRD BESONDERS GESCHÄTZT?

93   Eine Zusammenfassung und einen Vergleich der wichtigsten Theorien im westli-
     chen und östlichen Denken zur Natur des Menschen unter Berücksichtigung des
     Konfuzianismus, Hinduismus, Buddhismus, Platonismus, der Bibel, des Islam und
     Immanuel Kants bietet Leslie Forster Stevenson, *Thirteen Theories of Human Na-
     ture,* Oxford: Oxford University Press 2018.
94   Mihály Csíkszentmihályi, *Flow: Das Geheimnis des Glücks,* Stuttgart: Klett Cotta
     1992, S. 26.
95   Johannes Gerschewski, »The Three Pillars of Stability: Legitimation, Repression,
     and Co-Optation in Autocratic Regimes«, in: *Democratization* 20, Nr. 1 (2013),
     S. 13–38.
96   Diego Gambetta, *Die Firma der Paten: Die sizilianische Mafia und ihre Geschäfts-
     praktiken*, München: dtv 1994.
97   Büro der Vereinten Nationen für Drogen- und Verbrechensbekämpfung, »Global
     Study on Homicide 2018: Gender-Related Killing of Women and Girls«, 2018; Jan
     Stets, *Domestic Violence and Control,* New York: Springer-Verlag 1988.
98   Margaret W. Linn, Richard Sandifer und Shayna Stein, »Effects of Unemployment
     on Mental and Physical Health«, in: *American Journal of Public Health* 75, Nr. 5
     (1985), S. 502–506.

99 Michael Grabell, »Exploitation and Abuse at the Chicken Plant«, in: *The New Yorker*, 8. Mai 2017, https://www.newyorker.com/magazine/2017/05/08/exploitation-and-abuse-at-the-chicken-plant.

100 David Nakamura und Greg Miller, »›Not Just Chilling but Frightening‹: Inside Vindman's Ouster amid Fears of Further Retaliation by Trump«, in: *Washington Post*, 8. Februar 2020, https://www.washingtonpost.com/politics/not-just-chilling-but-frightening-inside-vindmans-ouster-amid-fears-of-further-retaliation-by-trump/2020/02/08/7d5ae666-4a90-11ea-bdbf-1dfb23249293_story.html.

101 Thomas Hobbes, *Leviathan, or The Matter, Forme, & Power of a Common-Wealth*, London: A. Crooke 1651, Teil 1, Kapitel XIII, »Of the Natural Condition of Mankind as Concerning Their Felicity and Misery«, dt. Ausgabe: *Leviathan. Eine Auswahl*, hg. von Jürgen Klein, Stuttgart: Reclam 2013.

102 Philip Pettit, *Gerechte Freiheit. Ein moralischer Kompass für eine komplexe Welt*, Berlin: Suhrkamp 2017, S. 26.

103 Babu-Kurra, »How 9/11 Completely Changed Surveillance in U.S.«, in: *WIRED*, 11. September 2011, https://www.wired.com/2011/09/911-surveillance/. Wenn Menschen Unsicherheit und Bedrohungen erleben, die ihr Gefühl der Kontrolle beeinträchtigen, neigen sie dazu, die Legitimität von staatlichen Einrichtungen zu verteidigen, die Struktur und Ordnung bieten. Siehe Aaron C. Kay, Jennifer A. Whitson, Danielle Gaucher und Adam D. Galinsky, »Compensatory Control: Achieving Order Through the Mind, Our Institutions, and the Heavens«, in: *Current Directions in Psychological Science* 18, Nr. 5 (2009), S. 264–268.

104 Toshiko Kaneda und Carl Haub, »How Many People Have Ever Lived on Earth?«, Population Reference Bureau, 23. Januar 2020, https://www.prb.org/howmanypeoplehaveeverlivedonearth/.

105 Eine klassische Abhandlung über die Selbstwahrnehmung bietet Morris Rosenberg, *Conceiving the Self*, New York: Basic Books 1979. Der Selbstwert ist Bestandteil des Selbstkonzeptes. Das Selbstkonzept fasst Selbstbild und Idealbild zusammen, das ein Mensch von sich hat. Der Selbstwert beschreibt die Bewertung, die man an sich selbst vornimmt. Siehe Jim Blascovich und Joseph Tomaka, »Measures of Self-Esteem«, in: *Measures of Personality and Social Psychological Attitudes*, Bd. 1, hg. von John Robinson, Phillip Shaver und Lawrence Wrightsman, San Diego: Academic Press 1991, S. 115–160.

106 Der Selbstwert ist zwar ein wesentlicher Bestandteil der Psychologie, wird aber in seiner Beziehung zu ähnlichen Konzepten wie Sinn und Bedeutung unseres Daseins kontrovers diskutiert. Unsere Ansicht, dass Daseinsangst eng mit dem Bedürfnis nach einem positiven Selbstwertgefühl verbunden ist, wird dadurch gestützt, dass Maßnahmen zur Verbesserung der Selbstwertschätzung eng mit Maßnahmen verbunden sind, dem eigenen Dasein einen Sinn und eine Bedeutung zu geben und vor allem eine Bedeutung für andere zu haben. Siehe Andrew Reece et al., »Mattering Is an Indicator of Organizational Health and Employee Success«, in: *The Journal of Positive Psychology* 16, Nr. 2 (2019), S. 1–21.

107 Die Selbstwertschätzung als übergeordnetes Ziel hat ihre Wurzeln in Abraham
Maslows berühmter Bedürfnispyramide, auch wenn die Selbstwertschätzung in
Maslows ursprünglicher Hierarchie der Selbstverwirklichung untergeordnet war
(Abraham Maslow, »A Theory of Human Motivation«, in: *Psychological Review* 50,
Nr. 4 [1943], S. 370–396). Später verbanden Psychologen das Bedürfnis nach Selbst-
verwirklichung mit der Wertschätzung durch die eigene Person im Gegensatz zur
Wertschätzung von außen. Clayton Alderfer entwickelte Maslows Modell mit sei-
ner ERG-Theorie weiter und reduzierte es auf drei Kategorien von Bedürfnissen:
Bei den Existenzbedürfnissen (*Existence*) geht es um die körperlichen Grundbedürfnisse des Menschen und sein Bedürfnis nach Sicherheit. Die Beziehungsbe-
dürfnisse (*Relatedness)* umfassen soziale Bedürfnisse und Status und entsprechen
Maslows Bedürfnis nach Zugehörigkeit und Zuneigung und dem Bedürfnis nach
Achtung und der Wertschätzung von außen. Die Wachstumsbedürfnisse (*Growth)*
beziehen sich auf den in uns wohnenden Wunsch nach persönlicher Entwicklung,
der auch die intrinsische Komponente aus Maslows Kategorie der Wertschätzung
und Selbstverwirklichung beinhaltet. (Clayton Alderfelder, »An Empirical Test of
a New Theory of Human Needs«, in: *Organizational Behavior and Human Performance* 4, Nr. 2 [1969], S. 142–175). Die Belege für die hierarchische Anordnung
dieser Bedürfnisse – zum Beispiel dass man erst nach einem Bedürfnis im oberen
Teil der Pyramide strebt, wenn man weiter unten stehende Bedürfnisse befriedigt
hat – sind nicht eindeutig. Besser dokumentiert ist hingegen, dass die Selbstwertschätzung auf der eigenen Einschätzung dazu basiert, ob man sich für kompetent
hält, liebenswert und tugendhaft und ob man ein hohes Ansehen in einer Gruppe
genießt. In diesem Sinn ist Selbstwertschätzung ein übergeordnetes Bedürfnis.

108 Susan T. Fiske und Shelley E. Taylor, *Social Cognition: From Brains to Culture,* Los
Angeles: SAGE 2013, S. 123f.

109 Eine psychologische Sicht auf ein stabiles und ein fragiles Selbstwertgefühl bieten
Michael Kernis, »Toward a Conceptualization of Optimal Self-Esteem«, in: *Psychological Inquiry* 14, Nr. 1 (2003), S. 1–26; Jennifer Crocker und Lora E. Park, »The
Costly Pursuit of Self-Esteem«, in: *Psychological Bulletin* 130, Nr. 3 (2004), S. 392–
414. Interessanterweise weist der Buddhismus, von dem man annehmen könnte,
dass er nichts mit Selbstwertgefühl zu tun hat, weil er die Überwindung des Selbst
in den Mittelpunkt stellt, ebenfalls in Richtung einer Unterscheidung zwischen sta-
bilem und fragilem Selbstwertgefühl, da er uns auffordert, einen Weg zu beschrei-
ten, der uns befreit von der negativen Beschäftigung mit uns selbst und dem Bedürfnis nach Bestätigung von außen.

110 Diese Auffassung von einem gefestigten Selbstwertgefühl spiegelt die neuzeitli-
che und zeitgenössische Moralphilosophie, in der Authentizität die Ablehnung der
blinden, mechanischen Akzeptanz eines von außen auferlegten Wertekodex bedeutet, der mit der Berufung auf eine höhere Autorität begründet wird. Eine Ethik
der Authentizität wird stattdessen von Motiven und Gründen geleitet, die die In-
dividualität eines Menschen zum Ausdruck bringen, also das, was ihn als Person
ausmacht. Siehe dazu Somogy Varga, *Authenticity as an Ethical Ideal,* New York:

Routledge 2012. Weitere Quellen liefern Jacob Golomb, *In Search of Authenticity: From Kierkegaard to Camus,* London: Routledge 1995; Charles Taylor, *The Ethics of Authenticity,* Cambridge, MA: Harvard University Press 1991. Ein gefestigtes Selbstwertgefühl bedeutet nicht, dass man nicht daran interessiert ist, sich zu verbessern. Ein Misserfolg kann für jemanden furchtbar enttäuschend sein und ihn motivieren, sich zu verbessern, er beeinträchtigt jedoch nicht die grundlegende Selbstakzeptanz und das Selbstwertgefühl. Zur philosophischen Diskussion über das Streben nach Selbstwert und die gesellschaftlichen Auswirkungen siehe auch Kwame Anthony Appiah, *The Honor Code,* New York: W. W. Norton 2010; Geoffrey Brennan und Philip Pettit, *The Economy of Esteem*: *An Essay on Civil and Political Society,* Oxford: Oxford University Press 2005. Zur Verbindung zwischen Authentizität und dem Gefühl von Macht siehe Sandra E. Cha et al., »Being Your True Self at Work: Integrating the Fragmented Research on Authenticity in Organizations«, in: *Academy of Management Annals* 13, Nr. 2 (Juli 2019), S. 633–671; Muping Gan, Daniel Heller und Serena Chen, »The Power in Being Yourself: Feeling Authentic Enhances the Sense of Power«, in: *Personality and Social Psychology Bulletin* 44, Nr. 10 (1. Oktober 2018), S. 1460–1472.

111 Der Sozialpsychologe Seymour Epstein hat ein hierarchisches Modell entwickelt, bei dem das allgemeine Selbstwertgefühl die Dimension erster Ordnung der Selbsteinschätzung einer Person bildet. Die Dimensionen zweiter Ordnung, die sich auf allgemeine Kompetenz, moralische Selbstanerkennung, Macht und Liebeswürdigkeit beziehen, sind weitere Kriterien zur Einschätzung des Selbstwertgefühls. Wir entwickeln hier ein ähnliches Modell, bei dem Sicherheit und Selbstwertschätzung die Bedürfnisse erster Ordnung bilden und materieller Besitz, sozialer Status, Leistung, Zugehörigkeit und Moral als Ressourcen zweiter Ordnung die Bedürfnisse erster Ordnung erfüllen. Siehe Seymour Epstein, »Self-Concept Revisited: Or a Theory of a Theory«, in: *American Psychologist* 28, Nr. 5 (1973), S. 404–416.

112 Geoffrey Supran und Naomi Oreskes, »Assessing ExxonMobil's Climate Change Communications (1977–2014)«, in: *Environmental Research Letters* 12, Nr. 8 (2017), S. 1–18.

113 M. B. Glaser, »Exxon Primer on CO_2 Greenhouse Effect«, Memorandum an das Exxon-Management, 1982; Lisa Song, Neela Banerjee und David Hasemeyer, »Exxon Confirmed Global Warming Consensus in 1982 with In-House Climate Models«, in: *Inside Climate News,* 22. September 2015, https://insideclimatenews. org/news/22092015/exxon-confirmed-global-warming-consensus-in-1982-with-in-house-climate-models/.

114 Jane Mayer, Dark Money: The Hidden History of the Billionaires Behind the Rise of the Radical Right, New York: Knopf 2017.

115 Robert J. Brulle, »Institutionalizing Delay: Foundation Funding and the Creation of U.S. Climate Change Counter-Movement Organizations«, in: *Climatic Change* 122, Nr. 4 (2014), S. 681–694.

116 Amy Lieberman und Susanne Rust, »Big Oil Companies United to Fight Regulations, but Spent Millions Bracing for Climate Change«, in: *Los Angeles Times,* 31. De-

zember 2015, https://www.latimes.com/nation/la-na-oil-operations-20151231-story.html.

117 Noam Chomsky, *Wer beherrscht die Welt? Die globalen Verwerfungen der amerikanischen Politik*, Berlin: Ullstein 2016.

118 George Marshall, *Don't Even Think About It: Why Our Brains Are Wired to Ignore Climate Change*, New York: Bloomsbury 2015.

119 Milton Friedman, »A Friedman Doctrine: The Social Responsibility of Business Is to Increase Its Profits«, in: *New York Times*, 13. September 1970, https://www.nytimes.com/1970/09/13/archives/a-friedman-doctrine-the-social-responsibility-of-business-is-to.html.

120 Thomas Piketty, *Kapital und Ideologie*, München: C.H.Beck 2020.

121 Eine Studie zum Konsum als Ausdruck von Status zur Steigerung des Selbstwertgefühls bieten Niro Sivanathan und Nathan C. Pettit, »Protecting the Self through Consumption: Status Goods as Affirmational Commodities«, in: *Journal of Experimental Social Psychology* 46, Nr. 3 (1. Mai 2010), S. 564–570.

122 Siehe Michael Hughes, *Forging Napoleon's Grande Armée: Motivation, Military Culture, and Masculinity in the French Army, 1800–1808*, New York: New York University Press 2012. Ein zeitgenössischer französischer Staatsmann berichtete, Napoleon habe auf Kritik, die Ehrenlegion habe nur Symbolcharakter und die verliehenen Orden seien nur bunter Tand, mit den Worten reagiert: »Sie nennen es Tand, doch mit Tand führt man Männer … Glauben Sie, Sie könnten Soldaten nur mit Argumenten zum Kämpfen bewegen? Niemals. Die sind nur für den Gelehrten in seinem Studierzimmer. Soldaten brauchen Ruhm, Auszeichnungen, Belohnungen.« Antoine-Claire Thibaudeau, *Mémoires sur le Consulat 1799 à 1804*, Paris: Chez Ponthieu et Cie 1827, S. 83–84.

123 Aruna Ranganathan, »The Artisan and His Audience: Identification with Work and Price Setting in a Handicraft Cluster in Southern India«, in: *Administrative Science Quarterly* 63, Nr. 3 (2018), S. 637–667.

124 Ein Überblick zur positiven Verbindung zwischen sozioökonomischem Status und Selbstwertschätzung findet sich bei Jean Twenge und W. Keith Campbell, »Self-Esteem and Socioeconomic Status: A Meta-Analytic Review«, in: *Personality and Social Psychology Review* 6, Nr. 1 (Februar 2002), S. 59–71. Die Metaanalyse zeigt, dass die positive Korrelation zwischen sozioökonomischem Status und Selbstwertschätzung in Hinblick auf Beruf und Bildung stärker ist als in Hinblick auf das Einkommen. Demnach nährt die soziale Stellung unser Selbstwertgefühl mehr als der ökonomische Status.

125 Die Theorie zum Zusammenhang zwischen dem Füßebinden und verbesserten Heiratsaussichten ist zwar weitverbreitet, aber nicht unumstritten. Laurel Bossen und Hill Gates argumentieren und belegen, dass das weitverbreitete Füßebinden bei Mädchen und Frauen im 19. Jahrhundert auf dem Land ihre Heiratsaussichten keineswegs verbesserte, womit die vorherrschende Erklärung für den gesellschaftlichen Wert des Füßebindens infrage gestellt wird. Allerdings standen zahlreiche Frauen, die durch das Füßebinden ans Haus gefesselt waren, als billige Arbeits-

kräfte zur Verfügung, vor allem für die Textilproduktion im kaiserlichen China. Als der Wert der Handarbeit aufgrund der Industriellen Revolution sank, so ihre These, ging auch das Füßebinden zurück. Siehe Laurel Bossen und Hill Gates, *Bound Feet, Young Hands: Tracking the Demise of Footbinding in Village China,* Stanford University Press 2017; Howard S. Levy, *Chinese Footbinding: The History of a Curious Erotic Custom,* New York: Bell 1967.

126 Appiah, *The Honor Code,* S. 98ff.

127 Stefan Kanfer, *The Last Empire: De Beers, Diamonds, and the World,* New York: Farrar, Straus and Giroux 1995.

128 In der Psychologie finden sich konkurrierende Modelle zu unserem Modell der Bedürfnisse und Wünsche. Das Modell von David McClelland konzentriert sich auf Zugehörigkeit, Leistung und Macht als zentrale Bedürfnisse, die unser Verhalten motivieren; die Selbstbestimmungstheorie von Edward Deci und Richard Ryan stellt stattdessen Verbundenheit, Kompetenz und Autonomie in den Vordergrund. Siehe David C. McClelland, *Human Motivation,* Glenview, IL: Scott Foresman 1985; Edward L. Deci und Richard Ryan, »Self-Determination Theory«, in: *Handbook of Theories of Social Psychology*, hg. von Paul A. M. Van Lange, Arie W. Kruglanski und E. Tory Higgins, London: SAGE 2012, S. 416–436. Die Verhandlungsexperten Roger Fisher und Daniel Shapiro wiederum nennen in ihrem Buch *Erfolgreich verhandeln mit Gefühl und Verstand,* Frankfurt: Campus Verlag 2005, fünf »emotionale Grundbedürfnisse«, die bei Verhandlungen eine Rolle spielen: Wertschätzung, Verbundenheit, Status, eine befriedigende Rolle und Autonomie. Immerhin gibt es mehr Gemeinsamkeiten als Unterschiede, und wir verbinden die Modelle in unserem Ansatz zu einer integrierten Sichtweise dessen, was Menschen in ihrem Streben nach Sicherheit und Selbstwert schätzen.

129 George Valliant, *Triumphs of Experience,* Cambridge, MA: Harvard University Press 2012.

130 Liz Mineo, »Good Genes Are Nice, but Joy Is Better«, in: *Harvard Gazette,* 11. April 2017, https://news.harvard.edu/gazette/story/2017/04/over-nearly-80-years-harvard-study-has-been-showing-how-to-live-a-healthy-and-happy-life/.

131 Zur kompletten Studie siehe George Vaillant, Charles McArthur und Arlie Bock, »Grant Study of Adult Development, 1938-2000«, in: *Harvard Dataverse*, Bd. 4 (2010).

132 Christian Jordan, Virgil Zeigler-Hill und Jessica Cameron, »Self-Esteem«, in: *Encyclopedia of Personality and Individual Differences*, hg. von Virgil Zeigler-Hill und Todd Shackelford, Springer 2019. Frances Frei und Anne Morriss gehen auch der Frage nach, wie wichtig es ist, Vertrauen, Liebe und Zugehörigkeit im Arbeitsumfeld zu fördern, damit sich die Mitarbeiter entfalten können. Siehe *Unleashed: The Unapologetic Leader's Guide to Empowering Everyone Around You,* Boston: Harvard Business Press 2020.

133 Scott Veale, »Word for Word/Last Words; Voices From Above: ›I Love You, Mommy, Goodbye‹«, in: *New York Times,* 16. September 2001, https://www.nytimes.com/2001/09/16/weekinreview/word-for-word-last-words-voices-from-above-i-

love-you-mommy-goodbye.html; CNN, »Paris Terror: Survivor: Kept Saying I Love You«, 21. Juli 2016, Video, https://www.youtube.com/watch?v=K5hp6SWXSKg.

134 Daniel Burke, »Coronavirus Preys on What Terrifies Us: Dying Alone«, CNN, 29. März 2020, https://www.cnn.com/2020/03/29/world/funerals-dying-alone-co ronavirus/index.html.

135 Dominic Abrams und Michael A. Hogg, »Comments on the Motivational Status of Self-Esteem in Social Identity and Intergroup Discrimination«, in: *European Journal of Social Psychology* 18, Nr. 4 (1988), S. 317–334.

136 Andreas Schleicher, *PISA 2018: Insights and Interpretations,* Organisation für wirtschaftliche Zusammenarbeit und Entwicklung, 2019.

137 Kate Wintrol, »Is Mens Sana in Corpore Sano a Concept Relevant to Honors Students?«, in: *Journal of the National Collegiate Honors Council* – Onlinearchiv 291 (2010): https://digitalcommons.unl.edu/nchcjournal/291.

138 Teresa Amabile und Steven Kramer, The Progress Principle: Using Small Wins to Ignite Joy, Engagement, and Creativity at Work, Boston: Harvard Business Press 2011.

139 Joris Lammers et al., »To Have Control Over or to Be Free from Others? The Desire for Power Reflects a Need for Autonomy«, in: *Personality and Social Psychology Bulletin* 42, Nr. 4 (2016), S. 498–512. Wie sich unser Wunsch nach Autorität äußert, variiert abhängig vom kulturellen Kontext und unserer Herkunft. So hat man festgestellt, dass asiatisch-amerikanische Kinder die Aufgabe, Anagramme zu entschlüsseln, am besten lösten, wenn man ihnen sagte, ihre Mutter habe die Aufgabe ausgesucht, wohingegen angloamerikanische Kinder am besten abschnitten, wenn sie die zu entschlüsselnden Anagramme selbst auswählen durften. (Siehe Sheena Iyengar und Mark R. Lepper, »Rethinking the Value of Choice: A Cultural Perspective on Intrinsic Motivation«, in: *Journal of Personality and Social Psychology* 76, Nr. 3 [1999], S. 349–366). Trotz der Abhängigkeit von Kultur und Kontext bei unserem Umgang mit Autonomie hat die Forschung festgestellt, dass der Wunsch, selbst zu entscheiden, sowohl bei Menschen als auch bei Tieren angeboren und vermutlich biologisch bedingt ist (siehe Lauren A. Leotti, Sheena S. Iyengar und Kevin N. Ochsner, »Born to Choose: The Origins and Value of the Need for Control«, in: *Trends in Cognitive Sciences* 14, Nr. 10 [2010], S. 457–463). Siehe auch Sheena Iyengar, *The Art of Choosing,* New York: Twelve 2011.

140 Francesca Gino, Maryam Kouchaki und Adam D. Galinsky, »The Moral Virtue of Authenticity: How Inauthenticity Produces Feelings of Immorality and Impurity«, in: *Psychological Science* 26, Nr. 7 (2015), S. 983–996.

141 Paul P. Baard, Edward L. Deci und Richard M. Ryan, »Intrinsic Need Satisfaction: A Motivational Basis of Performance and Well-Being in Two Work Settings«, in: *Journal of Applied Social Psychology* 34, Nr. 10 (2004), S. 2045–2068; Jeffrey Pfeffer, *Dying for a Paycheck: How Modern Management Harms Employee Health and Company Performance – and What We Can Do About It,* New York: Harper Business 2018.

142 Fintan O'Toole, *Heroic Failure: Brexit and the Politics of Pain,* London: Head of Zeus Ltd. 2018.

143 Sinngemäß wiedergegeben aus Jennifer Szalai, »Fear and Fumbling: Brexit, Trump, and the Nationalist Surge«, in: *New York Times*, 18. Dezember 2019, https://www.nytimes.com/2019/12/18/books/review-politics-pain-fintan-otoole-case-for-nationalism-rich-lowry.html/.

144 M. Ena Inesi et al., »Power and Choice: Their Dynamic Interplay in Quenching the Thirst for Personal Control«, in: *Psychological Science* 22, Nr. 8 (2011), S. 1042–1048; Stefan Leach, Mario Weick und Joris Lammers, »Does Influence Beget Autonomy? Clarifying the Relationship between Social and Personal Power«, in: *Journal of Theoretical Social Psychology* 1, Nr. 1 (2017), S. 5–14.

145 Jon K. Maner, »Dominance and Prestige: A Tale of Two Hierarchies«, in: *Current Directions in Psychological Science* 26, Nr. 6 (2017), S. 526–531.

146 Edward O. Wilson, Biologie als Schicksal: Die soziobiologischen Grundlagen des menschlichen Verhaltens, München: Ullstein 1980, S. 103–105.

147 R. Todd Jewell, Afsheen Moti und Dennis Coates, »A Brief History of Violence and Aggression in Spectator Sports«, in: *Violence and Aggression in Sporting Contests: Economics, History and Policy*, hg. von R. Todd Jewell, New York: Springer 2012, S. 15.

148 Minda Zetlin, »New Zealand Prime Minister Won't Say Christchurch Mosque Shooter's Name«, in: *Inc.*, 20. März 2019, https://www.inc.com/minda-zetlin/jacinda-arden-dont-say-christchurch-mosque-killers-name.html.

149 Jamil Zaki, *The War for Kindness: Building Empathy in a Fractured World*, New York: Crown 2019, S. 52–59.

150 Émile Durkheim, *Soziologie und Philosophie*, Frankfurt am Main: Suhrkamp 1967; Émile Durkheim, »Social Facts«, in: *Readings in the Philosophy of Social Science*, hg. von Michael Martin und Lee C. McIntyre, Boston: MIT Press 1994, S. 433–440.

151 Thomas Hobbes, *Leviathan*, Teil 1, Kapitel XIII.

152 Judith M. Burkart, Rahel K. Brugger und Carel P. Van Schaik, »Evolutionary Origins of Morality: Insights From Non-human Primates«, in: *Frontiers in Sociology* 3 (2018). Zur weiteren Erkundung des Verhältnisses von Moral und Evolution siehe Todd K. Shackelford und Ranald D. Hansen (Hg.), *The Evolution of Morality*, Cham: Springer International Publishing AG 2015.

153 Wilson, Biologie als Schicksal, S. 146.

154 Michael Kernis und Brian Goldman, »Stability and Variability in Self-Concept and Self-Esteem«, in: *Handbook of Self and Identity*, hg. von Mark R. Leary und June Price Tangney, New York: Guilford Press 2003, S. 106–127.

155 Zitiert nach Stephen Greenblatt, *Die Wende: Wie die Renaissance begann*, München: Siedler 2012, S. 87.

156 Aristoteles, *Nikomachische Ethik*, Stuttgart: Reclam 2017.

157 Immanuel Kant, *Grundlegung zur Metaphysik der Sitten*, hg., eingeleitet und erläutert von Jens Timmermann, Göttingen: Vandenhoeck & Ruprecht 2004.

158 Yong Huang, »Confucius and Mencius on the Motivation to be Moral«, in: *Philosophy East and West* 60, Nr 1. (2010), S. 65–87.

159 Leon Festinger, *Theorie der kognitiven Dissonanz*, Bern: Verlag Hans Huber 1978.

160 Eliza Barclay und Brian Resnick, »How Big Was the Global Climate Strike? 4 Mil-

lion People, Activists Estimate«, *Vox*, 22. September 2019, https://www.vox.com/energy-and-environment/2019/9/20/20876143/climate-strike-2019-september-20-crowd-estimate.

161 Wilson, Biologie als Schicksal, S. 155.

162 Peter L. Jennings, Marie S. Mitchell und Sean T. Hannah, »The Moral Self: A Review and Integration of the Literature«, in: *Journal of Organizational Behavior* 36, Nr. S1 (Februar 2015), S. 104–168.

163 Katherine A. DeCelles et al., »Does Power Corrupt or Enable? When and Why Power Facilitates Self-Interested Behavior«, in: *Journal of Applied Psychology* 97, Nr. 3 (2012), S. 681.

164 Simon May, *Nietzsche's Ethics and His War on »Morality«*, Oxford: Oxford University Press 1999.

165 »What Impact Has Activism Had on the Fur Industry?«, in: *Scientific American*, 15. Juni 2009, https://www.scientificamerican.com/article/impact-activism-on-fur/.

166 Namen und Ortsangaben wurden aus Gründen der Vertraulichkeit geändert.

167 Ning im Gespräch mit den Autorinnen, November 2019.

168 In der Psychologie wurden verschiedene Theorien zur sozialen Beurteilung entwickelt, die sich durchaus überschneiden, auch wenn sie etwas andere Bezeichnungen verwenden. Zwei grundlegende Kategorien, anhand derer wir andere beurteilen, lassen sich bei fast allen ausmachen. Der Sozialpsychologe Bogdan Wojciszke unterscheidet zwischen Kompetenz und Moral (siehe Bogdan Wojciszke, »Affective Concomitants of Information on Morality and Competence«, in: *European Psychologist* 10, Nr. 1 [2005], S. 60–70), während Susan Fiske, Amy Cuddy und Peter Glick von Kompetenz und Wärme sprechen (Susan Fiske, Amy Cuddy und Peter Glick, »Universal Dimensions of Social Cognition: Warmth and Competence«, in: *Trends in Cognitive Sciences* 11, Nr. 2 [2007], S. 77–83; Amy Cuddy, *Presence,* New York: Little, Brown & Co. 2016). Die grundlegende Bedeutung beider Kategorien deckt sich. Ähnlich unterscheiden Psychologen bei Vertrauen zwischen affektivem und kognitivem Vertrauen. Affektives Vertrauen bezieht sich auf emotionale Bindungen zwischen Personen, die aufrichtige Fürsorge und die Sorge um das Wohlergehen des anderen umfassen. Kognitives Vertrauen gründet auf Wissen und Erwartungen hinsichtlich der Kompetenzen und zuverlässigen Leistungen einer Person (siehe Daniel J. McAllister, »Affect-and Cognition-Based Trust as Foundations for Interpersonal Cooperation in Organizations«, in: *Academy of Management Journal* 38, Nr. 1 [1995], S. 24–59). Entsprechend haben Mayer, Davis und Schoorman Wohlwollen und Kompetenz als affektive und kognitive Dimensionen des Vertrauens identifiziert (siehe Roger C. Mayer, James H. Davis und F. David Schoorman, »An Integrative Model of Organizational Trust: Past, Present, and Future«, in: *Academy of Management Review* 20, Nr. 3 [1995], S. 709–734).

169 Tiziana Casciaro und Miguel Sousa Lobo, »When Competence Is Irrelevant: The Role of Interpersonal Affect in Task-Related Ties«, in: *Administrative Science Quarterly* 53, Nr. 4 (2008), S. 655–684; Tiziana Casciaro und Miguel Sousa Lobo, »Affec-

tive Primacy in Intraorganizational Task Networks«, in: *Organization Science* 26, Nr. 2 (2015), S. 373–389.

170 Tiziana Casciaro und Miguel Sousa Lobo, »Competent Jerks, Lovable Fools, and the Formation of Social Networks«, in: *Harvard Business Review* 83 (2005), S. 92–99.

171 Miller McPherson, Lynn Smith-Lovin und James M. Cook, »Birds of a Feather: Homophily in Social Networks«, in: *Annual Review of Sociology* 27, Nr. 1 (2001), S. 415–444; Robert B. Zajonc, »Attitudinal Effects of Mere Exposure«, in: *Journal of Personality and Social Psychology* 9, Nr. 2, Pt. 2 (1968), S. 1–27.

KAPITEL 4: WER KONTROLLIERT DEN ZUGANG ZU DEM, WAS WIR SCHÄTZEN?

172 Donatella Versace im Gespräch mit den Autorinnen, November 2019.

173 Als Beispiel für die Grenzen offizieller Autorität siehe Julie Battilana und Tiziana Casciaro, »Change Agents, Networks, and Institutions: A Contingency Theory of Organizational Change«, in: *Academy of Management Journal* 55, Nr. 2 (2012), S. 381–398; und Julie Battilana und Tiziana Casciaro, »The Network Secrets of Great Change Agents«, in: *Harvard Business Review* 91, Nr. 7–8 (2013), S. 62–68. Siehe auch Linda A. Hill und Kent Lineback, *Being the Boss: The 3 Imperatives for Becoming a Great Leader,* Boston, MA: Harvard Business Press 2011.

174 Michael Morris, Joel Podolny und Sheira Ariel, »Missing Relations: Incorporating Relational Constructs into Models of Culture«, in: *Innovations in International and Cross Cultural Management,* hg. von P. C. Earley und H. Singh, Thousand Oaks, CA: SAGE 2000, S. 52–90.

175 Michele Gelfand, Rule Makers, Rule Breakers: How Tight and Loose Cultures Wire Our World, New York: Scribner 2018. Siehe auch Erin Meyer, Die Culture Map: Ihr Kompass für das internationale Business, Weinheim: Wiley-VCH Verlag 2018.

176 François Hollande im Gespräch mit den Autorinnen, Juli 2019.

177 Michel Crozier, *Le Phénomène bureaucratique*, Paris: Le Seuil 1963; als Teilübersetzung »Der bürokratische Circulus vitiosus und das Problem des Wandels« in: Renate Mayntz (Hg.), *Bürokratische Organisation,* Köln: Kiepenheuer & Witsch 1968, S. 277–288. Eine ausführliche Betrachtung der Interaktion zwischen Macht und Bürokratie bieten Michel Crozier und Erhard Friedberg, *Macht und Organisation: Die Zwänge kollektiven Handelns*, Königstein im Taunus: Athenäum Verlag 1979.

178 Manuels Geschichte stammt aus David Krackhardt, »Social Networks and the Liability of Newness for Managers«, in: *Trends in Organizational Behavior,* Bd. 3, New York: Wiley 1996, S. 159–173. Die Schaubilder zur Struktur der Abteilung für Qualitätssicherung und der inoffiziellen Netzwerke sind dem Artikel entnommen.

179 Eine Analyse, wie sich die visuelle Darstellung von Netzwerken darauf auswirkt, wie wir sie interpretieren, bieten Cathleen McGrath, Jim Blythe und David Krackhardt, »The Effect of Spatial Arrangement on Judgments and Errors in Interpreting Graphs«, in: *Social Networks* 19, Nr. 3 (1997), S. 223–242.

180 Für eine empirische Studie zum (begrenzten) Einfluss des offiziellen Organigramms auf das Beratungsnetzwerk einer Organisation siehe Tiziana Casciaro und Miguel Sousa Lobo, »Affective Primacy in Intraorganizational Task Networks«, in: *Organization Science* 26, Nr. 2 (2015), S. 373–389. Einen Überblick über die Forschung zur Verbindung zwischen offiziellen Strukturen und Netzwerken in einer Organisation bieten Bill McEvily, Giuseppe Soda und Marco Tortoriello, »More Formally: Rediscovering the Missing Link between Formal Organization and Informal Social Structure«, in: *Academy of Management Annals* 8, Nr. 1 (2014), S. 299–345.

181 Krackhardt, »Social Networks and the Liability of Newness«, S. 166.

182 Battilana und Casciaro, »Change Agents, Networks, and Institutions«, S. 381–398. Battilana und Casciaro, »The Network Secrets«, S. 62–68. und Debra Meyerson, »Radical Change, the Quiet Way«, in: *Harvard Business Review* 79, Nr. 9 (2001), S. 92–100. Zur These vom Unternehmen als politischem Gebilde siehe James G. March, »The Business Firm as a Political Coalition«, in: *The Journal of Politics* 24, Nr. 4 (1962), S. 662–678.

183 Für eine klassische Studie darüber, wie Menschen Einfluss durch ihr Netzwerk gewinnen, siehe Daniel J. Brass, »Being in the Right Place: A Structural Analysis of Individual Influence in an Organization«, in: *Administrative Science Quarterly* 29, Nr. 4 (1984), S. 518–539.

184 Einen historischen Abriss zur Macht der Netzwerke bietet Niall Ferguson, *Türme und Plätze: Netzwerke, Hierarchien und der Kampf um die globale Macht*, Berlin: Propyläen 2018.

185 William Samuelson und Richard Zeckhauser, »Status Quo Bias in Decision-Making«, in: *Journal of Risk and Uncertainty* 1, Nr. 1 (1988), S. 7–59.

186 Battilana und Casciaro, »The Network Secrets«, S. 62–68.

187 David Krackhardt maß das Ansehen und die damit verbundene Macht in einem Unternehmen, indem er jeden Mitarbeiter bat, alle anderen im Unternehmen nach ihrer Fähigkeit zu bewerten, sich gegen alle Widerstände durchzusetzen, und nach der Fähigkeit, andere aufgrund ihrer persönlichen Anziehungskraft zu beeinflussen. Siehe David Krackhardt, »Assessing the Political Landscape: Structure, Cognition, and Power in Organizations«, in: *Administrative Science Quarterly* 35, Nr. 2 (1990), S. 342–369.

188 Mit einer akkuraten Kartierung der Machtverhältnisse haben Sie noch ein weiteres Mittel zur Hand: Sie sind vielleicht nicht mit einer einflussreichen Person vernetzt, können diese aber über jemand anderen erreichen, zu dem sowohl Sie als auch die Person mit Einfluss Kontakt hat. Siehe Martin Gargiulo, »Two-Step Leverage: Managing Constraint in Organizational Politics«, in: *Administrative Science Quarterly* 38, Nr. 1 (1993), S. 1–19.

189 Belege dafür, dass man Beziehungen umso ungenauer wahrnimmt, je weiter man davon entfernt ist und je weniger sie die eigenen direkten Beziehungen betreffen, finden sich bei Daniele Bondonio, »Predictors of Accuracy in Perceiving Informal Social Networks«, in: *Social Networks* 20, Nr. 4 (1998), S. 301–330. Wie wir das so-

ziale Umfeld definieren, das für uns in einer Organisation wichtig ist, beschreibt Barbara S. Lawrence, »Organizational Reference Groups: A Missing Perspective on Social Context«, in: *Organization Science* 17, Nr. 1 (2006), S. 80–100; und Barbara S. Lawrence, »The Hughes Award: Who is They? Inquiries into How Individuals Construe Social Context«, in: *Human Relations* 64, Nr. 6 (2011), S. 749–773.

190 Brent Simpson, Barry Markovsky und Mike Steketee, »Power and the Perception of Social Networks«, in: *Social Networks* 33, Nr. 2 (2011), S. 166–171.

191 Tiziana Casciaro, »Seeing Things Clearly: Social Structure, Personality, and Accuracy in Social Network Perception«, in: *Social Networks* 20, Nr. 4 (1998), S. 331–351.

192 Dieses berühmte Zitat wird fälschlicherweise gern dem chinesischen Militärstrategen und Philosophen Sunzi zugeschrieben, geht zur Abwechslung aber mal tatsächlich auf Machiavelli zurück! »So findest du nun als deine Feinde alle Die vor, die du gekränkt hast durch Occupirung jenes Staates, und kannst dir auch *Die* nicht zu Freunden erhalten, die dich hineinbefördert haben, weil du sie nicht befriedigen kannst in *der* Art, wie sie sich vorgestellt.« Niccolò Machiavelli, *Der Fürst,* übersetzt von G. Regis, Stuttgart und Tübingen: J. G. Cotta 1842, Kapitel 3.

193 Julie Battilana und Tiziana Casciaro, »Overcoming Resistance to Organizational Change: Strong Ties and Affective Cooptation«, in: *Management Science* 59 (2013), S. 819–836.

194 Robert B. Cialdini, *Einfluss: Die Psychologie des Überzeugens,* 8. unveränderte Auflage, Göttingen: Hogrefe 2017.

195 Julie Battilana, »Agency and Institutions: The Enabling Role of Individuals' Social Position«, in: *Organization* 13, Nr. 5 (2006), S. 653–676; Julie Battilana, Bernard Leca und Eva Boxenbaum, »How Actors Change Institutions: Towards a Theory of Institutional Entrepreneurship«, in: *Academy of Management Annals* 3, Nr. 1 (2009), S. 65–107.

196 Zur Zentralität in der sozialen Netzwerkanalyse siehe Linton C. Freeman, »Centrality in Social Networks Conceptual Clarification«, in: *Social Networks* 1, Nr. 3 (1978), S. 215–339. Die Stärken und Schwächen verschiedener Netzwerkformen untersuchen Ronald S. Burt, *Brokerage and Closure: An Introduction to Social Capital,* Oxford: Oxford University Press 2005, und Marissa King, *Social Chemistry: Decoding the Elements of Human Connection,* New York: Dutton 2021.

197 »EPA's Budget and Spending«, United States Environmental Protection Agency, abgerufen am 9. April 2021, https://www.epa.gov/planandbudget/budget.

198 Carol Browner im Gespräch mit den Autorinnen, Oktober 2019.

199 Die Namen der Personen und Unternehmen wurden aus Gründen der Vertraulichkeit geändert.

200 Marc Bain, »Women's Labor, Ideas, and Dollars Prop Up the U.S. Fashion Industry, but Men Still Run It«, in: *Quartz,* 23. März 2018. Für ein besseres Verständnis der Netzwerkbeschränkungen, denen Frauen in von Männern dominierten Organisationen unterliegen, siehe Herminia Ibarra, »Homophily and Differential Returns: Sex Differences in Network Structure and Access in an Advertising Firm«, in: *Administrative Science Quarterly* 37, Nr. 3 (1992), S. 422–447.

201 Robin J. Ely, »The Effects of Organizational Demographics and Social Identity on Relationships among Professional Women«, in: *Administrative Science Quarterly* 39, Nr. 2 (1994), S. 203–238.

202 »Lady Gaga Praises Celine Dion during Her Show in Las Vegas«, YouTube-Video, 31. Dezember 2018, 1:28, https://www.youtube.com/watch?app=desktop&v=ZpwPhh91w2Q.

203 Juliet Eilperin, »How a White House Women's Office Strategy Went Viral«, in: *Washington Post*, 25. Oktober 2016, https://www.washingtonpost.com/news/powerpost/wp/2016/10/25/how-a-white-house-womens-of fice-strategy-went-viral/.

204 Tiziana Casciaro, Bill McEvily und Evelyn Zhang, »Gendered Evaluations: How Men and Women Assess Each Other in the Workplace«, Working Paper, University of Toronto, 2021.

205 Yang Yang, Nitesh V. Chawla und Brian Uzzi, »A Network's Gender Composition and Communication Pattern Predict Women's Leadership Success«, in: *Proceedings of the National Academy of Sciences* 116, Nr. 6 (2019), S. 2033–2038.

206 Miller McPherson, Lynn Smith-Lovin und James M. Cook, »Birds of a Feather: Homophily in Social Networks«, in: *Annual Review of Sociology* 27, Nr. 1 (2001), S. 415–444.

207 Ronald S. Burt, »Structural Holes and Good Ideas«, in: *American Journal of Sociology* 110, Nr. 2 (2004), S. 349–399; Lee Fleming, Santiago Mingo und David Chen, »Collaborative Brokerage, Generative Creativity, and Creative Success«, in: *Administrative Science Quarterly* 52, Nr. 3 (2007), S. 443–475; Jill E. Perry-Smith und Christina E. Shalley, »The Social Side of Creativity: A Static and Dynamic Social Network Perspective«, in: *Academy of Management Review* 28, Nr. 1 (2003), S. 89–106.

208 Jan E. Stets und Peter J. Burke, »Self-Esteem and Identities«, in: *Sociological Perspectives* 57, Nr. 4 (Dezember 2014), S. 409–433.

209 Scott L. Feld, »The Focused Organization of Social Ties«, in: *American Journal of Sociology* 86, Nr. 5 (1981), S. 1015–1035.

210 Für ein Beispiel, wie man systemischen Rassismus in der Arbeitswelt überwindet und ein starkes globales Netzwerk mit Menschen aufbaut, die sich grundlegend unterscheiden, indem man aufrichtiges Interesse an ihnen hat und so gemeinsame Interessen, Leidenschaften und Anliegen entdeckt, siehe Julie Battilana, Lakshmi Ramarajan und James Weber, »Claude Grunitzky«, Harvard Business School Organizational Behavior Unit Case 412-065 (2012).

KAPITEL 5: MACHTHIERARCHIEN HALTEN SICH HARTNÄCKIG, KÖNNEN JEDOCH DEMONTIERT WERDEN

211 Mary Douglas, *Wie Institutionen denken*, Frankfurt am Main: Suhrkamp 1991.

212 Julie Battilana, Bernard Leca und Eva Boxenbaum, »How Actors Change Institutions: Towards a Theory of Institutional Entrepreneurship«, in: *Academy of Management Annals* 3, Nr. 1 (2009), S. 65–107.

213 Stephen G. Bloom, »Lesson of a Lifetime«, in: *Smithsonian Magazine*, September 2005.

214 Ebenda.

215 Jean-Leon Beauvois, Didier Courbet und Dominique Oberle, »The Prescriptive Power of the Television Host: A Transposition of Milgram's Obedience Paradigm to the Context of TV Game Show«, in: *European Review of Applied Psychology* 62, Nr. 3 (2012), S. 111–119.

216 Stanley Milgram, »Behavioral Study of Obedience«, in: *Journal of Abnormal and Social Psychology* 67, Nr. 4 (1963), S. 371–378. Nach dem Milgram-Experiment wurden ethische Bedenken und methodische Kritik geäußert. Siehe Gina Perry, *Behind the Shock Machine: The Untold Story of the Notorious Milgram Psychology Experiments*, London und Melbourne: Scribe, 2012.

217 Stanley Milgram, »Some Conditions of Obedience and Disobedience to Authority«, in: *Human Relations* 18, Nr. 1 (1965), S. 57–76.

218 Die Wissenschaftler testeten vier Szenarien: eine Wiederholung des klassischen Milgram-Experiments mit 32 Probanden; ein Szenario mit 19 Probanden und »sozialer Unterstützung«, bei der ein Produktionsassistent mitten während der Show aufs Set rannte und die Moderatorin bat aufzuhören, weil das Spiel unmoralisch sei; ein »TV-Szenario«, bei dem den 18 Teilnehmern gesagt wurde, es handele sich um eine Pilotsendung fürs Fernsehen; und ein Szenario mit sieben Probanden, bei dem die Moderatorin die Bühne verließ, nachdem sie die Regeln erklärt hatte. Der Prozentsatz der Probanden, die bis zum maximalen Stromstoß gingen, variierte abhängig vom Szenario, beim Standardexperiment waren es 81 Prozent, beim Szenario mit sozialer Unterstützung 74 Prozent, beim TV-Szenario 72 Prozent und 28 Prozent beim Szenario ohne Moderatorin. Der Durchschnitt bei allen Szenarien lag damit bei 72 Prozent. Siehe auch Beauvois, Courbet und Oberle, »Prescriptive Power«.

219 Eleanor Beardsley, »Fake TV Game Show ›Tortures‹ Man, Shocks France«, *NPR*, 18. März 2010, https://www.npr.org/templates/story/story.php?storyId=124838091.

220 Siehe auch Philip G. Zimbardo, *Der Luzifer-Effekt: Die Macht der Umstände und die Psychologie des Bösen*, Heidelberg: Spektrum Akademischer Verlag 2008.

221 Hannah Arendt, *Eichmann in Jerusalem: Ein Bericht von der Banalität des Bösen*, von der Autorin durchgesehene und ergänzte deutsche Ausgabe, München: Piper Verlag 1964, S. 326.

222 Hannah Arendt, *Über die Revolution*, München: Piper Verlag 1963, S. 293.

223 Dacher Keltner, Deborah H. Gruenfeld und Cameron Anderson, »Power, Approach, and Inhibition«, in: *Psychological Review* 110, Nr. 2 (2003), S. 265–284; Deborah H. Gruenfeld et al., »Power and the Objectification of Social Targets«, in: *Journal of Personality and Social Psychology* 95, Nr. 1 (2008), S. 111–127; Adam D. Galinsky et al., »Power and Perspectives Not Taken«, in: *Psychological Science* 17, Nr. 12 (2006), S. 1068–1074; Cameron Anderson und Adam D. Galinsky, »Power, Optimism, and Risk-Taking«, in: *European Journal of Social Psychology* 36, Nr. 4 (2006), S. 511–536; Kathleen D. Vohs, Nicole L. Mead und Miranda R. Goode, »The Psychological Consequences of Money«, in: *Science* 314, Nr. 5802 (2006). S. 1154ff.;

Jennifer E. Stellar et al., »Class and Compassion: Socioeconomic Factors Predict Responses to Suffering«, in: *Emotion* 12, Nr. 3 (2012), S. 449–459.

224 Siehe auch Keely A. Muscatell et al., »Social Status Modulates Neural Activity in the Mentalizing Network«, in: *NeuroImage* 60, Nr. 3 (2012), S. 1771–1777. Bei diesem Experiment wurde die neuronale Aktivität im Zusammenhang mit der Mentalisierung getestet, also mit der Fähigkeit, über die Gedanken und Gefühle anderer nachzudenken. Das Experiment ergab, dass Teilnehmer mit einem subjektiv niedrigeren Status höhere Werte neuronaler Aktivität bei der Mentalisierung aufwiesen als Teilnehmer mit höherem Status.

225 Adam D. Galinsky, Deborah H. Gruenfeld und Joe C. Magee, »From Power to Action«, in: *Journal of Personality and Social Psychology* 85, Nr. 3 (2003), S. 453–466.

226 Zur Korrelation zwischen einem höheren sozialen Status und der Tendenz, Verbotenes zu tun oder unethisch zu handeln, siehe Paul K. Piff et al., »Higher Social Class Predicts Increased Unethical Behavior«, in: *Proceedings of the National Academy of Sciences – PNAS* 109, Nr. 11 (2012), S. 4086–4091.

227 Bruce M. Boghosian, »Is Inequality Inevitable?«, in: *Scientific American*, 1. November 2019, https://www.scientificamerican.com/article/is-inequality-inevitable/.

228 Michael W. Kraus, Paul K. Piff und Dacher Keltner, »Social Class, Sense of Control, and Social Explanation«, in: *Journal of Personality and Social Psychology* 97, Nr. 6 (2009), S. 992–1004. Wer Macht hat, kann auch bewusst die Augen vor den Vorteilen verschließen, von denen er profitiert. Privilegien werden auch damit erklärt, dass man sie leugnet. Siehe L. Taylor Phillips und Brian S. Lowery, »Herd Invisibility: The Psychology of Racial Privilege«, in: *Current Directions in Psychological Science* 27, Nr. 3 (2018), S. 156–162.

229 Mehr darüber, wie Macht und Status sich selbst verstärken, bei Joe C. Magee und Adam D. Galinsky, »Social Hierarchy: The Self-Reinforcing Nature of Power and Status«, in: *The Academy of Management Annals* 2, Nr. 1 (2008), S. 351–398.

230 John Jost, Mahzarin Banaji und Brian Nosek, »A Decade of System Justification Theory: Accumulated Evidence of Conscious and Unconscious Bolstering of the Status Quo«, in: *Political Psychology* 25, Nr. 6 (2004), S. 881–919.

231 Jost, Banaji und Nosek, »A Decade of System Justification«. Beispiele für diese Dynamik in Hinblick auf Vermieter, Zwangsräumungen und Armut bei Matthew Desmond, *Evicted: Poverty and Profit in the American City*, New York: Crown Publishing Group 2016.

232 Jojanneke Van Der Toorn et al., »A Sense of Powerlessness Fosters System Justification: Implications for the Legitimation of Authority, Hierarchy, and Government«, in: *Political Psychology* 36, Nr. 1 (2015), S. 93–110.

233 John Jost et al., »Social Inequality and the Reduction of Ideological Dissonance on Behalf of the System: Evidence of Enhanced System Justification Among the Disadvantaged«, in: *European Journal of Social Psychology* 33, Nr. 1 (2003), S. 13–36.

234 Dov Eden, *Pygmalion in Management: Productivity as a Self-Fulfilling Prophecy*, Lexington, MA: Lexington Books 1990.

235 Joe C. Magee und Adam D. Galinsky, »Social Hierarchy: The Self- Reinforcing Nature of Power and Status«, in: *Academy of Management Annals* 2 (2008), S. 351–398.

236 Eine Fallstudie zur Frage, warum benachteiligte Gruppen Ungleichheit nicht infrage stellen, bietet John Gaventa, *Power and Powerlessness: Quiescence and Rebellion in an Appalachian Valley,* Urbana: University of Illinois Press, 1980.

237 Pierre Bourdieu, *Was heißt sprechen? Die Ökonomie des sprachlichen Tausches,* Wien: Braumüller 1990; Manuel Castells, »A Sociology of Power: My Intellectual Journey«, in: *Annual Review of Sociology* 42 (2016), S. 1–19. Siehe auch Jim Sidanius und Felicia Pratto, *Social Dominance: An Intergroup Theory of Social Hierarchy and Oppression,* Cambridge: Cambridge University Press, 2001.

238 Chip Heath und Dan Heath, *Was bleibt: Wie die richtige Story Ihre Werbung unwiderstehlich macht,* München: Hanser 2008.

239 Étienne de La Boétie, *Von der freiwilligen Knechtschaft des Menschen,* übersetzt und hg. von Horst Günther, Frankfurt am Main: Europäische Verlagsanstalt 1980 (französisches Original von 1574).

240 »Code of Hammurabi«, in: *Encyclopædia Britannica Academic,* abgerufen am 2. Juli 2020, https://academic-eb-com.eres.qnl.qa/levels/collegiate/article/Code-of-Hammurabi/39076.

241 Iselin Claire, »Work Law Code of Hammurabi, King of Babylon«, Musée du Louvre, Paris, abgerufen am 6. Oktober 2020, https://web.archive.org/web/20201021003238/https://www.louvre.fr/en/oeuvre-notices/law-code-hammurabi-king-babylon.

242 Robert Francis Harper, *The Code of Hammurabi, King of Babylon, about 2250 B.C.,* Illinois: University of Chicago Press 1904, S. XII.

243 In Frankreich und England herrschte die Vorstellung, dass ein gesalbter König Skrofulose (eine unspezifische Hauterkrankung mit Schwellung der Lymphknoten und Entzündungen) durch Handauflegen heilen könne. Diese besondere Gabe reicht zurück bis zu Eduard dem Bekenner (1042–1066) in England und Ludwig VI. (1108–1137) in Frankreich; Berichte über Monarchen, die durch Handauflegen heilen, finden sich in Frankreich jedoch auch schon zur Regierungszeit Robert des Frommen (987–1031). Siehe Marc Bloch, *Les rois thaumaturges: Étude sur le caractère surnaturel attribué à la puissance royale particulièrement en France et en Angleterre.* Paris: Istra 1924; dt.: *Die wundertätigen Könige,* München: Beck 1998.

244 David J. Sturdy, »The Royal Touch in England«, in: Heinz Duchhardt, Richard Jackson und David Sturdy (Hg.), *European Monarchy: Its Evolution and Practice from Roman Antiquity to Modern Times,* Stuttgart: Franz Steiner Verlag 1992, S. 171–184.

245 Pierre Bourdieu, *Die männliche Herrschaft,* Frankfurt am Main: Suhrkamp 2005.

246 Mary Beard, *Frauen & Macht. Ein Manifest,* Frankfurt am Main: S. Fischer 2018, S. 13–14.

247 Sir Patrick Geddes und John Arthur Thomson, *The Evolution of Sex,* London: Walter Scott 1908, S. 270; siehe auch D. A. Dewsbury, »The Darwin-Bateman Paradigm in Historical Context«, in: *Integrative and Comparative Biology* 45, Nr. 5 (2005), S. 831–837.

248 Anne Fausto-Sterling, Myths of Gender: Biological Theories about Women and Men, New York: Basic Books 1985; Cordelia Fine, Testosterone Rex: Myths of Sex, Science, and Society, New York: W. W. Norton & Company 2017.

249 Siehe dazu Brian Pike und Adam D. Galinsky, »The Power Shield: Powerful Roles Eliminate Gender Disparities in Political Elections«, in: Journal of Applied Psychology 106, Nr. 2 (2021), S. 268–280.

250 Simone de Beauvoir, Das andere Geschlecht: Sitte und Sexus der Frau, Hamburg: Rowohlt 1951, S. 265.

251 Siehe dazu den Dokumentarfilm The Eugenics Crusade: What's Wrong with Perfect?, Arlington, VA; PBS Distribution 2018; Wendy Zukerman, »How Science Created Morons«, in: Gimlet, 25. Mai 2018, https://gimletmedia.com/shows/science-vs/o2ho5g.

252 Felicia Pratto et al., »Social Dominance Orientation: A Personality Variable Predicting Social and Political Attitudes«, in: Journal of Personality and Social Psychology 67, Nr. 4 (1994), S. 741–763.

253 Der Begriff »Meritokratie« wurde erstmals 1958 von Michael Young in seiner Satire The Rise of the Meritocracy (London: Thames and Hudson 1958) verwendet; dt.: Michael Young, Es lebe die Ungleichheit: Auf dem Wege zur Meritokratie, Düsseldorf: Econ 1961.

254 Für eine frühe Untersuchung des Konzepts des »Selfmade-Man« siehe Irving Wyllie, The Self-Made Man in America: The Myth of Rags to Riches, New Brunswick, NJ: Rutgers University Press, 1954.

255 Abhijit Banerjee und Esther Duflo, Poor Economics: Plädoyer für ein neues Verständnis von Armut, München: Knaus 2012. Siehe auch Sendhil Mullainathan und Eldar Shafir, Knappheit: Was es mit uns macht, wenn wir zu wenig haben, Frankfurt am Main: Campus Verlag 2013.

256 Michael Sandel, The Tyranny of Merit: What's Become of the Common Good?, New York: Farrar, Straus, and Giroux 2020, S. 226. Siehe auch Daniel Markovits, The Meritocracy Trap: How America's Foundational Myth Feeds Inequality, Dismantles the Middle Class, and Devours the Elite, New York: Penguin Random House 2019.

257 John W. Meyer und Brian Rowan, »Institutionalized Organizations: Formal Structure as Myth and Ceremony«, in: American Journal of Sociology 83, Nr. 2 (1977), S. 340–363; Paul J. DiMaggio und Walter W. Powell, »The Iron Cage Revisited: Institutional Isomorphism and Collective Rationality in Organizational Fields«, in: American Sociological Review 48, Nr. 2 (1983), S. 147–160; Cecilia L. Ridgeway, »Status Construction Theory«, in: The Blackwell Encyclopedia of Sociology, 2007; Richard W. Scott, Institutions and Organizations: Ideas, Interests, and Identities, 4. Auflage, London: SAGE, 2013.

258 John Rajchman verwendet den Begriff »politics as usual« in seinem Vorwort zu Noam Chomsky und Michel Foucault, The Chomsky-Foucault Debate on Human Nature, New York: The New Press 2006, S. 6. In der deutschen Ausgabe Macht und Gerechtigkeit: Ein Streitgespräch zwischen Michel Foucault und Noam Chomsky (Freiburg: Orange Press 1971) fehlt das Vorwort von Rajchman.

259 Anthony G. Greenwald und Mahzarin R. Banaji, »Implicit Social Cognition: Attitudes, Self-Esteem, and Stereotypes«, in: *Psychological Review* 102, Nr. 1 (1995), S. 4–27; Anthony G. Greenwald, Debbie E. McGhee und Jordan L. K. Schwartz, »Measuring Individual Differences in Implicit Cognition: The Implicit Association Test«, in: *Journal of Personality and Social Psychology* 74, Nr. 6 (1998), S. 1464.

260 Zum Impliziten Assoziationstest siehe https://implicit.harvard.edu/implicit/takeatest.html. Zur Frage, wie man proaktiv gegen Vorurteile angehen kann siehe Dolly Chugh, *The Person You Mean to Be*, New York: HarperCollins, 2018; Ibram X. Kendi, *How to Be an Anti-Racist*, München: btb 2020.

261 Laurie A. Rudman und Peter Glick, »Prescriptive Gender Stereotypes and Backlash Toward Agentic Women«, in: *Journal of Social Issues* 57, Nr. 4 (2001), S. 743–762; Madeline E. Heilman und Tyler G. Okimoto, »Why Are Women Penalized for Success at Male Tasks?: The Implied Communality Deficit«, in: *Journal of Applied Psychology* 92, Nr. 1 (2007), S. 81–92; Alice H. Eagly und Steven J. Karau, »Role Congruity Theory of Prejudice toward Female Leaders«, in: *Psychological Review* 109, Nr. 3 (2002), S. 573–598; Hannah R. Bowles et al., »Social Incentives for Gender Differences in the Propensity to Initiate Negotiations: Sometimes It Does Hurt to Ask«, in: Organizational Behavior and Human Decision Processes 103, Nr. 1 (2007), S. 84–103.

262 Victoria L. Brescoll und Eric Luis Uhlmann, »Can an Angry Woman Get Ahead? Status Conferral, Gender, and Expression of Emotion in the Workplace«, in: *Psychological Science* 19, Nr. 3 (2008), S. 268–275.

263 Deborah Gray White, *Ar'n't I a Woman?: Female Slaves in the Plantation South*, New York: W.W. Norton & Company 1999; Melissa V. Harris-Perry, *Sister Citizen: Shame, Stereotypes, and Black Women in America*, New Haven: Yale University Press, 2011; Ashleigh Shelby Rosette et al., »Race Matters for Women Leaders: Intersectional Effects on Agentic Deficiencies and Penalties«, in: *The Leadership Quarterly* 27, Nr. 3 (2016), S. 429–445. Auch Michelle Obama erinnert sich in ihrer Autobiografie daran, dass dieses Klischee gegen sie verwendet wurde; Michelle Obama, *BECOMING – Meine Geschichte*, München: Goldmann 2018, S. 14.

264 Robert W. Livingston und Nicholas A. Pearce, »The Teddy-Bear Effect: Does Having a Baby Face Benefit Black Chief Executive Officers?«, in: *Psychological Science* 20, Nr. 10 (2009), S. 1229–1236. Ähnlich aufschlussreich sind die Ergebnisse einer anderen Studie, bei der die weißen männlichen Teilnehmer Lebensläufe prüften, aus denen hervorging, ob ein Bewerber weiß oder schwarz, homo- oder heterosexuell war. Dabei zeigte sich, dass schwarzen homosexuellen Männern deutlich höhere Einstiegsgehälter als weißen homosexuellen Männern oder schwarzen heterosexuellen Männern angeboten wurden, weil sie als weniger bedrohlich angesehen wurden. Siehe David S. Pedulla, »The Positive Consequences of Negative Stereotypes: Race, Sexual Orientation, and the Job Application Process«, in: *Social Psychology Quarterly* 77, Nr. 1 (2014), S. 75–94; John Paul Wilson, Jessica D. Remedios und Nicholas O. Rule, »Interactive Effects of Obvious and Ambiguous Social Categories on Perceptions of Leadership: When Double-Minority Status May Be Beneficial«, in: *Personality & Social Psychology Bulletin* 43, Nr. 6 (2017), S. 888–900.

265 Jennifer L. Berdahl und Ji-A Min, »Prescriptive Stereotypes and Workplace Consequences for East Asians in North America«, in: *Cultural Diversity and Ethnic Minority Psychology* 18, Nr. 2 (2012), S. 141–152.

266 Claude M. Steele, Steven J. Spencer und Joshua Aronson, »Contending with Group Image: The Psychology of Stereotype and Social Identity Threat«, in: *Advances in Experimental Social Psychology*, Bd. 34, Cambridge, MA: Academic Press, 2002, S. 379–440.

267 Steven J. Spencer, Claude M. Steele und Diane M. Quinn, »Stereotype Threat and Women's Math Performance«, in: *Journal of Experimental Social Psychology* 35, Nr. 1 (1999), S. 4–28.

268 Claude M. Steele und Joshua Aronson, »Stereotype Threat and the Intellectual Test Performance of African Americans«, in: *Journal of Personality and Social Psychology* 69, Nr. 5 (1995), S. 797–811.

269 Patricia Gonzales, Hart Blanton und Kevin Williams, »The Effects of Stereotype Threat and Double-Minority Status on the Test Performance of Latino Women«, in: *Personality and Social Psychology Bulletin* 28, Nr. 5 (2002), S. 659–670.

270 Zoe Kinias und Jessica Sim, »Facilitating Women's Success in Business: Interrupting the Process of Stereotype Threat through Affirmation of Personal Values«, in: *Journal of Applied Psychology* 101, Nr. 11 (2016), S. 1585–1597. Siehe auch Claude M. Steele, »The Psychology of Self-Affirmation: Sustaining the Integrity of the Self«, in: *Advances in Experimental Social Psychology* 21, Nr. 2 (1988), S. 261–302.

271 Isabel Wilkerson, *Caste: The Origins of Our Discontents*, New York: Penguin Random House, 2020.

272 Julie Battilana und Tiziana Casciaro, »Overcoming Resistance to Organizational Change: Strong Ties and Affective Cooptation«, in: *Management Science* 59 (2013), S. 819–836; Julie Battilana und Tiziana Casciaro, »Change Agents, Networks, and Institutions: A Contingency Theory of Organizational Change«, in: *Academy of Management Journal* 55, Nr. 2 (2012), S. 381–398; Julie Battilana, Bernard Leca und Eva Boxenbaum, »How Actors Change Institutions: Toward a Theory of Institutional Entrepreneurship«, in: *Academy of Management Annals* 3, Nr. 1 (2009), S. 65–107.

273 Marc Schneiberg und Michael Lounsbury, »Social Movements and the Dynamics of Institutions and Organizations«, in: *The Sage Handbook of Organizational Institutionalism*, hg. von Royston Greenwood, Christine Oliver, Thomas B. Lawrence und Renate E. Meyer, London: SAGE, 2017, S. 281–310; Paul Osterman, *Gathering Power: The Future of Progressive Politics in America*, Boston: Beacon Press, 2002. Siehe auch *Crip Camp: A Disability Revolution*, undatiert, abgerufen am 28. Februar 2021, https://cripcamp.com/.

274 Neil Fligstein, »Social Skill and the Theory of Fields«, in: *Sociological Theory* 19, Nr. 2 (2001), S. 105–125; Royston Greenwood, Roy Suddaby und C. R. Hinings, »Theorizing Change: The Role of Professional Associations in the Transformation of Institutionalized Fields«, in: *Academy of Management Journal* 45, Nr. 1 (2002), S. 58–80; Elisabeth S. Clemens und James M. Cook, »Politics and Institutionalism: Explaining Durability and Change«, in: *Annual Review of Sociology* 25 (1999),

S. 441–466; Petter Holm, »The Dynamics of Institutionalization: Transformation Processes in Norwegian Fisheries«, in: *Administrative Science Quarterly* 40, Nr. 3 (1995), S. 392–422; Neil Fligstein, *The Transformation of Corporate Control*, Cambridge, MA: Harvard University Press 1993.

275 Paul J. DiMaggio, »Interest and Agency in Institutional Theory«, in: *Institutional Patterns and Organizations*, hg. von Lynne Zucker, Cambridge, MA: Ballinger, 1988, S. 3–22; Neil Fligstein, »Social Skill and Institutional Theory«, in: *American Behavioral Scientist* 40, Nr. 4 (1997), S. 397–405; Nelson Phillips, Thomas B. Lawrence und Cynthia Hardy, »Inter-Organizational Collaboration and the Dynamics of Institutional Fields«, in: *Journal of Management Studies* 37, Nr. 1 (2000); Pamela S. Tolbert und L. G. Zucker, »Institutionalization of Institutional Theory«, in: Handbook of Organizational Studies, hg. von S. Clegg, C. Hardy und W. Nord, London: SAGE 1996, S. 175–190;

276 Elisabeth S. Clemens und James M. Cook, »Politics and Institutionalism: Explaining Durability and Change«, in: *Annual Review of Sociology* 25, Nr. 1 (1999), S. 441–466; Mustafa Emirbayer und Ann Mische, »What Is Agency?«, in: *American Journal of Sociology* 103, Nr. 4 (1998), S. 962–1023; Myeong-Gu Seo und W. E. Douglas Creed, »Institutional Contradictions, Praxis, and Institutional Change: A Dialectical Perspective«, in: *Academy of Management Review* 27, Nr. 2 (2002), S. 222–247; William H. Sewell, »A Theory of Structure: Duality, Agency, and Transformation«, in: *American Journal of Sociology* 98, Nr. 1 (1992), S. 1–29; Patricia H. Thornton, William Ocasio und Michael Lounsbury, *The Institutional Logics Perspective: A New Approach to Culture, Structure, and Process*, Oxford: Oxford University Press 2012.

277 Zur Unterscheidung zwischen Motivation und Gelegenheit als Faktoren bei einem Umsturz und ihre Auswirkungen auf Machtverhältnisse siehe Mikołaj Jan Piskorski und Tiziana Casciaro, »When More Power Makes Actors Worse Off: Turning a Profit in the American Economy«, in: *Social Forces* 85, Nr. 2 (2006), S. 1011–1036; Tiziana Casciaro und Mikołaj Jan Piskorski, »Power Imbalance, Mutual Dependence, and Constraint Absorption: A Closer Look at Resource Dependence Theory«, in: *Administrative Science Quarterly* 50, Nr. 2 (2005), S. 167–199. Eine ergänzende Sichtweise zur Unterscheidung von Machtungleichgewichten und gegenseitiger Abhängigkeit bieten Ranjay Gulati und Maxim Sytch, »Dependence Asymmetry and Joint Dependence in Interorganizational Relationships: Effects of Embeddedness on a Manufacturer's Performance in Procurement Relationships«, in: *Administrative Science Quarterly* 52, Nr. 1 (2007), S. 32–69. Eine wichtige Quelle zur Bemessung dieser Abhängigkeit ist Ronald S. Burt, *Toward a Structural Theory of Action: Network Models of Social Structure, Perception, and Action*, New York: Academic Press 1982.

278 Das Leben der europäischen Einwanderer in Pittsburgh Ende des 19. und zu Beginn des 20. Jahrhunderts wird einprägsam geschildert in einem historischen Roman von Thomas Bell, *Out of This Furnace*, Pittsburgh: University of Pittsburgh Press 1976 (Originalausgabe 1941).

279 Karl Marx, *Das Kapital: Kritik der politischen Ökonomie,* 3 Bde., Hamburg: Otto Meissner 1867–1894.

280 Die heutigen US-Konzerne gehen zwar nicht ganz so weit, Blutvergießen in Kauf zu nehmen, um die Bildung von Gewerkschaften zu verhindern, nutzen jedoch andere Methoden. Siehe Jay Greene, »Amazon's Anti-Union Blitz Stalks Alabama Warehouse Workers Everywhere, Even the Bathroom«, in: *Washington Post,* 2. Februar 2021, https://www.washingtonpost.com/technology/2021/02/02/amazon-union-warehouse-workers/.

281 Magee und Galinsky, »Social Hierarchy«. Mehr zum Verhältnis von (Il)Legitimation und Systemwandel bei Paul V. Martorana, Adam D. Galinsky und Hayagreeva Rao, »From System Justification to System Condemnation: Antecedents of Attempts to Change Power Hierarchies«, in: *Research on Managing Groups and Teams* 7 (2005), S. 283–313.

282 Zur Wut als Reaktion auf Ungerechtigkeit siehe Robert C. Solomon, *The Passions: Emotions and the Meaning of Life,* Indianapolis, in: Hackett 1993; und C. Daniel Batson et al., »Anger at Unfairness: Is It Moral Outrage?«, in: *European Journal of Social Psychology* 37, Nr. 6 (November 2007), S. 1272–1285, zur Wut als Motivation, um gegen Unrecht aufzubegehren. Zur Forschung über das Verhältnis von Trauer und Hilflosigkeit, Wut und persönlicher Kontrolle siehe Dacher Keltner, Phoebe C. Ellsworth und Kari Edwards, »Beyond Simple Pessimism: Effects of Sadness and Anger on Social Perception«, in: *Journal of Personality and Social Psychology* 64, Nr. 5 (1993), S. 740; und zu Emotionen, die zum Handeln verleiten oder die Risikobereitschaft erhöhen siehe Jennifer Lerner und Dacher Keltner, »Fear, Anger, and Risk«, in: *Journal of Personality and Social Psychology* 81, Nr. 1 (2001), S. 146–159; Nico H. Frijda, »Emotions and Action«, in: *Feelings and Emotions,* hg. von Antony S. R. Manstead, Nico Frijda und Agneta Fischer, Cambridge: Cambridge University Press, 2004, S. 158–173; James Jasper, *The Emotions of Protest,* Chicago: University of Chicago Press, 2018.

283 Siehe zum Beispiel Michele Masterfano, »Unions: The Good, the Bad, the Ugly«, in: *HuffPost,* 17. September 2013, https://www.huffpost.com/entry/unions-the-good-the-bad-t_b_3880878.

284 Joseph Stiglitz, *Der Preis der Ungleichheit:* Wie die Spaltung der Gesellschaft unsere Zukunft bedroht, München: Siedler 2012.

285 »Amazon Empire: The Rise and Reign of Jeff Bezos«, in: *Frontline,* 18. Februar 2020, https://www.pbs.org/wgbh/frontline/film/amazon-empire/; Jay Greene, »Amazon Sellers Say Online Retail Giant Is Trying to Help Itself, Not Consumers«, in: *Washington Post,* 19. Oktober 2019, https://www.washingtonpost.com/technology/2019/10/01/amazon-sellers-say-online-retail-giant-is-trying-help-itself-not-consumers/.

286 Erin Griffith, »To Fight Apple and Google's Grip, Fortnite Creator Mounts a Crusade«, in: *New York Times,* 25. August 2020, Technology, https://www.nytimes.com/2020/08/25/technology/fortnite-creator-tim-sweeney-apple-google.html.

287 Piskorski und Casciaro, »When More Power Makes Actors Worse Off«, S. 1011–1936.

288 Adam Taylor, »The Global Wave of Populism That Turned 2016 Upside Down«, in: *Washington Post*, 19. Dezember 2016, https://www.washingtonpost.com/news/worldviews/wp/2016/12/19/the-global-wave-of-populism-that-turned-2016-upside-down/.

289 Arlie Russell Hochschild, *Fremd in ihrem Land. Eine Reise ins Herz der amerikanischen Rechten*, Frankfurt am Main: Campus Verlag 2017.

290 Stiglitz, *Der Preis der Ungleichheit;* Torsten Persson und Guido Tabellini, »Is Inequality Harmful for Growth? Theory and Evidence«, in: *American Economic Review* 84, Nr. 3 (1994), S. 600–621; und für eine Analyse des Verhältnisses zwischen dem Streben nach wirtschaftlicher Effizienz und Ungleichheit und der daraus resultierenden Bedrohung des demokratischen Kapitalismus siehe Roger L. Martin, *When More Is Not Better: Overcoming America's Obsession with Economic Efficiency,* Boston: Harvard Business School Press, 2020.

291 Abhijit Banerjee und Esther Duflo, *Gute Ökonomie für harte Zeiten: Sechs Überlebensfragen und wie wir sie besser lösen können*, München: Penguin 2020, S. 387.

292 Emmie Martin, »Warren Buffett and Bill Gates Agree That the Rich Should Pay Higher Taxes – Here's What They Suggest«, *CNBC*, 26. Februar 2019, https://www.cnbc.com/2019/02/25/warren-buffett-and-bill-gates-the-rich-should-pay-higher-taxes.html; Sheelah Kolhatkar, »The Ultra-Wealthy Who Argue That They Should Be Paying Higher Taxes«, in: *The New Yorker*, 6. Januar 2020, https://www.newyorker.com/magazine/2020/01/06/the-ultra-wealthy-who-argue-that-they-should-be-paying-higher-taxes.

293 Anand Giridharadas, »The New Elite's Phoney Crusade to Save the World – Without Changing Anything«, in: *The Guardian*, 22. Januar 2019, http://www.theguardian.com/news/2019/jan/22/the-new-elites-phoney-crusade-to-save-the-world-without-changing-anything; Anand Giridharadas, *Winners Take All: The Elite Charade of Changing the World,* New York: Knopf 2018.

294 Chad Stone et al., *A Guide to Statistics on Historical Trends in Income Inequality,* Center on Budget and Policy Priorities 2020, https://www.cbpp.org/sites/default/files/atoms/files/11-28-11pov_0.pdf.

295 Eine ausführliche Diskussion dieser neoliberalen Wende bieten Thomas Piketty, *Kapital und Ideologie,* München: C.H.Beck 2020; Paul Adler, *The 99% Economy,* Oxford: Oxford University Press 2019; Luc Boltanski und Ève Chiapello, *Der neue Geist des Kapitalismus,* Konstanz: UVK 2003. Zu den Auswirkungen auf das Leben in den USA siehe Nicholas Kristof and Sheryl WuDunn, *Tightrope: Americans Reaching for Hope,* New York: Penguin Random House, 2020.

KAPITEL 6: AGITATION, INNOVATION, ORCHESTRIERUNG

296 Charles Tilly, *Social Movements 1768–2004,* London: Paradigm Publishers 2004. Einen Überblick über die Literatur zu sozialen Bewegungen bieten David A. Snow, Sarah A. Soule und Hanspeter Kriesi (Hg.), *The Blackwell Companion to Social*

Movements, Hoboken, NJ: John Wiley & Sons 2008; David A. Snow und Sarah A. Soule, *A Primer on Social Movements*, New York: W. W. Norton 2010.

297 Eine gründliche Analyse zum Einfluss der Informationstechnologie auf soziale Bewegungen bietet Manuel Castells, *Networks of Outrage and Hope: Social Movements in the Internet Age*, 2. Auflage, Malden, MA: Polity Press 2015.

298 Gene Sharp, From Dictatorship to Democracy: A Conceptual Framework for Liberation, Boston: Albert Einstein Institution 2003.

299 Micah White im Gespräch mit den Autorinnen, Januar und März 2020.

300 Micah White, *The End of Protest: A New Playbook for Revolution*, Toronto: Knopf Canada 2016.

301 Julie Battilana, »Power and Influence in Society«, Harvard Business School Note 415-055 (2015); Julie Battilana und Marissa Kimsey, »Should You Agitate, Innovate, or Orchestrate?«, in: *Stanford Social Innovation Review* (online), 2017, https://ssir. org/articles/entry/should_you_agitate_innovate_or_orchestrate.

302 Studien zeigen einen »radikalen Flankeneffekt«, laut dem die Verhandlungsposition moderater Gruppen durch die Präsenz radikaler Gruppen nicht etwa geschwächt, sondern gestärkt wird. Siehe zum Beispiel Herbert H. Haines, »Black Radicalization and the Funding of Civil Rights: 1957–1970«, in: *Social Problems* 32, Nr. 1 [1984], S. 31–43.

303 Battilana und Kimsey, »Should You Agitate?«

304 IPCC, 1,5 °C globale Erwärmung: Ein IPCC-Sonderbericht über die Folgen einer globalen Erwärmung um 1,5 °C gegenüber vorindustriellem Niveau und die damit verbundenen globalen Treibhausgasemissionspfade im Zusammenhang mit einer Stärkung der weltweiten Reaktion auf die Bedrohung durch den Klimawandel, nachhaltiger Entwicklung und Anstrengungen zur Beseitigung von Armut, Valérie Masson-Delmotte et al. (Hg.) (2018), https://www.ipcc.ch/site/assets/uploads/2020/07/SR1.5-SPM_de_barrierefrei.pdf.

305 Xiye Bastida im Gespräch mit den Autorinnen, September 2019.

306 Für eine psychologische Erklärung für unser Versäumnis, beim Klimaschutz aktiv zu werden, siehe George Marshall, *Don't Even Think About It: Why Our Brains Are Wired to Ignore Climate Change*, New York: Bloomsbury 2015.

307 Siehe Niall McCarthy, »The Countries Shutting Down the Internet the Most«, in: *Forbes*, 28. August 2018; Zeynep Tufekci, *Twitter and Tear Gas: The Power and Fragility of Networked Protest*, New Haven: Yale University Press 2017.

308 Marshall Ganz, »What Is Public Narrative: Self, Us & Now«, Working Paper, Harvard University (2009).

309 Die Forschung zeigt, wie wichtig für Organisationen das Framing ist – der Prozess, Ereignisse und Themen in Deutungsraster einzubetten und so darauf einzuwirken, wie ein Thema im öffentlichen Bewusstsein wahrgenommen und verstanden wird. Siehe Robert D. Benford und David A. Snow, »Framing Processes and Social Movements: An Overview and Assessment«, in: *Annual Review of Sociology* 26 (2000), S. 611–639; David A. Snow et al., »Frame Alignment Processes, Micromobilization, and Movement Participation«, in: *American Sociological Review* 51, Nr. 4 (1986),

S. 464–481; Paul Almeida, *Social Movements: The Structure of Collective Mobilization,* Oakland, CA: University of California Press 2019.

310 Paul V. Martorana, Adam D. Galinsky und Hayagreeva Rao, »From System Justification to System Condemnation: Antecedents of Attempts to Change Power Hierarchies«, in: *Status and Groups,* Bingley: Emerald Group Publishing Ltd. 2005, S. 283–313; Ernesto Laclau und Chantal Mouffe, *Hegemony and Socialist Strategy: Towards a Radical Democratic Politics,* New York: Verso 2001.

311 Erika Summers-Effler, »The Micro Potential for Social Change: Emotion, Consciousness, and Social Movement Formation«, in: *Sociological Theory* 20, Nr. 1 (2002), S. 41–60; Michal Reifen Tagar, Christopher M. Federico und Eran Halperin, »The Positive Effect of Negative Emotions in Protracted Conflict: The Case of Anger«, in: *Journal of Experimental Social Psychology* 47, Nr. 1 (2011), S. 157–164; Marshall Ganz, »Leading Change: Leadership, Organization, and Social Movements«, in: *Handbook of Leadership Theory and Practice,* hg. von Nitin Nohria und Rakesh Khurana, Boston: Harvard Business Press 2010. Siehe auch Paul Slovic, »›If I Look at the Mass I Will Never Act‹: Psychic Numbing and Genocide«, in: *Judgment and Decision-Making* 2, Nr. 2 (2007), S. 79–95.

312 Eliza Barclay und Brian Resnick, »How Big Was the Global Climate Strike? 4 Million People, Activists Estimate«, *Vox,* 22. September 2019, https://www.vox.com/energy-and-environment/2019/9/20/20876143/climate-strike-2019-september-20-crowd-estimate.

313 Greta Thunberg, Rede bei der 24. UN-Klimakonferenz 2018 in Katowice.

314 Henry David Thoreau, *Über die Pflicht zum Ungehorsam gegen den Staat,* Zürich, Diogenes Verlag 2004 (englische Originalausgabe 1849).

315 George Hendrick, »The Influence of Thoreau's ›Civil Disobedience‹ on Gandhi's Satyagraha«, in: *The New England Quarterly* 29, Nr. 4 (1956), S. 462–471; Mark Engler und Paul Engler, *This Is an Uprising,* New York: Nation 2017; Gene Sharp, *The Politics of Nonviolent Action,* New York: Porter Sargent Publishers 1973.

316 Erica Chenoweth und Maria J. Stephan, Why Civil Resistance Works: The Strategic Logic of Nonviolent Conflict, New York: Columbia University Press 2011.

317 Ebenda.

318 »Google Trends Interest in ›Climate Change‹ and ›Climate Crisis‹ 2004–2020«, Google Trends, 2020; Barclay, »How Big Was the Global Climate Strike?«

319 Hahrie Han, *How Organizations Develop Activists: Civic Associations and Leadership in the 21st Century,* Oxford: Oxford University Press 2014; Engler und Engler, *This Is an Uprising,* Jane McAlevey, *A Collective Bargain: Unions, Organizing, and the Fight for Democracy,* New York: HarperCollins 2020.

320 Übersetzung nach: Karl Heinz Burmeister: *Olympe de Gouges. Die Rechte der Frau 1791,* Bern: Stämpfli Verlag 1999.

321 Julie Battilana et al., »Problem, Person, and Pathway: A Framework for Social Innovators«, in: *Handbook of Inclusive Innovation,* hg. von Gerard George et al., Cheltenham, UK: Edward Elgar Publishing 2019, S. 61–74.

322 Cynthia Rayner und Francois Bonnici, *The Systems Work of Social Change* (er-

scheint in Kürze); Christian Seelos und Johanna Mair, *Innovation and Scaling for Impact: How Effective Social Enterprises Do It,* Palo Alto, CA: Stanford University Press 2017.

323 Steve Lydenberg, Jean Rogers und David Wood, »From Transparency to Performance: Industry-Based Sustainability Reporting on Key Issues«, Initiative for Responsible Investment, Hauser Center for Nonprofit Organizations, Harvard University, 2010.

324 Julie Battilana und Michael Norris, »The Sustainability Accounting Standards Board«, Harvard Business School Case 414-078, 2015.

325 Jean Rogers im Gespräch mit den Autorinnen, Dezember 2018, Dezember 2020 und Januar 2021.

326 María Rachid im Gespräch mit den Autorinnen, August 2020.

327 Hector Tobar und Chris Kraul, »Millions of Bank Accounts Are Frozen in Beleaguered Argentina«, in: *Los Angeles Times,* 11. Januar 2002, https://www.latimes.com/archives/la-xpm-2002-jan-11-mn-21962-story.html.

328 Mehr zu politischen Gelegenheiten bei William A. Gamson und David Meyer »Framing Political Opportunity«, in: Doug McAdam, J. McCarthy und M. Zald (Hg.), *Comparative Perspectives on Social Movements: Political Opportunities, Mobilizing Structures, and Cultural Framings,* Cambridge: Cambridge University Press, 1996, S. 275–290; Hanspeter Kriesi, »Political Context and Opportunity«, in: David Snow, Sarah Soule und Hanspeter Kriesi (Hg.), *Blackwell Companion to Social Movements,* Oxford: Blackwell, 2004, S. 67–90; Doug McAdam, *Political Process and the Development of Black Insurgency, 1930–1970,* Chicago: University of Chicago Press 2010; David S. Meyer, »Protest and Political Opportunities« in: *Annual Review of Sociology* 30 (2004), S. 125–145; Sidney Tarrow, »States and Opportunities: The Political Structuring of Social Movements«, in: *Comparative Perspectives on Social Movements,* hg. von Doug McAdam, Joseph McCarthy und Meyer Zald, Cambridge: Cambridge University Press 1996, S. 41–61; Charles Tilly, *From Mobilization to Revolution,* Reading, MA: Addison-Wesley 1978.

329 Han, *How Organizations Develop Activists.*

330 Argentinien ist eines der wenigen Länder, die der *Allgemeinen Erklärung der Menschenrechte* der UN-Generalversammlung zugestimmt und ihr zusammen mit anderen Menschenrechtsabkommen einen verfassungsrechtlichen Status eingeräumt haben, der die anderen durch die nationale Verfassung garantierten Rechte ergänzt.

331 Omar G. Encarnacion, *Out in the Periphery: Latin America's Gay Rights Revolution,* New York: Oxford University Press 2016.

332 Melanie C. Green und Timothy C. Brock, »The Role of Transportation in the Persuasiveness of Public Narratives«, in: *Journal of Personality and Social Psychology* 79, Nr. 5 (2000), S. 701–721.

333 Ryann Manning, Julie Battilana und Lakshmi Ramarajan, »Up for Interpretation: How Audiences' Unexpected Responses Threaten Social Movement Identities«, in: *Academy of Management Annual Meeting Proceedings* (Oktober 2014).

334 Ebenda.

335 Encarnación, *Out in the Periphery*, S. 146.

336 Monica Anderson und Skye Toor, »How Social Media Users Have Discussed Sexual Harassment since #MeToo Went Viral«, *Pew Research Center*, 11. Oktober 2018; Benedetta Faedi Duramy, »#MeToo and the Pursuit of Women's International Human Rights«, in: *University of San Francisco Law Review* 54, Nr. 2 (2020), S. 215–268.

337 Tarana Burke im Gespräch mit den Autorinnen, Februar 2020.

338 Ronald A. Heifetz unterscheidet zwischen »technischen Problemen«, die durch Fachkenntnis oder ein besseres Management gelöst werden können, und »adaptiven Problemen«, die eine Änderung bei Ansichten und Werten erfordern. Mehr zu Heifetz' wegweisendem Konzept der adaptiven Führung in seinem Buch *Leadership Without Easy Answers*, Cambridge, MA: Belknap Press 1994.

339 Zur Transformation der politischen Teilhabe im digitalen Zeitalter siehe Danielle Allen und Jennifer S. Light, *From Voice to Influence: Understanding Citizenship in a Digital Age*, Chicago: University of Chicago Press 2015.

340 Tufekci, *Twitter and Tear Gas*, S. 70f.

341 Alicia Garza, *Die Kraft des Handelns: Wie wir Bewegungen im 21. Jahrhundert bilden*, Stuttgart: Tropen 2020, S. 11.

342 Marshall Ganz, *Why David Sometimes Wins: Leadership, Organization, and Strategy in the California Farm Worker Movement*, Oxford: Oxford University Press 2009; Tufekci, Twitter and Tear Gas.

343 John D. McCarthy und Mayer N. Zald, »Resource Mobilization and Social Movements: A Partial Theory«, in: *American Journal of Sociology* 82, Nr. 6 (1977), S. 1212–1241.

344 Ganz, *Why David Sometimes Wins*, S. 252.

KAPITEL 7: MACHT ÄNDERT SICH NICHT – SIE WECHSELT NUR DEN BESITZER

345 Moisés Naím, The End of Power: From Boardrooms to Battlefields and Churches to States, Why Being in Charge Isn't What It Used to Be, New York: Basic Books 2014, S. 12.

346 Jeremy Heimans und Henry Timms, *Die neuen Mächte – New Power: Warum vernetzte Ideen und Bewegungen die alten Machtstrukturen verändern – und wie wir dies für uns nutzen können*, München, Siedler 2018.

347 »The Development of Agriculture«, in: *National Geographic Society*, 19. August 2019, http://www.nationalgeographic.org/article/development-agriculture/; Yuval N. Harari, *Eine kurze Geschichte der Menschheit*, München: DVA 2013.

348 Jared Diamond, *Arm und Reich: Die Schicksale menschlicher Gesellschaften*, Frankfurt am Main: S. Fischer Verlag 1999.

349 David I. Howie, »Benedictine Monks, Manuscripts Copying, and the Renaissance:

Johannes Trithemius ›De Laude Scriptorum‹«, in: *Revue Bénédictine* 86, Nr. 1–2 (1976), S. 129–154.

350 Elizabeth L. Einstein, *The Printing Press as an Agent of Change,* Cambridge: Cambridge University Press 1980.

351 L. B. Larsen et al., »New Ice Core Evidence for a Volcanic Cause of the A.D. 536 Dust Veil«, in: *Geophysical Research Letters* 35, Nr. 4 (2008).

352 Greg Williams, »Disrupting Poverty: How Barefoot College Is Empowering Women through Peer-to-Peer Learning and Technology«, in: *Wired UK*, 7. März 2011, https://www.wired.co.uk/article/disrupting-poverty.

353 Meagan Fallone im Gespräch mit den Autorinnen, Dezember 2020.

354 »Maitres et possesseurs de la nature«, René Descartes, Abhandlung über die Methode, richtig zu denken und die Wahrheit in den Wissenschaften zu suchen, in: René Descartes' philosophische Werke, Abteilung 1, Berlin 1870, VI, 2.

355 Die wissenschaftliche Methode ist ein systematischer Prozess zum Erkenntnisgewinn und Verständnis der Welt, bei dem Beobachtungen, Experimente und Analysen zur Überprüfung von Hypothesen genutzt werden.

356 Meghan Bartels, »How Do You Stop a Hypothetical Asteroid From Hitting Earth? NASA's On It,« *Space.com*, 2. Mai 2019, https://www.space.com/asteroid-threat-simulation-nasa-deflection-idea.html.

357 Keenan Mayo und Peter Newcomb, »The Birth of the World Wide Web: An Oral History of the Internet«, in: *Vanity Fair*, Juli 2008, https://www.vanityfair.com/news/2008/07/internet200807.

358 Naím, *The End of Power*; Heimans und Timms, *New Power.*

359 Joshua Gans und Andrew Leigh, Innovation + Equality: How to Create a Future that is More Star Trek Than Terminator, Cambridge, MA: The MIT Press 2019, S. 7.

360 Jean Luc Chabert, A History of Algorithms: From the Pebble to the Microchip, Berlin: Springer 1999, S. 7.

361 »Programmieren«, *Explained* (Dokureihe), Vox Media (Netflix, 2019).

362 Pedro Domingos, *The Master Algorithm: How the Quest for the Ultimate Learning Machine Will Remake Our World*, New York: Basic Books 2015, S. 1.

363 »Programmieren«, Vox Media; Ajay Agrawal, Joshua Gans und Avi Goldfarb, *Prediction Machines: The Simple Economics of Artificial Intelligence*, Boston, MA: Harvard Business Review Press 2018.

364 Sara Reardon, »Rise of Robot Radiologists«, in: *Nature (London)* 576, Nr. 7787 (2019), S. S54–S58.

365 Für eine Analyse der Chancen und Probleme in diesem Bereich siehe Miriam Mutebi et al., »Innovative Use of MHealth and Clinical Technology for Oncology Clinical Trials in Africa«, in: *JCO Global Oncology*, Nr. 6 (2020), S. 948–953.

366 Susan Wharton Gates, Vanessa Gail Perry und Peter M. Zorn, »Automated Underwriting in Mortgage Lending: Good News for the Underserved?«, in: *Housing Policy Debate* 13, Nr. 2 (2002), S. 369–391. Eine wegweisende Analyse zum Anti-Bias-Potenzial linearer Modelle einschließlich ihrer höheren Genauigkeit bei der Vorhersage von Zahlungsausfällen bei Krediten siehe Robyn M. Dawes, »The Ro-

bust Beauty of Improper Linear Models in Decision-Making«, in: *American Psychologist* 34, Nr. 7 (1979), S. 571–582.

367 Batya Friedman und Helen Nissenbaum, »Bias in Computer Systems«, in: *ACM Transactions on Information Systems* 14, Nr. 3 (1996), S. 330–347; siehe auch Agrawal, Gans und Goldfarb, *Prediction Machines*, und Marco Ianstiti und Karim Lakhani, *Competing in the Age of AI: Strategy and Leadership When Algorithms and Networks Run the World*, Boston: Harvard Business Review Press 2020.

368 Tom Simonite, »The Best Algorithms Still Struggle to Recognize Black Faces«, in: *Wired*, 22. Juli 2019, https://www.wired.com/story/best-algorithms-struggle-recognize-black-faces-equally/. Mehr zum Bias bei Algorithmen zur Personenerkennung in Joy Buolamwini und Timnit Gebru, »Gender Shades: Intersectional Accuracy Disparities in Commercial Gender Classification«, in: *Conference on Fairness, Accountability and Transparency*, PMLR (2018), S. 77–91; Yui Man Lui et al., »A Meta-Analysis of Face Recognition Covariates«, in: *2009 IEEE 3rd International Conference on Biometrics: Theory, Applications, and Systems* (2009), S. 1–8.

369 Joy Buolamwini, »How I'm Fighting Bias in Algorithms«, TEDxBeacon-Street, November 2016, https://www.ted.com/talks/joy_buolamwini_how_i_m_fighting_bias_in_algorithms.

370 Virginia Eubanks, *Automating Inequality: How High-Tech Tools Profile, Police, and Punish the Poor*, New York: Picador 2019; Ruha Benjamin, *Race After Technology: Abolitionist Tools for the New Jim Code*, Cambridge, MA: Polity 2019.

371 Cathy O'Neil, *Angriff der Algorithmen: Wie sie Wahlen manipulieren, Berufschancen zerstören und unsere Gesundheit gefährden*, München: Hanser 2017; Safiya Umoja Noble, *Algorithms of Oppression: How Search Engines Reinforce Racism*, New York: New York University Press 2018.

372 Cathy O'Neil, »The Era of Blind Faith in Big Data Must End«, TED, April 2017, https://www.ted.com/talks/cathy_o_neil_the_era_of_blind_faith_in_big_data_must_end.

373 Emily Chang, Brotopia: *Breaking up the Boys' Club of Silicon Valley*, New York: Portfolio/Penguin 2019.

374 Im 18. Jahrhundert entwickelte der englische Philosoph Jeremy Bentham ein einflussreiches Modell für den Bau von Gefängnissen, das »Panopticon«. Bei seinem Entwurf befindet sich in der Mitte ein zentraler Beobachtungsturm für die Wachen, um den sich die Zellentrakte ringförmig gruppieren. Während die Wachen stets alle Zellen im Blick hatten, waren sie vor den Blicken der Häftlinge hinter schmalen Fenstern verborgen. Der französische Intellektuelle Michel Foucault betrachtete das Panopticon als ein Symbol der sozialen Kontrolle, mit dem nicht nur das Leben von Häftlingen, sondern von allen Mitgliedern unserer Gesellschaft beschrieben werden kann. Siehe Michel Foucault, *Überwachen und Strafen: Die Geburt des Gefängnisses,* Frankfurt am Main: Suhrkamp 1977.

375 Yuval Noah Harari, »Why Technology Favors Tyranny«, in: *The Atlantic,* 13. September 2018, https://www.theatlantic.com/magazine/archive/2018/10/yuval-noah-harari-technology-tyranny/568330/.

376 Adam Satariano, »How My Boss Monitors Me While I Work From Home«, in: *New York Times,* 6. Mai 2020, https://www.nytimes.com/2020/05/06/technology/employee-monitoring-work-from-home-virus.html.

377 Amy Webb, *Die großen Neun: Wie wir die Tech-Titanen bändigen und eine Künstliche Intelligenz zum Wohle aller entwickeln können,* Kulmbach: Plassen Verlag 2019.

378 Shoshana Zuboff, *Das Zeitalter des Überwachungskapitalismus,* Frankfurt/New York: Campus Verlag 2018.

379 Tobias Rose-Stockwell, »This Is How Your Fear and Outrage Are Being Sold for Profit«, in: *Medium,* 12. August 2019, https://medium.com/@tobias rose/the-enemy-in-our-feeds-e86511488de. Siehe auch Tim Wu, *The Attention Merchants: The Epic Scramble to Get inside Our Heads,* Vancouver, B.C.: Langara College 2020.

380 Agrawal, Gans und Goldfarb, *Prediction Machines,* S. 43.

381 Open Hearing on Foreign Influence Operations' Use of Social Media Platforms (Company Witnesses), Before the Select Committee on Intelligence of the United States Senate, 115th Congress (2018). (Aussage von Jack Dorsey, CEO von Twitter).

382 Jerrold Nadler und David N. Cicilline, *Investigation of Competition in Digital Markets: Majority Staff Report and Recommendations,* United States House of Representatives Subcommittee on Antitrust, Commercial and Administrative Law of the Committee of the Judiciary, 2020.

383 Fernando Belinchon und Moynihan Qayyah, »25 Giant Companies That Are Bigger than Entire Countries«, in: *Business Insider,* 25. Juli 2018, https://www.business insider.com/25-giant-companies-that-earn-more-than-entire-countries-2018-7.

384 Jenny Odell, *Nichts tun. Die Kunst, sich der Aufmerksamkeitsökonomie zu entziehen,* München: C.H.Beck 2021.

385 Dell Cameron und Kate Conger, »Google Is Helping the Pentagon Build AI for Drones«, in: *Gizmodo,* 1. Juni 2018, https://gizmodo.com/google-is-helping-the-pentagon-build-ai-for-drones-1823464533.

386 Meredith Whittaker im Gespräch mit den Autorinnen, September 2020.

387 Scott Shane und Daisuke Wakabayashi, »›The Business of War‹: Google Employees Protest Work for the Pentagon«, in: *New York Times,* 4. April 2018, https://www.nytimes.com/2018/04/04/technology/google-letter-ceo-pentagon-project.html.

388 Reuters, »Google to Halt Controversial Project Aiding Pentagon Drones«, *NBC News,* 2. Juni 2018, https://www.nbcnews.com/news/military/google-halt-controversial-project-aiding-pentagon-drones-n879471.

389 Lulu Chang, »As Google Continues Its Work on a Military Project, a Dozen Employees Resign«, in: *Digital Trends,* 2. Juni 2018, https://www.digitaltrends.com/business/google-employees-letter-to-ceo-war/.

390 Davey Alba, »Google Backs Away from Controversial Military Drone Project«, in: *BuzzFeed,* 1. Juni 2018, https://www.buzzfeednews.com/article/daveyalba/google-says-it-will-not-follow-through-on-pentagon-drone-ai.

391 Sundar Pichai, »AI at Google: Our Principles«, Google, 7. Juni 2018, https://blog.google/technology/ai/ai-principles/.

392 Ryan Gallagher, »Google Plans to Launch Censored Search Engine in China, Leaked Documents Reveal«, in: *The Intercept*, 1. August 2018, https://theintercept.com/2018/08/01/google-china-search-engine-censorship/.

393 Eine Kopie des offenen Briefs findet sich im Archiv der *New York Times:* https://int.nyt.com/data/documenthelper/166-dragonfly-letter/ae6267f0128f4facd183/optimized/full.pdf#page=1.

394 »Open Letter: Google Must Not Capitulate on Human Rights to Gain Access to China«, Amnesty International, 28. August 2018, https://www.amnesty.org/en/latest/news/2018/08/open-letter-to-google-on-reported-plans-to-launch-a-censored-search-engine-in-china/.

395 Taylor Telford und Elizabeth Dwoskin, »Google Employees Worldwide Walk Out over Allegations of Sexual Harassment, Inequality within Company«, in: *Washington Post*, 1. November 2018, https://www.washingtonpost.com/business/2018/11/01/google-employees-world wide-begin-walkout-over-allegations-sexual-harassment-inequality-within-company; Ryan Mac, »Disgraced Google Exec Andy Rubin Quietly Left His Venture Firm Earlier This Year«, *BuzzFeed*, 13. Oktober 2019, https://www.buzzfeednews.com/article/ryanmac/andy-rubin-playground-global-google-quiet-departure.

396 Sam Byford, »Google Employees Worldwide are Walking Out Today to Protest Handling of Sexual Misconduct«, in: *The Verge*, 1. November 2018, https://www.theverge.com/2018/11/1/18051026/google-walkout-sexual-harassment-protest.

397 Telford and Dwoskin, »Google Employees Worldwide Walk Out«.

398 Daisuke Wakabayashi, »Google Ends Forced Arbitration for All Employee Disputes«, in: *New York Times*, 21. Februar 2019, https://www.nytimes.com/2019/02/21/technology/google-forced-arbitration.html.

399 »Google's Project Dragonfly ›Terminated‹ in China«, *BBC News*, 17. Juli 2019, https://www.bbc.com/news/technology-49015516.

400 Johana Bhuiyan, »How the Google Walkout Transformed Tech Workers into Activists«, in: *Los Angeles Times*, 6. November 2019, https://www.latimes.com/business/technology/story/2019-11-06/google-employee-walkout-tech-industry-activism. Zur Bedeutung solcher »Mitarbeiteraufstände« siehe David Courpasson und Jean-Claude Thoenig, *When Managers Rebel*, London: Palgrave Macmillan 2010.

401 Beth Kowitt, »Inside Google's Civil War«, in: *Fortune*, 29. Januar 2020, https://fortune.com/longform/inside-googles-civil-war/.

402 Kate Conger, »Hundreds of Google Employees Unionize, Culminating Years of Activism«, in: *New York Times*, 4. Januar 2021, https://www.nytimes.com/2021/01/04/technology/google-employees-union.html.

403 »Home«, Alphabet Workers Union, 15. Dezember 2020, https://alphabetworkersunion.org/.

404 »LIVE: Apple CEO Tim Cook speaks at Brussels' International Data Privacy Day«, *Reuters* (Video), 28. Januar 2021, https://www.youtube.com/watch?v=ug6tA6fhhdQ.

405 Sundar Pichai, »Why Google Thinks We Need to Regulate AI«, in: *Financial Times*, 20. Januar 2020, https://www.ft.com/content/3467659a-386d-11ea-ac3c-f68c10993b04.

406 »What is GDRP, the EU's New Data Protection Law?«, gdpr.eu, abgerufen am 7. April 2021, https://gdpr.eu/what-is-gdpr/; dt.: »Was regelt die Datenschutzgrundverordnung?«, abgerufen am 16. Dezember 2021, https://ec.europa.eu/info/law/law-topic/data-protection/reform/what-does-general-data-protection-regulation-gdpr-govern_de.

407 »DSGVO: noyb.eu bringt vier Beschwerden wegen ›Zwangszustimmung‹ gegen Google, Instagram, WhatsApp und Facebook ein«, noyb.eu, 25. Mai 2018, https://noyb.eu/de/dsgvo-noybeu-bringt-vier-beschwerden-wegen-zwangszustimmung-gegen-google-instagram-whatsapp-und.

408 »Austrian Privacy Activist Schrems Files Complaint against Amazon«, *Reuters*, 19. Februar 2020, https://www.reuters.com/article/europe-privacy-amazoncom/austrian-privacy-activist-schrems-files-complaint-against-amazon-idUSL8N-2AJ4ZJ.

409 Kara Swisher, »She's Bursting Big Tech's Bubble«, in: *New York Times*, 29. Oktober 2020, https://www.nytimes.com/2020/10/29/opinion/swaykara-swisher-lina-khan.html.

410 Lina M. Khan, »The Separation of Platforms and Commerce«, in: *Columbia Law Review* 119, Nr. 4 (2019), S. 973–1009; Kari Paul, »›This Is Big‹: U.S. Lawmakers Take Aim at Once-Untouchable Big Tech«, in: *The Guardian*, 19. Dezember 2020, https://www.theguardian.com/technology/2020/dec/18/google-facebook-antitrust-lawsuits-big-tech.

411 Die europäischen Regulierungsbehörden untersuchten die Praktiken von Google sieben Jahre lang und verhängten schließlich eine Geldstrafe in Höhe von 2,7 Milliarden US-Dollar, weil der Konzern seinen eigenen Shopping-Service in den Suchergebnissen bevorzugte und so den Wettbewerb verzerrte. Deutschland ging 2019 gegen Facebook wegen Missbrauchs seiner Marktmacht vor und verbot dem Unternehmen, Daten über Nutzer ohne deren Zustimmung bei anderen Facebook-eigenen Plattformen wie Instagram oder WhatsApp zu verwenden. Siehe dazu auch Michael A. Corrier, »Big Tech, Antitrust, and Breakup«, in: *Georgetown Journal of International Affairs*, 2020.

412 Sheelah Kolhatkar, »How Elizabeth Warren Came Up with a Plan to Break Up Big Tech«, in: *The New Yorker*, 20. August 2019, https://www.newyorker.com/business/currency/how-elizabeth-warren-came-up-with-a-plan-to-break-up-big-tech; Lina M. Khan, »Amazon's Paradox«, in: *The Yale Law Journal* 126, Nr. 3 (2017), S. 710–805.

413 Rod McGuirk, »Australia Passes Law to Make Google, Facebook Pay for News«, *AP News*, 25. Februar 2021, https://apnews.com/article/australia-law-google-facebook-pay-news-959ffb44307da22cdeebdd85290c0cde.

414 Gabriel Gieger, »Court Rules Deliveroo Used ›Discriminatory‹ Algorithm«, in: *Vice*, 5. Januar 2021, https://www.vice.com/en/article/7k9e4e/court-rules-deliveroo-used-discriminatory-algorithm.

415 Shirin Ghaffary, »After 20,000 Workers Walked out, Google Said It Got the Message. The Workers Disagree«, *Vox*, 21. November 2018, https://www.vox.com/2018/11/21/18105719/google-walkout-real-change-organizers-protest-discrimination-kara-swisher-recode-decode-podcast.

416 Artificial Intelligence, Societal and Ethical Implications, Before the United States House of Representatives Committee on Science, Space, and Technology, 116th Congress (2019) (Aussage von Meredith Whittaker, Mitbegründerin und Co-Direktorin des AI Now Institute).

417 Siehe zum Beispiel Genie Barton, Nicol Turner-Lee und Paul Resnick, »Algorithmic Bias Detection and Mitigation: Best Practices and Policies to Reduce Consumer Harms«, *Brookings*, 22. Mai 2019, https://www.brookings.edu/research/algorithmic-bias-detection-and-mitigation-best-practices-and-policies-to-reduce-consumer-harms/; Sorelle A. Friedler et al., »A Comparative Study of Fairness Enhancing Interventions in Machine Learning«, in: *Proceedings of the Conference on Fairness, Accountability, and Transparency* (2019), S. 329–338; Solon Barocas, Moritz Hardt und Arvind Narayanan, *Fairness and Machine Learning* (fairmlbook.org, 2019).

418 Cynthia Dwork, »Skewed or Rescued? The Emerging Theory of Algorithmic Fairness«, Berkman Klein Center, 29. November 2018, https://cyber.harvard.edu/events/skewed-or-rescued-emerging-theory-algorithmic-fairness.

419 Brendan F. Klare et al., »Face Recognition Performance: Role of Demographic Information«, in: *IEEE Transactions on Information Forensics and Security* 7, Nr. 6 (Dezember 2012), S. 1789–1801.

420 Jerry Kaplan, *Humans Need Not Apply: A Guide to Wealth and Work in the Age of Artificial Intelligence,* New Haven: Yale University Press 2015; Morgan R. Frank et al., »Toward Understanding the Impact of Artificial Intelligence on Labor«, in: *Proceedings of the National Academy of Sciences* 116, Nr.14 (2019), S. 6531–6539.

421 John Hawksworth, Richard Berriman und Saloni Goel, *Will Robots Really Steal Our Jobs? An International Analysis of the Potential Long-Term Impact of Automation,* PricewaterhouseCoopers, Februar 2018.

422 Aus der stetig wachsenden Literatur zur Zukunft der Arbeit ragen folgende Werke heraus: Erik Brynjolfsson und Andrew McAfee, *Race Against the Machine,* Lexington, MA: Digital Frontier Press 2011; Erik Brynjolfsson und Andrew McAfee, *The Second Machine Age: Wie die nächste digitale Revolution unser aller Leben verändern wird,* Kulmbach: Plassen-Verlag, 2014; Kaplan, *Humans Need Not Apply,* 2015; Alec Ross, *Die Wirtschaftswelt der Zukunft: Wie Fortschritt unser komplettes Leben umkrempeln wird,* Kulmbach: Plassen-Verlag 2016; und Richard Susskind und Daniel Susskind, *The Future of the Professions,* Oxford: Oxford University Press 2017.

423 David Autor, David Mindell und Elisabeth Reynolds, »The Work of the Future: Shaping Technology and Institutions«, MIT Work of the Future, 17. November 2020, https://workofthefuture.mit.edu/research-post/the-work-of-the-future-shaping-technology-and-institutions/.

424 Die Abkürzung CRISPR steht für »Clustered Regularly Interspaced Short Palin-
dromic Repeats«. Diese Abschnitte sich wiederholender DNA bilden die Grundlage für eine molekularbiologische Methode, DNA gezielt zu schneiden, die es Wis-
senschaftlern ermöglicht, DNA oder Messenger-RNA präzise zu verändern. Siehe
Jennifer A. Doudna und Emmanuelle Charpentier, »The New Frontier of Genome
Editing with CRISPR-Cas9«, in: *Science* 346, Nr. 6213 (2013).

425 Megan Rose Dickey, »Human Capital: ›People Were Afraid of Being Critical with
Me‹«, *TechCrunch*, 28. August 2020, https://social.techcrunch.com/2020/08/28/hu-
man-capital-it-doesnt-have-to-be-this-way.

426 Ottmar Edenhofer et al., »Zusammenfassung für politische Entscheidungsträger«,
in: *Klimaänderung 2014: Verringerung des Klimawandels*, Beitrag der Arbeitsgruppe
III zum Fünften Sachstandsbericht des Intergovernmental Panel on Climate Change
(IPCC); https://www.de-ipcc.de/media/content/AR5-WGIII_SPM.pdf.

427 Ronald Segal, *The Black Diaspora: Five Centuries of the Black Experience Outside
Africa*, New York: Farrar, Straus, and Giroux 1995, S. 4.

428 François Rabelais, *Gargantua und Pantagruel*, aus dem Französischen verdeutscht,
mit Einleitung und Anmerkungen durch Gottlob Regis, Leipzig: Barth 1832,
2. Buch: *Das sehr schreckliche Leben des großen Gargantua, Vater von Pantagruel*,
8. Kapitel.

429 Yuval N. Harari, *Homo Deus: Eine Geschichte von Morgen*, München: C.H.Beck
2017; Derek Thompson, »Can Science Cure Aging?«, in: *The Atlantic*, 13. September 2018, https://www.theatlantic.com/ideas/archive/2018/09/can-science-cure-
aging/570121/.

430 Um nur zwei Beispiele zu nennen: John Koetsier, »Elon Musk's 42,000 Star-Link
Satellites Could Just Save the World«, in: *Forbes*, 9. Januar 2020, https://www.forbes.
com/sites/johnkoetsier/2020/01/09/elon-musks-42000-starlink-satellites-could-
just-save-the-world/; und Navneet Alang, »As the Robots Arrive, We Have to Re-
member: Another Future is Possible«, in: *Toronto Star*, 27. Februar 2021, https://
www.thestar.com/business/opinion/2021/02/27/as-the-robots-arrive-we-have-to-
remember-another-future-is-possible.html.

KAPITEL 8: MACHT IN SCHACH HALTEN

431 Simonetta Adorni Braccesi und Mario Ascheri (Hg.), *Politica e Cultura nelle Repubbliche Italiane dal Medioevo all'Età Moderna: Firenze, Genova, Lucca, Siena,
Venezia*, Rom: Istituto storico italiano per l'Eta Moderna e Contemporanea 2001;
William Marvin Bowsky, *A Medieval Italian Commune: Siena Under the Nine,
1287–1355*, Berkeley: University of California Press 1981.

432 Schätzungen zufolge dienten zwischen 1287 und 1355 2000 bis 3000 sienesische Bürger in der Regierung der Neun. Die Zahl der Einwohner stieg in dieser Zeit von
62.000 auf 100.000 und ging dann aufgrund der Pest massiv zurück. Die Neun waren
immer Männer (Frauen waren vom politischen Leben ausgeschlossen), außerdem

wurden die Mitglieder bestimmter sozialer Schichten und Familien häufiger gewählt als andere. Dennoch gewährleisteten die vielen Regeln, die unter anderem Aristokraten und andere privilegierte Bürger vom Amt des Stadtgouverneurs ausschlossen, zusammen mit der strengen Begrenzung der Amtszeit auf zwei Monate und einer Wartezweit von 20 Monaten, bis man erneut gewählt werden konnte, dass die politische Repräsentation auf weite Teile der Einwohnerschaft verteilt war. Für eine detaillierte Analyse siehe Mario Ascheri, »La Siena del ›Buon Governo‹ (1287–1355)«, in: Adorni Braccesi und Ascheri, *Politica e Cultura nelle Repubbliche Italiane*, S. 81–107.

433 Cameron Anderson und Sebastien Brion, »Perspectives on Power in Organizations«, in: *Annual Review of Organizational Psychology and Organizational Behavior* 1, Nr. 1 (2014), S. 67–97; Peter Fleming und Andre Spicer, »Power in Management and Organization Science«, in: *Academy of Management Annals* 8, Nr. 1 (2014), S. 237–298.

434 Ellen Ochoa im Gespräch mit den Autorinnen, April 2019 und Oktober 2020.

435 Raj Chetty et al., »Race and Economic Opportunity in the United States«, *NBER* Working Paper 24441 (2018); Cecilia L. Ridgeway, *Framed by Gender: How Gender Inequality Persists in the Modern World* (Oxford: Oxford University Press, 2011).

436 John Matthew Amis, Johanna Mair und Kamal Munir, »The Organizational Reproduction of Inequality«, in: *Academy of Management Annals* 14, Nr. 1 (2020), S. 195–230.

437 Michael L. Coats, »Michael L. Coats – NASA, Johnson Space Center«, in: *Diversity Journal*, 12. März 2012, https://diversityjournal.com/7663-michael-l-coats-nasa-johnson-space-center/.

438 David Thomas und Robin Ely, »Making Differences Matter: A New Paradigm for Managing Diversity«, in: *Harvard Business Review* 74, Nr. 5 (1996), S. 79–90.

439 Robin J. Ely und David A. Thomas, »Getting Serious About Diversity: Enough Already with the Business Case«, in: *Harvard Business Review* 98, Nr. 6 (2020), S. 114–122.

440 Sheryl Sandberg, *Lean In: Frauen und der Wille zum Erfolg*, Berlin: Econ 2013.

441 Rosabeth Moss Kanter, *Men and Women of the Corporation*, New York: Basic Books 2010.

442 Mehr zu den kulturellen Grundlagen des Tokenism bei Catherine J. Turco, »Cultural Foundations of Tokenism: Evidence from the Leveraged Buyout Industry«, in: *American Sociological Review* 75, Nr. 6 (2010), S. 894–913.

443 Alicia DeSantola, Lakshmi Ramarajan und Julie Battilana, »New Venture Milestones and the First Female Board Member«, in: *Academy of Management Best Paper Proceedings* (2017).

444 Carolyn Wiley und Mireia Monllor-Tormos, »Board Gender Diversity in the STEM&F Sectors: The Critical Mass Required to Drive Firm Performance«, in: *Journal of Leadership & Organizational Studies* 25, Nr. 3 (2018), S. 290–308.

445 Alexandra Kalev, Frank Dobbin und Erin Kelly, »Best Practices or Best Guesses? Assessing the Efficacy of Corporate Affirmative Action and Diversity Policies«, in: *American Sociological Review* 71, Nr. 4 (2006), S. 589–617.

446 Emilio J. Castilla und Stephen Benard, »The Paradox of Meritocracy in Organizations«, in: *Administrative Science Quarterly* 55, Nr. 4 (2010), S. 543–576. Wie Diversitätsprogramme bei falschem Gebrauch Gleichbehandlung und Antidiskriminierungsmaßnahmen untergraben können, zeigt Ellen Berrey, *The Enigma of Diversity: The Language of Race and the Limits of Racial Justice,* Chicago: University of Chicago Press 2015.

447 Frank Dobbin und Alexandra Kalev, »Why Doesn't Diversity Training Work? The Challenge for Industry and Academia«, in: *Anthropology Now* 10, Nr. 2 (2018), S. 48–55; Alexandra Kalev und Frank Dobbin, »Companies Need to Think Bigger Than Diversity Training«, in: *Harvard Business Review* (20. Oktober 2020), https://hbr.org/2020/10/companies-need-to-think-bigger-than-diversity-training.

448 Iris Bohnet, *What Works: Gender Equality by Design,* Cambridge, MA: Belknap Press of Harvard University Press 2018); Colleen Ammerman und Boris Groysberg, *Glass Half-Broken: Shattering the Barriers That Still Hold Women Back at Work,* Harvard Business Review Press 2021.

449 Frank Dobbin und Alexandra Kalev, »Why Diversity Programs Fail«, in: *Harvard Business Review* (2016), https://hbr.org/2016/07/why-diversity-programs-fail; siehe auch Kalev und Dobbin, »Companies Need to Think Bigger«.

450 Robert Livingston, »How to Promote Racial Equity in the Workplace«, in: *Harvard Business Review* 98, Nr. 5 (2020), S. 64–72; siehe auch Robert Livingston, *The Conversation: How Seeking and Speaking the Truth About Racism Can Radically Transform Individuals and Organizations,* New York: Currency 2021.

451 Tina Opie und Laura Morgan Roberts, »Do Black Lives Really Matter in the Workplace? Restorative Justice as a Means to Reclaim Humanity«, in: *Equality, Diversity and Inclusion: An International Journal* 36, Nr. 8 (2017), S. 707–719.

452 Zur rassistischen Diskriminierung auf dem Arbeitsmarkt siehe Marianne Bertrand und Sendhil Mullainathan, »Are Emily and Greg More Employable than Lakisha and Jamal: A Field Experiment on Labor Market Discrimination«, in: *The American Economic Review* 94, Nr. 4 (2004), S. 991–1013; Devah Pager, Bart Bonikowski und Bruce Western, »Discrimination in a Low-Wage Labor Market«, in: *American Sociological Review* 74, Nr. 5 (2009), S. 777–799.

453 Lauren A. Rivera, »Go with Your Gut: Emotion and Evaluation in Job Interviews«, in: *American Journal of Sociology* 120, Nr. 5 (2015), S. 1139–1189; dies., *Pedigree: How Elite Students Get Elite Jobs,* Princeton: Princeton University Press 2015. Siehe auch Gardiner Morse, »Designing a Bias-Free Organization«, in: *Harvard Business Review* 94, Nr. 7–8 (2016), S. 62–67.

454 Laura Morgan Roberts und Anthony J. Mayo, »Toward a Racially Just Workplace«, in: *Harvard Business Review,* 14. November 2019, https://hbr.org/2019/11/toward-a-racially-just-workplace. Siehe auch Laura Morgan Roberts, Anthony J. Mayo und David A. Thomas, *Race, Work, and Leadership,* La Vergne: Harvard Business Review Press 2019.

455 Colleen Sheppard, Inclusive Equality: The Relational Dimensions of Systemic Discrimination in Canada, Montreal: McGill Queen's University Press 2010.

456 Livingston, »How to Promote Racial Equity in the Workplace«; und ders., *The Conversation.*

457 Franklin A. Gevurtz, »The Historical and Political Origins of the Corporate Board of Directors«, in: *Hofstra Law Review* 33, Nr. 1 (2004); Cyril O'Donnell, »Origins of the Corporate Executive«, in: *Bulletin of the Business Historical Society* 26, Nr. 2 (1952), S. 55–72.

458 Richard Mulgan, *Holding Power to Account: Accountability in Modern Democracies,* New York: Palgrave Macmillan 2014.

459 Steven Boivie et al., »Are Boards Designed to Fail? The Implausibility of Effective Board Monitoring«, in: *Academy of Management Annals* 10, Nr. 1 (2016), S. 319–407.

460 Michael Useem, *The Inner Circle: Large Corporations and the Rise of Business Political Activity in the U.S. and U.K.,* Oxford: Oxford University Press 1992; Mark Mizruchi, *The American Corporate Network,* Beverly Hills, CA: SAGE 1982.

461 Gerald F. Davis, Mina Yoo und Wayne E. Baker, »The Small World of the American Corporate Elite, 1982–2001«, in: *Strategic Organization* 1, Nr. 3 (2003), S. 301–326.

462 Johan S. G. Chu und Gerald F. Davis, »Who Killed the Inner Circle? The Decline of the American Corporate Interlock Network«, in: *American Journal of Sociology* 122, Nr. 3 (2016), S. 714–754.

463 Traditionell fühlen sich Vorstandsmitglieder verpflichtet, im Interesse der Aktionäre zu handeln; für Aufsichtsratsmitglieder ist es ist sogar ihre treuhänderische Pflicht. Siehe Leo Strine, »The Dangers of Denial: The Need for a Clear-Eyed Understanding of the Power and Accountability Structure Established by the Delaware General Corporation Law«, SSRN Scholarly Paper ID 2576389, Rochester, NY: Social Science Research Network, https://papers.ssrn.com/abstract= 2576389.

464 Lawrence Mishel und Jori Kandra, »CEO Compensation Surged 14% in 2019 to $21.3 Million: CEOs Now Earn 320 Times as Much as a Typical Worker«, *Economic Policy Institute* (Blog), 18. August 2020, https://www.epi.org/publication/ceo-compensation-surged-14-in-2019-to-21-3-million-ceos-now-earn-320-times-as-much-as-a-typical-worker/.

465 Rebecca Henderson, *Reimagining Capitalism in a World on Fire,* New York: PublicAffairs 2020; Naomi Klein, *Die Entscheidung: Kapitalismus vs. Klima,* Frankfurt am Main: S. Fischer Verlag 2015.

466 Sarah Kaplan, *The 360° Corporation: From Stakeholder Trade-Offs to Transformation,* Stanford, CA: Stanford Business Books 2019; R. Edward Freeman, Kristen Martin und Bidhan L. Parmar, *The Power of And: Responsible Business Without Trade-Offs,* New York: Columbia Business School Publishing 2020. Siehe auch Mariana Mazzucato, *Mission: Auf dem Weg zu einer neuen Wirtschaft,* Frankfurt am Main: Campus Verlag 2021.

467 Tyler Wry, Kevin Chuah und Michael Usiehem, *Rigidity and Reversion: Why the Business Roundtable Faltered in the Face of COVID,* Wharton School Working Paper 2021.

468 Alnoor Ebrahim, Julie Battilana und Johanna Mair, »The Governance of Social Enterprises: Mission Drift and Accountability Challenges in Hybrid Organizations«, in: *Research in Organizational Behavior* 34 (2014), S. 81–100; Julie Battilana et al., »Beyond Shareholder Value Maximization: Accounting for Financial/Social Tradeoffs in Dual Purpose Companies«, in: *The Academy of Management Review*, 30. Oktober 2020; https://doi.org/10.5465/amr.2019.0386; Alnoor Ebrahim, *Measuring Social Change: Performance and Accountability in a Complex World*, Redwood City: Stanford Business Books 2019.

469 Julie Battilana, Anne-Claire Pache, Metin Sengul und Marissa Kimsey, »The Dual-Purpose Playbook«, in: *Harvard Business Review* 97, Nr. 4 (2019), S. 124–133; Julie Battilana, »Cracking the Organizational Challenge of Pursuing Joint Social and Financial Goals: Social Enterprise as a Laboratory to Understand Hybrid Organizing«, in: *M@n@gment* 21, Nr. 4 (2018), S. 1278–1305; Ebrahim, Battilana und Mair, »The Governance of Social Enterprises«.

470 Chris Marquis, Better Business: How the B Corp Movement is Remaking Capitalism, New Haven: Yale University Press 2020.

471 Cornelia Caseau und Gilles Grolleau, »Impact Investing: Killing Two Birds with One Stone?«, in: *Financial Analysts Journal* 76, Nr. 4 (2020), S. 40–52; Abhilash Mudaliar und Hannah Dithrich, »Sizing the Impact Investing Market«, in: *Global Impact Investing Network*, April 2019, https://thegiin.org/assets/Sizing%20the%20 Impact%20Investing%20Market_webfile.pdf; Global Impact Investing Network, »Annual Impact Investor Survey 2020«, 10. Auflage, Juni 2020, https://thegiin.org/ assets/GIIN%20Annual%20Impact%20Investor%20Survey%202020.pdf

472 Isabelle Ferreras, *Firms as Political Entities: Saving Democracy through Economic Bicameralism*, Cambridge: Cambridge University Press 2017.

473 Elizabeth Anderson, »How Bosses Are (Literally) like Dictators«, *Vox*, 17. Juli 2017, https://www.vox.com/the-big-idea/2017/7/17/15973478/boss es-dictators-workplace-rights-free-markets-unions; siehe auch Elizabeth Anderson, Private Regierung. Wie Arbeitgeber über unser Leben herrschen (und warum wir nicht darüber reden), Berlin: Suhrkamp 2019, S. 82.

474 Isabelle Ferreras, Julie Battilana und Dominique Meda, *Le Manifeste Travail: Démocratiser, Démarchandiser, Dépolluer*, Paris: Le Seuil 2020; Gerald Davis, »Corporate Purpose Needs Democracy«, in: *Journal of Management Studies* (2020).

475 Internationale Arbeitsorganisation (IAO), »Who Are Domestic Workers«, International Labour Organization, abgerufen am 7. April 2021, https://www.ilo.org/ global/topics/domestic-workers/who/lang--en/index.htm; siehe auch https://www. ilo.org/wcmsp5/groups/public/---ed_norm/---normes/documents/normativeinstrument/wcms_c189_de.pdf.

476 Palak Shah im Gespräch mit den Autorinnen, April und September 2019.

477 Robert Reich, »Almost 80% of U.S. Workers Live from Paycheck to Paycheck. Here's Why«, in: *The Guardian*, 29. Juli 2018, http://www.theguardian.com/commen tisfree/2018/jul/29/us-economy-workers-paycheck-robert-reich.

478 »Union Membership (Annual) News Release«, 22. Januar 2021, https://www.bls. gov/news.release/union2.htm#; Matthew Walters und Lawrence Mishel, »How Unions Help All Workers«, *Economic Policy Institute*, 26. August 2003, https://

www.epi.org/publication/briefingpapers bp143/. Für eine Analyse mit globalen Belegen aus über 300 Studien zur wirtschaftlichen Auswirkung von Gewerkschaften siehe Hristos Doucouliagos, Richard B. Freeman und Patrice Laroche, *The Economics of Trade Unions: A Study of a Research Field and Its Findings,* Abingdon-on-Thames: Taylor & Francis, 2017.

479 ILO, *Domestic Workers across the World: Global and Regional Statistics and the Extent of Legal Protection,* Genf: ILO, 2013.

480 Joseph E. Stiglitz, *Der Preis der Ungleichheit: Wie die Spaltung der Gesellschaft unsere Zukunft bedroht,* München: Siedler 2012; Torsten Persson und Guido Tabellini, »Is Inequality Harmful for Growth? Theory and Evidence«, in: *American Economic Review* 84, Nr. 3 (1994), S. 600–621.

481 Ai-jen Poo im Gespräch mit den Autorinnen, Oktober 2019.

482 Lauren Hilgers, »The New Labor Movement Fighting for Domestic Workers' Rights«, in: *New York Times,* 21. Februar 2019, https://www.nytimes.com/interactive/2019/02/21/magazine/national-domestic-workers-alliance.html.

483 Alexia Fernandez Campbell, »The Worldwide Uber Strike Is a Key Test for the Gig Economy«, *Vox,* 8. Mai 2019, https://www.vox.com/2019/5/8/18535367/uber-drivers-strike-2019-cities.

484 Mehr Informationen zu Stromkooperativen in den USA auf dem Factsheet der National Rural Electric Cooperative Association: https://www.electric.coop/wp-content/uploads/2021/01/Co-op-Facts-and-Figures.pdf.

485 Juliet Schor, *After the Gig: How the Sharing Economy Got Hijacked and How To Win It Back,* Berkeley: University of California Press 2020.

486 »What's American for Mitbestimmung? Most of the World Has Yet to Embrace Co-determination«, in: *The Economist,* 1. Februar 2020, https://www.economist.com/business/2020/02/01/most-of-the-world-has-yet-to-embrace-co-determination.

487 John Addison, *The Economics of Codetermination: Lessons from the German Experience,* New York: Palgrave Macmillan 2009.

488 Isabelle Ferreras, *Firms as Political Entities.*

489 Isabelle Ferreras, Julie Battilana und Dominique Meda, »Let's Democratize and Decommodify Work«, in: *The Boston Globe,* Mai 2020. Der Artikel wurde in über 40 anderen Zeitungen in 36 Ländern auf der ganzen Welt abgedruckt und führte zur Gründung einer Initiative (www.democratizingwork.org) und einem Buch: Ferreras, Battilana und Meda, *Le Manifeste Travail.*

490 Julie Battilana et al., »Harnessing Productive Tensions in Hybrid Organizations: The Case of Work Integration Social Enterprises«, in: *Academy of Management Journal* 58, Nr. 6 (2015), S. 1658–1685; Battilana et al., »The Dual-Purpose Playbook«; Sophie Bacq, Julie Battilana und Helene Bovais, »The Role of Collegial Governance in Sustaining the Organizational Pursuit of Hybrid Goals«, Working Paper, 2020; Battilana, »Cracking the Organizational Challenge«.

491 Julie Battilana, Michael Fuerstein und Mike Lee, »New Prospects for Organizational Democracy? How the Joint Pursuit of Social and Financial Goals Challenges Traditional Organizational Designs«, in: *Capitalism Beyond Mutuality? Perspectives*

Integrating Philosophy and Social Science, hg. von Subramanian Rangan, Oxford: Oxford University Press 2018.

492 Ebenda.

493 Sviatoslav Dmitriev, *The Birth of the Athenian Community: From Solon to Cleisthenes*, Abingdon-on-Thames: Routledge 2018. Es ist nicht ganz klar, ob Kleisthenes selbst den Begriff *dēmokratía* zur Beschreibung des neuen Systems verwendete. Einige Historiker gehen davon aus, dass er stattdessen *isonomia* benutzte, was in etwa »Gleichheit vor dem Gesetz« bedeutet. Siehe Raphael Sealey, »The Origins of ›Demokratia‹«, in: *California Studies in Classical Antiquity* 6 (1974), S. 253.

494 David Stockton, *The Classical Athenian Democracy*, Oxford: Oxford University Press 1990; George Tridimas, »A Political Economy Perspective of Direct Democracy in Ancient Athens?«, in: *Constitutional Political Economy* 22, Nr. 1 (2011), S. 58–82.

495 Ian Worthington, *Demosthenes of Athens and the Fall of Classical Greece*, Oxford: Oxford University Press 2012.

496 Montesquieu, *Vom Geist der Gesetze*, 2 Bde., übersetzt und hg. von E. Forsthoff, 2. Auflage, Tübingen: Mohr Siebeck 1992, Buch XI.4.

497 Hilary Bok, »Baron de Montesquieu, Charles-Louis de Secondat«, in: *The Stanford Encyclopedia of Philosophy*, hg. von Edward N. Zalta, Stanford University 2018.

498 Der vollständige Bericht findet sich bei Sarah Repucci und Amy Slipowitz, *Freedom in the World 2021: Democracy Under Siege*, Washington, DC: Freedom House 2021.

499 Die Literatur zu dem Thema ist umfangreich, siehe unter anderen: Steven Levitsky und Daniel Ziblatt, *Wie Demokratien sterben. Und was wir dagegen tun können*, München: DVA 2018; Timothy Snyder, *Über Tyrannei. Zwanzig Lektionen für den Widerstand*, München: C.H.Beck 2017; Benjamin Carter Hett, *The Death of Democracy: Hitler's Rise to Power and the Downfall of the Weimar Republic*, New York: Henry Holt & Co. 2018.

500 Snyder, *Über Tyrannei*, S. 23.

501 Tope Ogundipe im Gespräch mit den Autorinnen, Juli 2019.

502 PEN International et al., *Open Letter to the Nigerian Senate on the Matter of the Frivolous Petitions Prohibition Bill* (aka »Social Media« Bill), abgerufen am 26. Februar 2021, https://pen-international.org/print/3985.

503 Segun Olaniyi, »Senate Throws Out Frivolous Petitions Bill«, in: *The Guardian Nigeria*, 18. Mai 2016, https://guardian.ng/news/senate-throws-out-frivolous-petitions-bill/.

504 Der französische Historiker und Soziologe Pierre Rosanvallon sieht die Bedeutung der bürgerlichen Gegenkräfte darin, dass sie die Präferenzen der Bürger regelmäßiger mit den Handlungen der Abgeordneten in Verbindung bringen, als es durch Wahlen möglich wäre. Siehe Pierre Rosanvallon, *Die Gegen-Demokratie: Politik im Zeitalter des Misstrauens*, Hamburg: Hamburger Edition 2017.

505 Joshua Cohen, »Deliberation and Democratic Legitimacy«, in D. Estlund (Hg.), *Democracy*, Malden, MA: Blackwell Publishers 2002; Jürgen Habermas, *Faktizität* *und Geltung. Beiträge zur Diskurstheorie des Rechts und des demokratischen Rechts-staates,* Frankfurt am Main: Suhrkamp 1992.

506 Cornel West, Democracy Matters: Winning the Fight Against Imperialism, New York: Penguin 2005, S. 41.

507 Edward S. Herman und Noam Chomsky, *Manufacturing Consent: The Political Economy of the Mass Media,* New York: Pantheon Books 1988.

508 Tawakkol Karman im Gespräch mit den Autorinnen, April 2020.

509 Daron Acemoğlu und James Robinson sagen dazu: »Ohne die Wachsamkeit der Gesellschaft [sind] die Verfassungen und Garantien nicht viel mehr wert als das Papier, auf dem sie geschrieben stehen.« Siehe Daron Acemoğlu und James A. Robinson, *Gleichgewicht der Macht: Der ewige Kampf zwischen Staat und Gesellschaft,* Frankfurt am Main: S. Fischer Verlag 2019, S. 15.

510 Danielle Allen, *Education and Equality,* Chicago: University of Chicago Press 2016, S. 27.

511 Danielle Allen, Stephen B. Heintz und Eric P. Liu, *Our Common Purpose: Reinventing American Democracy for the 21st Century,* Cambridge, MA: American Academy of Arts and Sciences 2020.

512 Antonio Gramsci: *Gefängnishefte,* hg. von Klaus Bochmann und Wolfgang Fritz Haug, 10 Bde., Hamburg: Argument Verlag 1991–2002, S. 1528; siehe auch Paulo Freire, *Pädagogik der Unterdrückten,* Stuttgart und Berlin: Kreuz Verlag 1971.

513 Lena Rachel Andersen und Tomas Björkman, Das skandinavische Geheimnis: Eine europäische Geschichte von Schönheit und Freiheit, Hamburg: Phänomen-Verlag 2020.

514 Wie Andersen und Björkman in *Das skandinavische Geheimnis* ausführen, hat das Konzept der »Bildung« seine Wurzeln in Kierkegaards Existenzphilosophie und seiner Konstruktion des Ästhetischen sowie in der romantischen Pädagogik der Ich-Entwicklung bei Pestalozzi. Spätere Modelle gehen ebenfalls davon aus, dass die persönliche und moralische Entwicklung in Stufen zunehmender geistiger Komplexität verläuft, wie sie vor allem von Robert Kegan in seiner Entwicklungspsychologie vertreten wird (siehe Robert Kegan, *Die Entwicklungsstufen des Selbst: Fortschritte und Krisen im menschlichen Leben,* München: Kindt Verlag 1986).

515 Lars Skov Henriksen, Kristin Strømsnes und Lars Svedberg (Hg.), *Civic Engagement in Scandinavia: Volunteering, Informal Help and Giving in Denmark, Norway and Sweden,* Cham: Springer 2018.

516 Elizabeth Anderson, »The Epistemology of Democracy«, in: *Episteme* 3, Nr. 1–2 (2006), S. 8–22.

517 James Surowiecki, *Die Weisheit der vielen. Warum Gruppen klüger sind als Einzelne und wie wir das kollektive Wissen für unser wirtschaftliches, soziales und politisches Handeln nutzen können,* München: C. Bertelsmann 2005; Hélène Landemore, *Democratic Reason: Politics, Collective Intelligence, and the Rule of the Many,* Princeton, NJ: Princeton University Press 2017.

518 Jean-Jacques Rousseau, *Der Gesellschaftsvertrag oder Die Grundsätze des Staatsrechtes.* Leipzig: Reclam 1900, 2. Buch, 11. Kapitel.

519 Julia Cagé, *The Price of Democracy: How Money Shapes Politics and What to Do About It*, Cambridge, MA: Harvard University Press 2020.

520 Alexander Hertel-Fernandez, *State Capture: How Conservative Activists, Big Businesses, and Wealthy Donors Reshaped the American States – and the Nation*, Oxford: Oxford University Press 2019.

521 Emmanuel Saez und Gabriel Zucman, »Wealth Inequality in the United States since 1913: Evidence from Capitalized Income Tax Data«, in: *The Quarterly Journal of Economics* 131, Nr. 2 (2016), S. 519–578.

522 Wendy Brown, *In the Ruins of Neoliberalism: The Rise of Antidemocratic Politics in the West*, New York: Columbia University Press 2019.

523 Argument von David Eaves in: Janna Anderson und Lee Rainie, »Many Tech Experts Say Digital Disruption Will Hurt Democracy«, Pew Research Center 2020, https://www.pewresearch.org/internet/2020/02/21/many-tech-experts-say-digital-disruption-will-hurt-democracy/.

524 Jeffrey M. Berry und Sarah Sobieraj, *The Outrage Industry: Political Opinion Media and the New Incivility*, Oxford: Oxford University Press 2013.

525 Siehe Cass R. Sunstein, *#Republic: Divided Democracy in the Age of Social Media*, Princeton, NJ: Princeton University Press 2017; Jacob L. Nelson und Harsh Taneja, »The Small, Disloyal Fake News Audience: The Role of Audience Availability in Fake News Consumption«, in: *New Media & Society* 20, Nr. 10 (2018), S. 3720–3737. Einen Überblick über die Literatur zu sozialen Medien und Demokratie bietet Joshua A. Tucker et al., »Social Media, Political Polarization, and Political Disinformation: A Review of the Scientific Literature«, Hewlett Foundation, März 2018, https://hewlett.org/wp-content/uploads/2018/03/Social-Media-Political-Polarization-and-Political-Disinformation-Literature-Review.pdf.

526 Wie man diese Einschränkungen überwinden und eine demokratischere digitale Öffentlichkeit schaffen könnte, erörtern Joshua Cohen und Archon Fung, »Democracy and the Digital Public Sphere«, in: *Digital Technology and Democratic Theory*, hg. von Lucy Bernholz, Helene Landemore und Robert Reich, Chicago: University of Chicago Press 2021

527 Mehr zu den potenziellen Hindernissen für eine stärkere Beteiligung und möglichen Lösungsansätzen bei Celine Braconnier, Jean-Yves Dormagen und Vincent Pons, »Voter Registration Costs and Disenfranchisement: Experimental Evidence from France«, in: *The American Political Science Review* 111, Nr. 3 (2017), S. 584–604.

528 Zu den Schwierigkeiten bei der Umsetzung einer umfassenden Demokratie siehe Robert Dahl, »Procedural Democracy«, in: *Philosophy, Politics and Society*, hg. von Peter Laslett und Jim Fishkin, New Haven: Yale University Press 1979, S. 97–133.

529 LaTosha Brown im Gespräch mit den Autorinnen, Dezember 2019 und Februar 2021.

530 Theda Skocpol und Morris P. Fiorina, *Civic Engagement in American Democracy*, Washington, DC: Brookings Institution Press 1999; Theda Skocpol, *Diminished De-*

mocracy: From Membership to Management in American Civic Life, Norman, OK: University of Oklahoma Press 2003.

531 Für Frankreich siehe die Convention Citoyenne pour le Climat, https://www.conventioncitoyennepourleclimat.fr/en/; für Vancouver in Kanada siehe Edana Beauvais und Mark E. Warren, »What Can Deliberative Mini-Publics Contribute to Democratic Systems?«, in: *European Journal of Political Research* 58, Nr. 3 (2019), S. 893–914; und für Irland siehe »Lessons from Ireland's Recent Referendums: How Deliberation Helps Inform Voters«, in: *British Politics and Policy at LSE*, 9. September 2018.

532 Carl Miller, »Taiwan Is Making Democracy Work Again. It's Time We Paid Attention«, in: *Wired UK*, 26. November 2019, https://www.wired.co.uk/article/taiwan-democracy-social-media; Anne Applebaum und Peter Pomerantsev, »How to Put Out Democracy's Dumpster Fire«, in: *The Atlantic*, 8. März 2021, https://www.theatlantic.com/magazine/archive/2021/04/the-internet-doesnt-have-to-be-awful/618079/.

533 Zu den Details der einzelnen Fälle siehe die Website von vTaiwan: https://info.vtaiwan.tw/#three.

534 Hélène Landemore, *Open Democracy: Reinventing Popular Rule for the Twenty-First Century*, Princeton, NJ: Princeton University Press 2020.

SCHLUSS: ES LIEGT AN UNS

535 John Rawls, *Eine Theorie der Gerechtigkeit,* Frankfurt am Main: Suhrkamp 1979.

536 Für zeitgenössische Darstellungen, die auch einen Überblick über frühere Theorien zur Gerechtigkeit bieten, siehe Iris Marion Young, *Justice and the Politics of Difference,* Princeton, NJ: Princeton University Press 1990; Michael J. Sandel, *Gerechtigkeit – wie wir das Richtige tun,* Berlin: Ullstein 2013; Amartya Kumar Sen, *Die Idee der Gerechtigkeit,* München: C.H.Beck 2010; Mathias Risse, *On Global Justice,* Princeton, NJ: Princeton University Press 2012.

537 Karl Polanyi, *The Great Transformation: Politische und ökonomische Ursprünge von Gesellschaften und Wirtschaftssystemen,* 8. Auflage, Frankfurt am Main: Suhrkamp 1973 (Originalausgabe 1944).

538 Michèle Lamont, »Addressing Recognition Gaps: Destigmatization and the Reduction of Inequality«, in: *American Sociological Review* 83, Nr. 3 (2018), S. 419–444.

539 Michèle Lamont, *The Dignity of Working Men: Morality and the Boundaries of Race, Class, and Immigration,* überarbeitete Auflage, New York: Harvard University Press 2002; Mark Carney, *Value(s): Building a Better World for All,* London: Harper Collins 2021.

540 Lakshmi Ramarajan, »Past, Present and Future Research on Multiple Identities: Toward an Intrapersonal Network Approach«, in: *Academy of Management Annals* 8, Nr. 1 (2014), S. 589–659.

541 Fabrizio Ferraro, Jeffrey Pfeffer und Robert I. Sutton, »Economics Language and Assumptions: How Theories Can Become Self-Fulfilling«, in: *Academy of Management Review* 30, Nr. 1 (2005), S. 8–24; Michèle Lamont, »From ›Having‹ to ›Being‹: Self-Worth and the Current Crisis of American Society«, in: *The British Journal of Sociology* 70, Nr. 3, S. 660–707; und dies., »Addressing Recognition Gaps«, in: *American Sociological Review* 83, Nr. 3 (2018), S. 419–444.

542 Elizabeth Anderson, *Value in Ethics and Economics,* Cambridge, MA: Harvard University Press 1993.

ANHANG: MACHTDEFINITIONEN IN DEN SOZIALWISSENSCHAFTEN

543 Max Weber, *Max Weber-Gesamtausgabe: Bd. I, Wirtschaft und Gesellschaft,* hg. von Wolfgang J. Mommsen, Max Weber, Michael Meyer; Tübingen: Mohr Siebeck, 2019.

544 Robert A. Dahl, »The Concept of Power«, in: *Behavioral Science* 2, Nr. 3 (1957), S. 201–215.

545 Peter Bachrach und Morton S. Baratz, »Two Faces of Power«, in: *American Political Science Review* 56, Nr. 4 (1962), S. 47–952.

546 Peter M. Blau, *Exchange and Power in Social Life,* New York: Wiley 1964.

547 Steven Lukes, *Power: A Radical View,* Houndmills: Macmillan 1974.

548 Gerald Salancik und Jeffrey Pfeffer, »Who Gets Power – And How They Hold on to It«, in: *The Management of Organizations: Strategies, Tactics, and Analyses,* hg. von M. Tushman, C. O'Reilly und D. Nadler, New York: Harper & Row 1989, S. 268–284.

549 Bertrand Russell, *Macht: Eine sozialkritische Studie,* Zürich: Europa-Verlag 1948; Dennis Wrong, *Power: Its Forms, Bases, and Uses,* New York: Harper & Row 1979.

550 Siehe zum Beispiel John R. P. French und Bertram Raven, »The Bases of Social Power«, in: *Studies in Social Power,* hg. von D. Cartwright, Ann Arbor: University of Michigan 1959, S. 150–167.

551 Manuel Castells, »A Sociology of Power: My Intellectual Journey«, in: *Annual Review of Sociology* 42 (2016), S. 1–19.

552 Richard M. Emerson, »Power-Dependence Relations«, in: *American Sociological Review* 27, Nr. 1 (1962), S. 32.

553 Edna B. Foa und Uriel G. Foa, »Resource Theory: Inter-personal Behavior as Social Exchange«, in: *Social Exchange: Advances in Theory and Research,* hg. von K. J. Gergen, M. S. Greenberg und R. H. Willis, New York: Plenum Press 1980, S. 78f.

554 Peter Morriss, *Power: A Philosophical Analysis,* 2. Auflage, Manchester: Manchester University Press 2002.

555 Siehe zum Beispiel Jeffrey Pfeffer und Gerald Salancik, die Emersons Theorie des Austauschs und Modell der Macht-Abhängigkeits-Beziehungen auf Organisationen anwandten: *The External Control of Organizations: A Resource Dependence Perspective,* New York: Harper & Row 1978.

556 Siehe beispielsweise Robert Keohane und Joseph Nye, *Power and Interdependence*, Boston, MA: Little, Brown & Co., 1977; Joseph Nye, *Macht im 21. Jahrhundert: Politische Strategien für ein Neues Zeitalter*, München: Siedler 2011.

557 Wrong, *Power*, S. XXII.

558 Michel Foucault, *Sexualität und Wahrheit*; Bd. 1: *Der Wille zum Wissen*, Frankfurt am Main: Suhrkamp 1983; S. 94.

559 Siehe Talcott Parsons, »On the Concept of Political Power«, in: *Sociological Theory and Modern Society*, hg. von T. Parsons, New York: The Free Press, 1967.

560 Mary Parker Follett, *Dynamic Administration: The Collected Papers of Mary Parker Follett*, hg. von Henry C. Metcalf und L. Urwick, New York und London: Harper & Brothers.

561 Hannah Arendt, *Macht und Gewalt*, München, Zürich: Piper 1970.

562 Hanna Fenichel Pitkin, *Wittgenstein and Justice: On the Significance of Ludwig Wittgenstein for Social and Political Thought*, Berkeley: University of California Press 1972, S. 276f.

563 Pamela Pansardi, »Power to and Power over: Two Distinct Concepts of Power?«, in: *Journal of Political Power* 5, Nr. 1 (2012), S. 73–89.

564 Eine Einschätzung der Forschung zur Macht in der Psychologie, im Management, in der Politikwissenschaft, der Soziologie und Philosophie findet sich bei Adam D. Galinsky, Derek D. Rucker und Joe C. Magee, »Power: Past Findings, Present Considerations, and Future Directions«, in: *APA Handbook of Personality and Social Psychology: Interpersonal Relationships*, hg. von Mario Mikulincer und Philip R. Shaver, Bd. 3, Washington, DC: American Psychological Association 2015, S. 421–460; Peter Fleming und Andre Spicer, »Power in Management and Organization Science«, in: *Academy of Management Annals* 8, Nr. 1 (2014), S. 237–298; William Ocasio, Jo-Ellen Pozner und Daniel Milner, »Varieties of Political Capital and Power in Organizations: A Review and Integrative Framework«, in: *Academy of Management Annals* 14, Nr. 1 (2020), S. 303–338; Marshall Ganz, »Speaking of Power«, Gettysburg Project 2014; Archon Fung, »Four Levels of Power: A Conception to Enable Liberation«, in: *The Journal of Political Philosophy* 28, Nr. 2 (2020), S. 131–157; Roderick Kramer und Margaret Neale, *Power and Influence in Organizations*, 1. Auflage, Thousand Oaks, CA: SAGE 1998); Amy Allen, »Rethinking Power«, in: *Hypatia* 13, Nr. 1 (2020), S. 21–40; Stewart Clegg, David Courpasson und Nelson Phillips, *Power and Organizations*, London: SAGE 2006; Gerhard Gohler, »›Power to‹ and ›Power over‹«, in: *Sage Handbook of Power*, hg. von S. R. Clegg und M. Haugaard, London: SAGE 2009; S. 27–40; Rachel E. Sturm und John Antonakis, »Interpersonal Power: A Review, Critique, and Research Agenda«, in: *Journal of Management* 41, Nr. 1 (1. Januar 2015), S. 136–163.